Tomas Tomasek · Gottfried von Straßburg

Tomas Tomasek

Gottfried von Straßburg

Mit 15 Abbildungen

Philipp Reclam jun. Stuttgart

RECLAMS UNIVERSAL BIBLIOTHEK Nr. 17665

Gesamtherstellung: Reclam, Ditzingen. Printed in Germany 2007

ISBN 978-3-15-017665-8

www.reclam.de

Inhalt

III

Von den »Tristan«-Handschriften zu den Editionen

45

IV

Das lyrische Werk

67

V

Der »Tristan«

75

VI
Zur Geschichte des Tristanromans

249

VII
Die Gottfried-Rezeption

288

VIII
Ausblick

Anhang

Abb. 1 Gottfried von Straßburg. Autorbild der Großen Heidelberger (Manesseschen) Liederhandschrift (C). 1. Drittel des 14. Jahrhunderts.

I
Einleitung: Allgemeine Forschungslage, Hilfsmittel

Gottfried von Straßburg gilt der heutigen Forschung als einer der bedeutendsten mittelhochdeutschen Autoren, sein »Tristan« nimmt in der an Höhepunkten reichen Geschichte des deutschen Romans einen bevorzugten Platz ein. Obwohl unvollendet, wird das Werk des Straßburger Dichters zumeist als die anspruchsvollste und künstlerisch vollkommenste literarische Tristanbearbeitung angesehen (vgl. z. B. Batts, B 1e: 1971, 109), und dem entspricht auch der Eindruck eines unbefangenen heutigen Lesers, auf den Gottfrieds Liebesroman, selbst in einer Übersetzung, faszinierend und in mancher Hinsicht geradezu modern zu wirken vermag.

Solche Aufgeschlossenheit hat jedoch nicht zu allen Zeiten geherrscht, im Gegenteil: Das 19. Jahrhundert lobte zwar den ästhetischen Reiz des »Tristan«, doch hegten die damals führenden Germanisten moralische Bedenken gegenüber dem Ehebruchsroman, so dass die ersten Forschergenerationen das Werk Gottfrieds weit weniger intensiv untersuchten als etwa die Œuvres Wolframs von Eschenbach oder Walthers von der Vogelweide. Erst als im Laufe des 20. Jahrhunderts das intellektuelle Format der Gottfriedschen Dichtung und die Herausforderung, die eine »Tristan«-Interpretation bedeutet, zunehmend erkannt wurden, begann sich die Einstellung gegenüber Autor und Werk zu wandeln, wobei sich die Forschung allerdings oft auf Einzelaspekte konzentrierte (vgl. Dietz, B 1d: 1974, 228).

So kommt Gottfried von Straßburg heute zwar der unumstrittene Rang eines »Klassikers« zu, doch besteht bei der Erschließung seines Werks noch immer erheblicher Nachholbedarf: Die unbefriedigende Editionslage, ein fehlender Konsens bezüglich der geistesgeschichtlichen

Einordnung des »Tristan«, Unsicherheit im Umgang mit der kunstvollen Sprache des Autors, Zweifel hinsichtlich der Gottfried zugeschriebenen Lyrik – all dies sind Symptome, die zeigen, dass in der Gottfriedphilologie noch manche Anstrengungen erforderlich sind.

Dennoch sind die Voraussetzungen für eine ertragreiche Beschäftigung mit Gottfrieds Dichtung günstiger denn je, da die Forschung der letzten Jahrzehnte manches Detail zu erläutern vermocht, Fehleinschätzungen zurechtgerückt, die Zahl der Deutungsansätze vermehrt und wertvolle Hilfsmittel bereitgestellt hat. So steht heute u. a. eine thematisch gegliederte zweibändige Gottfried-Bibliographie zur Verfügung, deren Berichtszeitraum sich von den Anfängen der Forschung bis 1983 erstreckt (Steinhoff, B 1c: 1971; ders., B 1c: 1986) und die durch eine bis ins Jahr 2000 reichende Anschlussbibliographie fortgeführt wird (Huber, B 1c: 2000, mit Schlagwortverzeichnis)[1]. Ein Wortindex (Valk, B 1c: 1958) und eine benutzerfreundliche Wortkonkordanz (Hall, B 1c: 1992) leisten wichtige Hilfsdienste; auch ein umfangreicher Stellenkommentar (Okken, B 1c: ²1996 [¹1984 ff.]) kann den Zugang zu Gottfrieds Text erleichtern. Zudem wird durch eine Sammlung der bedeutendsten älteren Aufsätze (Wolf, B 1d: 1973) und mehrere (Teil-)Forschungsberichte der Gang der Gottfried-Forschung bis in die neueste Zeit dokumentiert (z. B. Fromm, B 1d: 1954; Picozzi, B 6: 1971, 61–154; Dietz, B 1d: 1974; Langmeier, B 6: 1978; Fritsch-Rößler, B 1d: 1989; Schneider, B 1d: 1992). Den jüngsten Forschungsüberblick bietet neben Wetzel (B 6: 1996, 197–225, 239–245) Huber (B 1f: ²2001).

Als Textgrundlage müssen vorerst die aus dem ersten Drittel des 20. Jahrhunderts stammenden Ausgaben von Ranke (B 1a: ^{15}1978 [¹1930]) und Marold (B 1a: ⁵2004 [¹1906]) dienen, die trotz grundlegenden editionsphilolo-

1 Im Internet verfügbar unter http://bibliographien.mediaevum.de/ (Stand: 2002).

gischen Nachholbedarfs (s. dazu Kap. 3) zumindest brauchbare Editionen darstellen.[2] Der Ranke-Text liegt in der von Krohn (B 1a: ^{1}1980) herausgegebenen Fassung auch im Internet vor.[3] Ergänzend lässt sich eine zunehmende Zahl von Handschriften- und Fragmentabdrucken bzw. Faksimiles heranziehen.

Durch moderne Übersetzungen wird der Zugang zu Gottfrieds Dichtung ebenfalls erleichtert.[4] Die »Tristan«-Ausgabe von Krohn (B 1a: ^{1}1980) verfügt z. B. über eine synoptische neuhochdeutsche Übertragung sowie einen Kommentarband, der in die Überlieferungs- und Interpretationsprobleme zahlreicher Textstellen einführt (Stellenerläuterungen finden sich auch in der Ausgabe von Bechstein/Ganz, B 1a: 1978). Der Marold-Ausgabe wurde neuerdings ein eigener Übersetzungsband beigegeben (Knecht, B 1b: 2004). Lesenswerte Einleitungen und Nachworte (vor allem bei Bechstein/Ganz, B 1a: 1978, IX–LIII; Krohn, B 1a: ^{1}1980 [^{5}1998]; Tomasek in Knecht, B 1b: 2004, VII–XLIV) ermöglichen einen schnellen Zugang zu den Grundfragen der Gottfried-Philologie. Einige Gesamtdarstellungen aus den 70er Jahren des 20. Jahrhunderts (z. B. Batts, B 1e: 1971; Jackson, B 1e: 1971) und ältere Literaturgeschichten (besonders Bertau, B 1e: 1973) können durchaus noch zur Orientierung und Anregung dienen; aktueller sind die Kurzdarstellungen von Wenzel (B 1e: 1988), Johnson (B 1e: 1993), Klein (B 1e: 2000) oder Krohn (B 1e: 2006), die in neueren Sammelwerken er-

2 Im Folgenden beziehen sich alle Versangaben auf die Ausgabe von Ranke (B 1a: 1978).

3 Eine von Putmans und Sappler/Gloning betreute Ausgabe ist als Bestandteil der »Bibliotheka Augustana« unter http://www.fh-Augsburg.de/~harsch/germanica/Chronologie/13Jh/Gottfried/got_intr.html abrufbar. Eine zweisprachige, komm. Edition von Gottfrieds »Tristan«, die 2007 erscheinen soll, bereitet Haug vor.

4 Siehe die Zusammenstellung in der Auswahlbibliographie Abschn. 1b. Die stilistische Meisterschaft der englischen Übersetzung von Hatto (B 1b: 1972) ist weiterhin unübertroffen.

schienen sind, sowie der Band über »Die höfische Literatur der Blütezeit« in der von Heinzle herausgegebenen deutschen Literaturgeschichte des Mittelalters (Johnson, B 1e: 1999). Außerdem liegen mehrere, in Stil und Methodik unterschiedliche und sich dadurch ergänzende Einführungsbändchen vor (Weber/Hoffmann, B 1f: [5]1981; Chinca, B 1f: 1997; Huber B 1f: [2]2001).

Das hohe Interesse an Gottfrieds »Tristan« schlägt sich in einer seit Jahrzehnten anschwellenden Publikationsflut nieder, die sich für die Dialogfähigkeit der an Konsens armen Gottfried-Forschung auch nachteilig auswirkt, da sie zum Eklektizismus oder gar Ignorieren der Sekundärliteratur verleitet. Zudem ist die Gottfried-Philologie von einem Bewusstsein für die »Einschlägigkeit« wegweisender Forschungsleistungen, wie es etwa in der Wolfram-Forschung besteht, noch weit entfernt. Vor diesem Hintergrund bietet der vorliegende Band den Versuch einer erneuten Bestandsaufnahme. Er soll den Leser umfassend über das Werk des Straßburger Dichters auf dem neuesten Stand informieren und ihn zu den Brennpunkten der Forschung führen. Deshalb wird Gottfrieds Werk im Folgenden nicht entlang dem Handlungsverlauf, sondern unter Sachaspekten erschlossen, zu denen der Benutzer über das Inhaltsverzeichnis geleitet wird (vgl. auch das Sachregister). Die primär Gottfried und seinem Werk gewidmeten Kapitel 1–5 bieten jeweils Problemskizzen mit ausführlichen Forschungsüberblicken, dagegen kann in den Abschnitten, die sich mit der stoffgeschichtlichen Stellung Gottfrieds (Kap. 6) und seiner Nachwirkung in Mittelalter und Neuzeit (Kap. 7) beschäftigen, vieles nur verkürzt unter Verweis auf ausgewählte Sekundärliteratur angesprochen werden.

Im Laufe zweier Jahrhunderte hat sich das Erkenntnisinteresse der Gottfried-Forschung mehrmals verändert, gegenwärtig ist die Forschungslage von einer besonders hohen Meinungsvielfalt geprägt (s. dazu S. 237ff.). Da sich

Gottfrieds vielschichtiges Kunstwerk unter verschiedensten Blickwinkeln betrachten lässt, kann es im Folgenden nicht etwa um »die richtige« Lesart des »Tristan« gehen, gleichwohl ist der von einem sprachbewussten Dichter geschaffene Text nicht beliebig auslegbar, wie sich bereits mancher Forschungsansatz als unhaltbar erwiesen hat. Deshalb besteht eine wesentliche Aufgabe der interpretierenden Gottfried-Forschung darin, konsensfähige Aspekte (vgl. Simon, B 5: 1990, 356), aber auch Irrwege der »Tristan«-Deutung zu ermitteln und die Spiel- und Freiräume der Interpretation zu erproben.

Gottfrieds Roman konfrontiert seinen Rezipienten nicht nur mit hermeneutischen Problemen, er stellt seit jeher auch eine emotionale Herausforderung dar. Denn der Versuch, das in diesem Werk enthaltene Plädoyer für eine reine Liebe, die sich auf der Handlungsebene als Ehebruchsminne äußert, zu verstehen, kann auch vom heutigen Rezipienten nicht völlig emotionslos unternommen werden. Da aber kein Weg zur entrüstet-abwehrenden Haltung namhafter Gelehrter des 19. Jahrhunderts zurückführt, gelten die bei der »Tristan«-Lektüre entstehenden Verunsicherungen heute als erwünscht: Aus der Begegnung mit der Tristanthematik kann ein aufgeschlossener Leser, so gesehen, vielfältige Anregungen und Denkanstöße beziehen (vgl. Mieth, B 5: 1976, 241 f.), zumal sich Gottfrieds Fassung einer »unkritischen Aneignung mehr als alle anderen deutschsprachigen Versionen dieses mittelalterlichen Stoffes« versperrt (Konietzko, B 5: 1983, 22).

So bleibt in der durch neue Frageansätze und eine offene Forschungslage geprägten heutigen Zeit die Beschäftigung mit Gottfrieds kühnem Werk – ob als persönliche Lektüre oder als nach konsensfähigen Erklärungen strebende philologische Arbeit – weiterhin ein aktuelles, reizvolles und lohnendes »Abenteuer« (vgl. Wehrli, B 5: 1969).

II

Annäherungen an den Dichter und seine Zeit

Aus einer Distanz von 800 Jahren sind über die Person des elsässischen Autors, der zu Beginn des 13. Jahrhunderts die wohl faszinierendste Version aller Tristanromane verfasste, kaum noch exakte Angaben zu machen. Auch wenn er sich häufig der Ich-Rolle bedient, gibt er über seinen Stand oder seine Herkunft nichts Konkretes preis; nicht einmal den eigenen Namen spricht er aus – erst jüngere Dichterkollegen nennen ihn bewundernd *meister Gotfrit von Strâzburc*. Da weder urkundliche Zeugnisse noch sonstige Spuren Gottfrieds erhalten sind, lässt sich das Lebensumfeld des Dichters im Einzelnen nicht mehr rekonstruieren (vgl. Kuhn, B 2: 1964).

Die gegenwärtige Forschung kann deshalb – frei von biographischer Spekulation, wie sie im 19. Jahrhundert erblühte (so z. B. bei Kurz, B 2: 1870; vgl. dazu Batts, B 1e: 1971, 142f.; Picozzi, B 6: 1971, 92ff.; Dietz, B 1d: 1974, 6ff.) und bis heute nicht völlig verstummt ist (s. S. 29) – aus der Not eine Tugend machen und sich umso entschiedener Gottfrieds Werk, seiner Überlieferung und Deutung, zuwenden. Allerdings ist bei der Interpretation einer Dichtung deren möglicher »Sitz im Leben« mitzubedenken und zu beachten, dass ein Kunstwerk auch ein soziales Faktum darstellt. Wenn aber, wie im Falle Gottfrieds, sozialgeschichtliche Deutungen mangels Daten weitgehend auf den Text selbst angewiesen bleiben, besteht die Gefahr des Zirkelschlusses – und hierin liegt nur eines der methodischen Probleme, die Gottfrieds »Tristan«-Fragment aufwirft.

Glücklicherweise sind aus dem 13. und frühen 14. Jahrhundert einige Fremdaussagen über den »Tristan«-Autor erhalten,[1] in denen freilich das Bestreben deutlich wird,

1 Die meisten der im Folgenden besprochenen Belegstellen finden sich zusammengestellt bei Schweikle, B 2: 1970.

ein Dichterbild zu konstruieren. Diese frühen Stellungnahmen über Gottfried gestatten zusammen mit den Indizien, die Gottfrieds Œuvre bietet, und den Erkenntnissen der Straßburger Stadtgeschichtsforschung, die sich heranziehen lassen, allenfalls modellhafte Annäherungen an den Dichter und seinen Lebensumkreis.

Die mittelalterlichen Gottfried-Erwähnungen und das Autorbild der Manesseschen Handschrift

Die frühesten und wichtigsten Aussagen zu Gottfried stammen von dem mittelhochdeutschen Epiker Rudolf von Ems, einem jüngeren Zeitgenossen des Straßburger Dichters, der ein Kenner des »Tristan« und der südwestdeutschen Literaturszene in der ersten Hälfte des 13. Jahrhunderts war. Sein vielleicht sogar noch zu Gottfrieds Lebzeiten in Angriff genommenes Erstlingswerk »Der guote Gêrhart«[2] ist vom »Tristan« beeinflusst, und in seinem Alexanderroman (begonnen nach 1230) rühmt Rudolf im Rahmen eines Dichterkatalogs den *wîsen Gotfrit von Strâzburc* (Al. 3153f.) als den Verfasser einer meisterhaften Tristandichtung (Al. 3158f.), der eindringlich *von minnen* (Al. 3148ff.) zu dichten und sein Anliegen kunstvoll in Worte zu fassen verstand (vgl. Al. 3161ff.). Rudolfs Eingeständnis, sich nicht mit Autoren wie Gottfried oder Wolfram von Eschenbach, bei denen er *lêre suoche* (Al. 3082), messen zu können (Al. 3083f.), drückt freilich nicht nur Bescheidenheit aus, denn hinter dem Lob seiner Vorgänger steht auch ein Interesse, die »Klassiker« für das eigene Schaffen

2 Zur Datierung des »Guoten Gêrhart«, insbesondere zur Frühdatierung auf etwa 1210/11–1214/15 in der neueren Forschung, vgl. Sonja Zöller, »Kaiser, Kaufmann und die Macht des Geldes. Gerhard Unmaze von Köln als Finanzier der Reichspolitik und der ›Gute Gerhard‹ des Rudolf von Ems«, München 1993, S. 201–220.

zu vereinnahmen (vgl. Brinker-von der Heyde, B 5: 1999, 456ff.).

Rudolf von Ems führt in seinem »Alexander« den Straßburger Dichter als Epiker und als Sangspruchautor (Al. 20621ff.) an. Er erwähnt, dass der *wîse meister Gotfrit* das »gläserne Glück« besungen habe, und zitiert eine Spruchstrophe, die in der Großen Heidelberger (Manesseschen) Liederhandschrift belegt ist (allerdings fälschlich unter dem Namen des Minnesängers Ulrich von Liechtenstein). Da kein Grund besteht, Rudolfs Wissen in diesem Punkt anzuzweifeln, ist Gottfrieds »Tristan« offenbar nicht das geniale Einzelstück eines ansonsten nicht weiter hervorgetretenen Epikers, sondern das Werk eines auch in der Sangspruchgattung versierten Dichters (s. S. 67ff.).

In Rudolfs Charakterisierung Gottfrieds als *wîse* kann mit Stevens (B 5: 1990, 69ff.) ein Hinweis auf die Schulung des Autors in der Argumentationskunst (Dialektik) gesehen werden, während im *meister*-Prädikat wohl eine Wertschätzung der »Professionalität« Gottfrieds zum Ausdruck kommt: Häufig wird es auf den Straßburger Dichter wie ein Titel angewendet – so z. B. in Rudolfs nach 1240 verfasstem Roman »Willehalm von Orlens« und in der einige Jahre zuvor entstandenen »Tristan«-Fortsetzung des mit Rudolf bekannten Epikers Ulrich von Türheim.[3] Diese sich in späteren Gottfried-Erwähnungen fortsetzende Tendenz ist aufschlussreich, weil sich der Begriff des *meisters* im 13. Jahrhundert zu einer Bezeichnung des volkssprachlichen Berufsautors verfestigte.[4]

Indem Rudolf den Straßburger Dichter als »Tristan«-Autorität, Spruchkenner, Minneexperten und glänzenden Stilisten charakterisiert, benennt er die vier Grund-

3 W. v. O. 2185: ... *Maister Goetfrides kunst* ...; Ulr. 4: ... *Meister Gotfrît ist tôt* ...

4 Siehe dazu Burghart Wachinger, »Sängerkrieg. Untersuchungen zur Spruchdichtung des 13. Jahrhunderts«, München 1973, S. 172. – Zu Gottfrieds Gebrauch des Wortes *meister* vgl. Grosse, B 5: 1989.

pfeiler des zeitgenössischen Gottfried-Bildes (vgl. auch S. 297ff.). Dem werden – abgesehen von den Liedzuschreibungen der Minnesanghandschriften – in den Gottfried-Erwähnungen der zweiten Hälfte des 13. bzw. des Anfangs des 14. Jahrhunderts keine weiteren Informationen hinzugefügt. Mochte Rudolf von Ems noch Kenntnisse der Person Gottfrieds besessen haben, basiert das Wissen der späteren Zeit auf den Aussagen der Generation Rudolfs und auf der Lektüre des »Tristan« selbst. So spricht Konrad von Würzburg, der sich in den 60er bzw. 70er Jahren des 13. Jahrhunderts in Straßburg aufhielt und ein bewundernder »Tristan«-Leser war, mit demselben Respekt vom Sprachkünstler (vgl. G. Schm. 74–111) und Minnedichter (vgl. Herzm. 9–21)[5] *meister Gotfrit* wie zuvor Rudolf von Ems. Nach ihm rühmt der wahrscheinlich aus Sachsen stammende Gottfried-Fortsetzer Heinrich von Freiberg die Wortkunst des Straßburger *meisters* (Heinr. 1–52), und noch der zu Anfang des 14. Jahrhunderts im südwestdeutschen Raum tätige Johann von Würzburg (J. v. W. 2062–2069) preist die Liebessprache *maister* Gottfrieds.

Dass Gottfrieds Nachruhm im Südwesten lebendig blieb, zeigt auch die im letzten Viertel des 13. Jahrhunderts vermutlich im Elsass (Straßburg?) entstandene Kleine Heidelberger Liederhandschrift (A), in die unter der Überschrift *Gotfrit von Strasburc* ein Minnelied aufgenommen wurde, das – um zwei geistlich-moralische Stücke erweitert und mit der Überschrift *Meister Götfrit von Strasburg* sowie mit einer Miniatur versehen – auch in die im frühen 14. Jahrhundert entstandene Große Heidelberger (Manessesche) Liederhandschrift (C) eingegan-

5 Im Prolog seiner Liebesdichtung »Das Herzmaere« hebt Konrad von Würzburg die Minnekompetenz Gottfrieds hervor (Herzm. 9–21). Das Konradsche Märe wird in einer Handschrift des 14. Jahrhunderts Gottfried zugeschrieben: *dise mere mahte meister gotfrit von strazburg und seit von der minnen* (Herzm. XVII).

gen ist. Die Gottfried-Illustration dieser Handschrift (vgl. Abb. 1), die – wie die Ähnlichkeit mit der Miniatur Steinmars nahe legt (vgl. Abb. 2a) – den Dichter mit fünf Gefährten zeigt,[6] stellt das einzige mittelalterliche Bildzeugnis Gottfrieds dar.

Den Blickfang dieser in der Deutung umstrittenen Gottfried-Miniatur (vgl. Sälzer, B 2: 1975, 52–59, 83f.) bildet ein auf dem Knie des Autors ruhendes Diptychon, eine zweiteilige Wachstafel, wie sie seit der Antike für Notizen und Konzepte gebräuchlich war. Diesem Diptychon kommt eine charakterisierende Funktion zu, wie sich aus dem ikonographischen Muster, dem die Gottfried-Miniatur verpflichtet ist, ergibt. Denn wie Walther gezeigt hat, liegt der Bildkomposition der geistliche Typus der Pfingstdarstellung zugrunde (vgl. Abb. 2c).[7] Vom Typus des Pfingstbildes aus gesehen, handelt es sich somit weder um eine Situation, die den Dichter beim Vortrag vor einem Publikum zeigt, noch um eine disputierende Gruppe wie in der deutlich bewegteren »Wartburgkrieg«-Miniatur (vgl. Abb. 2b), sondern um einen gemeindeartigen Kreis von Literaturexperten, der gemäß der Gestik der Figuren in Gottfried seinen Mittelpunkt sieht. Nach dem Muster des Pfingstbildes nimmt der Straßburger Dichter als Zentralgestalt die Position des Petrus (bzw. Marias) ein, und wie zur Ikonographie des Apostels ein auf dem Knie liegendes Buch gehört,[8] ist die ähnlich präsentierte Tafel als charakterisierendes Attribut zu verste-

6 Die Fünfzahl der in der Miniatur dargestellten Personen wird des Öfteren auf die fünf in Gottfrieds Literaturexkurs namentlich genannten Autoren bezogen (vgl. schon Watterich, B 4: 1858, 17f.).

7 »Die in Jerusalem versammelten Apostel empfangen den Heiligen Geist. Das in der Apostelgeschichte beschriebene Ereignis (»Und es erschienen ihnen Zungen, zerteilt, wie von Feuer«) wird in der christlichen Kunst häufig so dargestellt, dass die »Zungen« wie Strahlen ... vom Himmel ausgehen. Der »weltliche« Manessemaler hat sie zu einem zeltartigen Dach verknüpft« (Walther, B 2: 1988, 246).

8 Vgl. Stephan Seeliger, »Pfingsten«, in: LCI, Bd. 3, Sp. 415–423.

Abb. 2a Steinmar. Autorbild der Großen Heidelberger (Manesseschen) Liederhandschrift (C). 1. Drittel des 14. Jahrhunderts.

Abb. 2b Klingsor von Ungarland (»Wartburgkrieg«). Autorbild der Großen Heidelberger (Manesseschen) Liederhandschrift (C). 1. Drittel des 14. Jahrhunderts.

Abb. 2c Christus und das Pfingstgeschehen. Miniatur im Lektionar von Cluny. 11. Jahrhundert.

hen: Sie hebt Gottfried als einen hervorragend begabten Vertreter der schreibenden Zunft hervor.[9] Somit liefert das Autorbild der Großen Heidelberger Liederhandschrift – unter Auslassung des Minneaspekts – eine bildliche Entsprechung zu der seit Rudolf von Ems herrschenden Sicht Gottfrieds als eines in der literarischen Szene anerkannten exzeptionellen *meisters*.

Auch wenn das in den genannten Zeugnissen vermittelte Bild eines Maßstäbe setzenden Autors im Einklang mit dem Selbstbewusstsein steht, das der Tristanerzähler ausstrahlt, darf aus dem seit der Zeit Rudolfs von Ems auffallend konstanten mittelalterlichen Gottfried-Bild natürlich nicht auf Gottfrieds eigenes Selbstverständnis zurückgeschlossen werden. Dieser inszeniert sein Verhältnis zu den Berufskollegen auch agonal, während die Folgezeit ihr Gottfried-Bild in eine eher harmonische Sicht der »klassischen« Dichterszenerie integriert.

Im Verlaufe des 14. Jahrhunderts, an dessen Beginn die Manesse-Miniatur gehört, versiegen bald die Würdigungen Gottfrieds als eines *meisterlichen* Dichters. Nicht zufällig ist es jener Zeitraum, in dem die Neuproduktion höfischer Reimpaarversromane eingestellt wird und das Erfassen des Minnesangs in speziellen Sammelhandschriften aufhört. Doch bleibt der Tristandichter noch am Ende des 15. Jahrhunderts in literarischen Zirkeln, wie etwa am Münchener Hof, bekannt, wenngleich die Gottfried-Erwähnungen in dieser Zeit der sog. »Ritterrenaissance« bei Püterich von Reichertshausen (Ehrenbr. 101,5) oder Ulrich Füetrer (Lann. 108,5; Gralep. 17,4) nur noch bloße Namensnennungen darstellen.

9 Angesichts der Tatsache, dass die meisten Gottfried in C zugeschriebenen Strophen geistlich-moralische Züge tragen (s. S. 73 f.), sind die Ergebnisse Grafs von Interesse, nach denen mittelalterliche Autoren durch Wachstafeln als unter dem Einfluss übergeordneter Instanzen stehend charakterisiert werden (vgl. Karin Graf, »Bildnisse schreibender Frauen im Mittelalter. 9. bis Anfang 13. Jahrhundert«, Basel 2002, S. 176; vgl. auch 90).

Name, Heimat, Datierung, Bildung

Die mit Rudolf von Ems einsetzende Bezeugung Gottfrieds durch mittelhochdeutsche Dichter lässt keinen Zweifel an der Richtigkeit des überlieferten Autornamens. Wahrscheinlich hätte sich Gottfried, wie häufig vermutet wird, im nicht mehr ausgeführten Epilog seines »Tristan« selbst genannt – auf indirekte Weise erscheint sein Name auch bereits im fertigen Teil der Dichtung, denn ein den Roman durchziehendes Initialenkryptogramm, das inzwischen als weitgehend entschlüsselt gilt, deutet den Namen GOTE[FRIT] an (s. S. 92ff.).

Gottfrieds Sprache steht der Annahme einer elsässischen Herkunft des Autors nicht entgegen (vgl. Fischer, B 2: 1916, 14f.), und da ein Teil der frühen Überlieferung des »Tristan« ins Westalemannische (auch ins Elsässische) weist, besteht an der Authentizität des gut bezeugten Namenszusatzes *von Strazburg* ebenfalls kein Zweifel.

Auch die Datierung des Werks in die Zeit um 1210 gilt als weitgehend unstrittig. Als *terminus ante quem* ist Rudolfs von Ems »Guoter Gêrhart« heranzuziehen, der in der jüngeren Forschung sogar bereits in die Zeit um 1210–15 datiert wird und das früheste sichere Rezeptionszeugnis des Gottfriedschen »Tristan« darstellt (vgl. S. 17 Anm. 2). Auf der anderen Seite setzt der im ersten Jahrzehnt des 13. Jahrhunderts, in jedem Falle nach 1203, vollendete »Parzival« Wolframs von Eschenbach einen *terminus post quem*, denn die im Literaturexkurs des »Tristan« geäußerte Kritik an den *vindaeren wilder maere* (4665) dürfte gegen Wolfram gerichtet sein, dessen Gralroman Gottfried wohl bereits in einer weitgehend vollständigen Fassung bekannt war (dazu s. S. 145). Auch die darin genannten Dichternamen – als lebend werden Hartmann von Aue, Bligger von Steinach und Walther von der Vogelweide erwähnt, als verstorben Heinrich von Veldeke und Reinmar (?) von Hagenau – stützen die Datierung des

»Tristan« auf die Zeit um 1210. Gottfried mag bald darauf gestorben sein, doch bleibt dies ungewiss, da die Gründe für den Fragmentstatus seines Werks, das mit Vers 19548 abbricht, vielfältig sein können (s. S. 225 ff.); der Tod des Straßburger Dichters wird erstmals von seinem Fortsetzer Ulrich von Türheim (wohl vor 1240) erwähnt.[10]

Unsicherer als die Datierung ist die Frage der Standeszugehörigkeit und Ausbildung des Dichters. In der Forschung wird oft auf den Umstand verwiesen, dass Gottfried in keinem Zeugnis des 13. und 14. Jahrhunderts als *her* bezeichnet wird[11] und ihm die Miniatur der Manesseschen Handschrift auch kein Wappen zuschreibt, so dass eine nichtadelige Herkunft Gottfrieds anzunehmen ist. Das auf Gottfried zuweilen wie ein Titel angewandte Attribut *meister*, das im hohen und späten Mittelalter Unterschiedliches bedeuten kann, hat zu Spekulationen Anlass geboten, ob Gottfried ein *magister* mit Universitätsstudium, ein Schul- oder gar Handwerksmeister gewesen sei (dazu ausführlich Weber/Hoffmann, B 1f: 1981, 4–8).

Grundsätzlich ist daran zu erinnern, dass die auf Gottfried bezogenen *meister*-Belege ausnahmslos in Kontexten auftreten, in denen der Straßburger Dichter als Leitfigur der mittelhochdeutschen Literatur gewürdigt wird. Sie haben somit ihren Platz in einem Diskurs über den Rang

10 Ulrich geht anscheinend davon aus, dass der »Tristan«-Dichter über seinem Werk verstorben ist (vgl. Ulr. 3 f.). Gottfrieds Lebensalter, sein Geburts- und Todesdatum sind über die genannten Anhaltspunkte hinaus kaum weiter einzugrenzen. Die Forschung tendiert zu der Annahme, dass der Dichter kein hohes Alter erreicht habe (vgl. Batts, B 1e: 1971, 13; Weber/Hoffmann, B 1f: 1981, 2). Andererseits schreibt sich der Tristanerzähler eine gewisse Lebensreife zu (*so zitic ich ze lebene bin*, 42). Wenn man Gottfrieds Hinweis, er sei (dem vor 1200 verstorbenen) Heinrich von Veldeke nicht begegnet (4733), so zu verstehen hat, dass ein Zusammentreffen beider Dichter von ihren Lebensverläufen her möglich gewesen wäre, müsste Gottfried wohl vor 1180 geboren sein.

11 Vgl. z. B. die Gegenüberstellung der Titel im »Gauriel« Konrads von Stoffeln (um 1300): *... meister Gotfrit und her Wolfram / und von Ouwe her Hartman ...* (K. v. St. 29 f.).

volkssprachlichen Dichtertums und lassen keinen unmittelbaren Rückschluss auf den Berufs- und Bildungsweg Gottfrieds zu. Dennoch steht außer Frage, dass Gottfrieds rhetorische Fertigkeiten, seine Belesenheit und Argumentationskunst auf einer gründlichen Schulbildung basieren, denn er beherrscht, wie er im Prolog des »Tristan« selbst betont (157 ff.), neben dem Französischen auch das Lateinische: Er zitiert die Schulautoren Ovid und Publilius Syrus, verfügt über Kenntnisse der antiken Mythologie, besitzt theologisches Wissen (vgl. die Nachweise bei Hoffa, B 5: 1910; Stökle, B 5: 1915) und scheint auch mit zeitgenössischer lateinischer Literatur vertraut zu sein (vgl. Bechstein/Ganz, B 1a: 1978, XXIV–XXXIX).

Gottfrieds musikalisches Wissen könnte vielleicht darauf hindeuten, dass der in den Freien Künsten (*artes liberales*) ausgebildete Dichter nach Abschluss des Triviums (Grammatik, Rhetorik, Dialektik) auch in den Fächern des Quadriviums (Arithmetik, Geometrie, Musik, Astronomie) unterrichtet wurde, und da seine Bildung, etwa in juristischer Hinsicht, noch darüber hinausgeht,[12] ist es möglich, dass Gottfried zu jenen Elsässern gehörte, die im ausgehenden 12. Jahrhundert die Universität von Paris (oder Bologna) besucht haben. So mag hinter der Bezeichnung Gottfrieds als *meister* ein akademischer *magister*-Titel stehen; dies wäre erheblich plausibler, als in ihm einen Handwerksmeister zu sehen, und ließe auch die Möglichkeit zu, dass der Straßburger Dichter eine pädagogische

12 Vgl. Huber, B 1f: ²2001, 29. – Gottfrieds medizinisches Wissen wird, da es der Tristanerzähler an einer Stelle (7935 ff.) zurückweist, medizinische Details zu nennen, von der Forschung unterschiedlich beurteilt. Vgl. dazu (mit weiterer Literatur) Torsten Haferlach, »Die Darstellung von Verletzungen und Krankheiten und ihrer Therapie in mittelalterlicher deutscher Literatur unter gattungsspezifischen Aspekten«, Heidelberg 1991, S. 76 bis 84; Bernhard D. Haage, »Studien zur Heilkunde im ›Parzival‹ Wolframs von Eschenbach«, Göppingen 1992, S. 29–33; ders. in Okken, B 1c: ²1996, 1069–1107.

Tätigkeit ausübte.[13] Letztlich ist aber die Annahme eines Universitätsstudiums nicht zu sichern, da Gottfried seine gediegene Bildung auch an einer Kathedral-, Stifts- oder größeren Klosterschule im Elsass erworben haben kann.[14]

Unter den klassischen mittelhochdeutschen Autoren ist Gottfrieds Dichter- und Bildungsprofil am ehesten dem seines Vorbilds Heinrich von Veldeke vergleichbar, in dem man einen im weltlichen Dienst tätigen Kleriker vermutet: Dieser Berufsgruppe scheint auch Gottfried anzugehören (vgl. 12257).[15] Zu seiner Zeit, in der die mittelhochdeutsche Literatur weiter an Bedeutung gewinnt, kann sich der Straßburger Dichter aber noch entschiedener als Veldeke als volkssprachlicher Autor in Szene setzen und für sich sogar die Rolle einer Autorität deutscher Dichtkunst in Anspruch nehmen (vgl. S. 140ff. zum Literaturexkurs; außerdem 131ff., 8601ff.), die wie ein Zensor über die Werke der Zeitgenossen richtet.

13 In der Forschung wird gern auf die Verse 2064–2086 verwiesen, in denen Tristans Erstleseunterricht als besonders leidvoll beschrieben wird, was gegen eine Sicht Gottfrieds als Lehrer zu sprechen scheint (so z. B. Weber/Hoffmann, B 1f: 1981, 5f.). Allerdings greifen diese Verse eine im Mittelalter verbreitete, topische Vorstellung auf: Eines der meistgebrauchten Attribute bei der bildlichen Darstellung der Grammatik, der ersten der sieben freien Künste, ist die Rute (vgl. dazu Hubert Ivo, »Grammatik, Schriftlichkeit und Vielfalt der Kulturen«, in: »Diskussion Deutsch« 103, 1988, S. 452), so dass die Verse 2064ff. keine Distanzierung gegenüber Studium und Gelehrsamkeit (vgl. Huber, B 1f: ^{2}2001, 29) darstellen müssen.

14 Über die mittelalterlichen Schulen im Elsass informiert Joseph Knepper, »Das Schul- und Unterrichtswesen im Elsass von den Anfängen bis gegen das Jahr 1530«, Straßburg 1905, der »stattliche Scharen« von Elsässern (319f.; vgl. 130f.) erwähnt, die an den Universitäten Paris und Bologna sofort nach deren Gründung studiert haben.

15 Zum Begriff des Klerikers vgl. Bumke, B 2: 1986, 682ff. Bumke betont, dass mit dem Begriff »Kleriker« im Hochmittelalter nicht primär der Inhaber eines geistlichen Amtes, sondern der geistlich Gebildete bezeichnet wird, und nennt Gottfried einen »*clericus* par excellence« (ebd. 684). Vgl. auch Jaeger, B 5: 1977, 18.

Aufgrund des Dichternamens und der vornehmlich ins Westalemannische (z. T. ins Elsässische) weisenden frühen Überlieferung des Werks geht die Forschung im Allgemeinen von Straßburg als Entstehungsort des »Tristan« aus, auch wenn dies nicht mit letzter Sicherheit beweisbar ist; zurückhaltendere Forscher sehen darin zumindest eine »ansprechende Vermutung« (Peters, B 2: 1983, 100). Ein neuerer Versuch, den Wirkungskreis Gottfrieds nach Augsburg zu verlegen (de Mandach, B 2: 1998), ist überzeugend zurückgewiesen worden (vgl. Deighton, B 2: 1999).

Dass der Name *Gotefrid*(*us*) in Urkunden Straßburgs begegnet, beweist bei einer Stadt, die am Beginn des 13. Jahrhunderts etwa 6000 bis 7000 Einwohner mit stark zunehmender Tendenz besaß (vgl. Dollinger, B 2: 1981, 39), wenig, zumal für keinen der zeitlich in Frage kommenden Namensbelege ein Zusammenhang mit dem »Tristan«-Dichter wahrscheinlich zu machen ist.[16] Es wäre ohnehin ein Glücksfall, wenn sich von einem vermutlich nichtadeligen, Auftragsdichtung verfassenden Literaten des frühen 13. Jahrhunderts urkundliche Zeugnisse erhalten hätten.

Sinnvoller scheint es, nach *Dieterich*, Gottfrieds Gönner, dessen Name sich aus dem Strophenakrostichon des Prologs ergibt (s. Abb. 3), in Straßburger Urkunden zu suchen (vgl. Wiegand, B 2: 1879, 507; Hessel/Krebs, B 2: 1928, 468 f.), doch auch hier haben die Recherchen bislang zu keinem Ergebnis geführt, zumal mehrere angesehene Träger des Namens um 1200 in Straßburg bezeugt sind (vgl. Bertau, B 1e: 1973, 961 ff.). Immerhin erhärtet das Vorhandensein von in Frage kommenden Straßburger Führungspersonen die Wahrscheinlichkeit einer Entstehung des »Tristan« in Straßburg, solange nicht an-

16 Das urkundliche Material wird am anschaulichsten gesichtet bei Bertau, B 1e: 1973, 961 ff.

dere, plausiblere Gönner dieses Namens, etwa im elsässischen Adel, ausfindig gemacht werden können.[17]

Wer dieser *Dieterich* auch gewesen sein mag – nach Bertau und anderen Forschern kommen z. B. der Straßburger Ministeriale und Ratsherr *Dieterich Stehelinus* oder der Ministeriale *Dieterich*, der Bruder des amtierenden Burggrafen von Straßburg, in Frage[18] –, die Auftragserteilung zu einem Tristanroman ist im frühen 13. Jahrhundert in keinem Falle als Akt rein privater Kunstförderung zu deuten, sondern stellt eine repräsentative, geradezu herrschaftliche Geste dar, zumal wenn man bedenkt, dass die meisten vorherigen Tristandichtungen Bezüge zum angevinisch-englischen Königshaus offenbaren. In Gottfrieds Vorlage, dem Tristanroman des Anglonormannen Thomas, sind solche Verbindungen erkennbar, und auch der »Tristrant« Eilharts von Oberg, der erste in deutscher Sprache verfasste Tristanroman, kann als welfische Dichtung in dynastischem Kontext gesehen werden (vgl. dazu Kap. 6).

Gottfrieds Gönner wird sich des ambitionierten Charakters seines Auftrags bewusst gewesen sein, der gegen 1210 in eine Phase fällt, in der sich der Straßburger Stadtrat mit dem welfischen Kaiser Otto IV., dem Sohn Heinrichs des Löwen und der englischen Königstochter Mathilde, arrangierte. Mehrere Jahre lang hatte der Straßburger Bischof Heinrich II. von Veringen im Thronstreit zwischen Welfen und Staufern die welfische Seite unter-

17 Die Möglichkeit, dass Gottfrieds Gönner dem landsässigen Adel des Straßburger Umlands angehörte, ist grundsätzlich in Betracht zu ziehen. Vgl. Gerda Sälzers (B 2: 1975, 250 ff.) Plädoyer für die Grafen von Dagsburg, das allerdings nicht zwingend erscheint, zumal von ihr das Gewicht des Schlüsselnamens *Dieterich* gering geschätzt wird.

18 Die Vermutung Krohns (B 2: 1997; ders., B 1e: 2006, 63), der Gönner des »Tristan« sei in dem in Straßburger Urkunden erwähnten *Diether cellerarius* zu suchen, impliziert, dass Gottfried im Strophenakrostichon einer Namensform huldigte, unter der sein Mäzen in den Zeugenlisten seit 1197 nicht erscheint.

stützt, während sich der Rat an den Staufer Philipp von Schwaben hielt, um sich Privilegien gegenüber dem Bischof zu sichern. Als nach dem Tod Philipps (1208) die Königswürde uneingeschränkt Otto zufiel und nun auch der Stadtrat auf den Welfen setzte (vgl. Pfleger, B 2: 1941, 59; Dollinger, B 2: 1981, 43), dürfte der Plan, einen literarischen Stoff aus dem angevinisch-welfischen Umkreis neu bearbeiten zu lassen, dem Klima in der Straßburger Führungsschicht besonders gut entsprochen haben.[19]

Je weiter man Gottfrieds »Tristan« über 1210 hinaufzudatieren bereit ist (wie z. B. Krohn, B 2: 1997, 245f.; Mertens, B 7: 1989, 53; ders., B 5: 1999, 6f. Anm. 12), desto mehr sinkt die Wahrscheinlichkeit, dass sich der Autor und sein Gönner der bischöflichen Partei Straßburgs zugehörig fühlten. Bischof Heinrich von Veringen sagte sich im Jahre 1211 von Kaiser Otto IV. los (vgl. Hessel, B 2: 1918, 272), so dass zu dieser Zeit in seiner Umgebung eine Auftragserteilung zur Bearbeitung eines Stoffes aus dem angevinisch-welfischen Umkreis wohl wenig opportun gewesen sein dürfte.

Damals (1211/12) fand in Straßburg ein in der Stadtgeschichte berühmter Ketzerprozess statt, bei dem sich auf Befehl des Bischofs mehr als 80 der Ketzerei beschuldigte Personen dem Gottesurteil des glühenden Eisens unterziehen mussten, von denen die meisten hingerichtet wurden (vgl. Pfleger, B 2: 1941, 99ff.). Dass sich Gottfried der Ketzerbewegung zugehörig gefühlt habe, wird heute kaum noch angenommen (s. S. 40f.), mit seiner viel zitierten Bemerkung vom *wintschaffenen Crist* (15735f.) äußert er sich anlässlich der Eisenprobe Isoldes aber offenbar iro-

19 Für ein kulturell fruchtbares Klima spricht auch der folgende Umstand: Im Jahre 1207 gelang es Heinrich von Veringen, seine Position maßgeblich zu stabilisieren, als er nach fünf Jahren Amtszeit endlich vom Erzbischof von Sens die Bischofsweihe erhielt – ein hochrangiger deutsch-französischer Kontakt (vgl. 8062), von dem möglicherweise die gotische Baukunst im Elsass profitierte (vgl. Dollinger, B 2: 1981, 43; Bechstein/Ganz, B 1a: 1978, XV).

nisch zum Thema des Gottesurteils. Bei einer Entstehung des »Tristan« um 1210 fällt dieser Erzählerkommentar ins unmittelbare Vorfeld des Straßburger Ketzerprozesses, so dass anzunehmen ist, dass Gottfried und sein Gönnerkreis in einer aktuellen juristischen Frage anders dachten als der Straßburger Bischof (s. S. 179 f.).[20]

Vieles deutet also auf (und nichts gegen) Straßburg als Entstehungsort des »Tristan«, was allerdings nicht zu der gelegentlich verwendeten Bezeichnung Gottfrieds als »bürgerlicher« Dichter verleiten darf (z. B. de Boor, B 1e: 1979, 121; Raab, B 5: 1977). Gottfried ist allem Anschein nach ein Gebildeter (*clericus*) in weltlichem Dienst gewesen, dessen Identität nicht zuletzt durch sein Dichtertum geprägt war – eine Lebensform, die sich mit der neuzeitliche Assoziationen weckenden Kategorie des »Bürgerlichen« nicht erfassen lässt. Auch angesichts der Möglichkeit, dass Gottfrieds Auftraggeber *Dieterich* ministerialischer Herkunft gewesen sein mag, erscheint der Begriff »bürgerlich« wenig geeignet.[21]

Die hochmittelalterliche Stadt, in der sich vielfältige Interessen gegenüberstanden und amalgamierten, muss als ein literarischer Resonanzraum eigener Art betrachtet werden. In oberrheinischen Bischofsstädten wie Straßburg hatte sich um 1200 als Gegenkraft zu den bischöflichen Stadtherren ein städtischer Rat etabliert, in dem neben angesehenen Ministerialen vermögende Kaufleute bzw. Gewerbetreibende als Führungspersonen amtierten (vgl. Langer, B 5: 1974, 13 ff.; Achtnich, B 2: 1910, 37 ff.). Die starke Differenzierung im sozialen Gefüge der

20 Noch weiter geht Bertau, B 1e: 1973, 964: »Mit dem *wintschaffenen Crist* wischt er dem Bischof eins aus.«

21 Vgl. neben Peters, B 2: 1983, auch Kurt Ruh, »Versuch einer Begriffsbestimmung von ›städtischer Literatur‹ im deutschen Spätmittelalter«, in: »Über Bürger, Stadt und städtische Literatur im Spätmittelalter. Bericht über Kolloquien der Kommission zur Erforschung der Kultur des Spätmittelalters 1975–1977«, hrsg. von Joseph Fleckenstein und Karl Stackmann, Göttingen 1980, S. 311–328.

städtischen Oberschicht (vgl. Rüther, B 2: 1997, 58ff.; Dollinger, B 2: 1981, 51ff.) zeigt sich auch an den Straßburger Ministerialen, die in eine »ritterliche« und eine am Wirtschaftsleben teilhabende Gruppe zu unterteilen sind (vgl. Mosbacher B 2: 1971). Fließende Grenzen der Interessenssphären werden an höchsten ministerialischen Ämtern, wie dem des Burggrafen, sichtbar, der dem Bischof gleichermaßen verpflichtet war wie der Kommune (vgl. von Borries, B 2: 1909, 44f.; Schmoller, B 2: 1875, 27f.; Dollinger, B 2: 1981, 29f.). Diese miteinander verflochtenen Parteiungen erwirkten im 13. Jahrhundert – ungeachtet ihrer Antagonismen, wie des zwischen 1210 und 1214 schwelenden »Ratskonflikts« (Rüther, B 2: 1997, 53; vgl. Hegel, B 2: 1870, 23f.) – einen bemerkenswerten wirtschaftlichen Aufschwung der Stadt (vgl. Schmoller, B 2: 1875).

Ein nicht nur für das geistige Klima der Stadt bedeutender Faktor waren die Straßburger Stifte, deren zum Teil hochgebildete Stiftsherren, die den ratsfähigen Geschlechtern (St. Thomas) und dem elsässischen Geburtsadel (Domkapitel) entstammten (vgl. Pfleger, B 2: 1941, 68ff.), gewiss auch am literarischen Leben teilhatten. Da, wie Le Goff gezeigt hat, die Herausbildung einer Intellektuellenschicht im 12. und 13. Jahrhundert in engem Zusammenhang mit der Entwicklung der westeuropäischen Stadtkultur steht,[22] könnte der intellektuelle Anspruch des Gottfriedschen »Tristan«, wie er z. B. im Literatur- und *huote*-Exkurs anklingt, vom städtischen Klima Straßburgs mitbegünstigt worden sein (vgl. Huber, B 1f: ^{2}2001, 28).

Angesichts derart komplexer Verhältnisse, vor denen »Bürgerlichkeit« als literatursoziologische Kategorie versagt, ist zu fragen, ob und, wenn ja, wie sich ein literarischer Stoff, der ursprünglich an Fürstenhöfen beheimatet war, verändert, wenn er in einer mittelalterlichen Stadt be-

22 Vgl. Jacques Le Goff, »Die Intellektuellen im Mittelalter«, Stuttgart 1986.

arbeitet wird.[23] Als ein Beispiel dafür kann Gottfrieds Umgang mit dem Wappen Tristans angesehen werden, das in seiner Vorlage, dem Roman des Anglonormannen Thomas, mit großer Wahrscheinlichkeit einen Löwen zeigte, der auf das englische Königshaus verwies (s. dazu Göller, B 6: 1990, 45, 61ff.); bei Gottfried trägt Tristan aber ein Eberwappen (vgl. 6614), das sich nicht auf eine bestimmte Gönnerfamilie beziehen lässt, wie die Recherchen Sälzers (B 2: 1975, 242ff.) zeigen, sondern minnemetaphorischen Zusammenhängen dient (vgl. Wessel, B 5: 1984, 246ff.; s. S. 231f.). Eine solche Befreiung der Hauptfigur von spezifischer dynastischer Symbolik zugunsten allgemeinerer Metaphorik erleichtert einem breiteren Publikum (z. B. anderen Adelsgeschlechtern) den Zugang zur Tristanfigur. Auch in zahlreichen Erzählerkommentaren, Reflexionen und Sentenzen wird die Tristanhandlung bei Gottfried als ein Lebens- und Liebesschicksal behandelt, zu dem ein kultiviertes Publikum, ob es nun aus alteingesessenem Adel, Ministerialität oder reichen Aufsteigern besteht, gleichermaßen Zugang findet. Die standesneutrale Verwendung des Begriffs *edelez herze* im Prolog des »Tristan« (s. S. 131f.) ist ebenfalls ein Indiz dafür, dass sich Gottfrieds Werk an einen ambitionierten, jedoch nicht ständisch oder dynastisch fixierten Rezipientenkreis wendet.

Auch durch den Ausbau der im Tristanroman angelegten Kaufmannsmotivik (vgl. Buschinger, B 5: 1987) dürfte Gottfried die städtisch-patrizische Interessenlage getroffen haben (vgl. auch Bekker, B 1e: 1987, 86). Die Bedeutung des Kaufmannsmotivs bei Gottfried ist u. a. durch Brennig herausgearbeitet worden (B 3: 1993, 193ff.; über die Kaufmetaphorik in der Minnehandlung s. S. 189 und 230f.), doch wird im »Tristan« nicht nur, so Brennig, die Kaufmannslist schlüssig gestaltet, Gottfried lässt seine

23 So bereits Ruh (s. S. 32 Anm. 21), S. 326.

als *koufman* auftretende Hauptfigur – stärker noch als die ebenfalls an der Kaufmannsthematik interessierte altnordische Tristram-Saga (vgl. z. B. Sag. Kap. 35) – für diesen Berufsstand Partei nehmen: *Wir sin werbende liute / und mugen uns des niht geschamen. / koufliute heizen wir binamen*[24] (8800 ff.). Solche Grundsatzaussagen zum Kaufmannsberuf (vgl. auch 9536 f.) mussten einem mittelalterlichen Großkaufmann aus dem Herzen gesprochen sein, waren aber auch für ein an adeliger Lebensweise orientiertes Publikum akzeptabel, zumal die Kaufmanns- und Edelmannsrolle, wie Brennig belegt (B 3: 1993, 83 u. ö.), im Mittelalter keine scharfen Gegensätze trennten.

Auch manche Wesenszüge der über einen bemerkenswerten Aufstiegswillen verfügenden Tristanfigur (vgl. 5671 ff.) mögen für ein gemischtes Publikum einer städtischen Oberschicht reizvoll gewesen sein: So wird Tristans Klugheit (vgl. 7885 ff.), eine Tugend, die nicht nur vom Ritter, sondern auch vom vorausschauend handelnden Kaufmann (vgl. Tomasek, B 5: 1985, 251 f.) erwartet wird und die der *listige* Tristan in beide Rollen einbringt, in einem Exkurs als modellhaft für erfolgreiches Handeln hervorgehoben (vgl. 7905ff.; vgl. Seitz, B 1e: 1979, 245).

Gottfried hätte diese doppelte Perspektive wohl kaum mit programmatischen Bemerkungen zum Kaufmannsberuf angereichert,[25] wenn er nicht mit einem Publikum gerechnet hätte, in dem neben adelig-herrschaftlicher Ambition auch Interesse am Fernhandel bestand. Im aufblühen-

24 »Wir sind Handeltreibende / und brauchen uns dessen nicht zu schämen. / So heißen wir auch Kaufleute«. Im Folgenden liefert Tristan eine Definition des Kaufmannsberufs und rechtfertigt das kaufmännische Gewinnstreben (vgl. 8806–8809).

25 Doppelbödig ist auch die Darstellung der Karriere des jungen Tristan am Markehof, da auf der Handlungsebene über längere Strecken (3097–4094) das Gedankenspiel durchgehalten wird, ein Kaufmannssohn könne einem ganzen Königshof an Erziehung überlegen sein. Nur bei Gottfried gibt sich Tristan an dieser Stelle als Kind eines Kaufmanns aus und rechtfertigt den weltlichen Beruf mit programmatischer Rede (vgl. 3099 ff.).

den und expandierenden Straßburg, das an wichtigen Handelsstraßen lag und Zugang zur Rheinschifffahrt besaß (vgl. Schmoller, B 2: 1875; von Borries B 2: 1909, 55ff.; Batts, B 1e: 1971, 151f.; ders., B 2: 2003; Dollinger, B 2: 1981, 39), wird zu Beginn des 13. Jahrhunderts ein Rezipientenkreis mit solchen gemischten Interessen vorhanden gewesen sein.

Verschiedene Charakteristika der Gottfriedschen Tristanfassung sprechen also für eine Primärrezeption des Werks in der städtischen Führungsschicht Straßburgs während der reichs- und stadtgeschichtlich bewegten Jahre um 1210. Das schließt in jedem Falle auch ein aristokratisches Rezeptionsinteresse ein, zumal Gottfrieds Werk in den folgenden Jahrzehnten nach Ausweis der handschriftlichen Überlieferung vor allem an Adelshöfen Schwabens, des Rheingebiets und Böhmens rezipiert wurde (s. S. 45ff.).

Gottfrieds »Tristan« und die geistigen Strömungen des 12. Jahrhunderts

Das 12. Jahrhundert ist als eine »geschichtliche Wasserscheide«[26] für das mittelalterliche Denken bezeichnet worden: Aufgrund der besonders an Pariser Schulen propagierten Frühscholastik, einer mit Chartres als geistigem Zentrum in Verbindung gebrachten platonistischen Naturphilosophie sowie der erstarkenden lateinischen Mystik[27], aber auch durch das Aufkommen häretischer Bewegungen[28] – um nur einige Aspekte zu nennen – entwickel-

26 Kurt Flasch, »Das philosophische Denken im Mittelalter. Von Augustin zu Macchiavelli«, Stuttgart 1986, S. 194.

27 Einen Überblick bietet Peter Dinzelbacher, »Mystik (Mittelalter)«, in: »Literatur Lexikon. Autoren und Werke deutscher Sprache«, hrsg. von Walther Killy, Bd. 14, Gütersloh, München 1993, S. 134–137.

28 Vgl. den Überblick bei Flasch (s. oben, Anm. 26), S. 194–243.

te sich im 12. Jahrhundert ein neuartiges, von Rationalität und Verinnerlichung geprägtes intellektuelles Klima,[29] an dem Gottfrieds Werk teilhat. Bis heute ist es der Forschung aber nicht gelungen, den geistesgeschichtlichen Standort Gottfrieds genauer zu klären – sein »Tristan« wurde mit jeder der genannten Strömungen in Verbindung gebracht, und nie hat es jeweils an Widerspruch gefehlt.

Nachdem durch den wegweisenden Aufsatz Rankes (B 5: 1925) über die Allegorie der Minnegrotte in Gottfrieds »Tristan« deutlich geworden ist, in welch kühnem Maße der Straßburger Dichter auf geistliche Sprach- und Denkformen zurückgreift, ist die Forschung vor allem unter dem Eindruck der Abhandlung Schwieterings über Gottfrieds »Tristan« und die Bernhardische Mystik (Schwietering, B 5: 1943) lange davon ausgegangen, dass Gottfrieds Werk maßgeblich mit der lateinischen Mystik der Zeit in Verbindung zu bringen sei. Im Verlangen nach »Einung und Entselbstung« (ebd. 24) sowie in der Todes- und Leidthematik des »Tristan« erkannte Schwietering eine innere Werthaltung, die durch die Hoheliedmystik Bernhards von Clairvaux (1090–1153) angeregt worden sei. Diese Anstöße sind von zahlreichen Forschern aufgenommen und durch Bezüge zur Mystik anderer Schulen (vgl. Tomasek, B 5: 1985, 221ff.; Haas, B 5: 1989, 162f.) oder durch Hinweise auf allgemeinere Entsprechungen zur mystischen Haltung (vgl. z. B. Mieth, B 5: 1976, 216) kritisch differenziert worden.

Noch 1983 betrachtete Allgaier die Zisterziensermystik des 12. Jahrhunderts als den entscheidenden Einfluss auf Gottfried (Allgaier, B 5: 1983), obwohl sich bereits ein Jahrzehnt zuvor Kunisch (B 5: 1971) mit Schwieterings

29 Vgl. Georg Wieland, »Rationalisierung und Verinnerlichung. Aspekte der geistigen Physiognomie des 12. Jahrhunderts«, in: »Philosophie im Mittelalter. Entwicklungslinien und Paradigmen. Festschrift für Wolfgang Kluxen«, hrsg. von Jan P. Beckmann [u. a.], Hamburg 1987, S. 61–79.

Arbeit intensiv auseinandergesetzt und die bis dahin aufgedeckten Spuren mystischen Gedankenguts im »Tristan« insgesamt für unspezifisch befunden hat (vgl. auch die kritischen Bemerkungen bei Tax, B 5: 1971, 228 ff.). Seither gehen die meisten Forscher davon aus, dass dezidiert mystische Konzepte nicht den Angelpunkt der Konzeption der Tristanliebe bilden, doch werden auch von Kunisch allgemeinere Berührungen Gottfrieds mit mystischer Tradition eingeräumt (vgl. Kunisch, B 5: 1971, 442, 448). In diesem Sinne fasst z. B. auch Haas, der gewisse Parallelen zur Liebes- und Todesmystik des 12. Jahrhunderts anerkennt (Haas, B 5: 1989, 164), die Gottfriedsche Konzeption als im Kern nicht mystisch bestimmt auf. Wenn somit die neuere Forschung die Innerlichkeit im »Tristan« nicht mehr in der lateinischen Mystik des 12. Jahrhunderts verankert sieht, bleibt unbestritten, dass mystisches Denken und Sprechen dem Tristandichter geläufig gewesen sind und an einzelnen Stellen auch in die Dichtung eingeflossen sein können (vgl. z. B. die auf das Hohelied verweisende *insigel*-Metapher 7811 ff., 19035; dazu Kunisch B 5: 1971, 448; Wessel, B 5: 1984, 503 ff.; vgl. auch Ehrismann, B 5: 1991, 126 f.).

Ein anderer Weg zur Standortbestimmung des »Tristan« wurde 1973 von Fromm beschritten, der Gottfried, nicht zuletzt wegen seiner Sprachauffassung, in die Nähe der frühscholastischen Philosophie (Nominalismus) des Petrus Abaelard (1079–1142)[30] gerückt hat (Fromm, B 5: 1973, 204 ff.). Gottfrieds Wissen um die Möglichkeit des Auseinandertretens von Wort und Bedeutung, das sich in seiner Sprachgebung und -reflexion niederschlägt, soll nach Fromm auf dem Konzept der Abaelardischen Sprachlogik beruhen – eine auch von anderen Forschern geteilte Sicht (z. B. Dickerson, B 5: 1972; Lanz-Hubmann, B 5: 1989, 191 ff.). Sie ist jedoch inzwischen durch Huber

30 Die herausragende Bedeutung Abaelards für das Denken des 12. Jahrhunderts erläutert Flasch (s. S. 36 Anm. 26), S. 211 ff.

in Frage gestellt worden, der Gottfrieds Sprachvorstellungen mit guten Gründen von lateinischen Poetiken beeinflusst sieht, die eher mit der »Schule« von Chartres als mit der Sprachphilosophie Abaelards in Verbindung zu bringen sind (vgl. Huber, B 5: 1979; Schnell, B 5: 1992, 247 ff.).

Doch hatte sich Fromm nicht allein auf Gottfrieds Sprachkonzept, sondern auch auf dessen ethische Grundsätze berufen (Fromm, B 5: 1973, 207 ff.) und erkannt, dass hinter dem im »Tristan«-Prolog formulierten Grundgedanken: *swaz der man in guot getuot, / daz ist ouch guot und wol getan*[31] (144 f.), die *intentio*-Lehre Abaelards, des mittelalterlichen Entdeckers des subjektiven Faktors in der Ethik,[32] steht (s. bereits Nickel, B 5: 1927, 66; vgl. Lanz-Hubmann, B 5: 1989, 209 ff.; Wiwczaroski, B 5: 2000; Huber, B 1f: ²2001, 40). Mit Sicherheit ist dem gebildeten Straßburger Dichter die Bedeutung Abaelards wie auch dessen spektakuläre Liebesbeziehung zu seiner Schülerin Heloise, die gewisse Parallelen zum Verhältnis von Tristan und Isolde aufweist, bekannt gewesen, aber eine eindeutige Bezugnahme auf Abaelards Lehren oder ein Studium der Abaelardischen »Ethica« bzw. des Briefwechsels mit Heloise lässt sich bislang nicht belegen, zumal Gottfried hierüber auch aus anderen Quellen erfahren haben kann. Immerhin bleibt es aufschlussreich, dass sich im Bereich der »Tristan«-Ethik eine Zuordnungsmöglichkeit zu einem vom Einzelmenschen ausgehenden moralphilosophischen Konzept des 12. Jahrhunderts ergibt (vgl. Schnell, B 5: 1992, 37 f.).

Die Schwierigkeit, den Standort des Tristandichters eindeutig zu bestimmen, zeigt sich auch an den viel versprechenden Bemühungen, in Gottfrieds Werk eine Verarbeitung Chartrenser Einflüsse, wie z. B. der Schriften

31 »Was immer der Mensch in guter Absicht tut, / das ist auch gut und richtig getan.«

32 Über Abælard als den »Entdecker der unüberspringbaren Subjektivität« s. Flasch (S. 36 Anm. 26), S. 222 f.

des Alanus ab Insulis (ca. 1125–1203), nachzuweisen, die von Jaeger und Huber forciert wurden (Jaeger, B 5: 1977; Huber, B 5: 1988, 79–135). Denn obgleich es sehr plausibel erscheint, dass der Bildungsoptimismus der »Schule« von Chartres, ihr Interesse an der Vorrangstellung des Menschen, ihre Aufgeschlossenheit gegenüber der menschlichen Sexualität oder ihr Konzept einer von gottgeduldeten Kräften wie »Natur« oder »Fortuna« regierten Welt im »Tristan« nachklingen und sich auch manche Indizien für Gottfrieds Vertrautheit mit dem Werk des Alanus finden lassen (vgl. die Zusammenstellung bei Huber, ebd. 422ff.), ist für diese Sicht bislang ebenfalls kein unumstößlicher Beweis erbracht worden. Der Vorzug des Ansatzes liegt aber darin, dass er im Vergleich zu den zuvor genannten ein besonders weitreichendes Erklärungsmodell liefert, das unterschiedlichste Aspekte des »Tristan«, wie Stil, Rhetorik, Sprachreflexion (s. S. 227ff.), einschließlich auffälliger inhaltlicher und konzeptioneller Besonderheiten – die Hochschätzung der Allegorie bei Gottfried, die doppelte Invokation im Literaturexkurs (s. S. 149f.) usw. – zu erhellen vermag. Doch bedarf der Zusammenhang zwischen Gottfrieds »Tristan« und den Werken der Chartrenser, für den auch andere Forscher plädiert haben (vgl. z. B. Ganz, B 5: 1970, 69f.; Schwarz, B 5: 1973, 220ff.; kritisch dagegen Haug, B 5: 1995, 177ff.), einer noch genaueren Untersuchung.

Die früheste und wohl eindringlichste Betrachtung des Verhältnisses Gottfrieds zu den geistigen Strömungen seiner Zeit hat Weber (B 5: 1953) vorgelegt. In dieser auch wegen ihres Belegmaterials weiterhin nützlichen Studie wird der Versuch unternommen, den Straßburger Dichter in die Nähe der zeitgenössischen Ketzerbewegungen (Amalrikaner, Katharer) zu rücken, die im geistigen Klima des 12. Jahrhunderts einen wichtigen Impuls darstellten[33]

33 Vgl. Flasch (ebd.), S. 198ff.

und zu Gottfrieds Zeit im deutschen Südwesten Fuß gefasst hatten.

Für Weber waltet z. B. in der Minnegrottenszene im Sinne der dualistischen Katharerlehre ein unüberbrückbarer Gegensatz zwischen »mystisch-sakramentalischer Herrlichkeit« und »Sinnendämonie«, und Gottfrieds Bemerkung vom *wintschaffenen Crist* wird zu einer bewussten »Christusabsage« (Weber, B 5: 1953, Bd. 1, 181 f., 124); doch lässt sich die entschieden dualistische katharische Weltlehre bei genauem Hinsehen in Gottfrieds Werk gerade nicht nachweisen. Auch deshalb hat sich Webers Ansatz weder methodisch (zu seinem fragwürdigen Hilfsbegriff einer *analogia antithetica* siehe z. B. Mieth, B 5: 1976, 128) noch im Gesamtergebnis durchsetzen können (für Einzelheiten s. Fourquet, B 5: 1973; vgl. auch Gruenter, B 5: 1954; Bertau, B 5: 1983, 124), obwohl es bis in die 1970er Jahre nicht an Versuchen gefehlt hat, in Gottfrieds Werk ketzerische Züge hineinzulesen (z. B. Betz, B 5: 1969; Bayer, B 5: 1978; vgl. die Kritik bei Schnell, B 5: 1982, 339 f.).

Es wird deutlich, dass die Suche nach dem geistesgeschichtlichen Standort des Tristandichters, so wichtig sie ist, nicht übertrieben werden darf, denn Gottfrieds Werk stellt zuallererst ein Zeugnis volkssprachlicher höfischer Epik dar und hat den Bedürfnissen eines wohlhabenden, auf Repräsentation bedachten Laienpublikums Rechnung zu tragen. Höfische Epiker wie Gottfried oder Wolfram von Eschenbach muten ihrem Publikum durchaus kühne Stellungnahmen und Entwürfe zu, doch sind weder programmatische Parteinahmen für eine philosophische Richtung noch verschlüsselte sektiererische Bekenntnisse von ihnen zu erwarten.

Auf der Höhe seiner Zeit stehend und vertraut mit ihren geistigen Strömungen, ist Gottfried als volkssprachlicher Romanautor vor allem ein Exponent der aus Frankreich kommenden höfischen Kultur (vgl. Bumke,

B 2: 1986), die im 12. Jahrhundert vom europäischen Hochadel gefördert wurde und im 13. Jahrhundert auch die Oberschichten größerer Städte erfasste. Maßgeblich für diese elitäre Laienkultur waren u. a. die Propagierung eines sinnlichen Liebeskultes (vgl. Jaeger, B 5: 1999, bes. S. 192ff.) und die Hochschätzung weltlicher Lebensführung ohne häretische Intention.[34]

Der Anspruch dieser höfischen Laienkultur, die viele Bereiche des adeligen Lebens (Feste, Kleidung, Turnier, Erziehung u. a. m.) erfasste und von volkssprachlichen Dichtern propagiert wurde, findet sich bei Gottfried in der Formel *got unde der werlde gevallen* (8013), die geradezu als Motto höfischer Kultur gilt (vgl. Hofbauer, B 5: 1997, bes. S. 352f.). Auch sind *hof* und *hövesch* Leitwörter seines »Tristan« (vgl. Kolb, B 5: 1977; Morsch, B 5: 1984, 11ff.) und werden mit ihren Ableitungen (*hövescheit* usw.) rund zweihundertmal gebraucht (vgl. Valk, B 1: 1958). Der Erzähler bemüht sich, *rede, diu niht des hoves si* (7954), zu meiden, und bereits die Ausführlichkeit, mit der im »Tristan« Hofszenen geschildert werden, macht das besondere Interesse Gottfrieds am höfischen Leben – an seiner Ästhetik, aber auch an seinen Schattenseiten – deutlich (vgl. Küsters, B 5: 1986). Vermutlich sah Gottfried als gebildeter weltlicher Kleriker, dem die zu seiner Zeit in lateinischen Texten geführte Diskussion über das Hofleben bekannt gewesen sein dürfte (vgl. Jaeger, B 5: 1984), seine Aufgabe auch darin, den Rezipienten Formen und Probleme des höfischen Daseins vor Augen zu führen und ihnen das Bewusstsein zu vermitteln, Bestandteil der höfischen Welt zu sein (vgl. auch Seitz, B 1e: 1979, 238ff.).

34 Vor diesem Hintergrund ist die Katalogisierung der Münchener Tristanhandschrift M durch einen Bibliothekar Herzog Albrechts V. von Bayern im Jahre 1582 in die Rubrik der Bücher, die *seind Catholici* (und nicht: *seind haereticj*) aufschlussreich (vgl. Montag im Textband zur Faksimile-Ausgabe, B 1a: 1979, 61).

Diese höfische Kultur leistete selbstbewusst einer Emanzipation des diesseitigen Lebensgefühls Vorschub, das durch feinere Umgangsformen, anspruchsvollere Normen und Ideale eine Aufwertung erfuhr. Kühner noch als mancher Dichterkollege widmet Gottfried sein Werk dem kultivierten diesseitigen Leben, der *werlde*, wie es im »Tristan«-Prolog heißt, ohne dass darin eine kirchenfeindliche Haltung zu erkennen wäre. Gottfrieds weltliche Tätigkeit (vgl. 41 ff.) und die weltliche Stellung seiner Straßburger Gönner mögen für die Diesseitsstimmung seiner Tristanversion mitverantwortlich sein, denn der Dichter rechnet sich und sein Publikum ausdrücklich zu denen, *die zer werlde haben muot* (12257).

Wenn man Gottfrieds »Tristan« einer maßgeblichen zeitgenössischen Grundströmung zuweisen wollte, hätte man ihn nach heutigem Forschungsstand zuerst als ein Zeugnis dieser höfischen Laienkultur zu betrachten. Seine gelehrte Sprach- und Denkschulung, die dem Roman ein besonderes Gepräge verleiht, ermöglicht es Gottfried überdies, moderne Ansätze wie den ethischen Intentionalismus aufzugreifen und eine volkssprachliche Erzählung von ungewöhnlich intellektuellem, teilweise moralphilosophischem Zuschnitt zu verfassen.

Zusammenfassung

Der Versuch einer Annäherung an den Straßburger Tristandichter kann nur auf wenigen Fakten aufbauen und ist weitgehend auf Interpretationen und Wahrscheinlichkeitsabwägungen angewiesen. Als gesichert darf immerhin gelten, dass der Elsässer Gottfried von Straßburg – ein Epiker und Sangspruchdichter – seinen Tristanroman um 1210 verfasste. Er besaß eine gediegene, über das Trivium hinausgehende Bildung und war mit dem intellektuellen Klima des 12. Jahrhunderts sowie mit der höfischen Literatur seiner Zeit gut vertraut. Es besteht kein Anlass, in ihm einen Häretiker zu sehen.

Wahrscheinlich ist Gottfried nichtadeliger Herkunft gewesen. Vieles spricht dafür, dass er in der Funktion eines Klerikers mit weltlichen Aufgaben für einen Gönner namens *Dieterich* aus der Straßburger Oberschicht dichtend tätig war, was es ihm erleichtert haben mochte, eine Art »Berufsdichterprofil« zu kultivieren. Er könnte bald nach 1210 verstorben sein.

Denkbar ist, dass Gottfried eine Universitätsausbildung in Paris (oder Bologna) erhalten hat und Kenntnisse zeitgenössischer lateinischer Schriften, z. B. aus der »Schule« von Chartres, besaß.

III

Von den »Tristan«-Handschriften zu den Editionen

Bis zu den Druckausgaben der Neuzeit weist die Veröffentlichungsgeschichte von Gottfrieds »Tristan« gewisse Eigenheiten auf. Schon im Mittelalter ist das Werk des Straßburger Dichters nicht überall gleichermaßen intensiv tradiert worden, und für die Zurückhaltung vieler Gelehrter des 19. Jahrhunderts kann Lachmanns Verdikt über die Unmoral der Gottfriedschen Dichtung als charakteristisch gelten (s. S. 238). Diese Stellungnahme eines der Begründer der Germanistik hat der philologischen Beschäftigung mit Gottfrieds Dichtung im 19. Jahrhundert mit Sicherheit geschadet; vielleicht wäre die Editionsgeschichte des »Tristan« glücklicher verlaufen, wenn es bereits der Lachmann-Schule möglich gewesen wäre, sich für Gottfrieds Roman zu erwärmen.

Zur handschriftlichen Überlieferung

Die jüngste Untersuchung der handschriftlichen Überlieferung des »Tristan« durch Wetzel (B 3: 1992), die sich auf die »Tristan«-Fragmente konzentriert und einen neuen Forschungsstand geschaffen hat, führt insgesamt 28 Textzeugen an: 11 vollständige Handschriften und 17 Fragmente, die in der Gottfriedforschung durch Groß- und Kleinbuchstaben unterschieden werden. Unlängst ist ein weiteres Fragment hinzugekommen, dem Klein (B 3: 2006, 216) die Sigle ff gegeben hat.

H   Heidelberg, Cpg 360; 4. Viertel 13. Jahrhundert; rhfrk. auf alem.-elsäss. Grundlage

M   München, Cgm 51; 5. Jahrzehnt 13. Jahrhundert; ostalem.-bair.

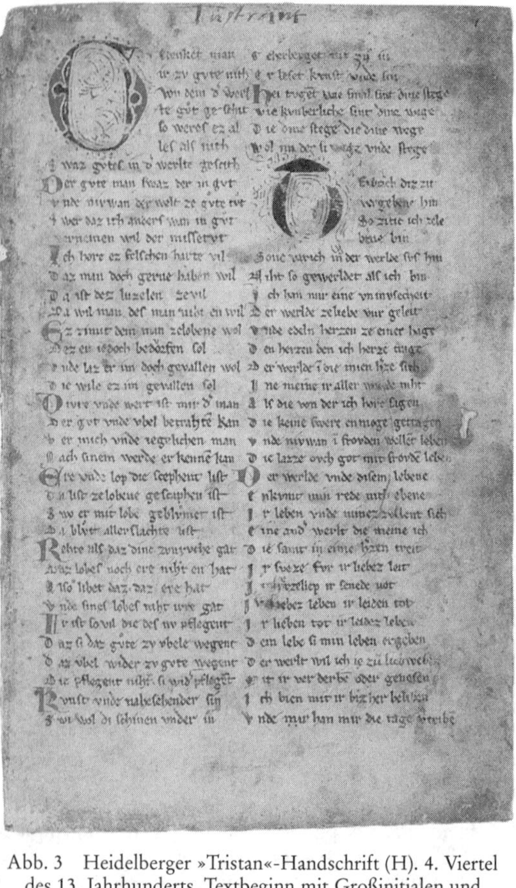

Abb. 3 Heidelberger »Tristan«-Handschrift (H). 4. Viertel des 13. Jahrhunderts. Textbeginn mit Großinitialen und Akrostichon

F Florenz, Ms. B.R. 226; 1. Hälfte 14. Jahrhundert; alem. Grundlage bei omd. (böhmischem) Schreiber
W Wien, Cod. vindob. 2707,3; 1. Hälfte 14. Jahrhundert; westalem. mit ostalem. Einflüssen
B Köln, Nr. *88; 1323; mittelfrk.
N Berlin, Ms. germ. qu. 284; Mitte 14. Jahrhundert; mittelfrk.
O Köln, Nr. *87; um 1420/30; moselfrk./rheinhess.
E Modena, Ms. Est. 57; 3. Viertel 15. Jahrhundert; ostalem.
R Brüssel, Ms. 14697; um 1440 [nach Saurma-Jeltsch, B 3: 1999, 249: um 1455–60]; elsäss.
*S Hamburg, Cod. ms. germ. 12; verschollene Abschrift eines verschollenen Codex von 1489; alem.-elsäss.
P Berlin, Ms. germ. fol. 640; 1461; schwäb.

a Innsbruck, Cod. FB 1519/III; 1. Hälfte 13. Jahrhundert; ost-alem. Merkmale bei westalem. Grundlage
b Wien, Cod. vindob. 15340; 2. Drittel 14. Jahrhundert; omd.
e1/e Hamburg, Cod. germ. XV, 3a und XV,3; 13./14. Jahrhundert; omd.
f1/f Augsburg, Fragm. germ. 31 und Köln, G. B. Kasten A Nr. 44; 1. Hälfte 13. Jahrhundert; westalem.
ff Frankfurt a. M., Fragm. germ. II5; obd. (alem.?)
g Linz, Pa I/3b; Wende 14./15. Jahrhundert; omd.
h verschollen; 2. Hälfte 13. Jahrhundert; westalem.
l Berlin, Ms. germ. fol. 923, Nr. 5; Wende 13./14. Jahrhundert; westalem.
m Berlin, Ms. germ. fol. 923, Nr. 4; Mitte 13. Jahrhundert; westalem. (elsäss.)
n München, Cgm. 5249/75; 1. Hälfte 15. Jahrhundert; ostfrk.
ö Augsburg, o. Sign.; Wende 13./14. Jahrhundert; westalem.

q1/q Dillingen, Hss.-Fragm. 25, und Heidelberg Hs. 63; 2. Hälfte 13. Jahrhundert; ostalem. bei westalem. Grundlage

r Frankfurt a. M., Ms. germ. oct. 5; Wende 13./14. Jahrhundert; westalem.(?) rhfrk. (?)

s Straßburg, Coll. Bibl. nat. et univ., Ms. 2280; 2. Hälfte 13. Jahrhundert; ostalem.

t Tübingen, Ms. Md. 671; 1. Hälfte 13. Jahrhundert; ostalem. bei westalem. Grundlage

v Würzburg, M. p. misc. f. 35; Anf. 14. Jahrhundert; rhfrk. oder ostfrk.

w Wien, Cod. vindob. 2707,1; Anf. 14. Jahrhundert; westalem. Grundlage mit ostalem. Einschlägen

z/z1 Zürich, Sammelmappe C VI 1, Mappe VI, Nr. 6a; 70er Jahre des 13. Jahrhunderts; (west?)alem.[1]

Damit ist Gottfrieds »Tristan« zahlenmäßig etwa ebenso stark überliefert wie der »Iwein« Hartmanns von Aue und gehört zu den beliebtesten mittelhochdeutschen Versromanen, wenngleich er sich nicht mit dem »Parzival« und dem »Willehalm« Wolframs von Eschenbach messen kann, die mit je etwa 80 erhaltenen Textzeugen mittelhochdeutsche »Bestseller« waren. Im Unterschied zum »Iwein« oder »Parzival«, deren Überlieferung sich vom 13. bis zum 15. Jahrhundert über die Breite der deutschen Sprachlandschaft, so z. B. auch auf den niederdeutschen Bereich, erstreckte, sind die erhaltenen Gottfried-Handschriften – von einer Überlieferungsinsel im ostmitteldeutschen Raum seit etwa 1300 abgesehen – im Südwesten

1 Angaben nach Wetzel, B 3: 1992, 39 ff. und Klein, B 3: 2006, 215 f.; dort weitere Einzelheiten. – Ältere Zusammenstellungen der Tristanüberlieferung finden sich u. a. bei Klein, B 3: 1988, 160 ff.; Marold, B 1a: 2004, IX ff., 339 ff. (Nachw. von Schröder); Textabbildungen aus den vollständigen Handschriften und aus Fragment a bietet Steinhoff, B 3: 1974 (zu den einzelnen Textzeugen s. ebd. IV ff.). Zu Handschrift P s. neuerdings Mertens, B 3: 1994; zu B Brüggen/Ziegeler, B 3: 2002; zu R Saurma-Jeltsch, B 3: 1999; zu W Firchow, B 1a: 2004, XXX ff.

und Westen Deutschlands entstanden, in einer Region, die von Straßburg rheinabwärts ins Mittelfränkische reicht und rheinaufwärts das West- sowie das Ostalemannische bis in den bairischen Grenzraum umfasst (vgl. Klein, B 3: 1988, 118 sowie 124ff.). Im bairisch-österreichischen sowie im niederdeutschen Gebiet finden sich zwar Hinweise auf den Besitz von »Tristan«-Handschriften, nicht aber auf deren Herstellung. Nach Klein, dem diese Einsichten zu verdanken sind, zeugt die eingeengte Überlieferungslage des »Tristan« »von einer fast provinziellen Beschränktheit«, die »in merkwürdigem Kontrast zum herausragenden literarischen Rang des Werkes« stehe (ebd. 125). Doch sind die Ausmaße und das kulturelle Gewicht des Gebietes, in dem Gottfried-Handschriften hergestellt wurden, auch nicht zu unterschätzen.

Für die räumliche Einschränkung der Produktion von »Tristan«-Handschriften nennt Klein bedenkenswerte Gründe: Zum einen dichtete Gottfried abseits des bairisch-ostfränkisch-thüringischen Raumes, in dem sowohl bedeutende adelige Förderer der mittelhochdeutschen Epik ansässig als auch gewisse »Schienen« der Literaturverbreitung vorhanden waren, von denen u. a. die Wolfram-Rezeption begünstigt wurde (vgl. ebd. 127);[2] zum anderen scheint die Thematik der unbezwingbaren Liebe für die erzählende Literatur des Westens und Südwestens eine größere Attraktivität besessen zu haben als im östlichen Sprachraum, so dass das Interesse am Tristanstoff offenbar auch von regionalen Geschmacksunterschieden bestimmt wurde (vgl. ebd. 126; Bertelsmeier-Kierst, B 3: 2003, 34–40).

Umso bemerkenswerter ist die ausgeprägte Überlieferungsinsel des Gottfriedschen »Tristan«, die sich etwa

2 Für Klein ist Gottfried deshalb eher ein »Außenseiter«, der in Wolfram den »erfolgreichen Protagonisten« der »bestimmenden literarischen Szene« erkennt und ihn im Literaturexkurs mit »bitteren Ausfällen« attackiert (Klein, B 3: 1988, 127f.).

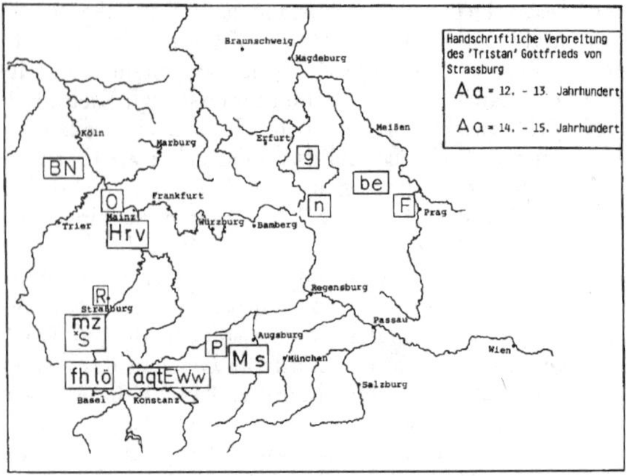

Schaubild 1:
Handschriftliche Verbreitung des »Tristan« Gottfrieds von Straßburg (nach Klein, B 3: 1988, 118; erw. um d. Neufunde e, ö, v)

vom ausgehenden 13. bis ins frühe 15. Jahrhundert im ostfränkisch-ostmitteldeutsch-böhmischen Raum gebildet hat (F, b, e1/e, g, n). Sie beruhte offenbar auf den literarischen Interessen im Umkreis des böhmischen Přemyslidenkönigs Wenzel II. (1278–1305), vor allem aber, wofür die Datierung der Zeugnisse spricht, der nachfolgenden Luxemburger, und profitierte nicht zuletzt vom Wirken Heinrichs von Freiberg, des Fortsetzers von Gottfrieds »Tristan«, in den Kreisen des böhmischen Hochadels (vgl. dazu Wetzel, B 3: 1993).

Neben der geographischen ist auch die zeitliche Verteilung der Gottfried-Handschriften aufschlussreich. Drei Viertel der erhaltenen Zeugnisse – alle auf Pergament –

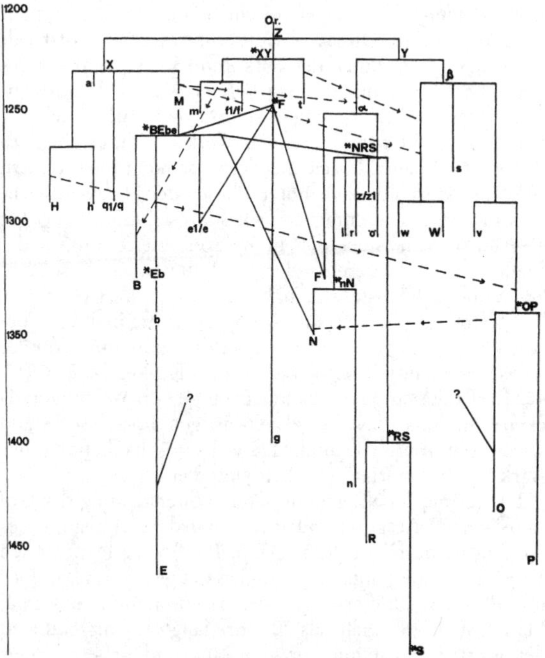

Schaubild 2:
Stemma zur handschriftlichen Überlieferung des »Tristan«
Gottfrieds von Straßburg (nach Wetzel, B 3: 1992, 403)

stammen aus dem 13. und der ersten Hälfte des 14. Jahrhunderts, d. h. aus jenem Zeitraum, in dem noch mittelhochdeutsche Versromane gedichtet wurden. Die zweite Hälfte des 14. Jahrhunderts, aus der kein Beleg erhalten ist, erweist sich als Stagnationsphase, bevor die Nachfrage nach (Papier-)»Tristan«-Handschriften im 15. Jahrhundert wieder ansteigt. Dieses erneute Interesse an Gottfrieds »Tristan« im Zeitalter des aufkommenden frühneuhochdeutschen Prosaromans mag bereits Ausdruck nostalgischer literarischer Regungen sein – vom Buchdruck der frühen Neuzeit wird Gottfrieds Werk im Unterschied zu den Prosaromanen bezeichnenderweise nicht mehr erfasst.

Während sich die genannten Phasen der Handschriftenproduktion am Stemma der »Tristan«-Überlieferung gut ablesen lassen, sind die komplexen Beziehungen der Handschriften untereinander im Rahmen eines solchen Schaubildes höchstens annäherungsweise darstellbar, da den Schreibern von »Tristan«-Kopien häufig mehrere Vorlagen zur Verfügung standen (über die Kontamination der »Tristan«-Handschriften vgl. schon Ranke, B 3: 1917, 403 f.). In diesem Sinne kann das obige von Wetzel entwickelte Stemma, das den gegenwärtigen Forschungsstand wiedergibt, nur als modellhafte Veranschaulichung der stark kontaminierten Überlieferung dienen.

Die (immer noch) grundlegende Untersuchung der Gesamtüberlieferung des »Tristan« wurde zu Beginn des 20. Jahrhunderts von Ranke (B 3: 1917) vorgelegt. Zu den Ergebnissen der über zweihundertseitigen Studie, die als philologische Pioniertat gilt, gehört ein Stemma mit zwei Hauptästen,[3] das mehr als 70 Jahre lang die Vorstellungen der Gottfriedforschung prägte. Aufgrund neuerer Fragmentfunde vertritt Wetzel im Gegensatz dazu ein dreigliedriges Modell (s. Schaubild 2), bei dem auf den Archetyp (Z) nicht nur eine X-Klasse, deren Erscheinungsbild von älteren Textzeugen (wie M, H, a, h) geprägt ist, und ein zahlenmäßig stärkerer Y-Ast mit vergleichsweise jüngeren Texten (wie R, *S, O, P, n) zurückgehen, sondern auch ein dritter *XY genannter Ast, dem Wetzel neben

3 Ranke, B 3: 1917, 404. Das Rankesche Stemma ist mehrfach in Überblicksdarstellungen übernommen worden (vgl. z. B. Weber/Hoffmann, B 1f: 1981, 14; Steinhoff, B 3: 1974, V; Wetzel, B 3: 1992, 402).

Neufunden (g, f1, e1/e) einige frühe Fragmente zurechnet, die bei Ranke noch der Y-Klasse angehörten (m, f, t). Deutlich sind in Wetzels Stemma impulsgebende Hauptknoten erkennbar (*BEbe, *NRS), zu denen auch die Handschrift *F zu rechnen ist, von der ein maßgeblicher Teil der ostmitteldeutschen »Tristan«-Überlieferung (F, b, e1/e, g) abhängt.

Sehr oft wurden von den Schreibern mehrere Vorlagen zur Textherstellung herangezogen. Diese für die »Tristan«-Überlieferung typischen »fast philologisch anmutenden handschriftencollationen« (Ranke, B 3: 1917, 416) hatte Ranke mit der Annahme erklärt, dass die Herstellung von Gottfried-Manuskripten durch das ganze 13. Jahrhundert »ausschliesslich oder doch hauptsächlich« (ebd.) in einer Straßburger Schreibstube vor sich gegangen sei, die er, aufgrund einer Bemerkung bei Rudolf von Ems (W. v. O. 2285f.), mit der Kanzlei des Stadtschreibers *magister* Hesse identifizierte (ebd. 415). Diese Auffassung, die bis in die 70er Jahre des 20. Jahrhunderts die Handbücher bestimmte, lässt sich inzwischen nicht mehr aufrechterhalten (vgl. den Forschungsbericht bei Wetzel, B 3: 1992, 52ff.); zuerst wurde Rankes Sicht von der Rolle Meister Hesses durch Bonath (B 3: 1970, 33ff.) erschüttert, später ist die Vorstellung von einer Konzentrierung der »Tristan«-Überlieferung in Straßburg mit Hilfe genauerer Schreibdialektbestimmungen widerlegt worden (Klein, B 3: 1988). Wetzels Untersuchung hat ebenfalls ergeben, dass Gottfrieds »Tristan« bereits im 13. Jahrhundert in mehreren west- und ostalemannischen Skriptorien sowie im rheinfränkischen Raum kopiert wurde.

Dass in fast allen frühen Fällen von Handschriftenkontaminationen der X-Ast im Spiel ist, deutet vielleicht auf ein besonderes Renommee dieses Zweigs in der »Tristan«-Überlieferung des 13. Jahrhunderts hin. X selbst könnte ein Text gewesen sein, der im Umkreis des staufischen Amtsträgers Konrad von Winterstetten, in den Autoren wie Rudolf von Ems und Ulrich von Türheim gehörten, betreut wurde, da sowohl M als auch H die Konrad gewidmete Fortsetzung Ulrichs enthalten.

Während der etwa in den späten 30er Jahren entstandene X-Ast wohl von vornherein mit der Fortsetzung Ulrichs von Türheim versehen war, ist Gottfrieds Text sowohl im *XY- als auch im Y-Ast zunächst ohne Abschluss tradiert worden.[4] Obwohl ein Interesse der Auftraggeber an einer Ergänzung bestanden haben müsste, sind der Züricher Text z/z1 und der Wiener Codex (W) trotz Kollationsbeziehungen ohne Fortsetzung geblieben. Es ist vor 1300 deshalb nicht erkennbar, dass Schreiber, die von einer *XY- oder Y-Vorlage ausgingen, primär der Fortsetzung wegen nach einem Exemplar des X-Astes Ausschau gehalten haben.

Insgesamt fällt auf, dass Gottfrieds Fragment in den Handschriften sehr variabel fortgesetzt wurde:

H	Fortsetzung Ulrichs von Türheim
M	Fortsetzung Ulrichs von Türheim (gekürzt)
F	Fortsetzung Heinrichs von Freiberg
W	ohne Fortsetzung
B	Fortsetzung Ulrichs von Türheim (gekürzt)
N	Fortsetzung Ulrichs von Türheim (gekürzt) bis v. 2511
O	Fortsetzung Heinrichs von Freiberg bis v. 6705
E	Fortsetzung Heinrichs von Freiberg
R	»Tristan als Mönch« + Fortsetzung Ulrichs von Türheim v. 2855–3661
*S	»Tristan als Mönch« + Fortsetzung Ulrichs von Türheim v. 2855–3661
P	Fortsetzung Ulrichs von Türheim v. 1–14 + Eilhart von Oberg: »Tristrant« ab v. 6103

4 Die folgenden Ausführungen nach Wetzel, B 3: 1992, 39ff. und 397.

e1/e Fortsetzung Heinrichs von Freiberg
g Fortsetzung Heinrichs von Freiberg (?)
z/z1 ohne Fortsetzung.

Die meisten (vollständigen) Gottfried-Handschriften (W, B, O, E, R, *S, P) enthalten nur Texte des »Tristan«-Komplexes, lediglich vier Textzeugen bieten eine darüber hinausgehende Mitüberlieferung:

H Freidanks »Bescheidenheit«
F Hartmanns von Aue »Iwein«
N »Sächsische Weltchronik«, Bispel, Minnereden und Liedstrophen
z/z1 Wolframs von Eschenbach »Parzival«.

Offenbar stellen F und z/z1 Klassikersammlungen dar, während die Tristanhandlung im Kontext von N als Modellfall eines höfischen Liebesschicksals verstanden worden sein könnte und der Auftraggeber von H in den gnomischen Zügen des »Tristan« eine Nähe zu Freidanks Sprüchen erkannt haben mag (s. S. 298).

Für die meisten der vollständigen »Tristan«-Handschriften (H, M, F?, W, B, N, E) lässt sich, zumindest vorübergehend, eine Aufbewahrung an Adelshöfen belegen. Dabei haben viele Codices offenbar nicht nur in Regalen gestanden, sondern sind, wie z. B. an den abgegriffenen Illustrationen der Handschrift M und anderen Benutzerspuren (z. B. Anstreichungen in H, B, N, O) zu erkennen ist (vgl. dazu Deighton, B 3: 1984), durchaus gelesen worden.

Stets hat die Gottfriedphilologie den aus dem 13. Jahrhundert stammenden Handschriften des X-Astes eine besondere textkritische Bedeutung zugemessen, vor allem dem Innsbrucker Fragment a, von dem angenommen wird, dass es dem Archetyp (Z) und wohl auch Gottfrieds Original (Or) in mancher Hinsicht nahe kommt. Dies gilt

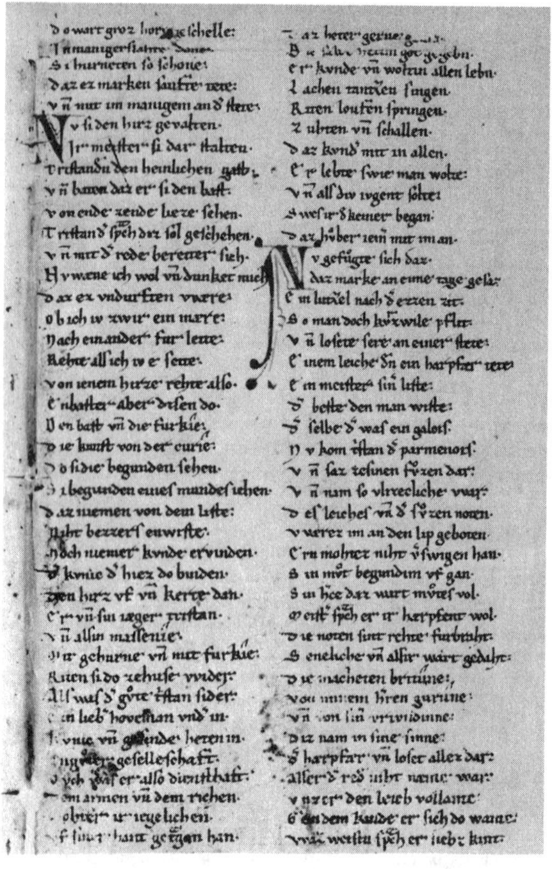

Abb. 4 Das Innsbrucker Tristanfragment. 1. Hälfte des 13. Jahrhunderts.

z. B. für dessen äußere Einrichtung als zweispaltiger, etwa 40-zeiliger Codex mit einer Textgliederung in Haupt- und Unterabschnitte durch farbige bzw. verzierte Initialen und Majuskeln (s. Abb. 4).[5] Darüber hinaus zeigt dieser wahrscheinlich älteste Überlieferungsträger eine Fülle von Wortzusammenschreibungen (wie *enbaster*, *woltin*, *kunder*), die in der späteren Überlieferung zumeist aufgelöst wurden. Hierbei handelt es sich, wie Ranke (B 3: 1948, 529 ff.) gezeigt hat, oftmals um Vortragshilfen, die vermutlich bereits Gottfrieds Original aufwies – ein Indiz, dass das Werk in der ersten Hälfte des 13. Jahrhunderts (auch) für den mündlichen Vortrag bestimmt war.

Die älteste erhaltene Gesamthandschrift ist der nur wenige Jahrzehnte nach Gottfrieds Schaffen entstandene Münchener Codex Cgm 51 (M), von dem eine schöne Faksimile-Ausgabe mit ausführlichem Einführungsband vorliegt (Faksimile-Ausgabe, B 1a: 1979). Auch dieser Text gehört zur X-Klasse und gilt in der Forschung nicht nur wegen seines Alters und seiner Bildszenen als prominenter Textzeuge, sondern auch weil er in dem bedeutenden Wolframcodex Cgm 19 eine im selben Skriptorium entstandene Schwesterhandschrift besitzt. Als Schreibort kommt nach Kleins Vermutung die Kanzlei Konrads des IV., des letzten Stauferkönigs, in Frage, so dass die Auftraggeber von M in staufisch-wittelsbachischen Kreisen zu suchen wären (Klein, B 3: 1990, 64 ff.; vgl. Deighton, B 2: 1999, 6).

M ist für die Forschung auch deshalb von Interesse, weil die Handschrift – wie andere im selben Skriptorium entstandene Codices – signifikante Kürzungen aufweist (vgl. Klein, B 3: 1992, 61), die sie über *BEbe an B und E (auch N) weitergegeben hat,[6] so dass der Text von MBE in der Forschung gern als »Kurzfassung« des »Tristan« bezeich-

5 Dazu Ranke, B 3: 1917, 404 f., 427; Wetzel, B 3: 1992, 74 ff.

6 Zur komplexen Konstellation im Umkreis des *BEbe-Knotens s. Wetzel, B 3: 1992, 375 ff., 392; Klein, B 3: 1992, 56 ff.

net wird.[7] Von einer Kurzfassung im Sinne einer eigenständigen, geplanten Gesamtredaktion kann hier allerdings kaum gesprochen werden, da es sich nach Klein (ebd.) um vom Schreiber nicht zuletzt aus Platzersparnisgründen während des Schreibvorgangs vorgenommene Straffungen handelt. Aus diesem Grund ist auch Marolds (B 1a: 2004, LIVf.) – zuletzt noch einmal von Peschel (B 5: 1976, 103ff.) vertretene – These, der M-Text stelle eine auf Gottfried zurückgehende ältere Fassung des »Tristan« dar, nicht haltbar (vgl. Klein, B 3: 1990, 54 Anm. 95). Peschels Liste der Auslassungen von über 2000 Versen im Bereich der MBE-Gruppe zeigt aber andererseits, dass die Kürzungen der MBE-Bearbeitung, der z. B. Gottfrieds Grottenallegorese zum Opfer fiel, insgesamt recht geschickt vorgenommen wurden, so dass neuerdings Baisch (B 3: 2006, 115–123, 146–305) die These vertritt, die Münchener Handschrift biete eine harmonisierende, die Komplexität des Gottfriedschen Werks zugunsten eines handlungsorientierten Erzählens reduzierende Werkgestalt. (Mit den Fehlstellen in M befassen sich auch Brüggen/Ziegeler, B 3: 2002, 46ff.)

Die Wirkung, welche die nicht mehr autornahe M-Version auf die Gottfried-Überlieferung hatte, ist vielleicht aus dem Renommee von M als einer »aus gutem Hause« stammenden Handschrift zu erklären. Bei der Abschrift des M-Texts war es allerdings erforderlich, wie Ranke (B 3: 1917, 231) gezeigt hat, einen früh entstandenen Textverlust durch Hinzuziehung einer zweiten Handschrift (nach Wetzel: *F) auszugleichen. Dass solcher Aufwand nicht gescheut wurde, deutet ebenfalls auf ein besonderes Prestige des Textzeugen hin.

7 Vgl. Peter Strohschneider, »Höfische Romane in Kurzfassungen. Stichworte zu einem unbeachteten Aufgabenfeld«, in: ZfdA 120 (1991), S. 419–438; Nikolaus Henkel, »Kurzfassungen höfischer Erzähldichtungen im 13./14. Jahrhundert. Überlegungen zum Verhältnis von Textgeschichte und literarischer Interessenbildung«, in: »Literarische Interessenbildung im Mittelalter. DFG-Symposion 1991«, hrsg. von Joachim Heinzle, Stuttgart/Weimar 1993, S. 39–59.

Unter den vollständigen »Tristan«-Handschriften wird der zweitälteste, noch aus dem 13. Jahrhundert stammende Codex, die Heidelberger Handschrift (H), insgesamt den Anforderungen an eine Leithandschrift am meisten gerecht (vgl. Wetzel, B 3: 1992, 80); so dürfte z. B. die Textauszeichnung durch Initialen und Kapitelzeichen in H dem Gliederungsprinzip des Archetyps noch nahe stehen, während in M die Initialengliederung aus ästhetischen Gründen rigoros verändert wurde (vgl. Ranke, B 3: 1917, 230). H stellt auch das einzige erhaltene Zeugnis dar, in dem das *Dieterich*-Akrostichon des Prologs durch farbige Großbuchstaben hervorgehoben wird (s. Abb. 3).[8] Dieser für die Textkritik besonders bedeutsame Codex des X-Astes liegt bislang nicht als Faksimile, sondern nur in einem Abdruck vor, bei dem allerdings unter Benutzung von Rankes kritischer Ausgabe mehrfach in den Text eingegriffen wurde (Spiewok, B 1a: 1989). Textgetreu ist dagegen der kürzlich erschienene Abdruck der Wiener Handschrift W (Firchow, B 1a: 2004), eines Zeugen des Y-Astes.

Drei Handschriften von Gottfrieds »Tristan« aus dem 13., 14. und 15. Jahrhundert (M, B, R) enthalten eindrucksvolle – dabei sehr unterschiedliche – Bilderzyklen, über die mehrere Spezialuntersuchungen vorliegen. Die in den Münchener Codex M eingefügte Sequenz von 118 (erhaltenen) farbigen Illustrationen (vgl. Faksimile-Ausgabe, B 1a: 1979) bleibt in den Details häufig eng am Gottfried-Text (für Einzelheiten s. Falkenberg, B 3: 1986; Walworth, B 3: 1991; Kunerth, B 3: 1999; Baisch, B 3: 2006, 133–145; die weitere Forschung verzeichnen Brüggen/Ziegeler, B 3: 2002, 32 Anm. 54), was auch für die neun Federzeichnungen der Kölner Handschrift B gilt (dazu Brüggen/Ziegeler, B 3: 2002, 31 ff., 60 ff., mit Abb.). Insgesamt erweisen sich

8 Über die Initialengebung aller vollständigen Handschriften informiert Klein, B 5: 1972, 34–96. Mehrere Fragmente werden berücksichtigt bei Gravigny, B 5: 1971.

die Text-Bild-Bezüge in den »Tristan«-Handschriften als durchaus komplex, da die Miniaturenzyklen eigenständige Darstellungssysteme bilden. Dass hierdurch den Texten zusätzliche Verständnishorizonte eröffnet werden, hat auch Saurma-Jeltsch (B 3: 1999, mit Abb.) anhand des Brüsseler Codex R, der dritten, 82 farbige Miniaturen enthaltenden Bilderhandschrift, aufgezeigt. R ist die einzige Handschrift von Gottfrieds »Tristan«, deren Skriptorium – die Hagenauer Werkstatt des Diebold Lauber – sicher bestimmbar ist. (Zu den Bilderhandschriften und (allgemein) zu Tristandarstellungen in der mittelalterlichen Kunst siehe u. a. Frühmorgen-Voss, B 6: 1975; Ott, B 6: 1975; Curschmann, B 6: 1990; Walworth, B 6: 1995; Werner, B 6: 1999).

Zur Editionsgeschichte[9]

Etwa 300 Jahre nach der Entstehung des spätesten mittelalterlichen Gottfried-Codex, der (aus einer Abschrift bekannten) Straßburger Handschrift S (1489), gab der Bodmer-Schüler Myller 1785 im Rahmen seiner »Sammlung deutscher Gedichte aus dem XII., XIII. und XIV. Jahrhundert« erstmalig Gottfrieds »Tristan« im Druck heraus. Er benutzte dabei die kurz zuvor wiederentdeckte Florentiner Handschrift F.[10]

Nach Myllers Abdruck eines einzelnen Textzeugen stellte die zweite Ausgabe des »Tristan« durch Groote aus dem Jahre 1821, die einen Großteil der damals bekannten

9 Die ausführlichsten Darstellungen der Geschichte der Gottfried-Editionen und der Handschriftenkritik bieten Picozzi, B 6: 1971, 61 ff., Schröder in Marold, B 1a: 1977, 283 ff., und Wetzel, B 3: 1992, 25 ff.

10 Christoph Heinrich Myller (Hrsg.), »Tristran. Ein Rittergedicht aus dem XIII. Jahrhundert von Gotfrit von Strazburc zum erstenmal aus der Handschrift abgedrukt«, in: »Sammlung deutscher Gedichte aus dem XII., XIII. und XIV. Jahrhundert«, hrsg. von C. H. M., Bd. 2, Berlin 1785, Tl. 1, S. 1–141.

Handschriften berücksichtigte, bereits eine erste editionsphilologische Leistung dar. Groote, der einzige Gottfriedforscher, in dessen Arbeitsstube jemals fünf »Tristan«-Handschriften (H, B, N, O, R) versammelt waren und der sich mit einem »Tristan«-Codex porträtieren ließ (vgl. Abb. 5), folgte in seiner Ausgabe dem Text von H und gab Varianten aus den ihm vorliegenden Handschriften sowie aus F und W bei. Erstmals wurde Gottfrieds Werk zudem durch eine ausführliche Einleitung sowie einen Anmerkungs- und Wörterbuchteil erschlossen.[11]

Nur zwei Jahre später (1823) folgte Friedrich Heinrich von der Hagens Ausgabe,[12] die im zweiten Band auch englische und französische Tristanzeugnisse bot, jedoch über keinen kritischen Apparat verfügte, da die Lesartensammlung durch einen Brand in der Druckerei zerstört wurde. Die vierte Gottfried-Ausgabe, herausgegeben von Massmann (B 1a: 1843; Nachdr. 1977), der wie Groote als Haupthandschrift H wählte und erstmalig Lesarten aus M bot, erschien 1843.

In den nächsten Jahrzehnten entstanden die Ausgaben von Bechstein (1869/70; vgl. Bechstein, B 1a: 1978) und Golther (B 1a: 1888/89), die sich an ein breiteres Publikum wendeten und deshalb Wort- und Sacherklärungen enthielten. Sie basierten auf den zuvor erschienenen Editionen, bezogen aber auch neue Textfunde ein.

Mit der Ausgabe von Marold trat die »Tristan«-Philologie im Jahre 1906 in eine entscheidende Phase (vgl. Marold, B 1a: 2004), da Marold sich von allen bisherigen Herausgebern am gründlichsten mit den inzwischen bekannten 11 vollständigen Handschriften und ebenso vielen

11 Eberhard von Groote (Hrsg.), »TRISTAN von Meister Gotfrit von Straszburg mit der Fortsetzung des Meisters Ulrich von Turheim in zwey Abtheilungen«, Berlin 1821.

12 Friedrich Heinrich von der Hagen (Hrsg.), »Gottfrieds von Strassburg Werke aus den beßten Handschriften mit Einleitung und Wörterbuch«, 2 Bde., Breslau 1823.

Abb. 5 Porträt Eberhards von Groote mit der Kölner »Tristan«-Handschrift B. Unbekannter Maler. Öl auf Leinwand.

Fragmenten sowie den Problemen ihrer Klassifikation auseinandersetzte. Obwohl sich seine Auffassung von der Textgeschichte des »Tristan« heute im Wesentlichen nicht mehr halten lässt, ist seine Ausgabe, die den bis dahin umfangreichsten Variantenapparat bietet, ein wichtiges Hilfsmittel der Gottfriedforschung geblieben, auch wenn sie von den Zeitgenossen reserviert aufgenommen wurde.

Zu den Hauptkritikern Marolds zählte Ranke, der im ersten Teil seiner Untersuchung von 1917 (Ranke, B 3: 1917, 157–204) seitenlang Versäumnisse Marolds notierte. Diese Handschriftenstudie, welche bis heute die umfassendste Auseinandersetzung mit der Gesamtüberlieferung des »Tristan« darstellt, legte zugleich den Grundstock für Rankes eigene Textausgabe von 1930 (vgl. Ranke, B 1a: 1978), die als eine sorgfältige, abgewogene editorische Leistung gilt und die bislang letzte kritische Ausgabe darstellt. Leider wurde der für 1932 vorgesehene Lesartenband von Ranke nicht fertig gestellt, so dass seine Textausgabe weder im Detail noch im Ganzen überprüft werden kann. Nach Rankes Tod (1950) ist es auch seinem inzwischen ebenfalls verstorbenen Schüler Studer, der die Fortführung der Arbeit an Rankes Ausgabe übernommen hatte, nicht vergönnt gewesen, den Handschriftenapparat entscheidend voranzubringen.

Seit 1930 verfügt die Gottfriedforschung somit über einen »Tristan«-Text, dem sie (zumeist) vertraut; als kritischer Apparat stand indes über lange Zeit nur derjenige der Marold-Ausgabe zur Verfügung, dessen Unzulänglichkeit Ranke eindrucksvoll erwiesen hatte. Dies veranlasste 1969 Schröder zu einer Neuausgabe des Marold-Textes, wobei er Rankes Kollationen von 1917 und die Lesarten seiner Auswahlausgabe von 1946 (Ranke, B 1a: 1946) in Marolds Apparat einarbeiten ließ. Dass es sich hierbei aber nur um einen »vorläufigen Behelf« handelt, zumal die Rankeschen Kollationen nicht vollständig sind, wird von Schröder ausdrücklich betont (Nachwort in Marold, B 1a: 2004, 352).

Die Forschungsleistung Rankes, vor allem aber das Warten auf das Erscheinen seines Lesartenbandes haben die Bemühungen um Edition und Handschriftenkritik des »Tristan« im 20. Jahrhundert lange stagnieren lassen. Bis 1930 hatten alle »Tristan«-Ausgaben nicht nur jeweils neue Textfunde berücksichtigt, sondern auch auf Erkenntnisfortschritte hinsichtlich der Handschriftenfiliation, wie sie seit der Arbeit Theodor von Hagens (B 3: 1868/1872) fortlaufend erzielt worden waren, reagiert (s. dazu im Einzelnen Wetzel, B 3: 1992, 27f.). Nun folgte eine Phase völligen Stillstandes, die etwa ein halbes Jahrhundert andauerte, bis sich durch Einzelimpulse, wie die Sichtung der mittelhochdeutschen Epenüberlieferung Beckers (B 3: 1977), die Faksimile-Edition des Münchener »Tristan« (B 3: 1979) sowie die handschriftenkundlichen Arbeiten Bonaths (B 3: 1970) und Deightons (B 3: 1983; B 3: 1984), die Forschungslage allmählich wieder zu beleben begann. Hierauf aufbauend, haben schließlich die Untersuchungen Kleins (B 3: 1988) und Wetzels (B 3: 1992) zu neuen Perspektiven in der lange Zeit von Ranke geprägten Editionsphilologie des »Tristan« geführt.

Angesichts der gegenwärtigen, über Rankes Wissensstand weit hinausgehenden Kenntnisse ist es ein bedauerlicher Anachronismus, wenn die Forschung immer noch mit dem notdürftig gebesserten kritischen Apparat aus der Maroldschen Ausgabe vorliebnehmen muss; zudem sind neue Fragmente bekannt geworden (e1/e, f1, ff, g, ö, q1/q, v, z1), die bislang in keiner Ausgabe berücksichtigt wurden. Da mit der Nachlieferung eines Apparats zum Rankeschen Text nicht mehr zu rechnen ist, werden Fragen einer neuen kritischen »Tristan«-Ausgabe derzeit wieder intensiver diskutiert (dazu Grundsätzliches bei Schröder, B 3: 1991; Wetzel, B 3: 1992, 398ff.; Bennewitz, B 3: 2002, 19ff.; Firchow, B 1a: 2004, XIVff.), ohne dass sich ein spezifisches Projekt abzeichnet. Auch wenn nunmehr drei diplomatische bzw. Faksimile-Editionen von wichtigen Pergamenthandschriften des »Tristan« (M, H, W) vorliegen, bleibt eine verbesserte Studienausgabe, die z. B. das Initialenkryptogramm des Textes (s. dazu S. 90 ff.) auf dem Stand der heutigen Forschung abbildet, ein dringendes Desiderat. Zudem benötigt die Gottfriedphilologie eine methodisch durchdachte, die drei Hauptäste der Überlieferung X, *XY und Y (mit α und β) dokumentierende, gut handhabbare Lesartensammlung. Nur so kann die Verlässlichkeit der Editionen überprüft und die Diskussion von Einzelstellen fundiert werden. Eine solche Lesartensammlung böte auch einen wertvollen Fundus an rezeptionsgeschichtlichen Belegen.

In der Forschung herrscht Einmütigkeit darüber, dass die Textüberlieferung im Falle der Gottfried-Handschriften insgesamt von recht guter Qualität und vergleichsweise einheitlich ist.[13] Da diese Homogenität sicherlich auch auf die zahlreichen Kontaminationen zurückgeht, kann nicht erwartet werden, dass es noch möglich wäre, Gottfrieds Autortext im genauen Wortlaut durchgängig zu rekonstruieren. Um jedoch einen autornahen Text zu erhalten, sind im Falle von Gottfrieds »Tristan« »die Voraussetzungen nach mittelalterlichen Maßstäben beinahe optimal« (Schröder, B 3: 1991, 141). Nicht zufällig divergiert in allen »Tristan«-Ausgaben seit 1785 das Gesamtbild der Dichtung nur wenig.

Die Überlieferung von Gottfrieds »Tristan« ist somit von anderer Art als die jener mittelhochdeutschen Werke, die anlässlich der Debatte um die »New Philology« in den Vordergrund gerückt wurden: Von mehreren mittelhochdeutschen Großdichtungen, wie z. B. dem Nibelungenlied, sind früh differierende Fassungen entstanden, welche diese Werke in Wortlaut und Aussage »unfest« erscheinen lassen; denn Autoren und Schreiber nichtsakraler Texte

13 So z. B. Hans Fromm, »Stemma und Schreibnorm. Bemerkungen anlässlich der ›Kindheit Jesu‹ des Konrad von Fußesbrunnen«, in: »Mediaevalia litteraria. Festschrift für Helmut de Boor«, hrsg. von Ursula Hennig und Herbert Kolb, München 1971, S. 199 f.

haben im Mittelalter gegenüber Phänomenen wie »Werk« oder »Autorschaft« eine andere Haltung eingenommen als die von der Genieästhetik beeinflusste Neuzeit.[14] Vor diesem Hintergrund erweist sich aber die Überlieferung von Gottfrieds »Tristan« als bemerkenswert »fest«. Von Gottfrieds Werk existieren keine Fassungen mit Originalitätsmerkmalen, denn die einzig abweichende MBE-Version trägt die Züge einer kürzenden, gegenüber dem Autortext sekundären Bearbeitung.[15] Bis in die Seitengestaltung der Pergamenthandschriften, die mit wenigen Ausnahmen (M, z/z1) »bemerkenswerte einheitlichkeit« (Ranke, B 3: 1917, 404) aufweisen, bleibt die Textüberlieferung insgesamt recht stabil. Hierzu hat wohl auch Gottfried selbst beigetragen, indem er durch die Initialenverwendung im Prolog (Akrostichon, Initialenkryptogramm; s. S. 92 ff.) signalisierte, dass sein Werk über Struktursicherungen verfügt.

Angesichts der vielfältigen Probleme, mit denen sich die Gottfried-Philologie bei der Deutung der Dichtung konfrontiert sieht, ist es hilfreich zu wissen, dass die Überlieferungszeugen des »Tristan« und – ungeachtet des editionsphilologischen Nachholbedarfs – die auf ihnen basierenden Ausgaben eine zumindest hinreichende Interpretationsgrundlage bieten.[16]

14 Vgl. dazu z. B. Joachim Bumke, »Autor und Werk. Beobachtungen und Überlegungen zur höfischen Epik (ausgehend von der Donaueschinger Parzivalhandschrift G^{δ})«, in: ZfdPh. (Sonderh.) 116 (1997), S. 87–114.

15 »Daher wird der Münchener ›Tristan‹ besser zu den Bearbeitungen als zu den Fassungen gezählt« (Joachim Bumke, »Die vier Fassungen der ›Nibelungenklage‹. Untersuchungen zur Überlieferungsgeschichte und Textkritik der höfischen Epik im 13. Jahrhundert«, Berlin / New York 1996, S. 46).

16 Auf der Schriftebene sind natürlich auch die Gottfried-Textzeugen, wie alle mittelalterlichen Handschriften, »unfest«. Ranke und Wetzel haben gezeigt, dass bereits in einigen frühen Codices mit Gottfrieds Text sorglos (*XY), metrisch glättend oder die Wortfolge modernisierend (Y) umgegangen wurde. Hiervon ist der Einzelvers, nie aber die Sinnstruktur des »Tristan« insgesamt betroffen. Andererseits darf auch angenommen werden, dass aus hervorragenden Überlieferungsträgern wie den Fragmenten a oder q1/q oftmals noch der Wortlaut des Originals spricht.

IV
Das lyrische Werk

Wie bereits erwähnt (s. S. 18), besteht kein Anlass, an der Aussage Rudolfs von Ems (Al. 20621 ff.) zu zweifeln, dass Gottfried von Straßburg der Autor der Sangspruchstrophe über das »gläserne Glück«[1] sei, die sich in der Großen Heidelberger Liederhandschrift (C) fälschlich unter dem Namen Ulrichs von Liechtenstein erhalten hat (vgl. Janota, B 4: 1995). Rudolf, dessen Schaffenszeit sich mit der Gottfrieds noch berührt haben kann, ist als zeitgenössischer Kenner des »Tristan« und, wie seine Bemerkung über Meister Hesse, den Leiter der städtischen Kanzlei in Straßburg, zeigt (W. v. O. 2280 ff., s. S. 53), als »Insider« der Straßburger Literaturszene in der ersten Hälfte des 13. Jahrhunderts der denkbar beste Gewährsmann für Angaben über Gottfrieds Œuvre.

Unmittelbar vor der Strophe über das Glück findet sich in Handschrift C ein weiterer Sangspruch zum Thema der Habgier (*»min« unde »din«*),[2] der im selben *dôn* verfasst und folglich schon aus äußeren Gründen ebenfalls Gottfried zuzuschreiben ist. Auch er mag Rudolf von Ems bekannt gewesen sein, denn in seinem »Willehalm von Orlens« findet sich eine Formulierung (W. v. O. 270), die eine Reminiszenz dieser Spruchstrophe sein könnte.[3] Für Gott-

1 »Auf sonderbare Weise kommt und geht das Glück / leichter findet man es, als man es festhalten kann: / … / Bevor Körper und Herz [ganz] von Sorgen befreit wären, / findet man das gläserne Glück. / Das [aber] hat keine Beständigkeit: Wenn es uns etwas vorgaukelt und am herrlichsten glänzt, / dann bricht es sehr leicht in tausend Stücke« (vgl. Ranke, B 1a: 1978, 246).

2 »Die Menschheit könnte in Ruhe leben, / wären da nicht zwei kleine Wörtchen: ›mein‹ und ›dein‹, / … Die verfluchte Habgier / …« (vgl. ebd.).

3 Der Spruch über *»min«* und *»din«* ist der Tradition des Publilius Syrus / (Pseudo-)Seneca verpflichtet und weit verbreitet. Anders als die lateinische und die volkssprachliche Überlieferung spricht Gottfried in seiner Spruchstrophe von den *cleinen wortelin »min« unde »din«* (zu dieser Verstärkung des Diminutivs bei Gottfried vgl. Stiebeling, B 7: 1905, 77),

fried als Verfasser beider Texte[4] spricht ferner, dass in seinem Tristanroman gnomische Elemente eine wichtige Rolle spielen (s. S. 119f.): Der Straßburger Tristandichter greift mehrfach auf Sprüche aus der Sentenzsammlung des Publilius Syrus zurück, wie auch in den beiden Spruchstrophen dieselbe lateinische Sammlung ausgiebig genutzt wird.

Auf zahlreiche inhaltliche Parallelen zwischen Gottfrieds Roman und den Spruchstrophen hat Stackmann (B 4: 1963) hingewiesen. So ist z.B. der Glückswechsel ein wichtiges Thema des »Tristan« (s. S. 182ff.), und auch die Behandlung der Fortuna- und Habgier-Thematik in den Sprüchen unter rein weltlichen Gesichtspunkten passt zur diesseitsorientierten »Tristan«-Ethik. Sprachliche Übereinstimmungen, wie der moralisch scheltende Ausruf *diu vertane gite* im zweiten Spruch (v. 7), für den sich im »Tristan« Entsprechungen finden (14511, 10082, 17847), lassen sich ebenfalls feststellen.

Da Gottfried als Autor beider Sprüche anzusehen ist (dagegen Batts, B 1e: 1971, 16; Kuhn, B 1e: 1981, 156), sollte auch sein Beitrag zur Geschichte des mittelhochdeutschen Sangspruchs entsprechend gewürdigt werden,[5] denn die Strophen fallen in eine frühe Phase der Sangverslyrik, in der sowohl die gewählte 12-zeilige metrische Form, zu der eine eigene Melodie gehörte, als auch Gottfrieds spezifischer Zugriff auf die Spruchinhalte (wie die von Gottfried in die Sangspruchdichtung eingeführte Fortuna-Thematik) innovativ waren.[6] Dass Gottfrieds Sang-

und da Rudolf von Ems ihm anscheinend als Einziger darin folgt (vgl. das Belegmaterial in TPMA 2, S. 396–398 Nr. 56–81), könnte er von Gottfried beeinflusst sein.

4 Sie sind in KLD (16. I.II, S. 128) sowie bei Ranke (vgl. vor allem Anhang III der Auswahlausgabe: Ranke, B 1a: 1946, 66) als Einzelsprüche ediert und als »Spruchlied« in der 36. Auflage von »Des Minnesangs Frühling« (MF XXIII. I, S. 431f.).

5 In seiner Darstellung der mittelhochdeutschen Sangspruchdichtung zögert Tervooren, diese Konsequenz zu ziehen (vgl. Helmut Tervooren, »Sangspruchdichtung«, Stuttgart/Weimar 1995, S. 109).

6 Vgl. auch Klaus Grubmüller, »Die Regel als Kommentar. Zu einem Struk-

sprüche die Zeitgenossen durchaus angeregt haben, wenngleich die Forschung bisweilen behauptet, sie wirkten gegenüber dem »Tristan« blass,[7] belegt neben dem Zeugnis Rudolfs von Ems eine von Gottfried beeinflusste Fortuna-Strophe Reinmars von Zweter (vgl. Stackmann, B 4: 1963, 193), des namhaftesten auf Sangspruch spezialisierten Autors in der ersten Hälfte des 13. Jahrhunderts.[8]

Obwohl also anzunehmen ist, dass Gottfried zu seiner Zeit ein beachteter Sangspruchdichter war, der mehr als die genannten zwei Sprüche verfasst haben dürfte, ist keine Sammlung seiner Spruchdichtung erhalten geblieben. Die im letzten Viertel des 13. Jahrhunderts vermutlich im Elsass (Straßburg?) entstandene Kleine Heidelberger Liederhandschrift (A) besitzt zwar eine Gottfried-Rubrik mit einem einzelnen Liedeintrag, und der Gottfried-Teil der etwas jüngeren Manesseschen Handschrift (C) enthält eine Gruppe von drei Liedern, doch die Sangsprüche fehlen darin.[9] Stattdessen bildet ein in A fünf-, in C sechsstrophiges Minnelied (»*Diu zît ist wunneclich*«), das einer den Handschriften zugrunde liegenden (Teil-)Quelle entstammt,[10] den gemeinsamen Grundstock.[11]

turmuster in der frühen Spruchdichtung«, in: »Wolfram-Studien« 5 (1979), S. 39.

7 So z. B. de Boor, B 1e: 1979, 380; Weber/Hoffmann, B 1f: 1981, 11. Doch stellt der »Tristan« für die Bewertung der Sprüche, deren Stellenwert sich aus dem Vergleich mit der älteren Sangspruchtradition bzw. frühen Spruchdichtung Walthers ergibt, einen ungeeigneten Bezugspunkt dar.

8 Reinm. v. Zw. Str. 91. Reinmar hat sich zeitweilig im deutschen Südwesten aufgehalten, wo er Gottfrieds Sprüche kennen gelernt haben kann.

9 Zur Gestaltung und Platzierung der Gottfried zugeschriebenen Liedcorpora in den beiden Liederhandschriften s. Kl. Hd. Lhs., fol. 32^{r}; Gr. Hd. Lhs., fol. 364^{r}–368^{r}; vgl. auch Gr.Hd.Lhs.Abdr., 1199 ff. Vielleicht sollten Gottfrieds Sprüche in C auf dem Leerraum zwischen fol. 368^{r} und 370^{v} nachgetragen werden.

10 Über die Forschungsdiskussion zu den Vorstufen der Handschriften A und C vgl. Franz-Josef Holznagel, »Wege in die Schriftlichkeit. Untersuchungen und Materialien zur Überlieferung der mittelhochdeutschen Lyrik«, Tübingen/Basel 1995, bes. S. 254 ff.

11 Der Text des Liedes findet sich in KLD (16. [III], S. 129 f.) und MF (XXIII. II, S. 432 ff.) sowie bei Wolf, B 4: 1924, 14 ff.

Die bereits in der (Teil-)Quelle erfolgte Zuweisung dieses Minneliedes an den Straßburger Dichter ist in der Forschung umstritten. In keinem Falle lässt sich für eine Autorschaft Gottfrieds mit Krohn (B 4: 1995, 95) geltend machen, dass im Elsass die besten Informationen über den Dichter verfügbar gewesen wären, denn in der zweiten Hälfte des 13. Jahrhunderts war die Generation Rudolfs von Ems bereits verstorben; auch hat sich in Straßburg keineswegs, wie noch Ranke annahm, eine Hochburg der Gottfried-Überlieferung herausgebildet (vgl. S. 53). Da der Kompilator der (Teil-)Quelle von A und C nur ein vereinzeltes Minnelied unter Gottfrieds Namen aufnahm, ist das Gewicht seiner Zuweisung nicht sehr hoch zu veranschlagen. Sie könnte angesichts der Vermutung Kornrumpfs, bei der Entstehung der Kleinen Heidelberger Liederhandschrift sei eine ursprünglich bairisch-österreichische Vorlage im letzten Drittel des 13. Jahrhunderts »um einige md./elsäss. Sänger erweitert« worden, wozu möglicherweise die Gottfried-Rubrik gehörte,[12] auch auf ein nostalgisches Vollständigkeitsbedürfnis oder andere Erwägungen des Redaktors (vgl. S. 74) zurückgehen.

Wenngleich sich einige Befürworter der Echtheit des Minneliedes »*Diu zît ist wunneclich*« gefunden haben (Krohn, B 4: 1995; Thurlow, B 4: 1995, 412; vgl. auch Huber, B 1f: ²2001, 27), überwiegen insgesamt die Bedenken gegen die Autorschaft Gottfrieds. Die sprachlichen Einwände, welche die ältere Forschung geltend gemacht hat (vgl. KLD Bd. II, 166), sind von den Herausgebern von »Des Minnesangs Frühling« zwar entschärft (vgl. MF Bd. II, 117), aber nicht ausgeräumt worden. Vor allem aber will es nicht gelingen, für dieses Lied, wie im Falle der Sangsprüche, inhaltliche Verbindungen zu Gottfrieds »Tristan« herzustellen. In sprachlich-stilistischer Hinsicht sind von der Forschung bislang ebenfalls keine überzeu-

12 Vgl. Gisela Kornrumpf, »Heidelberger Liederhandschrift A«, in: VL², Bd. 3, Sp. 583.

genden Parallelen genannt worden,[13] und die Dienstminne-Konzeption (Hohe Minne) des Liedes steht der Liebesauffassung des »Tristan« geradezu entgegen (s. S. 194 ff.). Von der visionären (vgl. 12202 ff.) und originellen (vgl. 17100 ff.) Ich-Rede, mit welcher der »Tristan«-Erzähler über Liebeserfahrungen redet, sind Sprache und Inhalt des Liedes weit entfernt.[14] In Aussage und Stil passt *»Diu zît ist wunneclich«* mit seinem prägnanten Natureingang (Str. 1,1–6) recht gut in den Minnesang der Zeit nach Gottfried von Straßburg. Von den Liedern des nachklassischen Lyrikers Gottfried von Neifen (vor 1235 – um 1255) wäre z. B. das Minnelied Nr. IX zu vergleichen, in dessen letzter Strophe ebenfalls der Gedanke einer Trennung von der Dame zusammen mit dem Motiv des Orients anklingt.

Darüber hinaus stellt sich die Frage, warum Gottfried, wenn er ein Minnesänger gewesen wäre, dies nicht im entsprechenden Abschnitt des Literaturexkurses des »Tristan« (vgl. dazu Gnaedinger, B 5: 1967, 40–50) zum Ausdruck gebracht hat. Während dort die Epiker durch das Bild der Dichterkrönung (3636 f.) und durch die Metapher vom »Baum der Literatur« (4738 ff.; s. dazu S. 148) als eine Traditionsgemeinschaft stilisiert werden, der sich der Erzähler zugehörig fühlt, werden die Minnesänger mit

13 Krohn (B 4: 1995, 98) weist darauf hin, dass in dem Minnelied formelhaft *wort* und *sinne* (MF, S. 433 Str. 3 v. 2) erwähnt werden, und sieht darin einen Zusammenhang mit einer Stelle in Gottfrieds Literaturexkurs, doch ist die Distanz zwischen den beiden Passagen beträchtlich: Während im »Tristan« (4624) ein Sprachkonzept, die *consonantia* von *verbum* und *sensus*, angesprochen wird (s. dazu S. 144, 229 f.), ist im Minnelied das konventionelle Bild vom Verlust des Sprachvermögens und des Verstandes im Angesicht der Dame gemeint.

14 In Str. 1 fragt sich der Sänger, ob er in der Zeit des Frühlings, wenn sich alles in der Natur zweit, wohl allein bleiben müsse. Er preist (Str. 2) die Würde der Frauen, obwohl ihm die seine Schmerz zufügt, und tadelt sich, dass es ihm in ihrem Angesicht die Sprache verschlage (Str. 3). Auch wenn sie »nein« sagte, würde er in ihrem Dienst bis in den Orient ziehen (*ze Babilône*, Str. 4); so wünscht er ihr nur Gutes: Möge sie während der Sommerzeit in Schönheit aufblühen (Str. 5). Am Ende beschwört der Sänger die Geliebte, ihm doch bald ihre Hand zu bieten (Str. 6, nur in C).

den Worten *Der nahtegalen der ist vil, / von den ich nu nicht sprechen wil: / sin hoerent nicht ze dirre schar …*[15] (4751 ff.) distanzierter behandelt. Dabei grenzt sich der Erzähler durch den Gebrauch deiktischer Ausdrücke wie »sie« oder »denen« von der angesprochenen Lyrikergruppe ab. Aussagen wie *si kunnen alle ir ambet wol* (4756) oder *si unde ir cumpanie / die müezen so gesingen, …* (4816 f.) signalisieren Wohlwollen bzw. Anteilnahme an der musikalischen Entwicklung der Gattung, deuten aber auch auf ein fehlendes Zugehörigkeitsgefühl zur *cumpanie* der Minnelyriker hin.

Zweifellos ist der Straßburger Dichter ein Kenner des Minnesangs gewesen (vgl. Krohn, B 4: 1987; Touber, B 4: 1996),[16] denn es werden im »Tristan« des Öfteren Gedanken und Bilder aus der Minnelyrik aufgegriffen, romanhaft umgesetzt und zu Reflexionen oder Maximen verarbeitet (vgl. Thurlow, B 4: 1995). So scheint Gottfrieds Verhältnis zum Minnesang, das seit der älteren Forschung kontrovers diskutiert wird (vgl. Dietz, B 1d: 1974, 60 ff.), insgesamt von wohlmeinendem Interesse geprägt zu sein.[17] Wie andere bedeutende mittelhochdeutsche Romanautoren hat auch er sich als Lyriker betätigt, aber während das lyrische Schaffen Heinrichs von Veldeke, Hartmanns von Aue und Wolframs von Eschenbach minnesängerisch akzentuiert war, ist Gottfrieds Domäne offenbar die Spruchdichtung gewesen. Dass er Minnelyrik verfasst hat, lässt sich weder mit Argumenten aus dem »Tristan« noch durch das ihm in zwei Handschriften zugewiesene Minnelied beweisen – die Befunde sprechen eher dagegen.

15 »Minnesänger gibt es viele, / von denen ich nun nicht sprechen will: / Sie gehören nicht zu diesem Kreis.«

16 Nach Wolf soll Gottfried auch provencalische Liebeslyrik gekannt haben (Wolf, B 4: 1993, 75 ff.; vgl. ders., B 6: 1989, 16 u. ö.).

17 Gegen eine in der älteren Forschung mehrfach behauptete grundsätzliche »Ablehnung der minnesängerischen Ideologie und Praxis« (Gnaedinger, B 5: 1967, 48) durch Gottfried sprechen auch Verse wie 4760 ff.

Als zu Anfang des 14. Jahrhunderts das unter Gottfrieds Namen stehende Minnelied »*Diu zît ist wunneclich*« von den Kompilatoren der Manesseschen Handschrift um zwei weitere Lieder zu einem kleinen Gottfried-Corpus aufgestockt wurde, geschah dies bezeichnenderweise nicht durch Hinzufügung von Minnelyrik. In C folgt auf »*Diu zît ist wunneclich*« ein 63 Strophen umfassender »Marienpreis und Lobgesang auf Christus«,[18] dessen Echtheit in der älteren Forschung lange umstritten war. Durch Wolff wurde jedoch der Nachweis erbracht, dass der umfängliche Text, der in zwei weiteren Liederhandschriften (B, K) mit variierendem Strophenbestand und ohne Autorzuweisung enthalten ist, aus dem letzten Drittel des 13. Jahrhunderts und somit nicht von Gottfried stammt (Wolff, B 4: 1924, 19ff.). Das in mehreren Stufen entstandene Lied soll Gottfried nach Meinung einiger Forscher von den Manesse-Kompilatoren deshalb zugeschrieben worden sein, weil eine Aussage in Konrads von Würzburg »Goldener Schmiede« (G. Schm. 94ff.) irrtümlich dahingehend interpretiert worden sei, dass Gottfried eine eigene Mariendichtung verfasst habe (für Einzelheiten s. Pfeiffer, B 4: 1858, 76ff.; Krohn, B 4: 1995, 91).

Der dritte in C unter Gottfrieds Namen vermerkte Text ist ein 13-strophiges Lied »Über die Armut«,[19] welches bereits von Pfeiffer (B 4: 1858, 79f.) als nicht von Gottfried stammend erwiesen und seither auch nicht mehr für Gottfried reklamiert wurde. In dem anscheinend von franziskanischem Geist inspirierten Lied sucht ein lebens-

18 Dieses Lied ist von Wolff (B 4: 1924, 82ff.) in einer anderen als der Gottfried in C zugeschriebenen Fassung ediert worden. Weiterführende Informationen bieten Peter Kesting, »›Lobgesang auf Maria‹ (Ps.-Gottfried von Straßburg)«, in: VL[2], Bd. 5, Sp. 884–886, sowie RSM, Bd. 4, S. 8f.

19 Abgedruckt bei: von der Hagen (Hrsg., s. S. 61 Anm. 12), Bd. 2, S. 116ff., sowie HMS, Bd. 2, S. 276f. Vgl. auch RSM, Bd. 4. S. 9f.

erfahrener Sprecher einen jungen Menschen (*kint*) von der Schädlichkeit des *guotes* zu überzeugen.[20]

Vor allem dieses letzte der Gottfried in C zugeschriebenen Lieder wirft die Frage auf, ob die Texte des C-Corpus, die der Denkwelt des »Tristan«-Erzählers eher fern stehen, wahllos zusammengetragen wurden oder ob hinter ihrer Zusammenstellung eine Intention zu vermuten ist. In diesem Zusammenhang gebührt der eigenwilligen Arbeit des Simrock-Schülers Watterich eine gewisse Beachtung, der Gottfried aufgrund der Liedzuschreibungen in der Manesseschen Handschrift als einen »Sänger der Gottesminne« auffasste: Nach Watterich, der die Lieder in C als biographische Zeugnisse missverstand, soll Gottfried auf Geheiß seiner Geliebten das Kreuz genommen (vgl. Str. 4 des Minneliedes), sich im Orient den Franziskanern angeschlossen und, innerlich gewandelt, nach seiner Rückkehr den Tristanroman absichtlich unvollendet gelassen haben (Watterich, B 4: 1858, 19ff.).

Diese phantasievolle Konstruktion ist von der Forschung mit Recht zurückgewiesen worden. Es bleibt aber zu erwägen, ob nicht bereits der Redaktor der von A und C genutzten (Teil-)Quelle durch die Aufnahme eines Minneliedes unter Gottfrieds Namen, das den Gedanken einer in Aussicht gestellten Orientfahrt (Str. 4,10) enthält, eine Erklärung für das Abbrechen der Arbeit am »Tristan« andeuten wollte – und vielleicht haben die Manesse-Kompilatoren, im Bestreben, dem diesseitsorientierten Konzept des Tristanromans ein orthodoxeres Gottfriedbild entgegenzusetzen, diesen Ansatz zu einer Folge von drei Liedern ausgebaut, die feinfühligen Rezipienten eine Konversionslegende à la Watterich suggerieren konnte. Es braucht jedenfalls kein Zufall zu sein, dass dem weltzugewandten Tristandichter in Handschrift C ein lyrisches Œuvre mit geistlichen Akzenten zugeschrieben wurde.

20 Vgl. dagegen die Befürwortung weltlichen Besitzes im »Tristan« (z. B. 4406, 4568, 4967, 5696f.).

V
Der »Tristan«

Die Tristanhandlung spielt an mehreren Schauplätzen des (nord-)westlichen Europa (in Nordfrankreich, England, Norwegen, Dänemark, Irland; vgl. Combridge, B 5: 1964, 13 f.; Hahn, B 5: 1963, 34–37) und unterscheidet sich durch ihre vergleichsweise »reale« Topographie von der weitgehend imaginären Welt des Artusromans. Große Teile der Geographie des »Tristan« sind – abgesehen von einigen unklaren Orts- und Gebietsbezeichnungen, die deshalb umso mehr Beachtung verdienen (dazu Chinca, B 5: 1993, 71 ff.) – auf einer Europakarte darstellbar (vgl. die Rekonstruktionsversuche der Misch-Geographie des »Tristan« bei Bechstein/Ganz, B 1a: 1978, 356 f., und Huber, B 1f: ²2001, 55). In geographischer Hinsicht folgt Gottfried im Wesentlichen seiner Vorlage, dem »Tristan« des Thomas, lässt aber die Tristanfigur ausdrücklich auch nach *Almanje* (18443 ff., 18601 ff.) reisen.

Eine Datierung der Romanhandlung ins 6. Jahrhundert ergibt sich aus den auf die frühmittelalterliche britische Geschichte Bezug nehmenden Versen 420–453, die König Marke als einen Friedensstifter würdigen, der nach der angelsächsischen Landnahme zur Konsolidierung des Inselreichs beigetragen habe. Über das ganze Werk verstreute Hinweise lassen erkennen, dass sich der im Folgenden skizzierte Handlungsverlauf über einen Zeitraum von deutlich mehr als 25 Jahren erstreckt (vgl. S. 213 f.).

Handlung

[Prolog (1–244)]

1. Riwalin, der junge Fürst von Parmenie, ist seit drei Jahren Ritter, als er eine Fehde mit seinem Lehensherrn,

dem bretonischen Herzog Morgan, beginnt. Nach einiger Zeit einigt man sich auf einen einjährigen Waffenstillstand, während dessen sich Riwalin nach Tintajel an den Hof König Markes, des berühmten Herrschers von Cornwall und England, begibt. Sein Heimatland vertraut er derweil dem getreuen Marschall Rual an.

Während des jährlichen Maienfestes zeichnet sich Riwalin am Markehof bei Kampfspielen aus und erringt die Zuneigung von Markes Schwester Blanscheflur. Als sie ihm eine Andeutung ihrer Minne macht, beginnt er, ihre Gefühle zu erwidern; bald sind beide in heftiger Liebe zueinander entbrannt. Da dringt ein Feind in Markes Reich ein, und Riwalin, der seinen Gastgeber bei der Landesverteidigung unterstützt, wird im Kampf tödlich verwundet. Blanscheflur möchte den halbtoten Geliebten noch einmal sehen, sucht ihn heimlich auf und gibt sich ihm auf seinem Sterbebett hin. Wie durch ein Wunder gesundet Riwalin hierdurch, Blanscheflur aber empfängt ein Kind.

Bald erhält Riwalin die Nachricht, dass sein Feind Morgan erneut aufrüstet. Er entschließt sich zur Heimkehr und nimmt, von Marke unbemerkt, Blanscheflur mit sich, um ihr die Schande der unehelichen Schwangerschaft zu ersparen. In Parmenie angekommen, befolgt Riwalin den Rat Ruals, Blanscheflur zu ehelichen. Kurze Zeit später fällt er im Kampf gegen Morgan. Als Blanscheflur davon erfährt, wird sie von Schmerz überwältigt, gebiert ihr Kind und stirbt einen bitteren Tod. (245–1750)

2. Der treue Rual schließt Frieden mit Herzog Morgan. Gemeinsam mit seiner Frau Floraete gibt er, um den neugeborenen Landeserben zu schützen, Blanscheflurs Sohn als eigenes Kind aus. Es erhält den beziehungsreichen Namen Tristan und bekommt vom siebten Jahr an eine vorbildliche Ausbildung. (1751–2148)

3. Im 14. Lebensjahr Tristans landet ein norwegisches Handelsschiff vor Ruals Burg. In Begleitung seines Erziehers Curvenal geht Tristan an Bord, um Jagdfalken

Abb. 6 Darstellung des *bast*-Rituals. Gaston Phoebus: »Le Livre de la Chasse«. Anfang des 15. Jahrhunderts.

zu kaufen, und als er sich in eine Schachpartie mit einem der Kaufleute vertieft, lichten die Norweger heimlich die Anker, denn sie glauben, dass ihnen das Kind, wegen seiner außergewöhnlichen Talente Geld einbringen wird. Curvenal gestatten sie zurückzurudern. Bald darauf bricht auf dem Meer ein furchtbarer Sturm aus, den die Kaufleute als Zorn Gottes deuten; so setzen sie Tristan bei nächster Gelegenheit wieder an Land. Ohne es zu ahnen, befindet er sich in Cornwall, dem Reich seines Onkels Marke.

Sich als Kaufmannssohn ausgebend, stößt Tristan im Wald zuerst auf zwei Pilger und danach auf eine Jagdgesellschaft, die er beim Zerlegen (»Entbästen«) eines Hirschs berät (vgl. Abb. 6). Als er zu König Marke geführt wird, fühlen sich beide, obwohl sie von ihrer Verwandtschaft nichts wissen, zueinander hingezogen. Der von Tristans Fähigkeiten begeisterte König ernennt den fremden Jüngling auf der Stelle zu seinem Jägermeister. (2149–3378)

4. Für den König wiederholt Tristan seine Jagdkünste. Bald zeigt es sich, dass er auch ein versierter Musiker ist und weitere Talente besitzt, was ihm die höchste Bewunderung der Hofgesellschaft einträgt. (3379–3756)

5. Nach fast dreieinhalbjähriger Suche, die ihn bis nach Norwegen und Dänemark führte, hat der treue Marschall Rual seinen entführten Adoptivsohn endlich am Hof Markes wiedergefunden. Als vermeintlichen Vater Tristans hält man Rual zunächst für einen Kaufmann, bis er sich zu erkennen gibt und vom unglücklichen Schicksal Riwalins und Blanscheflurs berichtet. So erfährt Tristan seine wahre Herkunft und seine Verwandtschaft mit Marke. Er ist über die Neuigkeiten zunächst bestürzt, doch besinnt er sich schnell und lässt sich, wie ihm Rual rät, von seinem neu gewonnenen Onkel in den Ritterstand erheben. (3757–5068)

6. Als Tristans Schwertleite vorüber ist, beschäftigt ihn vor allem der Tod seines Vaters Riwalin. Er begibt sich in sein Heimatland Parmenie und reitet von dort, scheinbar friedfertig, Morgan entgegen, um von ihm das väterliche Lehen einzufordern. Der Herzog verweigert dies, denn er sieht in Tristan ein uneheliches Kind Riwalins. Daraufhin spaltet Tristan dem unvorbereiteten Morgan kurzerhand den Schädel und bringt sich auf diese Weise in den Besitz des Lehens. Dennoch hat Tristan nicht vor, in Parmenie

zu bleiben, sondern will an den Hof Markes übersiedeln. Dazu überträgt er Rual sein Land Parmenie, worüber sich dieser, der Inbegriff eines treuen Vasallen, tief betrübt zeigt. (5069–5866)

7. Tristan lässt sich indes nicht aufhalten und kehrt *ze hoeheren eren* an Markes Hof zurück. Bei seiner Ankunft in Cornwall vernimmt er, dass dort Morolt, ein hünenhafter Mann, eingetroffen ist, der im Auftrag seines Schwagers, des irischen Königs Gurmun, von Marke einen schmachvollen Tribut fordert. Tristan beschimpft die Adeligen des Markereichs, die aus Feigheit gewillt sind, den Menschenzins zu zahlen, und erklärt sich, obwohl er selbst von der Tributforderung nicht betroffen ist, zum Zweikampf gegen Morolt bereit.

Auf dem Kampfplatz, einer Insel, gelingt es dem an Kraft unterlegenen Tristan, seinen Gegner niederzuwerfen und zu töten. Ein Splitter von Tristans Schwert bleibt dabei in Morolts Haupt zurück. Zuvor ist Tristan jedoch von Morolt am Oberschenkel verletzt worden – die Wunde, so hatte Morolt geprahlt, sei vergiftet und könne nur von seiner Schwester, der Königin Isolde von Irland, geheilt werden.

Als Sieger bejubelt, rudert Tristan ans Land zurück, die Iren überführen Morolts Leiche, um sie in der Heimat zu bestatten. Gurmun von Irland, seine Frau Isolde und deren Tochter, die junge Isolde, empfinden über den Tod ihres Verwandten tiefen Schmerz. Als die Königin in Morolts Kopfwunde den Schwertsplitter entdeckt, wird dieser sorgfältig verwahrt. König Gurmun verfügt, dass jeder, der aus Cornwall kommend Irland zu betreten versucht, sein Leben verwirkt habe. (5867–7230)

8. In Cornwall wird Tristans Sieg gefeiert und seine Verwundung beklagt, denn kein Arzt kann ihn heilen. Tristan erkennt die Wahrheit der Aussage Morolts und beschließt, trotz aller Gefahren zur Königin Isolde ins feindliche Irland zu segeln. Vor Develin (Dublin) lässt er sein

Schiff anhalten, legt ein ärmliches Gewand an und steigt in ein kleines Boot um. Am Morgen wird er darin, Harfe spielend, aufgefunden, gibt sich als Spielmann Tantris aus und bittet um Hilfe. Die Kunde vom todkranken Spielmann gelangt auch an Gurmuns Hof, so dass die Königin eines Tages Tristan zu sich rufen lässt, und, von seinem Musizieren entzückt, sich bereit erklärt, ihn zu heilen, sofern er ihre Tochter im Saitenspiel und in anderen Künsten unterrichtet. So begegnet Tristan, nachdem er wieder zu Kräften gelangt ist, zum ersten Mal der jungen Isolde, deren Lehrmeister er wird. Auch aus Furcht, enttarnt zu werden, verlässt er Irland vor Ablauf eines Jahres. (7231–8300)

9. Am Markehof herrscht über Tristans Gesundung und Rückkehr zunächst große Freude, doch dann regen sich die Neider, die ihm sein Glück missgönnen und ihn der Zauberei beschuldigen. Weil sie fürchten, dass Tristan seinen Onkel eines Tages beerben wird, liegen die böswilligen Ratgeber Marke in den Ohren: Er solle die junge Isolde von Irland heiraten, und Tristan, der Tapferste von allen, solle sie ihm erringen. Marke lehnt den hinterlistigen Vorschlag ab, Tristan aber erklärt sich zur Brautwerbung bereit, weil er hofft, sich hierdurch vom Druck der Neider zu befreien. So tritt er erneut eine Reise nach Irland an, wo er sich diesmal als normannischer Kaufmann ausgibt. (8301–8896)

10. Die irische Insel befindet sich in dieser Zeit wegen eines gefährlichen Drachen in Not, demjenigen, der die Bestie erlegt, hat der König die Hand seiner Tochter versprochen. Tristan gelingt es, das Untier zu finden und zu töten. Er schneidet, bevor er abseits des Kampfplatzes zusammenbricht, dem Drachen die Zunge heraus. Diese Weitsicht wird sich auszahlen, da der verlogene Truchsess des irischen Königs, der Tristan nachgeritten ist, behauptet, der Drachentöter zu sein. Bald darauf entdecken die Königin, ihre Tochter Isolde und die Zofe Brangäne den

bewusstlosen Tristan. Sie erkennen in ihm Tantris, den Spielmann, nehmen ihn mit sich und pflegen ihn erneut gesund. Da der Truchsess darauf beharrt, den Drachen besiegt zu haben, beruft König Gurmun einen Gerichtstag nach Weisefort (Wexfort) ein, der auf Anraten der alten Isolde um drei Tage verschoben wird, weil sie dann den wahren Drachentöter präsentieren will. (8897–9982)

11. Als die junge Isolde Tristan und seine Kleidung aufmerksam mustert, bemerkt sie in seinem Schwert jene Scharte, in die der Splitter aus Morolts Haupt passt, der am irischen Hof seit zwei Jahren aufbewahrt wird. Ihr wird klar, dass Tantris in Wirklichkeit Tristan, der Moroltbezwinger, ist. Sie will sich mit dem Schwert auf den wehrlos im Bad sitzenden Mann stürzen, doch ihre Mutter hält sie zurück: Die Frauen erkennen, dass es besser ist, sich mit Tristan zu arrangieren, als dass Isolde den feigen irischen Truchsessen heiraten muss. Diesen Überlegungen pflichtet auch der König bei. (9983–10802)

12. Auf dem erneut einberufenen Hoftag können mit Tristans Hilfe die Pläne des Truchsessen durchkreuzt werden; er wird als Lügner überführt und der Lächerlichkeit preisgegeben. (10803–11366)

13. Zum Zeichen der Versöhnung zwischen Cornwall und Irland wird die durch Tristan vermittelte Heirat von Marke und Isolde nun offiziell vereinbart. Während sich Tristan zur Heimfahrt rüstet, braut die zauberkundige Königin einen Minnetrank und gibt das Glasgefäß mit dem Getränk in die Obhut Brangänes. Die Zofe soll Isolde nach Cornwall begleiten und den Eheleuten in der Hochzeitsnacht den Trank reichen: Ein Paar, das davon trinkt, bleibt bis ans Lebensende in Minne vereint.

Auf der Überfahrt nach Cornwall kommt es zu einer folgenschweren Verwechselung: Tristan und Isolde trinken versehentlich von dem Minnetrank und gehören nun bis in den Tod als Geliebte zusammen. Sie teilen sich ihre Gefühle mit, zuerst andeutend mit Hilfe eines Wortspiels (*lameir*), und geben sich bereits auf dem Schiff einander hin. Brangäne, die den Trank nicht gut genug gehütet hatte, erkennt, dass sie dem Paar von nun an behilflich sein muss; den Liebenden droht nämlich, wenn sie nicht zusammenkommen können, wegen der Macht des Minnetranks der Tod. (11367–12182)

14. Die Geliebten verbringen schöne gemeinsame Stunden auf dem Schiff, doch dann beunruhigt sie angesichts der bevorstehenden Hochzeitsnacht die verlorene Unschuld Isoldes. Sie bitten Brangäne um Hilfe, die sich nur widerstrebend bereit erklärt, an Isoldes Stelle die erste Nacht mit Marke zu verbringen. Nach der Ankunft in Cornwall wird die Braut freudig an Markes Hof empfangen und ein großes Fest gefeiert. Die Hochzeitsnacht verbringt Marke, von dem es heißt, dass ihm eine Frau wie die andere sei, mit der ihm von Tristan heimlich ins Bett gelegten Brangäne und merkt im Dunkel nichts von dem Betrug. (12183–12674)

15. Da sich Isolde nicht sicher ist, ob sie Brangäne weiterhin vertrauen kann, versucht sie, die Mitwisserin loszuwerden, und gibt zwei englischen Knappen den Auftrag, die Zofe im Wald zu töten. Diese bringen den Mord jedoch nicht übers Herz, und da sich Brangäne noch im Angesicht des Todes als Isoldes treue Gefährtin erweist, versöhnen sich beide Frauen wieder miteinander. (12675–13096)

16. Eines Tages nimmt ein fremder Ritter namens Gandin, dem Marke vorschnell das Versprechen gegeben hatte, er könne für eine musikalische Darbietung fordern, was er wolle, Isolde mit sich. Während der Hof tatenlos zusieht, vermag der herbeieilende Tristan die Königin zurückzuerobern, indem er Gandin listig mit seinen eigenen Waffen schlägt. (13097–13450)

17. Bislang war es den Liebenden leicht möglich gewesen, am Hof unerkannt zusammenzukommen. Nun aber beginnt sich das Blatt zu wenden, denn Markes Truchsess

Marjodo entdeckt, durch einen Traum aufgeschreckt, in einer Winternacht Tristan und Isolde beim Rendezvous. Aus zwielichtigen Motiven informiert er den König, der ihm zunächst keinen Glauben schenken mag. Argwöhnisch geworden, versucht Marke dann doch in mehreren Bettgesprächen, Isolde auszuhorchen, aber mit Brangänes Hilfe gelingt es ihr, sein Fragespiel zu durchkreuzen. (13451–14234)

18. Als diese Strategie nichts fruchtet, gewinnt Marjodo den bösen Zwerg Melot zum Bundesgenossen. Beide wirken auf Marke ein, Tristan den Zutritt zum Frauengemach zu verbieten und die Liebenden genau beobachten zu lassen. Während am Hof erste Gerüchte aufkommen, begibt sich Marke für längere Zeit auf die Jagd, Melot aber spioniert dem Paar nach. Unterdessen findet Brangäne einen Weg, der auch weiterhin heimliche Treffen der Geliebten ermöglicht: Tristan, so rät sie, solle auf Isolde im Baumgarten warten und einen mit den Initialen T und I beschnitzten Span in den Quellbach werfen. Da das Wasser zum Frauengemach fließt, werde Isolde, sobald das Zeichen angekommen sei, zu Tristan eilen.

Melot, der Verdacht geschöpft hat, versteckt sich eines Nachts zusammen mit dem von der Jagd zurückgekehrten Marke auf einem Ölbaum im Baumgarten über der Stelle, an der Tristan und Isolde regelmäßig zusammenkommen. Doch die Liebenden erkennen die Schatten der Lauscher im Mondlicht und führen ein so raffiniertes Gespräch, dass Marke erst recht von Isoldes Unschuld überzeugt ist. (14235–15046)

19. Melot gibt jedoch nicht auf. Als der König zur Ader lässt, arrangiert er, dass Tristan und Isolde an der Prozedur teilnehmen müssen. Zwischen ihren Betten hat er heimlich Mehl verstreut, um sie durch Fußabdrücke zu überführen. Zwar bemerken Tristan und Isolde Melots List, aber Tristan verlangt es so sehr nach seiner Geliebten, dass er in ihr Bett hinüber- und wieder zurückspringt,

wobei seine Aderlasswunden aufbrechen und beide Betten mit Blut besudelt werden.

Nun besitzt Marke eigentlich den gesuchten Beweis, doch beschließt er auf einem nach Lunders (London) einberufenen Konzil, ein Gottesurteil in der Stadt Karliun (Caerleon) abzuhalten. Dort spricht Isolde, nachdem sie mit Tristans Hilfe den zu beschwörenden Sachverhalt manipuliert hat, einen zweideutigen Eid, und als sie zur Bestätigung das heiße Eisen ergreift, verbrennt sie sich nicht. Vor aller Öffentlichkeit ist sie, nachdem nun schon ein Jahr lang Gerüchte über sie verbreitet worden sind, vom Schuldvorwurf befreit. (15047–15764)

20. Währenddessen hält sich Tristan in Swales (Wales?) am Hof des Herzogs Gilan auf, der das Wunderhündchen Petitcreiu besitzt, das allein durch den Klang des Glöckchens an seinem Halsband alle Sorgen vertreiben kann. Tristan unterstützt Gilan, indem er einen Riesen namens Urgan tötet, der die Viehherden in Gilans Land bedroht, und erwirbt sich ein Anrecht auf Petitcreiu. Der Herzog überlässt ihm den Hund nur widerwillig und bereut sein Tristan gegebenes allzu großzügiges Versprechen. Dieser sendet den sorgenvertreibenden Wunderhund sogleich an Isolde, die aber nicht ohne ihren Geliebten von ihrem Leid befreit sein möchte und deshalb die Glocke des Hündchens zerstört. (15765–16402)

21. Da es Tristan und Isolde nicht völlig gelingt, ihre Zuneigung füreinander zu verbergen, entschließt sich Marke nach einem heftigen Zornausbruch, die Liebenden gemeinsam ziehen zu lassen. Sie begeben sich mit ihrem Jagdhund Hiudan in die Wildnis, wo Tristan eine verborgene Grotte kennt, in der die Geliebten eine Zeit lang unter (fast) paradiesischen Bedingungen leben. Bei der Jagd auf einen weißen Hirsch wird Marke in das Gebiet der Minnegrotte verschlagen und findet das Paar, das sein Kommen bereits bemerkt hat, durch Tristans Schwert voneinander getrennt schlafend vor. Daraufhin hält er

Tristan und Isolde erneut für unschuldig und hinterlässt ein Zeichen, damit sie beim Erwachen wissen, dass sie entdeckt wurden. So beschließen die Liebenden, an Markes Hof zurückzukehren, zumal der König ihnen verzeiht. (16403–17816)

22. Eines Tages lassen sich Tristan und Isolde dazu hinreißen, sich am helllichten Mittag im Baumgarten zu lieben. Als Marke hinzukommt, liegt der Ehebruch offen zutage. Anstatt aber, wie es sein Recht wäre, die Ehebrecher auf der Stelle zu töten, möchte sich Marke Zeugen verschaffen und eilt davon. Tristan ergreift die Gelegenheit zur Flucht, so dass der König, als er in Begleitung zurückkommt, Isolde allein im Baumgarten vorfindet und erneut nichts beweisen kann. (17817–18404)

23. Nun beginnt für die Liebenden die Phase des Getrenntlebens. Während sich Isolde, ihre leidvolle Lage reflektierend, in ihr Schicksal an Markes Hof fügt, lernt Tristan, nachdem er sich etwa ein halbes Jahr in Almanje aufgehalten und in Parmenie die Gräber Ruals und Floraetes besucht hat, eine weitere Isolde kennen: Isolde Weißhand. Er befreundet sich mit deren Bruder Kaedin und unterstützt ihren Vater, den Herzog von Arundel, im Krieg gegen seine Nachbarn. Die Zuneigung Isolde Weißhands, die Tristan nicht zuletzt durch sein Musizieren erringt, erscheint ihm als eine Möglichkeit, seine quälende Sehnsucht nach der ersten Isolde ein wenig zu verdrängen, doch gerät er darüber in einen inneren Zwiespalt. (18405–19548)

[Bevor es zur Hochzeit mit Isolde Weißhand kommt, bricht Gottfrieds Werk ab. Anhaltspunkte für den weiteren Verlauf der Handlung, die auch bei Gottfried mit dem Tod Tristans und Isoldes enden sollte (vgl. z. B. 2013 ff.), bieten die »Tristan«-Fragmente des Thomas (s. S. 252 ff.).]

Aufbau

Anders als etwa im Falle der epischen Dichtungen Wolframs von Eschenbach, für die bereits der Ersteditor Lachmann Kriterien einer Bucheinteilung vorschlug, ist für Gottfrieds »Tristan« die Frage der Makrostruktur bislang nicht genügend untersucht worden. Zwar wurde der Handlungsaufbau von Gottfrieds Werk mehrfach dargestellt, doch blieben die Gliederungskriterien dabei zumeist im Dunkeln (vgl. Ehrismann, B 1e: 1927, 300f.; Lerner, B 5: 1936, 14ff.; Mergell, B 6: 1949, 153; Ruh, B 1e: 1980, 211ff.; Unterreitmeier, B 6: 1984, 79ff.). Insgesamt sind die Ansätze von Stolte (B 6: 1941, 139), Jackson (B 1e: 1971, 196ff.) und Haferland (B 5: 2000, 238ff.) noch am weitesten ausgearbeitet (vgl. auch Maurer, B 5: [4]1969, 211ff.; Bertau, B 1e: 1973, 934ff.; ders., B 5: 1983, 130ff.; Worstbrock, B 5: 1995, 43ff.).

Versuche, Gottfrieds Roman mit einer deutlicheren Gliederung zu versehen, finden sich schon im Spätmittelalter, denn in einigen Codices des 15. Jahrhunderts (E, R, *S) ist der »Tristan« mit Registern und detaillierten Zwischentiteln ausgestattet worden. Darin wird das Anliegen erkennbar, einem Lesepublikum Lektüreabschnitte anzubieten.[1] Demgegenüber besaßen die ersten Ausgaben der Neuzeit (Myller, Groote, von der Hagen, Maßmann) nach dem Muster der ältesten Handschriften einen fortlaufenden, nur durch Initialen bzw. Majuskeln gegliederten Text, und diesem Prinzip sind auch Marold und Ranke in ihren wissenschaftlichen Editionen des 20. Jahrhunderts gefolgt. Bechstein jedoch legte seiner für ein breiteres Publikum bestimmten Ausgabe ([1]1869/70) eine Aufteilung in 30 Kapitel zugrunde, ohne allerdings dafür Kriterien anzugeben. Auf diese Gliederung griff Golther in seiner Edition von 1888/89 zurück sowie in jüngerer Zeit

1 Gottfrieds »Tristan« wird in Handschrift E in 120, in R in 162 und in *S in 56 Kapitel aufgeteilt (vgl. Marold, B 1a: 1977, XLVIf., XLIXff.).

Krohn, der den Bechsteinschen Kapitelaufbau auf den Ranke-Text übertrug.

Bechsteins Gliederung ist bis auf geringfügige Änderungen identisch mit dem Schema, das Simrock (B 1b: 1855) für seine Übersetzung des »Tristan« benutzte, die sich wiederum eng dem Kapitelaufbau der ersten Gottfried-Übertragung von Kurtz (B 1b: 1844, XIVf.) anschloss. Das Verfahren, den Tristanroman in rund 30 Kapitel zu unterteilen, stammt somit aus der Übersetzungstradition und wird bis heute – zuweilen leicht variiert – von den meisten Gottfried-Übersetzern benutzt (vgl. Hertz, B 1b: 1877; Kramer, B 1b: 1966; Hatto, B 1b: 1972; Mohr, B 1b: 1979; Gentry, 1b: 1988; Buschinger, B 1b: 1995). Eine solche Gliederung erleichtert die Lektüre, ist jedoch mit den Ansprüchen einer autornahen wissenschaftlichen Textedition nicht ohne weiteres vereinbar.

Zu Lebzeiten des Tristandichters stellten höfische Romane nicht nur Lesetexte dar, sondern waren auch für den mündlichen Vortrag bestimmt – was der »Tristan«-Prolog bestätigt (vgl. 177, 230, 243; vgl. Lanz-Hubmann, B 5: 1989, 30ff., 57). Damit ist die Frage der Episodenumfänge bzw. der Abschnittsgrenzen vom Aspekt der Aufführungspraxis nicht zu trennen, zumal Vortragseinheiten jeweils geeignete Texteinsätze benötigen. Verse, denen, wie bei Bechstein am Kapiteleingang, der Reimpartner fehlt[2] oder deren Pronomina und Adverbien sich auf den Schluss des vorangehenden Abschnitts zurückbeziehen[3], eignen sich nicht zur Eröffnung eines Vortrags. Doch besitzt Gottfrieds Roman auch Einschnitte, an denen sich das Erzählen neu formiert, und nicht selten finden sich im Umkreis dieser für einen Vortragsbeginn geeigneten Text-

2 So am Beginn des XII. Kapitels bei Bechstein (8225 nach der Zählung Rankes).

3 Bei Bechstein gilt dies z. B. für die Anfänge der Kapitel V., VII., XII., XXI., XXVII., XXVIIII. (= 2759ff., 4547ff., 8226ff., 13673ff., 16679ff., 17275 in der Zählung Rankes).

fugen auch rekapitulierende oder vorausweisende Erzählerbemerkungen und -formeln,[4] die sich zusammen mit Wendungen, die das Ende eines Geschehens oder eine Zäsur in der Erzählertätigkeit andeuten,[5] als Indizien einer Vortragsgliederung auffassen lassen. Auf sie dürfte die Initialengebung archetypnaher Handschriften abgestimmt gewesen sein.[6]

Hinsichtlich der Makrostruktur des »Tristan« besteht weiterhin Forschungsbedarf. Das folgende »Episodengerüst« ist als vorläufig und nur als eine von mehreren Gliederungsmöglichkeiten anzusehen. Es berücksichtigt neben den genannten Kriterien die episodentrennende Funktion der Vierreimstrophen (s. S. 90ff.) und der für Gottfrieds Erzählung typischen Handlungsäquilibrien.[7] Insgesamt zeigt sich, dass der Roman als Vortragssequenz präsentierbar ist, wobei sich kürzere Erzählabschnitte nach Bedarf mit Nachbareinheiten kombinieren lassen. Vor einem mit dem Tristangeschehen vertrauten Publikum eignen sich die über eigene Handlungsschwerpunkte verfügenden, z. T. reich untergliederten Episoden auch für Einzelvorträge:

[Prolog (1–244)]
1. Vorgeschichte: Riwalin und Blanscheflur (245–1750)
2. Tristans Taufe und Erziehung (1751–2148)
3. Tristans Entführung und Weg an den Markehof (2149–3378)

4 Vgl. z. B. 1788, 1815ff., 1862ff., 3379ff., 5073, 5177ff., 5867, 7231, 8897ff., 11367, 12435, 15047, 18418.

5 Vgl. z. B. 3378, 3750ff., 5061ff., 9982, 10801f., 11365f., 17813, 18404.

6 So stimmt z. B. nachdenklich, dass der Beginn von Bechsteins VIII. Kapitel bei Vers 4547 (Zählung Rankes) von den Initialen der relevanten Handschriften nicht gestützt wird (vgl. Klein, B 5: 1972).

7 Mehrfach erscheint die Handlungslage zwischen zwei Geschehnissen kurzfristig als problemfrei. Vgl. z. B. 16403ff.: *Aber haete Tristan unde Isot / überwunden ir sorge unde ir not / …* (»Abermals hatten Tristan und Isolde / ihren Kummer und ihre Bedrängnis überwunden / …«); vgl. ferner 3379, 3742ff., 8310ff., 8897, 10784ff., 12157ff., 12675ff., 13087ff./13097ff., 13451ff., 14221ff., 15040ff., 15751ff.

4. Tristan als Künstler (3379–3756)
5. Ruals Auftritt und Tristans Schwertleite (3757–5068)

6. Der Sieg über Morgan (5069–5866)
7. Der Sieg über Morolt (5867–7230)
8. Die erste Irlandfahrt: Heilung (7231–8300)
9. Die zweite Irlandfahrt: Aufbruch und Überfahrt (8301–8896)
10. Der Drachenkampf (8897–9982)
11. Der Splitter (9983–10802)
12. Der Hoftag in Weisefort (10803–11366)
13. Der Minnetrank (11367–12182)

14. Der Brautunterschub in der Hochzeitsnacht (12183–12674)
15. Isoldes Mordanschlag auf Brangäne (12675–13096)
16. Die Gandin-Episode (13097–13450)
17. Verleumdung des Paares durch Marjodo (13451–14234)
18. Erste Baumgartenepisode: belauschtes Stelldichein (14235–15046)
19. Mehlstreuszene und Gottesurteil (15047–15764)
20. Die Petitcreiu-Episode (15765–16402)
21. Die Minnegrottenepisode (16403–17816)
22. Zweite Baumgartenepisode: Entdeckung (17817–18404)
23. Tristan in Arundel (18405–19548)

Es lassen sich mehrere miteinander verschränkte Episodentypen unterscheiden – Szenen einer Kindheitsgeschichte (»enfance«, 1–6), einer heroisch-spielmännischen Abenteuerhandlung (7–12, 16, 20, 23), einer schwankartigen Ehebruchs-/List-Sequenz (14–15, 17–19), eines romanhaften Liebesgeschehens (13, 21–22) –, die jeweils eigene erwartungslenkende Muster aktivieren: So gehört zur »enfance« (1–6) die ungeklärte Vater- bzw. Identitätsfrage, zu einer Riesenkampf-Aventiure (7, 20) das Gut-böse-Schema, zur Brautwerbung (9ff.) das Idoneitätsprinzip

(»Der Beste erhält die Schönste«), zu Überlistungsepisoden (wie 17ff.) die Vorstellung vom Recht des Klügeren, zum Minnegeschehen (wie in 13) die Glück-Leid-Dialektik (vgl. zur Tristanstruktur z. B. Kuhn, B 6: 1980; Haug, B 6: 1990; Simon, B 5: 1990; Warning, B 6: 2003, 177ff.). Da sich Gottfried in der Abfolge der Episoden an seine Vorlage, den altfranzösischen Tristanroman des Thomas, hält (vgl. z. B. Tennant, B 5: 1982), betrifft die Frage der »Strukturlogik« dieser im Vergleich zum klassischen Artusroman auf den ersten Blick additiv anmutenden Szenenfolge[8] auch Gottfrieds Quelle bzw. bereits deren Vorstufe (s. Kap. 6).

Gottfrieds Kunst ist daran zu ermessen, wie es ihm gelingt, die von Thomas übernommene Handlungsstruktur durch gliedernde Maßnahmen sowie durch die Herausarbeitung übergreifender formaler und inhaltlicher Aspekte so auszugestalten, dass es nicht bei einer »anspruchslosen Episodenreihung« (so Ruh, B 1e: 1980, 224; ähnlich: Hahn, B 5: 1963, 82; Warning, B 6: 2003, 178f.; Müller, B 5: 2003, 217; vgl. dagegen z. B. Worstbrock, B 5: 1995, 34ff.) bleibt. Der Straßburger Dichter hat u. a. durch die Einschaltung von sog. Vierreimstrophen, d. h. »Quasi-Strophen« (Johnson, B 1e: 1999, 305), deren gliedernde Funktion seit der Untersuchung Bonaths[9] kaum mehr zu bestreiten ist (vgl. auch Stolte, B 6: 1941, 139f.; Maurer, B 5: 41969, 213; dagegen Jackson, B 5:

8 Für Gottfrieds Werk stellt der klassische Artusroman durchaus einen Bezugspunkt dar, denn nicht nur wird an zwei Stellen (16861, 16900) auf den Mythos von König Artus angespielt, sondern es werden auch, wie zuletzt Goller (B 5: 2005) gezeigt hat, die Artusromane Hartmanns von Aue an mehreren Stellen als Prätexte genutzt. Siehe hierzu auch Haug, B 6: 1990; McDonald, B 6: 1991, 55–112; Grünkorn 1994, 161f.; McDonald, B 5: 1995.

9 »Die jeweils eine Gruppe bildenden Vierreime stehen … an entscheidenden Wendepunkten der Handlung, aber sie bezeichnen nicht … einen eindeutigen Punkt, an dem das neue Kapitel beginnen soll, sondern heben eine Übergangszone hervor, in der sich die Wende zu einem neuen Großabschnitt in der Handlung vollzieht« (Bonath, B 5: 1986, 103).

1971, 195; Ruh, B 1e: 1980, 225; Worstbrock, B 5: 1995, 35), im Episodenkontinuum des Romans vier Handlungsblöcke gebildet:[10]

1 die Elternvorgeschichte;
2–5 die Jugenderlebnisse Tristans bis zu seiner Ritterwürde;
6–13 Tristans Taten als Führungsperson in Abstimmung mit Marke (an deren Ende der durch den Minnetrank aufgebrochene Pflichtenkonflikt zugunsten der Liebe zu Isolde entschieden wird);
14–23 die Bemühungen Tristans und Isoldes, sich und ihre Minne unter immer schwieriger werdenden Bedingungen zu behaupten.

Die den Handlungsablauf in Episodenblöcke gliedernden Vierreimstrophen stellen, wie Schirok (B 5: 1984) gezeigt hat, inhaltlich, syntaktisch und reimtechnisch eigenständige Textelemente dar und werden in den Handschriften oft durch (Groß-)Initialen markiert. In ihnen tritt der Erzähler mit Selbstaussagen hervor (wie in 41 ff., 131 ff.), sucht den direkten Kontakt zum Publikum (wie in 5177 ff., 12503 ff.) und reichert Textabschnitte mit mottoartigen Perspektiven an (wie in 1 ff., 1751 ff., 1791 ff., 1865 ff., 5069 ff., 5099 ff., 12183 ff., 12431 ff.; vgl. dazu Bertau, B 5: 1983, 132 f., 135). Ihre Abgeschlossenheit unterscheidet diese Vierreimstrophen von ähnli-

10 Dabei treten Verschränkungseffekte auf, wie im Falle des Einschnitts zwischen den Episoden 5 und 6, denn Tristans Rückeroberung des väterlichen Besitzes im Morgankampf (6) ließe sich auch dem »enfance«-Teil zurechnen (vgl. Wolfzettel, B 6: 1974, 10–12). Bei Gottfried steht in dieser Szene aber die Entscheidung Tristans zwischen Rual und Marke im Vordergrund (vgl. 4384 ff., 5150 ff., 5187 ff., 5634–5712, 5785 ff.), und da die in Episode 6 zugunsten Markes, des *erbevaters* (4301), fallende Wahl bis zum Minnetrank Bestand hat, reicht der hier beginnende Handlungsblock bis zu Episode 13, in der Tristan seinem Onkel die Treue bricht, um sich von nun an seiner *erbevogetin* (11764), der Minne, zu unterstellen.

chen in den Text integrierten Reimspielen (wie 1393 ff., 3157 ff.[11]).

Gottfrieds Roman beginnt mit einer solchen Vierreimstrophe. Sie lautet in der Textherstellung Rankes[12]:

> Gedaehte mans ze guote nicht,
> von dem der werlde guot geschiht,
> so waerez allez alse niht,
> swaz guotes in der werlde geschiht.
> (1 ff.)

> (»Würde man denjenigen nicht in guter Erinnerung behalten, / von dem der Menschheit Gutes widerfährt, / dann wäre alles so gut wie nichts, / was in der Welt an Gutem geschieht.«)

Das Spiel mit dem identischen Reim – hier in Kreuzreimstellung – ist ein weiteres Kennzeichen dieses Gottfriedschen Strophentyps. Schon die Forschung des frühen 19. Jahrhunderts hegte den Verdacht, dass die auffälligen über das Werk verteilten »Mikrotexte« Träger eines Namenkryptogramms sein könnten, doch erst Schirok ist es gelungen, Klarheit in dieser Frage zu erzielen (für Einzelheiten s. Schirok, B 5: 1984, mit Darstellung der Forschungsgeschichte): Gottfrieds Vierreimstrophen sind Träger eines Autornamenakrostichons, beginnend mit dem *G* am Romananfang, sowie zweier Protagonistennamenakrosticha, die mit den Vierreimabschnitten 41 ff. (*Tribe ich die zit vergebene hin* / ...) und 131 ff. (*Ich weiz wol, ir ist vil gewesen,* / ...) einsetzen. An den Hauptfugen der Handlung werden durch weitere Vierreimstropheninitialen die

11 Auch bei den Versen 11871 ff., die Ranke als Vierreimstrophe markiert hat, handelt es sich, wie Schirok (B 5: 1984, 204 f.) nachweist, um ein mit dem vorangehenden Text verbundenes Reimspiel. Ähnliches gilt für 233–240.

12 Auf die gravierenden editionsphilologischen Probleme des Werkeingangs wird hier nicht eingegangen. Darüber informiert z. B. Schröder, B 5: 1990, 10 ff.

Namen GOTE[FRIT], TRIS[TAN] und ISOL[DEN?][13] jeweils in Dreierrhythmen ergänzt: G T I (1, 41, 131), O R S (1751, 1791, 1865), T I O (5069, 5099, 5177), E S L (12183, 12431, 12503).[14] Da die auf die Vierreimstrophen der Protagonistennamenakrosticha folgenden Texteinsätze jeweils Initialen aufweisen, die zum Namen der Partnerfigur gehören (45, 135, 1795, 1869, 5103, 5181, 12435, 12507), entstehen aus der in Fünfergruppen voranschreitenden Initialenfolge[15]

G TIIT	O RSSR	T IOOI	E SLLS	[F TDDT R AEEA I NNNN T]
1	**1751**	**5069**	**12183**	
41	**1791**	**5099**	**12431**	
45	1795	5103	12435	
131	**1865**	**5177**	**12503**	
135	1869	5181	12507	

fünf miteinander verschränkte Namenreihen:

G O T E [F R I T]
T R I S [T A N]
I S O L [D E N?]
I S O L [D E N?]
T R I S [T A N]

Dieses komplexe Initialenspiel – das auf der Handlungsebene im Motiv der Spanlist (vgl. 14424ff.) anklingt (s. dazu Küsters, B 6: 1996, 95ff.) – macht deutlich, dass

13 Die Rekonstruktion des Isolde-Namens im Kryptogramm mit Hilfe eines schwachen Dativs bzw. Akkusativs hat zuletzt Bonath kritisiert und dies zum Anlass genommen, ein anderes Modell für die Initialenverwendung im Schlussteil des Romans vorzuschlagen (Bonath, B 5: 1986, 112ff.).

14 Wie der Erzähler seinem Werk auf diese Weise einen dreigliedrigen Prolog voranstellt (s. S. 126f.), nähert er sich auch den Episodenblöcken, deren Beginn er durch drei Vierreimstrophen mit Zwischentexten markiert, jeweils dreischrittig an.

15 Nach Schirok, B 5: 1984, 213. (Initialen der Vierreimstrophen fett, die der Texteinsätze mager, rekonstruierter Teil in eckigen Klammern.)

der Dichter nach einem Plan gearbeitet hat, der über die Fragmentgrenze hinaus bis ans Ende des Werks reichte. Die oft gestellte Frage, wie viele Verse Gottfrieds »Tristan« einschließlich des nicht mehr vollendeten Teils umfasst hätte, ist allerdings kaum schlüssig zu beantworten,[16] gleichwohl deutet das Initialenspiel auf eine symmetrisch geplante Zuordnung der Episodenblöcke hin.

Das sich dem Höreindruck entziehende Initialenspiel, in dem auch ein Mittel der Textsicherung zu sehen ist (vgl. Wenzel, B 1e: 1988, 260f.), zeigt, dass Gottfrieds Werk für eine doppelte Rezeption konzipiert wurde: Einerseits ermöglichen die Vierreimstrophen mit ihren eindringlichen Reim- und Klangspielen ein intensives Vortrags- und Hörerlebnis (bei Schausten, B 6: 1999, 186ff., gedeutet als »konzeptionelle Mündlichkeit«), andererseits sind sie in ein reizvolles Schriftspiel eingebunden (vgl. z. B. Witteck, B 5: 1974, 194ff.; Stavenhagen, B 5: 1984, 133), dessen verborgene Dichternennung und Hommage an die Liebenden nur aufmerksame Leser zu entdecken vermögen (vgl. auch Bertau, B 1e: 1973, 934).

Handlungsverklammernde Motive und Strukturen

Der »Tristan« weist eine Fülle wiederkehrender Motive auf, durch welche verschiedenste Textteile aufeinander bezogen werden. So finden sich in Gottfrieds Werk u. a. zwei böswillige Truchsessen (Episode 10ff., 17ff.), zwei bemerkenswerte Hunde (20, 21) und Hirsche (3, 21),

16 Nach den Berechnungen Gravignys (B 5: 1971, 2–4) soll sich Gottfrieds Werkplan auf genau 24616 Verse belaufen haben. Einen ähnlichen Umfang vermuten Batts (B 5: 1971, 16: »approximately 25000 lines«), Tax (B 5: ^{2}1971, 170), Ferrante (B 6: 1973, 89) und – mit Vorbehalten – Scholte (B 5: 1942, 287f.). Nach Wapnewskis Schätzung hätte Gottfrieds Werk etwa 32000 Verse umfasst (Wapnewski, B 6: 1964, 353).

zwei Isolden, mit denen Tristan eine Beziehung eingeht (12ff., 23); zweimal muss Tristan bei Gottfried gegen riesenhafte Gegner antreten (7, 20), zweimal fährt er nach Irland (8, 9), zweimal täuscht Isolde, Gott anrufend, die Anwesenden durch doppelsinnige Rede (18, 19), zweimal leistet Tristan listige Trägerdienste für Isolde (16, 19), in zwei Episoden werden voreilige Versprechen gegeben (16,[17] 20), zweimal ist der Baumgarten Schauplatz des Geschehens (18, 22), dreimal wird ein verwundeter Kämpfer von Frauen geheilt (1, 8, 10), mehrmals wird der Weg zu einer Frau durch musikalische Darbietungen gebahnt (8, 16,[18] 23), auffällig oft sind Meerfahrten von Bedeutung (3, 8, 9, 13), mehrfach spielt ein Bett eine wichtige Rolle im Geschehen (1, 14, 17, 19, 21, 22). In der Regel ist mit diesem Verfahren der Multiplikation das Prinzip der Variation und nicht selten auch das der Steigerung verbunden.

Diese elementaren Motivvervielfältigungen, die in allen Tristanromanen auftreten (vgl. z.B. Witte, B 6: 1933; Wehrli, B 5: 1946, 94), mussten auch einem Hörpublikum auffallen. Bei Gottfried werden sie von einem feinen Geflecht rekurrenter Motive und Bilder unterstützt, von denen die Handlung geradezu durchwoben wird, dessen volles Ausmaß sich wohl nur ein sehr aufmerksamer Leser vergegenwärtigen kann. Als Beispiel sei das bei der Entführung Tristans anklingende Jagdmotiv (2166f.) genannt, das etwas später in der ausladenden *bast*-Episode (2813ff. [s. Abb. 6]; vgl. dazu Kolb, B 5: 1979; Krause, B 5: 1993; ders., B 5: 1996, 130–188; Dick, B 5: 1996; Schmid, B 5: 2002) entfaltet wird. Von da an begleitet es vor allem die Hauptfiguren durch den Roman und stellt einen ständigen

17 Innerhalb der Gandin-Episode (16) erscheint das Motiv doppelt. Vgl. zudem bereits 4460ff.

18 Innerhalb der Gandin-Episode (16) wird dieses Motiv wiederum doppelt durchgespielt (13178ff., 13319ff.); musiziert wird außerdem noch in 3, 4 und 22.

Verweiszusammenhang zur Liebesthematik her (vgl. z. B. Anson, B 5: 1970; Collings, B 5: 1973, 383 ff.). Ähnlich subtil werden u. a. das Schach-, Licht-, Kauf- oder Krankheitsmotiv sowie zahlreiche weitere Bildbereiche in den Handlungsverlauf eingewoben (dazu grundlegend Wessel, B 5: 1984, 309 f., 324 ff., 437 ff., 488 ff.; vgl. auch Bekker, B 1e: 1987).

Dieses fein ausgebaute motivische Netzwerk, das eine metaphorische Lesart der Handlung zulässt (s. S. 230 ff.), stellt eine Gottfriedsche Besonderheit dar, deren kohärenzstiftende Wirkung von durchgängigen Leitthemen, wie der *triuwe-* oder *ere*-Thematik, unterstützt wird (s. dazu S. 174 ff.). Hinzu kommt, dass der Straßburger Dichter wie kein vorheriger volkssprachlicher Autor sein Werk mit einem Geflecht von Exkursen versieht (vgl. Peiffer, B 5: 1971), unter denen ebenfalls Querverbindungen bestehen (vgl. z. B. Urbanek, B 5: 1979).

Auf besondere Weise ist die Vorgeschichte mit dem Geschehen der Haupthandlung verzahnt (vgl. Batts, B 1e: 1971, 51 f., 56 f.; Ruh, B 1e: 1980, 231 ff.; Bertau, B 5: 1983, 140 ff.; Poag, B 5: 1989; Buschinger, B 5: 2003), denn die Ereignisse um Riwalin und Blanscheflur nehmen vieles vorweg, was sich an Tristan und Isolde vollzieht: Die Liebe zwischen Tristans Eltern entbehrt bereits der Billigung des Markehofs; ein verschlüsseltes Liebessignal geht auch hier zuerst von der Frau aus; Riwalins und Blanscheflurs Minne ist wie die Tristans und Isoldes von großer Kraft und erzeugt ein Wechselbad von Freude und Leid, das in bitterem Tod – zuerst des Mannes – endet.

Die Elternvorgeschichte dient somit zur Präfiguration (vgl. Nowe, B 5: 1982, 265; Haug, B 5: 1972, 99; Wolf, B 6: 1989, 111–123; Przybilski, B 5: 2004) wichtiger Aspekte der Haupthandlung. Tristan werden bestimmte Anlagen seiner Eltern vererbt, wenngleich, wie Wynn (B 5: 1984) betont, auch Differenzen hervorzuheben sind: Während es Riwalin an Voraussicht und Reife mangelt (262–318), versteht es Tristan, der Züge eines *homo perfectus* trägt, von Jugend an rational zu handeln; während die illegitime Liebe der Eltern noch vergleichsweise konventionell erscheint, sprengt die bannhafte Trankminne Tristans und Isoldes die Konventionen. Auch der Motivzusammenhang, der zwischen dem Maienfest der Vorgeschichte und der paradiesischen Szenerie der Minnegrotte besteht (vgl. z. B. bereits Mergell, B 6: 1949, 134ff.), verdeutlicht, dass sich der Anfangsteil zur Haupthandlung wie eine Vorstufe zum Eigentlichen verhält.

Auch im Hauptteil zeigt sich am Verhältnis Isoldes zu ihrer Mutter eine Überbietungsstruktur in der Generationenfolge: Während die alte Isolde als *morgenrot* (7292, 8281, 9458 usw.) tituliert wird, ist das Beiwort der Tochter das der *sunne* (8280, 9456, 10161 usw.). Seit längerem wird deshalb von verschiedenen Forschern angenommen, dass sich der Straßburger Tristandichter bei der Gestaltung seines weltlichen Stoffs eine geistliche Denkstruktur zunutze machte, die seit dem frühen Christentum zum Ausdruck (heils-)geschichtlicher Steigerungsprozesse, vor allem hinsichtlich des Verhältnisses von Altem und Neuem Testament, geläufig war: die Typologie.[19] Diese Vermutung wird dadurch gestützt, dass Gottfried im Umkreis von Überbietungszusammenhängen die mittelhochdeutschen Entsprechungen der typologischen Signalwörter *verus* und *novus* verwendet: Isolde wird als *daz ware insigel der minne* (7812) und im Vergleich zur antiken Helena als

19 Vgl. dazu allgemein: Hans-Jörg Spitz, »Allegorese/Allegorie/Typologie«, in: »Das Fischer Lexikon Literatur«, hrsg. von Ulfert Ricklefs, Bd. 1, Frankfurt a. M. 1996, S. 1–31, bes. S. 16ff. Die Problematik der Anwendung des Typologiebegriffs auf höfische Literatur wird vor dem Hintergund des »Tristan« diskutiert bei Haug, B 5: ^{2}1992, 224–227 (mit weiterführender Literatur); vgl. auch Kästner, B 5: 1981, 60f. Zur Typologie im »Tristan« s. Wisbey, B 5: 1990, 271ff., mit zahlreichen Literaturhinweisen (ebd., Anm. 27) sowie vor allem Keuchen, B 5: 1975, der das Typologische allerdings sehr stark betont. Vgl. neuerdings auch Kern, B 5: 2000; Green, B 5: 2002, 107–111.

niuwe sunne (8280) bezeichnet, Tristan das *niuwe wunder* (6635) und als überlegener Harfenspieler der *niuwe spilman* genannt (3563, vgl. dazu Kästner, B 5: 1981, 73ff.); echte dichterische Inspiration umschreibt der Erzähler mit dem Bild des *waren Elicons* (4897, dazu S. 149f.); in der Minnegrotte hat seit heidnischer Zeit erstmals mit Tristan und Isolde die *ware wirtinne* (17239) Einzug gehalten (vgl. Wolf, B 5: 1974). Nach Wolf ist die Tristanhandlung deshalb bei Gottfried von »säkularisierter« (ebd. 129), nach Kern von »literarischer« Typologie (Kern, B 5; 1998, 166ff., 186) geprägt.

In jedem Falle werden zentrale, den Menschen, die Minne und die Kunst betreffende, Sachverhalte mehrmals in bipolare historische Zusammenhänge gerückt (z.B. Eltern – Kind, Antike – Gegenwart). Zudem wird auch die Möglichkeit eines Überdauerns von Wissen, Erfahrungen und Werten in Form der *memoria* betont (z.B. 234ff.; s. S. 224f.). Somit lassen sich im »Tristan« (nach Hahn, B 5: 1961, 173) im Wesentlichen drei Zeitstufen unterscheiden:

1. eine durch Mythen oder Stoffe der Antike repräsentierte Vor-Vergangenheit, die nach Stevens in a.) »the … ›heathen‹ era of the giants« und b.) »the era of Roman dominion« zu untergliedern ist (Stevens, B 6: 2003, 236f.),
2. die sich bald nach der angelsächsischen Landnahme (vgl. 420ff.) ereignenden, über einen Zeitraum von deutlich mehr als 25 Jahren erstreckenden (vgl. 337, 398, 2057, 2131, 3800, 4122, 10086, 15482, 18603), zwei Generationen betreffenden Geschehnisse von Riwalins Rittertaten bis zu Tristans Minneverhältnis mit Isolde, das wie ein Höhepunkt in der Geschichte der Liebe erscheint, und
3. die Gegenwart der Rezipienten, der *edelen herzen*, in deren *memoria* das *maere* von Tristan und Isolde auf-

gehoben sein soll und denen der Erzähler in Prolog und Exkursen eine engagierte Reaktion auf das Romangeschehen abverlangt (vgl. z. B. 12222ff., 18111ff.).[20]

Die episodische Handlung des Tristanstoffs erhält bei Gottfried somit mehrere verknüpfende und ordnende Parameter. Dies betonen auch einige neuere Arbeiten, in denen u. a. das Prinzip der Entgegensetzung als ein »Ordnungsfaktor« des Romans (Haferland, B 5: 2000, 253) oder das Wirken des Zufallsprinzips (Fortuna) als eines fortwährenden Motors des Geschehens hervorgehoben wird (Worstbrock, B 5: 1995).

Insgesamt weisen die Makro- und die Feinstruktur des Werks, die übergreifenden Themen und rekurrenten Motive Gottfrieds »Tristan« als ein kunstvoll verwobenes Gebilde aus, das auf die mündliche Vortragsform ebenso zugeschnitten ist wie auf eine Verwendung als Lesetext.

Figuren und Figurenkonstellationen

Zu den übergreifende Strukturen schaffenden Verfahren des Werks gehört auch der variierte Einsatz von Figurengruppen. So begegnet Tristan in Irland einem durch Lichtmetaphorik hervogehobenen »Dreigestirn« aus Brangäne und den zwei Isolden (vgl. 9450ff.) und steht am Markehof der finsteren Allianz dreier Männer gegenüber, deren mit demselben Buchstaben anlautende Namen ebenfalls auf eine »Interessengemeinschaft« (Ruberg, B 5: 1989, 313) deuten: Melot, Marke, Marjodo (14275; vgl. Penn/Tubach, B 5: 1972). Dies muss dem Rezipienten nicht sogleich bewusst werden – wie z. B. auch die Tatsache, dass im »Tristan« mehrere Frauen einen unverheirateten Bruder aufweisen, der jeweils eine Mittlerfunktion auf dem

20 Zur Verschränkung von linearer und »figuraler« Zeitperspektive im »Tristan« vgl. auch Wenzel, B 1e: 1988, 257.

Weg des Helden zur Geliebten einnimmt (Blanscheflur/ Marke, alte Isolde / Morolt, Isolde Weißhand / Kaedin[21]) –, denn Gottfrieds Figurenbehandlung ist, wie die Forschung seit langem bemerkt hat, von Schematismus weit entfernt. Einige seiner Gestalten, die tiefe seelische Innenräume aufweisen und zum Nachdenken über sich selbst befähigt sind, werden derart differenziert gezeichnet, dass Hollandt in ihrer immer noch einschlägigen Untersuchung der Hauptgestalten in Gottfrieds »Tristan« von deren »personaler Wesensart« spricht (Hollandt, B 5: 1966, 9).

Auch wenn bereits mehrere Monographien über die Darstellung der Gestalten in Gottfrieds »Tristan« (Dittrich, B 5: 1914), die »Nebenfiguren« (Deist, B 5: 1986) oder die »Isoldegestalten« (Mälzer, B 6: 1991) sowie zahlreiche Einzelstudien vorliegen, darf dies nicht darüber hinwegtäuschen, dass eine umfassende Auswertung der Figuren(konstellation) im »Tristan« noch aussteht, wobei insbesondere das Verhältnis von personalen und schemabezogenen Aspekten (vgl. z. B. Christ, B 5: 1977, 109ff., 167ff.; Schnell, B 5: 1992, 216ff.) bei der Figurenbehandlung zu untersuchen wäre.

Eine zwanglose Grobeinteilung des Figurenbestandes ergibt sich durch eine Unterscheidung in solche Gestalten, die Tristan und Isolde – nur sie sollten als Hauptfiguren bezeichnet werden – jeweils freundlich oder feindlich gegenübertreten (vgl. Konecny, B 5: 1977, 45). Innerhalb dieser polaren Grundkonstellation sind Untergruppen auszumachen: Jene Gegnerfiguren, die von Tristan offen bekämpft und besiegt werden (Morgan, Morolt, [der Drache,] Gandin, Urgan) – eher typenhaft gezeichnete Gestalten, unter denen (motivische) Querverbindungen bestehen (vgl. z. B. 15996ff.) –, verkörpern Aspekte unhöfischen Verhaltens, wie etwa der riesenhafte Morolt, der

21 Auch der unverheiratete (15772) Herzog Gilan bietet Tristan seine Schwester an (16230); dazu Tax, B 5: ²1971, 217.

als Vertreter der *hochvart* (7229) sein gebührendes Ende findet. Eine Gruppe von Gegnern, denen dagegen nicht mit offener Gegenwehr beizukommen ist, sind die intriganten Höflinge, von denen im Verlauf der Handlung eine sich steigernde Gefahr für Tristan und Isolde ausgeht. Während der eher lächerlich wirkende irische Truchsess und die neidischen Barone in den Brautwerbungsepisoden von Tristan souverän ausgeschaltet werden, bedeutet Markes Truchsess Marjodo, nachdem er Einfluss auf den König erlangt hat, bereits eine erhebliche Bedrohung; zunehmend gefährlich wird die Lage der Liebenden, als sich der Hofzwerg Melot, eine diabolische Figur (14511f., 15100), hinzugesellt (zu Melot vgl. Johnson, B 5: 1990). Diese Gegnergestalten handeln in niederträchtiger Absicht, wenn sie neiderfüllt Tristans Aufstieg zu verhindern suchen (vgl. 8319ff.) oder, wie die beiden Truchsessen, selbst ein Auge auf Isolde geworfen haben, aber aus Feigheit die offene Auseinandersetzung scheuen. Ihr Verhalten wird im Text als lügnerisch angeprangert, wobei die Motive der Figuren z. T. detailliert nachgezeichnet werden (z. B. 13596ff.).

Unter den Tristan und Isolde freundlich gesonnenen Gestalten stehen die Helferfiguren Rual, Curvenal und Brangäne im Vordergrund. Sie unterstützen die Protagonisten nach Kräften und verkörpern jene positiven Werte, die den Gegnern abgesprochen werden: Curvenal und Brangäne sind Inbegriffe höfischer Tugend und aufrechter *triuwe* (z. B. 7495ff., 14461ff.). Eine weitere Gemeinsamkeit besteht darin, dass ihnen bei der Sorge um ihre Schutzbefohlenen vereinzelt Fehler unterlaufen: So wird in der Entführungsepisode, als Tristans Lebensumstände erstmals außer Kontrolle geraten, die Verantwortlichkeit Curvenals thematisiert (2254f.); seine Unaufmerksamkeit (2311) bildet eine Parallele zu Brangänes Nachlässigkeit in der Minnetrankszene, die es ebenfalls an Bord eines gelandeten Schiffes versäumt, ihrem Auftrag nachzukommen (vgl. Hollandt, B 5: 1966, 30). Damit sind die Helferfiguren nicht nur Ausdruck der Schutzbedürftigkeit Tristans und Isoldes, sondern werden auch zur (Mit-)Ursache für ihre Verwundbarkeit.

Obwohl sie ähnliche Funktionen erfüllen, unterscheiden sich Curvenal und Brangäne hinsichtlich ihres Figurenprofils. Tristans Erzieher ist ein höfischer Knappe, der, nachdem er den Ritterschlag erhalten hat, auch Führungsaufgaben wahrnimmt (vgl. Hollandt, B 5: 1966, 27–30), während Brangäne, die bereits der alten Isolde mit Rat gedient hat (10481–10536), die Rolle einer Confidante zukommt. Sie besitzt für die Handlung weitaus größere Bedeutung und spielt bei Gottfried geradezu eine »Schlüsselrolle« (Nellmann, B 6: 2001, 32), da sie am aufreibenden Kampf der Liebenden gegen das Entdecktwerden entscheidend Anteil nimmt. Zweimal hat ihre Unachtsamkeit für Tristan und Isolde einschneidende Folgen (11681 ff., 13506 ff.), die sie jedoch stets mit hohem Einsatz wettzumachen sucht. In der Hochzeitsnacht opfert sie für Isolde sogar ihre Jungfernschaft – um sich kurz darauf von einem Mordplan der eigenen Herrin bedroht zu sehen. All dies scheint nicht spurlos an ihr vorüberzugehen: Als Marke in der zweiten Baumgartenepisode die unvorsichtigen Liebenden in flagranti entdeckt, wirkt Brangäne müde und zu keiner Gegenwehr fähig: *diu verdahte Brangaene, / diu arme erschrac unde gesweic, / ir houbet uf ir ahsel seic, / hende unde herze enpfielen ir* (18186 ff.)[22]. Bezeichnenderweise kommt es in einem von Gottfried nicht mehr gestalteten Handlungsabschnitt bei Thomas (Thom. 1265 ff.; s. S. 253) zu einem schweren Zerwürfnis zwischen Brangäne und Isolde.

Die rational und pragmatisch handelnde (vgl. 10426 f.), mit dem bedeutungsvollen Attribut des Mondes (9460) versehene Brangäne, die zuweilen mit Tristan einvernehm-

22 »Aus ihren Gedanken schrak die / arme Brangäne auf und schwieg; / der Kopf sank ihr auf die Schulter, / Kraft und Mut waren dahin.«

licher umzugehen scheint als mit ihrer Herrin (vgl. 14386–14497), stellt insgesamt eine komplexe, von der Forschung unterschiedlich beurteilte Gestalt dar.[23]

Unter den Helferfiguren wird Rual, wie sein Beiname *li foitenant* (»der die Treue bewahrt«) besagt, am stärksten mit dem Begriff der Treue in Verbindung gebracht (vgl. Jauch, B 5: 1951, 109ff.; Spieß, B 5: 1957, 115ff.; Hollandt, B 5: 1966, 22); seine Rolle resultiert aus seinem Vasallentum. Dementsprechend versteht er die Loyalität, die er Riwalins Sohn erweist, als vasallitischen Dienst (vgl. 4145), doch überschreitet die Hingabe, mit der Rual Riwalins Geschlecht die Treue hält (1791ff.), die eigene Familie zurückstellt (2186ff.) und bis an die Grenze der Selbstaufgabe geht (3775–3799), bei weitem das von einem Lehensmann verlangte Maß (vgl. Spieß, B 5: 1957, 119f.; Jackson, B 1e: 1971, 160f.). Umso schmerzlicher ist es für ihn, nach Tristans Sieg über Morgan (5852ff.) zu erfahren, dass sein Zögling nicht daran denkt, als Herr in Parmenie zu bleiben (vgl. Tomasek, B 5: 1985, 78f.).

Tristans Übersiedlung an den Markehof, die mit Billigung des Erzählers geschieht (5670ff.), macht deutlich, dass Rual und Tristan letztlich verschiedenen Welten angehören (vgl. Stavenhagen, B 5: 1985). In seiner Befähigung zu bedingungsloser Treue – die auch zum Mittel der List zu greifen bereit ist (vgl. 1894ff.) – kann aber bereits ein Vorklang auf das *triuwe*-Thema in der Tristanminne gesehen werden, auch wenn der mit seiner Frau Floraete in glücklicher Ehe lebende Rual einer riskanten Liebe, wie der Tristans, eher fern zu stehen scheint.

Verwandtenfiguren sollten Tristan und Isolde eigentlich freundlich gesonnen sein, nicht zufällig ist Brangäne eine *niftel* Isoldes. Wenn sich aber wie im Falle Markes ein besonders enges Familienmitglied zum Gegenspieler ent-

23 Vgl. z. B. Jackson, B 5: 1953; Hollandt, B 5: 1966, 41–52; Jaeger, B 5: 1971; Caples, B 5: 1975; Deist, B 5: 1986, 14–60; ders., B 5: 1995; Rasmussen, B 5: 2003, 146–150.

wickelt, wird die Lage der Liebenden bedrohlich. Marke ist zunächst Tristans größter Förderer (vgl. Hollandt, B 5: 1966, 53–78) und ihm auch emotional sehr zugetan (vgl. dazu Gruenter, B 5: 1964; Jaeger, B 5: 1989). Er verschafft ihm Hofämter und bestimmt ihn, sobald er um Tristans Herkunft weiß, zum alleinigen Erben Cornwalls und Englands (5152ff.). Während der ersten Hofintrigen (8319ff.) hält er zu seinem Neffen, und auch dem von Marjodo lancierten Gerücht über Tristans ehebrecherische Beziehung mag er anfangs keinen Glauben schenken (13637ff.). Dann aber setzen *zwivel* und *arcwan* (13717) in Marke einen Zerrüttungsprozess in Gang, dessen Etappen vom Erzähler genau nachgezeichnet werden (vgl. z. B. Batts, B 5: 1990): Der *zwivelaere* (14010) möchte Gewissheit erlangen, gerät dabei aus dem seelischen Gleichgewicht und wird zum *trurigen Marke* (14916); obwohl er seit der Mehlstreuszene eigentlich genügend Indizien für den Ehebruch Tristans und Isoldes besitzt, klammert sich der *verirrete* Marke (15267) – wie es der Erzähler vorhergesagt hat (13777ff.) – nun an den kleinen Rest verbliebener Zweifel (15226ff.), die ihn hoffen lassen, die Liebenden nicht überführen zu müssen (15270ff.; vgl. auch Kolb, B 5: 1988, 329ff.). Schließlich weiß er genug (16499–16620), bezichtigt nach einem heftigen Zornausbruch Tristan und Isolde im Beisein seines Gefolges des Ehebruchs (16538ff.) und verweist sie vom Hof.

Die königliche Ehekrise, die mit intimen Bettgesprächen beginnt (13675ff.), wird also nicht ohne Zutun Markes schrittweise zum öffentlichen Skandal. Umso sinnloser erscheint es, wenn Marke später, von Isoldes Schönheit betört (vgl. dazu Gruenter, B 5: 1961a), die Rückkehr der Liebenden aus der Minnegrotte betreibt – der Erzähler nennt Markes Motive an dieser Stelle lüstern und schändlich (17723ff.). Der einstmals großzügige Förderer Tristans hat sich nicht nur mit den bösartigen Figuren Melot und Marjodo gemein gemacht (vgl. die effektvolle Formulierung in v. 14275), er steht am Ende zudem ich-bezogen und triebhaft da.

Markes Versagen wird von einer Beschädigung seiner herrscherlichen Aura begleitet (vgl. z.B. Kerth, B 5: 1990). Am Beginn des Romans erscheint sein Hof als ein glanzvolles Zentrum hoher Kultur (vgl. 420–626), doch wecken Details, wie die groben Jagdsitten, die der junge Tristan dort antrifft (vgl. 2788ff.), erste Zweifel an seinem Ruf. Beim Auftreten von Aggressoren wie Morolt und Gandin, denen außer Tristan niemand entgegenzutreten wagt, offenbart sich bald die Schwäche der Höflinge und ihres Königs. Die Schilderung von Markes Abstieg[24] beruht somit nicht nur auf einer minutiösen psychologischen Studie (vgl. Nickel, B 5: 1927, 54ff.; Konecny, B 5: 1977, 46), sondern erfolgt auch vor dem Hintergrund literarischer (vgl. Karg, B 5: 1994) und gesellschaftlicher Rollenerwartungen: Markes Maienfest rückt den König anfangs in die Nähe des legendären Artus, der z.B. im »Iwein« Hartmanns von Aue (Iw. 31ff.) ein ähnliches Pfingstfest feiert; auch Artus muss, wie Marke, die Entführung seiner Gattin hinnehmen (vgl. Iw. 4530ff.), doch während jener königliche Würde bewahrt, büßt Marke im Laufe des »Tristan« an herrscherlicher Statur ein (vgl. z.B. 13441ff.).[25] So vermag er sein Konzept gesellschaftlicher Freude (vgl. 3741, 4311, 5045, 5167, 11642, 14055, 14363) als *truriger* König nicht einzulösen (vgl. z.B. 17275ff.) und findet, obwohl er als höfische Autorität eingeführt wurde (vgl. noch 4493ff.), im zweiten Werkteil gegenüber den Interessenparteien seines Hofes keine feste Linie.

24 Anders Lanz-Hubmann (B 5: 1989, 40ff.), die in der Markefigur ein »Kipphänomen« (ebd. 141) sieht, und Christ (B 5: 1977, 98ff.), für den Marke ein »Diskontinuum« darstellt (ebd. 117). Auch Karg wertet Marke als inkonsistente »Montage seiner Rollen« (Karg, B 5: 1994, 86).

25 Anders McDonald (B 6: 1991, 80ff.), der zwischen Marke und Artus weitestgehende Parallelen erkennt, und Goller (B 5: 2005, 122), der »eine Kritik an Marke und seinem Hof immer am Kontrast zur Liebesbeziehung von Tristan und Isolde aus[ge]richtet« sieht (vgl. auch ebd., S. 163).

Obgleich er mit bissigen Erzählerbemerkungen (z.B. 12666) bedacht wird, stellt Marke aufgrund seines differenzierten Profils – Gruenter (B 5: 1964, 120) spricht von einer »inflammablen und flüchtig-entschlußschnellen, ... ebenso leichtsinnigen wie zutraulichen Natur« – keine im eigentlichen Sinne lächerliche Gestalt dar (so aber z.B. Mälzer, B 6: 1991, 179): Noch bei der Verbannung Tristans und Isoldes ist er, wie Hoffmanns Figurenanalyse belegt, den Liebenden zugetan (vgl. Hoffmann, B 6: 1991, 57), und in der Gottesurteilepisode zeigt er sich, folgt man Kucaba, zu klugem Verhalten befähigt (vgl. Kucaba, B 5: 1997, 84).

Einige neuere Arbeiten lassen das Bemühen erkennen, Verständnis (vgl. Haferland, B 5: 2000, 254) und sogar Mitleid (vgl. Classen, B 5: 1992, 63) für Marke aufzubringen. Ob aber solche Einfühlsamkeit, die dazu neigt, Textstellen wie 17723ff. zu Markes Gunsten schönzureden (vgl. ebd. 61f.), bei der Beurteilung der komplexen Königsfigur weiterhilft, ist zu bezweifeln (vgl. die Überblicke über die kontroversen Forschungspositionen bei Dietz, B 1d: 1974, 187ff.; Spiewok, B 6: 1996, 231f.; Hübner, B 5: 2003, 319f. Anm. 124; Hauenstein, B 5: 2006, 1–11).

Mit der erst gegen Ende des Fragments in Erscheinung tretenden Isolde Weißhand, Tristans späterer Ehefrau, wird sich abermals ein enges Familienmitglied langfristig zum gefährlichen Kontrahenten Tristans entwickeln – so gesehen stellt die weißhändige Isolde eine Spiegelung Markes dar und ist zugleich, wie ihr Name zeigt, als Gegengestalt zur ersten Isolde konzipiert. Es wäre aufschlussreich zu erfahren, wie Gottfried an dieser durch ihre Handlungsfunktion (vgl. Meißburger, B 5: 1954, 27ff.; Schöning, B 6: 1989, 165ff.) bestimmten Figur den bei Thomas vorgegebenen inneren Umschwung von liebender Zuneigung zu tödlichem Hass (vgl. Thom. 2619ff.) motiviert hätte. Ansätze zu einer Innensicht der Gestalt sind in der verständnisvollen Schilderung der wachsenden Zuneigung Isolde Weißhands zu Tristan zu finden (19230ff., 19310ff., 19340ff.), insofern ist sie bei Gottfried mehr als nur ein »Name ohne Person« (so Schöning, B 6: 1989). Es bleibt kein Zweifel daran, dass Isolde Weißhand durch Tristans ambivalentes Verhalten betrogen wird (19397f.; vgl. Meißburger, B 5: 1954, 24; anders Schröder, B 5: 1993a, 27, und Millet, B 5: 2002, 371). Nach Ries (B 5: 1980, 326ff.) ist die letzte Episode des Gottfriedschen Romanfragments geprägt von Tristans willentlichem und Isolde Weißhands unwillentlichem Verkennen ihrer Lage.

T r i s t a n erscheint also am Ende des Fragments als problematische Figur: Nachdem die Zeit des gemeinsamen Hoflebens mit seiner Geliebten unwiederbringlich vorüber ist, versucht er, sich von seinem Leidensdruck durch Ablenkungen zu befreien, wozu ihm die zweite Isolde gelegen kommt (18438ff., 19429ff.). Doch gerät er, wie er selbst spürt (19163ff.), zwischen den namengleichen Frauen zunehmend in einen zerstörerischen inneren Zwiespalt (vgl. z.B. Wehrli, B 5: 1946, 91; Tax, B 5: ²1971, 161ff.; Jaeger, B 5: 1977, 180ff.; Wolf, B 6: 1989, 251ff.; Draesner, B 5: 1996, 81ff.; Konetzke, B 5: 2002) und tut durch sein Verhalten beiden Isolden Unrecht. In der jüngeren Forschung wurde erwogen, ob Tristan während dieses in vier Phasen verlaufenden inneren Prozesses (vgl. 19125ff., 19246, 19353, 19416) gleichsam einen Teil seiner Geistesgaben einbüßt (vgl. Huber, B 1f: ²2001, 126; Konetzke, B 5: 2002, 119, die im Protagonisten eine Anlage zum Melancholikertum erkennt), in jedem Falle ist aus der Sicht des Erzählers Tristans Verhalten gegenüber Isolde Weißhand nicht zu entschuldigen (vgl. 19397–19404; anders Millet, B 5: 2002).

Dies bleibt nicht die einzige Stelle, an der Tristans Handlungen unter dem Druck der Minne problematisch sind. Als er seine Geliebte heimlich aufsucht, obwohl Schnee gefallen und seine Spur im Mondschein sichtbar ist (13492–13501), deutet der Erzähler an (13500f.), dass es Tristan in diesem Augenblick an Gefahrenbewusstsein mangelt (vgl. 13627–13636). Das Fußspurenmotiv wiederholt sich in der Mehlstreuszene (15117ff.), in der Tristan es zwar vermeidet, Fußabdrücke zu hinterlassen, aber sich stattdessen durch seine Minneblindheit (15186) zu einem waghalsigen Sprung (*ze harte über sine craft*, 15188) mit gefährlichen Folgen verleiten lässt.

Dass dem Protagonisten solche Fehler unterlaufen – nach Przybilski ist Tristans affektiertes Handeln ein Erbe Riwalins (Przybilski, B 5: 2004, 387ff.) –, erscheint bemerkenswert, ist er doch, wie vom Erzähler mehrfach betont, in besonderem Maße mit *vorbedaehte* (7907), mit vorausschauender Klugheit, begabt (vgl. 2692ff., 8530, 8660f., 13698). So lässt sich u. a. an der Brautwerbung verfolgen, wie Tristan Handlungsabläufe strategisch zu planen und listig umzusetzen versteht.[26] Tristan ist, insgesamt gesehen, die vollkommenste (vgl. 3495, 3712) und vielseitigste aller männlichen Gestalten des Romans (dazu Jaeger, B 5: 1977, 38–63).

Seine Eltern, Riwalin und Blanscheflur,[27] übertrifft Tristan in vieler Hinsicht. Mit 14 Jahren beherrscht er dank der Erziehungsplanung Ruals bereits mehr als ein halbes Dutzend Sprachen, ist gebildet und sportlich, ein perfekter Jäger, Tänzer, Sänger, höfischer Unterhalter (2095–2122, 3459–3720) und verfügt über das Profil eines Künstlers (s. S. 221f.). Er erweist sich als der tapferste Ritter, dem in mehreren *descriptiones* (vgl. 4975–5009, 6534–6682, 11090–11145) außergewöhnliche Körperschönheit und auch überragende innere Eigenschaften bescheinigt werden. Da er für die Minne prädestiniert ist (vgl. z.B. 3332ff., 6594ff.), verkörpert Tristan das Idealbild eines ritterlichen, höfischen Mannes.

26 Unter dem Gesichtspunkt der List wird die Tristanfigur vor allem betrachtet bei Hollandt, B 5: 1966, 16ff.

27 Über Riwalin und Blanscheflur s. z.B. Hollandt, B 5: 1966, 16ff.; Keuchen, B 5: 1975, 27ff., 54ff.; Jaeger, B 5: 1977, 42ff.; Nowe, B 5: 1982; Wynn, B 5: 1984; Deist, B 5: 1986, 61–165; Rasmussen, B 5: 2003, 139–141.

Bei seiner Ausbildung zum idealen Ritter erfährt allerdings bereits der Siebenjährige das Bücherstudium als einen schmerzlichen Prozess, der mit dem Verlust von Freiheit einhergeht: *daz was sin erstiu kere / uz siner vriheite: / do trat er in daz geleite / betwungenlicher sorgen*[28] (2068 ff.), worin eine Parallele zu seiner späteren Minnebindung gesehen werden kann, die ebenfalls einen einschneidenden Freiheitsverlust bedeutet (z. B. 11749 ff., 11781–11814; vgl. das sog. Leimrutengleichnis 841 ff.), aber zugleich eine neue Welt des Herzens eröffnet.

Offenbar ist Tristan nur um den Preis des Leidens zum Besten befähigt – ein Paradox, für das Gottfried das Wort *arbeitsaelic* geprägt hat (vgl. dazu Jaeger, B 5: 1992a; Firestone, B 5: 2000, 77 f.):

sin dinc was allez uz erkorn
beid an dem muote und an den siten.
nu was aber diu saelde undersniten
mit werndem schaden, als ich ez las,
wan er leider arbeitsaelic was.
(2126 ff.)

(»Er besaß hervorragende / innere und äußere Eigenschaften. / Doch war sein Glück mit ständigem Unglück versetzt, wie ich gelesen habe, / denn er war leider not-gesegnet.«)

In Anlehnung an die Ausführungen Jaegers[29] lässt sich Tristans Weg zu *hoeheren eren* (5666) als ein Vervollkommnungsprozess in Etappen und zugleich als ein suk-

28 »Das war der erste Schritt / aus seiner Ungebundenheit: / Von nun an gaben ihm Kummer und Sorgen das Geleit.« (Vgl. zur Stelle S. 28 Anm. 13.)

29 Vgl. Jaeger, B 5: 1977, 38 ff. Jaeger bezieht sich auf den Wertekatalog v. 5692 ff., in dem der Erzähler die Trias *lip*, *guot* und *muot* diskutiert. Die Minne als vierte Instanz wird bei Jaeger nicht berücksichtigt, sondern eher als eine desintegrierende Kraft gewertet (ebd. 38). Wiederum anders Wenzel, B 5: 1988, 238.

zessiver »Beerbungsvorgang« beschreiben: Tristan erhält (1.) von seinem leiblichen Vater Riwalin hervorragende Anlagen, (2.) vom Ziehvater Rual eine umfassende Ausbildung, (3.) durch seinen *erbevater* (4301) Marke die materielle Ausstattung und (4.) von seiner *erbevogetin* (11764), der Minne, zuletzt das höchste irdische Gut, die vollkommene Liebe.[30] Doch bauen diese Phasen nie reibungslos aufeinander auf: Wie die Grundausbildung des jungen Tristan den Verlust früherer *vriheit* impliziert, so muss er, um Markes Angebot anzunehmen, seinen Ziehvater Rual enttäuschen und hat als Liebender später gegen die Interessen Markes zu handeln. (Über Tristans Rolle zwischen mehreren »Vätern« vgl. Storp, B 5: 1994, 180–204.)

Die im Roman aufgeworfene Frage »wer ist Tristan?« (4170) bleibt nicht zuletzt deshalb schwer zu beantworten, weil der Protagonist, der alle Figuren mit Ausnahme Isoldes überragt, nirgends völlig zu Hause scheint (vgl. Gottzmann, B 5: 1989): Er wird mehrfach als der *ellende* (z. B. 2483, 3742, 3923) bezeichnet und von seiner Mitwelt als *vremede* (z. B. 2289, 4138 ff.) empfunden (vgl. Hahn, B 5: 1963, 88 ff.). Bis zum Ende des Romans spielt er verschiedenste Rollen, so dass sich das Problem seiner Identität (vgl. dazu Schmitz, B 5: 1988, 222–227; Gottzmann, B 5: 1989; Schausten, B 5: 2001; Sosna, B 5: 2002) als komplex erweist.

Dabei dürfte Tristans Entscheidung, mit Marke zusammenzuleben (5777 ff.), aufrichtig gemeint sein, denn vom Moroltkampf, in dem er in der Rolle eines Retters und Erlösers auftritt (vgl. Huber, B 1f: ²2001, 66 f.), bis einschließlich zu den Brautwerbungsepisoden bewährt sich Tristan als Markes treuester Verbündeter und steht dem König selbstlos mit Rat und Tat zur Seite. Er scheint so-

30 Vgl. den Hinweis Mersmanns (B 5: 1971, 178), »daß es einen tiefen Sinn hat, wenn Gottfried die Komposita mit *erbe* … auf Isolde und die Minne bezieht« (vgl. auch ebd., 44 mit Literaturangaben); anders Steinmetz, B 5: 2000; vgl. auch Köbele, B 5: 2004, 222, 229 ff.).

mit am Markehof vorübergehend eine Heimat gefunden zu haben – umso einschneidender wirkt sein Loyalitätsbruch infolge des Minnetranks.

Dass Tristans Schicksal von Leid bestimmt ist, bezeugen bereits die Umstände seiner Geburt und wird anlässlich seiner Namengebung (1974–2022) hervorgehoben: *von triste Tristan was sin nam. / der name was ime gevallesam / und alle wis gebaere*[31] (2003 ff.). Bis in die Minnegrottenepisode sind Tristan neben seinem schicksalhaften Leid zwar auch Momente großen (wenn auch nie einschränkungslosen) Glücks beschert, charakteristisch für Gottfrieds Tristanfigur bleibt aber das Nebeneinander von hoher, idealtypischer Befähigung und schicksalhaftem Unglück (vgl. 5069–5083). Nach der Trennung der Liebenden in der zweiten Baumgartenepisode gewinnen die leidhaften Aspekte die Oberhand, und es neigt sich die Handlung – ohne dass man Tristan mit Konetzke (B 5: 2002, 122) einen unbewussten Todeswunsch zu unterstellen braucht – jenem bitteren Ende zu, das Gottfried nicht mehr gestaltet hat, aber anlässlich der Namengebung Tristans vorausblickend erwähnt:

sehen an den trureclichen tot,
der alle sine herzenot
mit einem ende besloz,
daz alles todes übergenoz
und aller triure ein galle was.
(2013 ff.)

(»Vergegenwärtigen wir uns den schmerzlichen Tod, / der seine ganze Herzensqual / beendete mit dem / schlimmsten aller Tode / voll bitterster Traurigkeit.«)

31 »Sein Name kam von *triste*. / Der war ihm angemessen / und in jeder Hinsicht passend.« – Zum Tristan-Namen vgl. Huber, B 5: 1979, 271 ff.; Haubrichs, B 5: 1989, 205 f., 217; Ruberg, B 5: 1989, 315 ff.; Scheuer, B 5: 1999, 414–424.

Tristans Geliebte, die irische Königstochter Isolde, die ihn bis in den Tod begleiten wird, tritt als Person spät (7168 ff.) in die Handlung ein und bleibt zunächst im Schatten ihrer Mutter, der alten Isolde (vgl. dazu Wagner, B 5: 1973) – eine Konstellation, die auf die Konzeption des Thomas zurückgeht, der die Rolle der irischen Königin ausgebaut hat (vgl. Ranke, B 6: 1925, 200 ff.; Keck, B 6: 1998, 162 f., 178). Gottfried führt diese Tendenz fort und untermauert das Profil der alten Isolde als umsichtige, mit magischen Fähigkeiten begabte (vgl. Hollandt, B 5: 1966, 31 ff.) *wise Isot* (z. B. 9404). Mehrfach vermag diese erstaunlich autonome (vgl. Wade, B 5: 1977; Rasmussen, B 5: 2003, 141–146), politischen Einfluss ausübende (vgl. Kellermann-Haaf, B 5: 1986, 69 ff.) Frauenfigur im Handlungsverlauf segensreich zu wirken: als Mutter, die ihrer Tochter die bestmögliche Erziehung und jede Unterstützung angedeihen lässt, als Heilerin, die zweimal entscheidend zu Tristans Genesung beiträgt (vgl. Strasser, B 5: 1990, 67 ff.). Auch ihr Mann, König Gurmun,[32] mit dem sie eine harmonische Ehe führt, ist Nutznießer ihrer Klugheit.

Eine sicherlich beabsichtigte Folge der starken mütterlichen Präsenz ist, dass die junge Isolde in den in Irland spielenden Episoden zunächst einen zurückhaltenden Eindruck macht (vgl. z. B. 11018; dazu Wagner, B 5: 1973), allerdings wird schon an ihren ersten Auftritten deutlich, dass sie nicht nur gebildet und musikalisch hochtalentiert (8036 ff.), sondern auch von einer geradezu irritierenden Schönheit ist (vgl. Zak, B 5: 1983, 69 ff.; zu 10957 ff. vgl. Schausten, B 6: 1999, 188). Herrlicher als Helena (8263 ff.) überstrahlt sie – wie die *sunne* das *morgenrot* – die eigene Mutter (10885 ff.). In der Darstellung der jungen Isolde, des *wunders von Irland* (10888), klingt ein Vollkommenheitsanspruch an (vgl. vor allem 8253 ff.), zumal sie, wie

32 Zur Figur des irischen Königs Gurmun s. Kerth, B 5: 1988; Stevens, B 6: 2003, 237 ff.

Tristan, in besonderem Maße für die Liebe bestimmt ist (z. B. 7812, 10896 ff.).

Auch für sie wird der Minnetrank zu einem einschneidenden Ereignis, mit dem sich ihr Verhalten grundlegend ändert. Von nun an ergreift sie die Initiative und schreckt vor keinem Mittel zurück, um ihre Liebe zu verteidigen. Dieser Umbruch wird durch eine Vierreimstrophe hervorgehoben:

> So minne an tumben kinden
> ir spil geratet finden,
> so muge wir an den kinden
> witze unde liste vinden.
> (12431 ff.)

> (»Wenn die Liebe unerfahrene Mädchen / veranlasst, ihr Spiel zu spielen, / dann finden wir bei jungen Frauen [auf einmal] Scharfsinn und Verschlagenheit.«)

Die Radikalität, mit der Isolde in Liebesangelegenheiten vorzugehen entschlossen ist, zeigt sich an der List des Brautunterschubs und, noch extremer, an ihrem Versuch, sich der Mitwisserin Brangäne durch Mord zu entledigen (dazu Schröder, B 5: 1989), einem Plan, angesichts dessen sich der Erzähler von seiner Protagonistin distanziert (12710 ff.).

Obwohl Isolde ihre Minne mit großer Intelligenz verteidigt, wobei sie sich besonders der Kunst der doppeldeutigen Rede befleißigt (vgl. Hollandt, B 5: 1966, 118–153), begeht auch sie taktische Fehler, wenn sie Markes Versuch, sie auszuhorchen, zunächst nicht durchschaut (13681 f.) und die verhängnisvolle Entdeckung im Baumgarten heraufbeschwört (18152 ff.). Seit ihr Schicksal mit dem Tristans verknüpft ist, zeigen sich gelegentlich auch an ihr Missgeschick und Schwäche. In der Minnegrotte aber erlebt die Gestalt Isoldes eine Art Apotheose, denn sie erscheint dem Jäger, der das Paar schlafend findet, wie eine *gotine* (17470):

»der man ist alse ein ander man;
min zwivel ist aber dar an,
sin geslafe da bi
daz der ein mensche si:
der ist schoener danne ein feine;
von vleische noch von beine
enkunde niht gewerden
so schoenes uf der erden.«
(17473ff.)

(»›Der Mann ist wie ein normaler Mann, / aber ich kann nicht glauben, / dass seine Schlafgenossin ein Mensch ist: / Sie ist noch schöner als eine Fee / – aus Fleisch und Bein / kann etwas so Schönes / auf Erden nicht entstehen.‹«)

Mertens hat darauf aufmerksam gemacht, dass Markes Jäger das Gesehene offenbar nach dem (Erzähl-)Muster einer Mahrtenehe deutet (s. dazu Mertens, B 5: 1999, 11f.; vgl. auch Schulz, B 6: 2003, 539ff.). Doch muss die auffällige Differenzierung zwischen Tristan und Isolde nicht allein mit der Wahrnehmung des vom Gesehenen überwältigten Jägers begründet, sondern darf mit Hahn (B 5: 1963, 115f.) auch als ein Hinweis genommen werden, dass sich das Wesen der Göttin Minne (16723) in Isolde hier in besonders reiner Form verkörpert. Auch ist sie es, die sich, während Tristan am Ende des Fragments nach Ablenkung sucht (19429ff.), ausdrücklich zu ihrer Minne, ihrem Leid, bekennt und dem Geliebten unerschütterlich (18490–18600; dazu Haug, B 5: 1993, 47ff.) treu zu bleiben gedenkt (anders Schröder, B 5: 1993a, 17f.).

Isolde stellt in Gottfrieds »Tristan« diejenige Figur dar, an der sich die vom Erzähler propagierte Liebestreue am reinsten, aber auch die potentielle Amoralität der Tristanminne am radikalsten manifestiert (vgl. Rasmussen, B 5: 2003, 154). Sie ist somit ein aufschlussreicher Fall für die von Wynn (B 5: 1990) aufgegriffene Debatte um den »personalen« Charakter der Gottfriedschen Figuren. Abgesehen von der Frage, ob eine derart extreme Verhaltensspannweite ein glaubwürdiges »character portrayal« zulässt – wofür Wynn (B 5: 1990, 132) plädiert, während z. B. Dick (B 5: 1987, 16) in Isolde »a figure composed of ... opposite elements« erkennt – bleibt die Schemabezogenheit der Gestalt in den einzelnen Episoden stets zu bedenken (vgl. Simon, B 5: 1990, 363): Nicht zufällig ist es ein Liebesheiligtum, in dem Isolde vergöttlicht erscheint, und genauso muss die Skrupellosigkeit, mit der sie den Anschlag auf Brangäne plant, im Zusammenhang mit den dort zugrunde liegenden Erzählmustern[33] gesehen werden. Außerdem wiederholen sich an der Isoldegestalt Aspekte, die bereits ihre Mutter sowie Blanscheflur betrafen (s. S. 96f.), so dass in der weiblichen Hauptfigur die Struktur der Tristanhandlung (s. S. 89f.) in vielfältiger Hinsicht nachwirkt (vgl. auch Hahn, B 5: 1963, 83f., zu den Nebenfiguren).

Dessen ungeachtet bleibt der Personalisierungsgrad der Gottfriedschen Figuren (vgl. dazu auch Bertau, B 5: 1983, 134) beachtlich, wofür hier nur einige Gründe genannt werden:

1. Nur wenige Gestalten Gottfrieds gehen gänzlich in ihren Schema-Rollen bzw. sozialen Rollen auf (vgl. Wenzel, B 5: 1988). So ist z. B. Rual nach dem Muster eines getreuen Vasallen gestaltet, doch sein unverwechselbares Profil erhält er dadurch, dass er seine Treue über das erwartbare Maß hinaus bis zur Selbstverleugnung lebt.

33 Über die komplexen Schema-Überlagerungen an dieser Stelle der Handlung s. Dicke, B 6: 1997, 105–118.

2. Viele Figuren, wie etwa die differenzierte Gestalt Markes, für die Hoffmann den Begriff des »Charakters« in Anspruch nimmt (Hoffmann, B 6: 1991, 63; anders Christ, B 5: 1977, 117), vermitteln einen gewissen personalen Eindruck auch dadurch, dass von ihnen eindrucksvolle Innensichten geboten werden (vgl. die Einzelbeobachtungen bei Nickel, B 5: 1927, 33–60). So stellt z. B. Isoldes innerer Kampf nach dem Minnetrank (11789 ff.) einen komplexen psychischen Prozess dar, der insofern jedoch regelhaft bleibt, als er die Erfahrung des Leimrutengleichnisses aus der Vorgeschichte wiederholt (841 ff.) und per Sentenz bekräftigt (11831 ff.).
3. Es gelingt Gottfried, das äußere Auftreten seiner Figuren »wahrscheinlich« zu gestalten; in vielen Fällen schildert er sie plastisch und detailgenau (zum Prinzip der *verisimilitudo* s. S. 233). Insgesamt spielt die Beschreibung von »Körperäußerungen« (Jantzen/Kröner, B 6: 1997, 301) in Gottfrieds Darstellung eine große Rolle (vgl. z. B. 18188 f.; s. S. 233 f.).
4. Wichtige Figuren bleiben im Handlungsverlauf nicht statisch oder idealtypisch fixiert, sondern verändern sich unter dem Druck der Ereignisse. Isoldes zunächst latentes gefährlich-schönes Profil wird durch den Minnetrank aktiviert, Marke scheitert vor seinem eigenen Anspruch und Tristan, der Anlagen eines *homo perfectus* besitzt, kämpft am Ende des Fragments um sein psychisches Überleben.

Die Glaubwürdigkeit der Figuren wird durch Gottfrieds Bemühen um eine möglichst plausible Motivation ihrer Handlungen gestärkt. So wendet sich der Erzähler in offener Polemik (8601 ff.) gegen Tristandichtungen vom Stile Eilharts, die den Aufbruch zur zweiten Irlandfahrt mit dem märchenhaften Schwalben-Haar-Motiv (s. S. 260 Anm. 8) und nicht aus dem Horizont der Figuren begründen. Auch Sentenzen (s. S. 119f.) und Exempla werden von Gottfried zur Plausibilisierung von Ereignisfolgen eingesetzt. Mit seinem eher kausalen Verfahren der Motivation (vgl. dazu im Einzelnen Schultz, B 5: 1987; ders., B 5: 1987a), das dem Prinzip der *verisimilitudo* (»Wahrscheinlichkeit«) verpflichtet ist (dazu Chinca, B 5: 1993, 86–99), hebt sich Gottfrieds Werk zugleich vom klassischen Artusroman ab (vgl. Sawicki, B 5: 1932, 90; Hollandt, B 5: 1966, 10f., 154ff.).

Dass in Gottfrieds Fassung die Handlung wesentlich durch die Entschlüsse und das Verhalten der Figuren vorangetrieben wird (vgl. auch Semmler, B 5: 1991, 91), zeigt insbesondere die zweite Irlandfahrt, auf der Tristan durch kluges, mutiges Taktieren das scheinbar Unmögliche gelingt – nämlich die junge Isolde für Marke zu erwerben. Doch obwohl auch die *wise* irische Königin dieses Vorhaben unterstützt, wird das Ziel nur vordergründig erreicht, denn Brangänes Unachtsamkeit führt ein anderes Liebespaar zusammen, als im Kalkül der Figuren vorgesehen war. Insofern wird das den Handlungen der Figuren zugrunde gelegte Prinzip strategischer Rationalität durch den Geschehensverlauf relativiert (vgl. Voss, B 5: 1989; s. S. 175–190, 203f.).

Gottfrieds Figurenwelt, die in jüngster Zeit auch unter dem Aspekt der Frauen- (vgl. Schöning, B 6: 1989; Strasser, B 5: 1990; Mälzer, B 6: 1991; Braunagel, B 5: 2001; Sneeringer, B 5: 2002, 101–125) bzw. Geschlechterbilder (vgl. Classen, B 5: 1989; Dallapiazza, B 5: 1995; Schultz, B 5: 1996; Rasmussen, B 5: 2000; dies., B 5: 2003) verstärktes Interesse gefunden hat, stellt insgesamt ein weites, unausgeschöpftes Forschungsfeld dar.

Der Erzähler

Eine den Hauptgestalten an Gewicht gleichkommende Größe ist der auktoriale Erzähler des »Tristan«, der sowohl in die Figuren hinein- als auch über ihren Horizont hinauszublicken vermag und sein Ich in den literarischen Diskurs einbringt (vgl. Sziráky, B 5: 2003, 278; Hübner, B 5: 2003, 271 f., 313). Sein Profil ist das einer lebensreifen (vgl. 42), höfisch-vornehmen (s. S. 42) Autorität, der sich das Publikum anvertrauen soll.

Die entscheidenden Grundlagen der Erzählerrolle werden im Prolog gelegt, in dem der Sprecher betont, dass er u. a. mit seinem Werk ein *guot* bewirken möchte (vgl. 1 ff.), das von ethischem Nutzen sei (vgl. 172 ff.). Für Fragen der Minnelehre zeigt er sich besonders zuständig (vgl. 187 ff.) und verweist im Verlauf der Handlung auf eigene entsprechende Erfahrungen (z. B. 16920 f., 17100 ff.), gibt Ratschläge (z. B. 18096 ff.), spricht Lob aus (z. B. 12379 ff.), äußert Tadel (z. B. 17723 ff.) und schlägt ggf. auch den Tonfall eines Bußpredigers an (12217 ff.).

Untermauert wird die Autorität des Erzählers durch die Hervorhebung seines literarischen Fachwissens (vgl. Stein, B 5: 1980, 661 f.), wenn er etwa berichtet, dass er für sein Werk ausführliche Recherchen betrieben habe (149 ff.), und sich als Literatursachverständigen stilisiert (z. B. 4621–4820; vgl. Kellner, B 5: 2001, 180 f.). Er tritt als gebildeter, bücherkundiger Mann auf, der das Französische und Lateinische beherrscht (158 f.) und neben breiten literarischen Kenntnissen auch theologisches Spezialwissen (vgl. 17943 f.) besitzt. An Selbstbewusstsein mangelt es dem mit der Kunst anderer Autoren zuweilen heftig ins Gericht gehenden (z. B. 4638 ff., 8601 ff.) Erzähler nicht, wenn er es z. B. an einer Stelle für unter seiner Würde erachtet, eine Turnierbeschreibung zu liefern (5056 ff.).

Insgesamt verhält sich Gottfrieds Erzähler deutlich engagierter als der seiner Vorlage (vgl. Keck, B 6: 1998, 195;

Jackson, B 5: 1999, 180; Eifler, B 6: 2001, 128; Rocher, B 5: 2003, 210ff.). Am Handlungsbeginn (245ff.) setzt er sich sogleich in Szene, indem er nach nur 20 Versen das Geschehen zugunsten eines Exkurses über Jugend, Reichtum u. a. (266–286) unterbricht, woran sich nach knapp 80 Versen die nächste Reflexion zum Thema »Krieg« (365–370) anschließt. Auf diese Weise bleibt der Erzähler das ganze Werk hindurch als Autorität präsent.

Der Erzählerrolle im »Tristan« hat Hübner (B 5: 2003, 264–397) eine detaillierte Studie gewidmet, aus der ersichtlich wird, wie häufig die Narration bei Gottfried über die Innensichten der Figuren verläuft und welche subtilen Erklärungen der Erzähler für die Figurenstandpunkte zu liefern vermag. Hübners Grundthese, dass der Erzähler stets auch selbst den Standpunkt seiner Figuren beziehe und die Erzähleraktivität somit nichts als »Prätention« (367) sei, erscheint jedoch überzogen (s. etwa S. 121 zu 12709ff.).

Die Rolle des Gottfriedschen Erzählers ist u. a. an seinem Sentenzgebrauch gut zu erkennen (vgl. Tomasek, B 5: 1995; Mieder, B 5: 1997). Sentenzen, die zum Gattungsbild des höfischen Romans gehören, sind im »Tristan« in hoher Zahl vertreten – etwa 130 Sentenzen ergeben eine Frequenz von einem Beleg auf durchschnittlich rund 150 Verse. In kaum einem anderen mittelhochdeutschen Versroman werden so viele Sentenzen vom Erzähler gesprochen (etwa 70%) und stellen Sentenzen ein derart wichtiges Mittel zur Profilierung der Erzählerrolle dar. Durch Sentenzen wie

ez ergienc in rehte, als man giht:
swa liep in liebes ouge siht,
daz ist der minnen viure
ein wahsendiu stiure

(1115ff.)

(»Es erging ihnen genauso, wie man sagt: / Wo Verliebte einander in die Augen blicken, / da wird das Feuer der Liebe / erst richtig entfacht«)[34],

demonstriert der Erzähler sein Erfahrungswissen und appelliert an entsprechende Erfahrungen des Publikums, zu dessen Lebenspraxis er eine Brücke schlägt (bei obiger Sentenz findet sich, wie an anderen Stellen, die Anstreichung eines Benutzers der Handschrift N). Auch im Prolog und in den Exkursen greift der Erzähler ausgiebig auf dieses rhetorische Mittel zurück und ruft konsensfähiges Erfahrungs- und Orientierungswissen zur Bewertung und Diskussion vielfältiger Aspekte der Tristanhandlung wie Krieg, Freundschaft, Tod oder Liebe auf (vgl. Christ, B 5: 1977, 235 f.; Wisbey, B 5: 1990, 257 ff.).

Da Sentenzen in der Regel pragmatisch-punktueller Natur sind, verwundert es nicht, dass der Erzähler mit ihrer Hilfe das Geschehen jeweils gemäß der Handlungslage kommentiert: An Markes Liebesverhalten steht zunächst die Argwohn-Problematik (z. B. 13777 f.), später die blind machende Funktion der Minne im Vordergrund (17740 ff.). Von einigen Forschern wird dies dahingehend interpretiert, dass Gottfrieds Erzählen ausgesprochen mikrostrukturell ausgerichtet sei und die Haltung des Erzählers, aufs Ganze gesehen, als widersprüchlich gelten müsse (so vor allem Christ, B 5: 1977, 55–63; vgl. Caruso-Heubeck, B 5: 1979, 50 ff.; Chinca, B 1f: 1997, 74 ff.; Klein, B 1e: 2000, 81 f.; Hübner, B 5: 2003), doch stellt dies eine weitreichende These dar, die erst einer gründlichen, differenzierten Überprüfung bedarf.[35]

34 Vgl. TPMA 7, 448 Nr. 889; TPMA 1, 284 Nr. 148 f.

35 Christ entwickelt diese Auffassung u. a. anhand des mehrere Sentenzen enthaltenden Exkurses über *zwivel und arcwan* (13777 ff.): Durch eine »winklige Argumentation« konstruiere der Erzähler als »Räsonneur« (Christ, B 5: 1977, 58, 60; vgl. Chinca, B 1f: 1997, 74; Hübner, B 5: 2003, 333) eine widersprüchliche Gedankenführung. Doch braucht es ange-

Zur Vermittlungsstrategie des Gottfriedschen Erzählers gehört es auch, an bestimmten Stellen Distanz zum Handlungsgeschehen zu schaffen, wenn z. B. Isoldes Mordanschlag auf Brangäne kritisch kommentiert wird:

diu sorchafte künegin
diu tet an disen dingen schin,
daz man laster unde spot
mere vürhtet danne got.
(12709 ff.)

(»Die besorgte Königin / wurde hiermit zum Beweis, / dass man Schande und Spott / mehr fürchtet als Gott.«)[36]

Die Funktion des Gottfriedschen Erzählers, der einerseits den Abstand zwischen der Erzählung und den Rezipienten verringert und andererseits auch für Distanz sorgt,[37] was ein ständiges Mitdenken des Publikums erfordert (vgl. Knopp, B 5: 1983), ist von der Forschung noch kei-

sichts der lebenspraktischen Ausrichtung von Sentenzen keine Kontradiktion zu sein, wenn der Exkurs mit der Eingangssentenz: »Nichts gefährdet die Liebe so sehr wie Misstrauen« (13777 f.; vgl. Tit. 51,4) beginnt und in das sentenzhaft-pragmatische Fazit übergeht: »Wenn man liebt, muß man mit Mißtrauen leben« (13823 f.; vgl. TPMA 7, 437 Nr. 674, 678, 683). – Ein weiteres in der Forschung diskutiertes Beispiel (vgl. Schnell, B 5: 1992, 14 f.) ist das Lob des Erzählers für Tristans verdecktes Taktieren (7905 ff.), während der *valsche husgenoz* vom Erzähler getadelt wird (15047 ff.; vgl. TPMA 8, 299 Nr. 32 ff.). Auch hierin muss kein Widerspruch liegen, da es um verschiedene Zusammenhänge und Perspektiven geht: im ersten Fall um legitime Behauptungsstrategien des Einzelnen, im zweiten um die Gefahr, die ein heimtückischer Feind im eigenen Lebensumkreis bedeutet.

36 Es handelt sich hier sicher nicht um ein »Nebenthema« bzw. Ablenkungsmanöver (so Kern, B 5: 1988, 214), vielmehr macht der Erzähler auf die moralischen Grenzen des List-Verhaltens (s. S. 188) aufmerksam. Vgl. zur Stelle auch TPMA 5, 197 Nr. 1266, 1268.

37 Nach Pörksen (B 5: 1971, 212) liegt die Leistung des Gottfriedschen Erzählers im beständigen Vergleichen mit der Norm bzw. der Erfahrungswirklichkeit.

neswegs genügend untersucht worden.[38] Ältere Arbeiten zum Erzähler (Clausen, B 5: 1970; Pörksen, B 5: 1971) haben sich vornehmlich auf die verwendeten formalen Mittel konzentriert und die distanzschaffende Seite des Erzählerverhaltens unter weit gefassten Oberbegriffen wie »Ironie« (so Kunzer, B 5: 1973; dazu Konietzko, B 5: 1983, 36; Christ, B 5: 1977, 180–192) oder »Spielhaltung« (Clausen, B 5: 1970, 204f.) verbucht. Doch sind Gottfrieds Distanzierungstechniken vielfältig: Ein Eingeständnis der Unterlegenheit gegenüber den Vorbildern Tristan und Isolde (vgl. 12217ff.) drückt ein anderes Distanzgefühl aus als eine Kritik an den Protagonisten (vgl. u.a. 19397ff.); durch allegorische Elemente oder metaphorische Sinnschichten wird ebenfalls Distanz zur Handlungsebene erzeugt, und in einigen Exkursen werden zentrale Themen mit diskursiven Mitteln über den Horizont der Handlung hinaus verfolgt (vgl. Konietzko, B 5: 1983, 33ff.).

An mit entsprechenden Signalen – wie z. B. rhetorischen Fragen – markierten Stellen gibt sich der Erzähler mehrfach auch im eigentlichen Sinne ironisch und lässt den Rezipienten am Reiz doppelbödiger Rede teilhaben, indem er sich z. B. in erotischen Dingen unwissend stellt (vgl. 13432ff., 17560ff., 18212ff.). Die grundlegende, wenn auch hinsichtlich der Belegstellensammlung diskussionswürdige Abhandlung zur Ironie von Green (B 5: 1979), zeigt, dass ironisches Sprechen ein nicht zu unterschätzendes Element der literarischen Technik Gottfrieds darstellt (vgl. auch Sawicki, B 5; 1932, 123f.; Batts, B 1e: 1971, 101ff.).

Auch das Mittel der Komik spielt zuweilen als distanzschaffendes Element eine Rolle. Es wird u. a. zur Figurenkritik eingesetzt, wie im Falle des irischen Truchsessen, der den Kadaver des von Tristan bereits getöteten Drachen noch einmal mit der Lanze anreitet (vgl. 9160ff.; vgl.

38 Die Studie von Caruso-Heubeck, in der Gottfrieds Erzähler »eine heillose Verwirrung ... der Begriffe« (Caruso-Heubeck, B 5: 1979, 140) vorgehalten wird, hilft kaum weiter.

dazu Batts, B 1e: 1971, 105 ff.; Wolf, B 5: 1966, 402 f.). Bei mündlicher Darbietung eröffnen solche Stellen dem Vortragenden sogar Spielräume für mimisches Agieren (vgl. Hahn, B 5: 1963, 81 Anm. 20). Dass bei der Konzeption des »Tristan« Möglichkeiten eines effektvollen Vortrags mitbedacht wurden, legen auch die über das Werk verstreuten rhetorischen Fragen und fingierten Publikumskontakte (4508, 4555, 6978 u.a.; vgl. Preuß, B 5: 1883, 35 ff., Mazzadi, B 5: 2000, 142 ff.) nahe, wie z.B. die fiktive Nachfrage aus dem Auditorium:

»war umbe, herre, und umbe waz
truoger ir inneclichen muot?«
(17764 f.)

(»Warum, Herr, und aus welchem Grund / war er [Marke] auf sie [Isolde] so sehr fixiert?«)

Leider ist über die Performanz höfischer Romane kaum etwas bekannt, doch an Stellen wie den zuletzt genannten wird die Vermittlungsleistung gut vorstellbar, die der in Vers 17764 mit *herre* angeredete Sprecher, der sich auch ihrzen lässt (vgl. 4508, 4774, 5084 ff.), im Rahmen eines lebhaften Vortrags zu erbringen vermag.

Ungeachtet solcher Fragen stellt die Erzählerinstanz eine textinterne Größe dar und sollte nicht mit dem historischen Autor oder dem Vortragenden gleichgesetzt werden. In einigen Abschnitten, vornehmlich im Prolog (vgl. 155 ff.; s. S. 137) und im sog. Literaturexkurs (vgl. 4621 ff.), ist die Erzählerrolle des »Tristan« allerdings auf den Autor als Primärsprecher zugeschnitten – etwa wenn der Erzähler einräumt, er sei noch nie in Cornwall gewesen (17138) oder habe Heinrich von Veldeke nicht kennen gelernt (4733) –, so dass ein späterer Vortragender an diesen Stellen in die Rolle *meister Gotfrits* zu schlüpfen hat (anders Peschel-Rentsch, B 5: 1991, 180–208).

Prolog und Exkurse

Kein volkssprachlicher Autor hat zuvor einen höfischen Roman mit derart vielen Exkursen versehen wie der Straßburger Tristandichter, auch hieran zeigt sich die hohe Erzähleraktivität in Gottfrieds Werk. Peiffer (B 5: 1971) verzeichnet in ihrer immer noch grundlegenden Gesamtschau vier große und knapp 40 kleinere Exkurse, deren genaue Anzahl allerdings offen ist, da die Grenze zwischen längeren Sentenzen und (Klein-)Exkursen bei Peiffer unscharf bleibt und sich diese Textbestandteile zuweilen auch berühren bzw. ineinander übergehen.[39]

In den zahlreichen, flexibel verwendeten kleineren Exkursen des Romans, in denen höfische Verhaltensformen und Werte wie Treue, Ehre oder Klugheit propagiert, Lebensweisheiten bei Krieg, Schaden, Tod, bösen Nachbarn vermittelt, Kommentare über Frauen, Sprache oder Kunst abgegeben und Bemerkungen zum erzählerischen Vorgehen gemacht werden, spiegelt sich die Themenvielfalt des »Tristan«. Nach der Minnetrankszene widmen sich die nicht selten in der Nähe von Abschnittsgrenzen platzierten Exkurse schwerpunktmäßig der Liebesthematik (für Einzelheiten s. Peiffer, B 5: 1971).

Am eindrucksvollsten dokumentieren vier große Exkurse, die im Werk des Thomas in dieser Form nicht vorlagen, den reflektierenden Charakter der Gottfriedschen Dichtung: der Literaturexkurs (4555–4974), die *rede von minnen* (12183–12357), die Grottenallegorese (16923–17099) und der *huote*-Exkurs (17858–18114). Der Umgang mit ihnen stellt geradezu eine Nagelprobe für jede »Tristan«-Deutung dar. Diese Exkurse nehmen Themen und Fragestellungen auf, die oftmals im Prolog angelegt sind, so dass es sinnvoll ist, sie vom Prolog ausgehend zu

39 Vgl. die tabellarische Übersicht bei Peiffer, B 5: 1971, 217 I/II. Zur Exkursdefinition, die für den »Tristan« allerdings differenzierter ausfallen müsste, s. ebd., 10f.

betrachten (vgl. auch Mazzadi, B 5: 2000; Huber, B 1f: [2]2001, 45).

Der Prolog (1–244) des »Tristan«, der seit der Mitte des 20. Jahrhunderts zum Gegenstand eingehender Forschungen geworden ist – wichtige Anstöße gab ein Aufsatz von Schöne (B 5: 1955) –, bietet dem Rezipienten erste programmatische Aussagen über das Werk und erfüllt eine wichtige kommunikative Funktion, indem er die Rolle des Erzählers (s. S. 118ff.) wie auch die des Publikums formt: Er »eröffnet« gleichsam »ein Gespräch« (Brinkmann, B 5: 1964, 1). Gottfried hat diesen Abschnitt besonders sorgfältig gestaltet (vgl. z. B. Stein, B 5: 1975) und ein Glanzstück der Prologkunst geschaffen, das neben kühnen Bildern und formalen Innovationen auch Ansätze eines Rezeptionsmodells für Liebesdichtung enthält.

Der »Tristan«-Prolog enthält, stark vereinfacht gesagt, eine durchgehende Grundaussage: Wenn Geben (vgl. z. B. 5f., 45f., 71f., 169ff.) und Empfangen (vgl. z. B. 1f., 7f., 73ff., 177ff., 218, 243) im richtigen Verhältnis stehen, ist der Ertrag groß (vgl. 37ff., 74ff., 118, 173ff., 226f., 244). Dieser Leitgedanke wird im Verlauf des Prologs zunächst allgemein diskutiert und schrittweise auf die Liebesliteratur sowie den »Tristan« konkretisiert.

In formaler Hinsicht besteht der Prolog aus zwei sich metrisch voneinander abhebenden Partien, einem sog. strophischen (1–44; vgl. S. 90ff.) und einem stichischen Teil (45–244), die nach einer Studie Brinkmanns von einer rhetorisch motivierten Zweiteilung in einen *prologus praeter rem* und *prologus ante rem* überlagert sein sollen (für Einzelheiten s. Brinkmann, B 5: 1964, 8–16). Gegen diese Ansicht sind allerdings durch Jaffe (B 5: 1978; vgl. Haug B 5: [2]1992, 12ff.) gewichtige Einwände erhoben worden. Auch wenn eine eingehende Bewertung dieser Forschungskontroverse für den »Tristan« immer noch aussteht, kritisiert Jaffe sicherlich nicht zu Unrecht die willkürlich anmutende Grenzziehung zwischen den von Brinkmann angenommenen zwei Prologteilen hinter Vers 120 (vgl. Brinkmann, B 5: 1964, 13–16; dazu Jaffe, B 5: 1978, 295).

Die Ansätze beider Forscher basieren auf der Beobachtung, dass mittelalterliche Texttheoretiker gelegentlich zwischen Prologen differenzieren, die themenoffen gehalten sind, und solchen, die gezielt in ein Werk einführen. Für das Verständnis des »Tristan«-Prologs ist diese Unterscheidung möglicherweise insofern von Belang, als der Straßburger Dichter den auf sein Werk hinzielenden letzten Prologabschnitt vom Vorangehenden sichtbar trennt: In Gottfrieds vom Generellen zum Konkreten fortschreitendem Prolog markiert dort, wo der Erzähler die Namen der Protagonisten einführt

ein man ein wip, ein wip ein man
Tristan Isolt, Isolt Tristan
(129f.)

und sich anschließend (135ff.) über Stoff und Nutzen seiner Dichtung äußert, eine Vierreimstrophe mit Exordiumcharakter (131ff.; vgl. Chinca, B 5: 1993, 50) den Beginn des letzten Prologteils (s. S. 137). Dennoch fällt es schwer, im Sinne Brinkmanns nur eine Zweigliedrigkeit des »Tristan«-Prologs anzunehmen, da mit dem Übergang vom strophischen zum stichischen Teil eine ebenso markante Gelenkstelle vorliegt (41ff.).

Es empfiehlt sich daher, bei der Einteilung des Prologs mit Bonath vom Gliederungssystem des Textes selbst, den Vierreimstrophen mit Kryptogramminitialen (s. S. 90), auszugehen, wodurch sich ein dreigliedriger Aufbau ergibt:

1. v. 1–4	G: Eröffnet den (strophischen) Prolog
v. 5–40	DIETERICH: Strophischer Prolog
2. v. 41–44	T: Eröffnet den Reimpaarprolog

	v. 45 ff.	I: Reimpaarprolog (1. Teil)
3.	v. 131–134	I: Folgt auf die Nennung der Helden und eröffnet den
	v. 135 ff.	T: 2. Teil des Reimpaarprologs
	v. 244 :	Prologende[40]

Der oben genannte Leitaspekt des Prologs (»Darbieten und Aufnehmen von etwas Wertvollem«) wird in den drei Prologabschnitten – verkürzt ausgedrückt – zunächst auf den Bereich »Ethik/Kunst« (1 ff.), dann auf Fragen der Rezeption von Liebesdichtung (45 ff.) und zuletzt auf den Tristanroman selbst (131 ff.) bezogen. Dabei tragen die an den Fugen der Abschnitte platzierten Vierreimpartien (41 ff., 131 ff.) Exordiumzüge, binden das Folgende aber auch an den vorangehenden Abschnitt zurück – so z. B. die elfte Vierreimstrophe (41 ff.), die inhaltlich die Argumentation des stichischen Prologs eröffnet, aber formal dem strophischen Prolog zugehört und an dessen Aussagen anknüpft (vgl. Brinkmann, B 5: 1964, 14; vgl. S. 90 Anm. 9).

Im Folgenden wird auf ausgewählte Aspekte der drei Prologteile eingegangen.[41]

1. v. 1–40: Der erste Abschnitt des Prologs wird durch eine für den mittelhochdeutschen höfischen Roman charakteristische Exordialsentenz eröffnet (1–4; s. S. 92) und besitzt in der zehnten Strophe seinen emphatischen, predigthaften Höhepunkt (vgl. Mt 7,14):

Hei tugent, wie smal sint dine stege,
wie kumberlich sint dine wege!

40 Schema auf der Basis von Bonath, B 5: 1986, 102. Eine solche Dreiteilung bevorzugen auch Dilg (B 5: 1977) und Haug (B 5: ²1992, 201 ff.). Die von Mazzadi (B 5: 2000, 20, 37 ff.) vorgelegte Gliederung des Prologs entbehrt der handschriftlichen Grundlage.

41 Ausführliche Einführungen in den strophischen und stichischen Prolog bieten auch Haug, B 5: ²1992, 197–219, und Huber, B 1f: ²2001, 37–46 (mit weiteren Forschungshinweisen), sowie Chinca, B 1f: 1997, 44–57.

die dine stege, die dine wege,
wol ime, der si wege unde stege!
(37 ff.)

(»Ach Vollkommenheit, deine Pfade sind schmal, / wie mühsam sind deine Wege! / Deine Pfade, deine Wege – / selig ist, wer sie betritt und auf ihnen schreitet!«)

Hier kulminiert eine Gedankenreihe aus Einzelsprüchen, die, ausgehend von der Eingangssentenz, die neun das DIETERICH-Akrostichon (s. Abb. 3) tragenden Strophen durchzieht. Diese Sequenz aus zweimal fünf[42] keineswegs leicht zu interpretierenden Strophen mit dem Grundthema der wechselseitigen Abhängigkeit von Gebendem und Empfangendem, lässt sich, verkürzt, etwa folgendermaßen paraphrasieren:

Str. 1 Eines Wohltäters muss man gedenken.
Str. 2 Was in guter Absicht getan wird, ist auch im Guten aufzunehmen.
Str. 3 Unsinnigerweise wird das Gewünschte oft diffamiert.
Str. 4 Es gilt zu loben und zu genießen, was man braucht.
Str. 5 Hohen Wert hat [deshalb] ein Mensch mit Urteilskraft.

Str. 6 Kunst will Gunst.
Str. 7 Der Erfolg einer Sache hängt von ihrer Wertschätzung ab.
Str. 8 Unsinnigerweise werden das Gute und das Üble oft verkehrt.

42 Mit der sechsten Strophe vollzieht sich ein Wechsel vom Kreuzreimschema zum umarmenden Reim, damit korrespondiert eine Zuspitzung der Aussagen auf die Kunstthematik.

Str. 9 Von der Kunst ist [deshalb] Missgunst fernzuhalten.

Str. 10 Der mühsame Weg zur Vollkommenheit ist einzuschlagen.

Str. 11 Der Erzähler möchte seine Lebenszeit der *werlt* zuliebe nutzen.

Der Zusammenhang zwischen den weitgehend kontextneutralen Aussagen des strophischen Prologs und dem Werk gilt seit der Forschung der 1950er Jahre als umstritten (s. dazu den forschungsgeschichtlichen Rückblick bei Haupt, B 5: 1977, 113–117; Schröder, B 5: 1990, 134 ff.; Mazzadi, B 5: 2000, 40 Anm. 56). Gegenwärtig herrscht die Auffassung vor, dass die Vierreimstrophen wohlkalkuliert eingesetzt werden, denn sie rufen allgemeine, z. B. aus der Antike und der Bibel bekannte Grundsätze auf,[43] denen niemand widersprechen möchte (vgl. Jaeger, B 5: 1972). Dies lässt sich als eine Form der »Publikumsbeeinflussung« (Eifler, B 5: 1975) deuten mit dem Ziel, beim Rezipienten von Beginn an eine aufgeschlossene Haltung zu erzeugen. Bereits Brinkmann hatte Gottfrieds Prologgestaltung als einen Versuch interpretiert, das Publikum nach Regeln der Rhetorik durch verdeckte Sympathielenkung (*insinuatio*) für einen schwierigen Stoff (*genus admirabile*) zu gewinnen (s. Brinkmann, 5: 1964, 13 f.; Eifler, B 5: 1975; kritisch dazu Jaffe, B 5: 1978, 295 ff.).

Mit dieser Sicht allein wäre die Leistung des strophischen Prologs indes nicht hinreichend beschrieben, denn es handelt sich keineswegs um einen rein funktionalen, weiterführender Information entbehrenden Vor-Text. Im Gegenteil: Durch die Betonung des Gedenkens (Str. 1), der

43 Dass Kunst Ehre braucht (Str. 6), ist z. B. ein bekanntes Ciceronisches Dictum, die Verwirrung des Wollens (Str. 3), die Verkehrung von Gut und Übel (Str. 8) und der schmale Weg zum Heil (Str. 10) sind biblische Gedanken (vgl. z. B. Okken, B 1c: ^{2}1996, 18 ff.).

aufrichtigen Intention (Str. 2), der Bedeutung der Personenerkenntnis (Str. 5), der Unverzichtbarkeit der Ehre (Str. 7), der Kunst- und Neid-Thematik (Str. 9) sowie der Notwendigkeit, den mühevollen Weg zur Tugend zu gehen (Str. 10), werden Grundaspekte hervorgehoben, die für das Verständnis des Romans bedeutsam sind.[44]

Auch durch seine Form- und Wortkunst wirkt der Prologbeginn steuernd: Ein Lesepublikum kann über die das DIETERICH-Akrostichon flankierenden Initialen **G** … **TI** für das werkumspannende Kryptogramm mit seiner strukturierenden Funktion (s. S. 90ff.) sensibilisiert werden; bei einem mündlichen Vortrag – nach Schausten (B 6: 1999, 185ff.) handelt es sich um eine »konzeptionelle Mündlichkeit« – tritt der klangliche Schmuck des strophischen Prologs in zahlreichen Wort- und Reimspielen hervor, so dass insbesondere die Leitbegriffe *guot* (1, 2, 4, 5, 6, 7, 18, 30, 31) und *werlt* (2, 4, 6, 43, 44), die ein säkulares ethisches Anliegen signalisieren, hörbar werden und der *guot*-Begriff durch sein Umfeld erste Konturen einer ebenso literarischen wie ethischen Kategorie erlangt (vgl. Haug, B 5: ²1992, 208f.).

2. v. 41–130: Der von einer Vierreimstrophe mit *zit/werlt*-Thematik (41–44) eröffnete stichische Prolog führt das *werlt*-Thema des Eingangsteils konsequent fort:

Ich han mir eine unmüezekeit
der werlt ze liebe vür geleit
und edelen herzen zeiner hage …
(45ff.)

(»Ich habe mir eine Aufgabe / zur Freude der Menschen vorgenommen / und zum Wohlgefallen edler Herzen …«)

44 Man vgl. z. B. Textstellen wie 12200ff., 18313ff.; 144f., 17052f.; 877f., 13575; 16316ff., 16877, 17698; 8318ff.; 2571ff., 17084ff.; anders Schröder, B 5: 1990, 15ff.

Die profane Zielsetzung des Prologs (vgl. auch 49, 55), für die der Autor den Neologismus *gewerldet* prägt (44, 65), ist nicht nur ein bemerkenswertes Zeugnis höfisch-diesseitigen Bewusstseins im frühen 13. Jahrhundert (s. S. 43; vgl. Huber, B 1f: ²2001, 40), sondern bewahrt den Roman auch vor Missverständnissen, denn die Tatsache, dass in Gottfrieds Dichtung geistliche Fragen in den Hintergrund treten, beruht auf konzeptionellen Entscheidungen und ist nicht als Ausdruck mangelnder Religiosität des Dichters oder seines Adressatenkreises zu werten (vgl. Goller, B 5: 2005, 173). Auch wird der hohe Anspruch der gemeinten Diesseitshaltung betont (50ff.), deren Repräsentanten den Titel *edele herzen* verdienen.

Als Bestandteil einer sympathielenkenden Prologstrategie kann in Gottfrieds viel zitiertem Begriff der *edelen herzen* ein »werbendes Identifikationsmuster« (Eifler, B 5: 1975, 388) gesehen werden, das den Rezipienten im stichischen Prolog (47, 121f., 170, 216, 230ff.) sowie in einigen Exkursen (4682, 4769, 8014) angeboten wird. Dieser Begriff schlägt zugleich eine Brücke zur Handlungsebene, auf der einige Figuren ebenfalls als *edele herzen* bezeichnet werden, und strahlt somit »in die … Dichtung aus« (Speckenbach, B 5: 1965, 69; vgl. Mazzadi, B 5: 2000, 66–77). Auffälligerweise finden sich die Belege für *edelez herze* gehäuft in den Anfangsteilen des »Tristan« und versiegen nach dem Minnetrank (11910; vgl. Sayce, B 5: 1959, 407) – ein Phänomen, das bislang nicht befriedigend erklärt werden konnte (vgl. Bertau, B 5: 1983, 139; Keck, B 6: 1998, 192f.).

In den Forschungsarbeiten zum *edelen herzen* wurde auch der Herkunft der Gottfriedschen Prägung nachgegangen (für Einzelheiten s. Speckenbach, B 5: 1965, und Mazzadi, B 5: 2000, 73ff., beide mit Forschungsüberblick), doch konnte in dieser Frage ebenfalls keine endgültige Klarheit erreicht werden. Seit der Spezialuntersuchung Kunischs (B 5: 1971) hat aber die Auffassung, das direkte Vorbild für Gottfrieds Konzeption sei im mystischen Begriff der *anima nobilis* zu suchen, an Wahrscheinlichkeit verloren. Dass die Bezeichnung *edelez herze* auch adelige Rezipienten anspricht, liegt schon wortgeschichtlich auf der Hand, doch beruht Gottfrieds Konzept der *edelen herzen* nicht auf einem Prinzip adeliger Privilegierung, sondern ist, indem es innere Werte und Kultiviertheit betont (vgl. Mazzadi, B 5: 2000, 67), von überständischer Geltung (vgl. Speckenbach, B 5: 1965, 72–97, zur Tugendadeltradition und zum romanischen *gentil cuer*; vgl. auch Spiewok, B 5: 1963; Huber, B 1f: ²2001, 41; anders Sayce, B 5: 1959).

Der Begriff *edelez herze* bleibt im Prolog keineswegs inhaltsleer, denn die Zugehörigkeit zur so titulierten Gruppe wird von der Offenheit des Einzelnen gegenüber dem Leid abhängig gemacht. Nicht verabsolutiertes Freudestreben:

ine meine ir aller werlde niht
als die, von der ich hoere sagen,
diu keine swaere enmüge getragen
und niwan in vröuden wellen sweben …
(50 ff.)

(»Jene verbreitete Einstellung zum Zusammenleben in der Welt meine ich nicht, / von der ich höre, / dass sie auf Leidensunfähigkeit beruht / und nur die hochfliegenden Freuden sucht …«),

sondern tiefe, gegensätzliche innere Empfindungen zeichnen die *werlt* der *edelen herzen* aus:

ein ander werlt die meine ich,
diu samet in eime herzen treit
ir süeze sur, ir liebez leit,
ir herzeliep, ir senede not

ir liebez leben, ir leiden tot,
ir lieben tot, ir leidez leben.
(58ff.)

(»Eine andere Lebenseinstellung habe ich im Sinn, / die in einem Herzen gemeinsam bewahrt / beglückende Bitterkeit, willkommenes Leid, / innige Liebe, Sehnsuchtsqual, / bejahtes Leben, unerwünschten Tod / willkommenen Tod, verhasstes Leben.«)

Diese viel zitierten Prologverse kontrastieren freudige und schmerzliche Erfahrungen, wie sie auch von den Protagonisten gemacht werden, so dass die gleichgerichtete Erlebnisfähigkeit des (idealen) Publikums und der Hauptfiguren eine weitere programmatische Bindung zwischen der Rezeptions- und der Handlungsebene herstellt. Ob es sich bei den genannten Gegensätzen um Erfahrungen handelt, deren Antagonismen aufhebbar sind, oder aber um eine »programmatische Widersprüchlichkeit, die ... nicht ... gelöst, sondern gerechtfertigt ... wird« (so Haug, B 5: [2]1992, 212), bleibt im Prolog offen. In jedem Falle wird ein für die Spannungen des Lebens intellektuell und emotional sensibilisiertes Publikum gewünscht, d.h. eine Rezeptionshaltung, die mehr ist als eine bloße »Hohlform, in die jeder sein Gefühl hineingießen« kann (so aber Bertau, B 5: 1983, 127).

Mit dem Einsetzen des stichischen Prologs beginnt der Erzähler auch, über sein literarisches Projekt zu sprechen, ohne es direkt zu benennen. Er bezieht sich zunächst allgemein auf ein (*senelichez*) *maere* (73, 97, 122), so dass seine generalisierenden Bemerkungen eine Art Rezeptionskonzept der Minnedichtung ergeben: *Edele herzen* nehmen gern mitfühlend an Liebesgeschichten Anteil – dies wird sogar gegen die Autorität Ovids (zu 81ff. vgl. zuletzt Kern, B 5: 2001, 39ff., mit Literaturhinweisen) erklärt –, sie erneuern und lindern daran ihr eigenes Leid (97ff.,

103–122): *der edele senedaere / der minnet senediu maere* (121 f.).[45]

Haug vertritt in diesem Zusammenhang die Auffassung, dass im Verlauf des »Tristan«-Prologs nicht einfach eine Scheidung zwischen guten und falschen Rezipienten vorgenommen, sondern der Gehalt der Erzählung mit der inneren Disposition des idealen Publikums abgestimmt werde. Besonders deutlich, so Haug, trete die dahinterstehende »literaturtheoretische These« Gottfrieds (Haug, B 5: ^{2}1992, 216) in der *brot*-Metapher am Ende des Prologs zutage.

3. v. 131–244: Der letzte Abschnitt des Prologs, welcher zuerst der dichterischen Arbeit am »Tristan« (131–172) und zuletzt der ethosbildenden Funktion des Romans (173–240) gewidmet ist, exemplifiziert die vorherigen allgemeinen Ausführungen am konkreten Fall; er mündet in die berühmte Schlussaussage, die Erzählung von Tristan und Isolde sei:

> … aller edelen herzen brot.
> hie mite so lebet ir beider tot.
> wir lesen ir leben, wir lesen ir tot
> und ist uns daz süeze alse brot.
> ir leben, ir tot sint unser brot.
> sus lebet ir leben, sus lebet ir tot.
> sus lebent si noch und sint doch tot
> und ist ir tot der lebenden brot.
> (233 ff.)[46]

(»… das Brot aller edelen Herzen. / Damit lebt ihr beider Tod. / Die Lektüre von ihrem Leben und ihrem Tod / ist für uns wohltuend wie Brot. / Ihr Leben, ihr

45 »Der vollkommene Liebende / liebt Geschichten voller Liebesschmerz.«

46 Die Initialensetzung in der Ausgabe Rankes (233, 237), die sich in keiner Handschrift findet, wurde nicht übernommen (vgl. dazu S. 91 f. bei Anm. 9).

Tod sind unser Brot. / So lebt ihr Leben, so lebt ihr Tod. / So leben sie noch heute und sind doch tot, / und es ist ihr Tod der Lebenden Brot.«)

Diese vierreimstrophenartige Passage ohne Kryptogrammbezug (vgl. S. 92 Anm. 11) verfügt über ein liturgisch anmutendes Pathos, indem darin die im Mittelalter geläufige religiöse Metapher des Brotes als geistige Speise anklingt.[47] Nach Ansicht der meisten Forscher lässt sich der Stelle auch eine Anspielung auf die christliche Eucharistiefeier entnehmen.[48] Dass Gottfried der eigenen Dichtung am Ende des Prologs eine derartige Aura der Erhabenheit verleiht, ist keineswegs als Akt der Blasphemie zu bewerten, sondern eher als das Bestreben eines selbstbewussten mittelalterlichen Autors, literarischen Vorgängen, für die ihm »die Terminologie fehlt« (Haug, B 5: ²1992, 217), Ausdruck und Würde zu verleihen.

Gemäß den Schlussworten des Prologs sind die kongenialen Einstellungen des Protagonistenpaares und der *edelen herzen* dazu bestimmt, im Rezeptionsakt ineinander aufzugehen. Die Gegenwart soll, wie die Brotmetapher nahe legt, aus dem Erzählten Kraft schöpfen, und Erzähltes soll gegenwärtig werden. Damit wird das Rezeptionsmodell des »Tristan«, demzufolge das ideale Publikum

47 Vgl. dazu Hans-Jörg Spitz, »Die Metaphorik des geistigen Schriftsinns. Ein Beitrag zur allegorischen Bibelauslegung des ersten christlichen Jahrtausends«, München 1972, S. 158 ff. – Über die geistlichen Konnotationen von *süeze* (236) vgl. ebd. 275, s. v. »Süße, süß« sowie Ernst, B 5: 1976, 6. Vgl. zur Stelle auch Wachinger, B 5: 2002, 246 f.; Lutz, B 5: 2002, 298; Köbele, B 5: 2004, 223 ff.; Kolerus, B 5: 2006, 33–58.

48 »Dabei ist die Anlehnung an die Eucharistie zu offenkundig, als daß sie übersehen werden könnte« (Haug, B 5: ²1992, 217); vgl. zuletzt Hübner, B 5: 2003, 269 Anm. 15. – Eine Gegenposition bezieht Willms, B 5: 1994, die auch einen Forschungsüberblick zu dieser Stelle bietet. Ihre These, dass um 1200 das konsekrierte *brot* »höchst selten als Brot bezeichnet« werde (41), müsste im Hinblick auf signifikante Gegenbelege wie Willeh. 68,8 oder Wartb. S. 223 Str. 7, v. 2 (»Totenfeier«) überprüft werden. Vgl. auch die Kritik bei Fritsch-Rößler, B 6: 1999, 365.

und der Erzähler im gemeinschaftlichen *wir* (218ff.) eine emotionale und intellektuelle Verbindung mit den Protagonisten eingehen, in einem kühnen Schlussbild zusammengefasst.

In manchen Zügen mutet dieses Konzept »modern« an. Es ist z. B. mit der Konstruktion von Subjektivität (Peschel, B 5: 1976, 9–100), mit den neuzeitlichen Begriffen der Sentimentalität (vgl. Büschen, B 5: 1974, 104–123; Ehrismann, B 5: 1991, 131) und der passionierten Liebe (vgl. Wailes, B 5: 2001) in Zusammenhang gebracht worden. Neuere Forschung macht darauf aufmerksam, dass der mit einer Sentenz über das Gedenken (1ff.) einsetzende und mit Assoziationen an die Eucharistie, die christliche Gedächtnisfeier (vgl. Luc 22,19), endende Prolog eine Nähe zu mittelalterlichen *memoria*-Vorstellungen aufweist (vgl. Wolf, B 6: 1989, 94f.; Chinca, B 5: 1993, 53–56; Grünkorn, B 5: 1994, 138f.; Stevens, B 5: 1994, 323, 329ff.; Wolf, B 5: 1994, 21f.; Brinker-von der Heyde, B 5: 1999, 448ff.; Rocher, B 5: 1998, 169; Kellner, B 5: 1999, 488–499; Mazzadi, B 5: 2000, 62ff.; Kellner, B 5: 2001, 164–174).[49]

Nach Haug gelangt der »Tristan«-Rezipient aufgrund der besonderen Beschaffenheit des Prologs zu einer »Begegnung mit sich selbst« (B 5: ^{2}1992, 212): Der Dichter verlange, weil allem »Fiktionalen die Verbindlichkeit abgehe« (ebd. 219), »vom Zuhörer ... eine persönliche Vorentscheidung für das Werk und seine spezifische Thematik«; »Tristan«-Lektüre sei somit »Sinnerfahrung im Medium der literarischen Fiktion« (ebd. 217). Die weitreichende These Haugs von der Entdeckung der Fiktionalität in der höfischen Literatur um 1200 (vgl. ebd. 24) verdient eingehende Diskussion durch die Gottfriedforschung –

49 Vgl. dazu schon Friedrich Ohly, »Bemerkungen eines Philologen zur Memoria«, in: »Memoria. Der geschichtliche Zeugniswert des liturgischen Gedenkens im Mittelalter«, hrsg. von Karl Schmid und Joachim Wollasch, München 1984, S. 49ff.

das Werk des Straßburger Dichters bietet sich geradezu an, um die Möglichkeiten und Grenzen literarischer Autonomie mittelalterlicher Dichtung zu erörtern (vgl. Grünkorn, B 5: 1994). Einen wichtigen Beitrag hierzu liefert die Untersuchung von Chinca (B 5: 1993; vgl. auch ders., B 5: 2003), der dem »Tristan« sowohl romanhaft-experimentelle als auch historisierende Züge attestiert (z. B. ebd. 38, 58, 81). Hierzu finden sich am Anfang des dritten Prologabschnitts, der von einer Vierreimstrophe eröffnet wird, die eine Reminiszenz an den Prolog des Lukasevangeliums zu enthalten scheint (vgl. Bertau, B 5: 1983, 117 f.), einige aufschlussreiche Aussagen:

> Ich weiz wol, ir ist vil gewesen,
> die von Tristande hant gelesen;
> und ist ir doch nicht vil gewesen,
> die von im rehte haben gelesen.
> (131 ff.)

> (»Ich bin mir bewusst, / dass viele [Dichter] von Tristan erzählt haben, / doch ist nur von wenigen zu behaupten, / dass sie es in rechter Weise getan hätten.«)

Hier wird deutlich, dass der »Tristan«-Erzähler nicht nur als berichtende und deutende Instanz fungiert, sondern an bestimmten Stellen auch die Rolle und Autorität des sich verbürgenden Autors annimmt. In dieser Funktion bekennt er sich zum Werk des Thomas als einzig authentischer Quelle (deren Handlungsverlauf er weitgehend folgt), denn Thomas, der sich in Büchern über die Geschichte des britischen Adels informiert habe (151 ff.), sei, so Gottfried, *der aventiure meister* (151). Aber auch der deutsche Dichter behauptet von sich, in romanischen und lateinischen Quellen recherchiert zu haben (155 ff.; s. zum Verständnis dieser Stelle Schröder, B 5: 1975; Ruh, B 1e: 1980, 209; Tennant, B 5: 1982, 232 ff.; Chinca, B 5: 1993,

49 ff.; Wolf, B 5: 1994, 23; Stevens, B 6: 2000), doch nicht um den Tristanstoff eigenschöpferisch zu gestalten, sondern um den der Dichtung des Thomas inhärenten Sinngehalt, dessen *rihte* und *warheit*, herauszuarbeiten (155 ff.; vgl. dazu Carls, B 5: 1974; Tennant, B 5: 1982).

Somit wird – was die Frage der Fiktionalität berührt – der Thomas-Gottfriedsche »Tristan« als eine auf dem Prinzip der Schriftlichkeit fußende Buchdichtung kenntlich (vgl. Grünkorn, B 5: 1994, 97; Green, B 5: 2002, 70 f., 183–187), und zugleich kommt zum Ausdruck, dass das Tristangeschehen in Gottfrieds Sicht auf historischen Grundlagen beruht (vgl. Chinca, B 5: 1993, 46–60; Stevens, B 6: 2003, 223 ff.; Keck, B 6: 1998, 174 f.). Die Literarizität der Dichtung darf offenbar nicht in eine scharfe Opposition zur Kategorie der Historizität gerückt werden (vgl. Kolerus, B 5: 2006, 29 ff.): Durch die Achtung vor der durch Thomas vermittelten Materie sowie die Anerkennung eines darin enthaltenen Elements der Historizität unterscheidet sich die »Fiktionalität« der Gottfriedschen Erzählung vom modernen Verständnis literarischer Autonomie (vgl. Chinca, B 5: 2003, sowie auch Unterreitmeier, B 6: 1984, 53).

Ausdrücklich nimmt der an den klassischen Aufgaben der Literatur, dem *prodesse* und *delectare* (dazu Sawicki, B 5: 1932, 158; Stevens, B 5: 1990, 71 f.; Kern, B 5: 2001, 39), orientierte deutsche Autor/Erzähler für seine Bearbeitung des Romans (vgl. 167 ff.) ethische Zielsetzungen in Anspruch:

wan swa man hoeret oder list,
daz von so reinen triuwen ist,
da liebent dem getriuwen man
triuwe und ander tugende van:
liebe, triuwe, staeter muot,
ere und ander manic guot …
(177 ff.)

(»Denn wo man etwas hört oder liest, / das von so reiner Treue zeugt, / werden davon dem zur Treue veranlagten Menschen / die Treue und andere Eigenschaften [besonders] lieb: / Liebe, Treue, Beständigkeit, / Ansehen und manch anderes [hohes] Gut …«)

Wertevergewisserung und Wertediskussion nehmen in Gottfrieds Roman vom Prolog an einen breiten Raum ein, wobei die weltliche, überständisch gefasste Tugendlehre des Prologs und der großen Minneexkurse im Sinne der höfischen Doktrin aus dem Zentralwert der Liebe hergeleitet wird, ein Ansatz, der sich z. B. auch bei dem zeitgenössischen Autor Andreas Capellanus findet (vgl. Tomasek, B 5: 1985, 131):

liebe ist ein also saelic dinc,
ein also saeleclich gerinc,
daz nieman ane ir lere
noch tugende hat noch ere.
(187 ff.)

(»Liebe ist so glückverheißend, / ein so beseligendes Streben, / dass ohne ihre Schule / niemand Vollkommenheit und Ansehen erlangt.«)

Auffällig bleibt, dass im Prolog mehrfach (182, 190, 209, 227) der Erwerb von *ere* durch die »Tristan«-Rezeption in Aussicht gestellt wird, wo doch die gesellschaftliche Anerkennung der Liebenden zu den heikelsten Aspekten der Handlung gehört (vgl. Keck, B 6: 1998, 190 f.). Es fragt sich, ob hier eine programmatische Widersprüchlichkeit, etwa als Teil einer Fiktionalisierungsstrategie, vorliegt oder ob der Erzähler an späterer Stelle Antworten auf das *ere*-Problem zu bieten hat. In jedem Falle wird Gottfrieds Publikum durch den Prolog nicht nur im Sinne der Rhetorik geneigt, aufmerksam und lernwillig (*benevolens*, *attentus*, *docilis*; vgl. Brinkmann, B 5: 1964, 4) gemacht sowie emotional auf das Werk eingestimmt, sondern auch von Beginn an mit handlungsrelevanten Themen konfrontiert (so z. B. im ersten Prologteil: *gedenken*, Erkennen von *guot* und *übel*, *werlt*, *ere*, Kunst, Neid; im zweiten Prologteil: Zeit, *werlt*, Freude und Leid, Leben und Tod, Liebe u. a. m.; im dritten Prologteil: *triuwe*, *ere*, Freude und Leid, Leben und Tod, Liebe u. a. m.; s. S. 174 ff.).

Der sog. Literaturexkurs (4555–4974) hat in der Germanistik nicht zuletzt deshalb Berühmtheit erlangt, weil er die erste kritische Dichterschau in deutscher Sprache enthält. Durch seine Thematik ergeben sich diverse Zusammenhänge mit dem Prolog, dem er, nach mehreren kleineren, als erster umfangreicher Exkurs folgt – so werden z. B. im Literaturexkurs die Rezipienten ebenfalls als *edele herzen* (4682, 4769) angesprochen. Auch wird auf Topoi der Bescheidenheit und des Inspirationswunsches zurückgegriffen, die in der zeitgenössischen Dichtung als Prologelemente Verwendung finden (vgl. z. B. Willeh. 2,19 ff.; s. Mazzadi, B 5: 2000, 138 Anm. 22). Andererseits kommt dem Exkurs keine kommunikationseröffnende Funktion zu: Die in das Mannbarkeitsritual der Schwertleite eingeschobene Passage leistet innerhalb der Jugendepisoden Tristans eher dem Abschluss des bei Vers 5068 endenden Episodenblocks Vorschub, als dass man von einem »zweiten Prolog« sprechen könnte (so u. a. Peiffer, B 5: 1971, 117; Huber, B 1f: ^{2}2001, 64; Fritsch-Rößler, B 5: 2003, 170).

Prolog und Literaturexkurs ergeben einen komplementären Zusammenhang. Während im Prolog ein Modell literarischer Rezeption entworfen wird, konzentriert sich der Literaturexkurs auf poetologische Fragen; auch geht es bei der Inspirationsbitte des Exkurses nicht um die Erlangung überirdischen Beistands für das gesamte Werk, sondern um die Bewertung eines exemplarischen Darstellungsproblems.[50] Als Tristan die Schwertleite erhalten soll, führt der Erzähler aus, dass die Kleider der auf die Zeremonie vorbereiteten jungen Ritter, allegorisch betrachtet, das Zusammenwirken von vier Grundwerten versinnbildlichen: *hoher muot*, *vollez guot*, *bescheidenheit*, *höfscher sin* (»freudig aufstrebende Gesinnung«, »reicher Besitz«, »Vernunft«, »vornehme höfische Haltung«, 4567ff.), und er stellt die Frage, ob es der Erwähnung weiterer Details der prunkvollen Ausrüstung bedürfe, wo doch *ritterlichiu zierheit* schon so oft beschrieben worden sei (4616ff.). Dieser (rhetorisch stilisierte) Zweifel (*dubitatio*) bildet den Ansatzpunkt für den Gedankenverlauf des Exkurses, der in der folgenden Übersicht nach der Initialen- bzw. Kapitelzeichen-Feingliederung der Heidelberger Handschrift[51] wiedergegeben wird:

1.	v. 4555–4588	Die aus *muot*, *guot*, *bescheidenheit*, und *höfschem sin* gebildeten Kleider der Schwertleiteritter
2.	v. 4589–4620	Frage: *Wie gevahe ich nu min sprechen an* (4591)? Ritterliche Pracht ist schon so oft beschrieben worden
3.	v. 4621–4690	Lob Hartmanns von Aue, Tadel eines Ungenannten
4.	v. 4691–4722	Lob Bliggers von Steinach
5.	v. 4723–4750	Lob Heinrichs von Veldeke
6.	v. 4751–4820	Lob der Minnesänger

50 Vgl. Goebel, B 5: 1977, 63f. – Als »ersten Versuch … einer Romantheorie in deutscher Sprache« (Müller-Kleimann, B 5: 1990, 1) lässt sich der Literaturexkurs deshalb wohl noch nicht bezeichnen.

51 Handschrift H weist von allen Handschriften die detaillierteste Binnengliederung des Exkurses auf. Vgl. dazu Klein, B 5: 1972, 47f., der sich allerdings in seinem Aufsatz zur Struktur der Schwertleiteszene (B 5: 1970) nicht primär von H leiten lässt. Zum Aufbau des Literaturexkurses vgl. auch Wilke, B 5: 1968, 44; Goebel, B 5: 1977. Die Gliederung Mazzadis (B 5: 2000, 20, 137) erscheint willkürlich. Jaeger (B 5: 1977, 137) und Huber (B 1f: ^{2}2001, 61ff.) erkennen im Exkurs eine Anlage als »Triptychon«.

7. v. 4821–4858	Unfähigkeitstopos: Tristan ist immer noch nicht weiter ausgerüstet – angesichts der Eloquenz der großen Autoren scheint es dem Erzähler die Sprache zu verschlagen
8. v. 4859–4907	Inspirationsbitte an die Musen
9. v. 4908–4928	Gesetzt den Fall, die Inspiration wäre erfolgt, auch dann würde sich der Erzähler nicht auf die üblichen Beschreibungsklischees einlassen
10. v. 4929–4974	Selbst wenn Vulkan und Cassandra Tristan persönlich ausrüsteten, würde alles auf die eingangs genannten vier Grundwerte *muot*, *guot*, *bescheidenheit*, *höfscher sin* hinauslaufen

Im Literaturexkurs wird ein beachtliches Aufgebot an zeitgenössischen literarischen Autoritäten (3–6) sowie antiker Mythologie (bes. 8–10) mobilisiert, mit dem Ergebnis, dass der Erzähler von seiner anfänglichen allegorischen Darstellung nicht abrückt. Diesen scheinbar folgenlosen Aufwand gilt es zu erklären (vgl. Fromm, B 5: 1967, 334). Auch wenn manche Passagen mit Ironie durchsetzt sind und sich die Erzählerrolle an einigen Stellen theatralisch inszenieren lässt, darf der Literaturexkurs nicht als »virtuose Spielerei« (Dilg, B 5: 1978, 272) betrachtet werden, denn er enthält gewichtige programmatische Aussagen, die allerdings Deutungsprobleme aufwerfen und in der Forschung zu unterschiedlichen Einschätzungen geführt haben.[52]

52 So versteht Schulze (B 5: 1967) den Exkurs z. B. als Ausdruck eines »renaissancehaften« Bewusstseins um 1200; nach Kolb (B 5: 1967) gipfelt er im Anruf des christlichen Gottes; Jaeger erkennt darin eine festspielartige »Zelebration« (Jaeger, B 5: 1992); Haug sieht im Literaturexkurs die Grundlegung der Fiktionalität des »Tristan« (Haug, B 5: ^{2}1992, 222).

Im Folgenden wird auf ausgewählte Aspekte der Exkursabschnitte eingegangen[53]:

1. v. 4555–4588: Dass zugunsten des Allegorischen eine detaillierte Schilderung ritterlicher Ausrüstung unterbleibt, ist auffällig, da Gottfried an höfischer Repräsentation sonst durchaus interessiert ist; auch vom abschließenden Turnier will er nichts berichten – das sollten die Pagen tun, welche die Lanzensplitter aufgesammelt haben, erklärt der Erzähler zuletzt mit spürbarer Ironie (vgl. 5056ff.). So ist nicht auszuschließen, dass im Literaturexkurs eine kritische Distanz des Klerikers und Künstlers gegenüber der Sprache des militärischen Rituals mitschwingt, zumal dem Tristanautor an kriegerischem Pathos auch sonst nicht allzu viel gelegen zu sein scheint (vgl. dazu aber die differenzierte Darstellung bei Jones, B 5: 1990; ferner: Batts, B 1e: 1971, 20; Stein, B 5: 1977, 528, 538ff.; Ruh, B 1e: 1980, 226; Bertau, B 5: 1983, 137; McDonald, B 6: 1991, 73ff.; Keck, B 6: 1998, 205f.; Kellermann, B 5: 2002, 131f.; dagegen Mazzadi, B 5: 2000, 90f.; Goller, B 5: 2005, 111, 136f.). Nach Kellner (B 5: 1999, 508) stellt Gottfried an die Stelle des Schwertleiterituals gleichsam die Literatur selbst als ein »System eigener Autorität« (vgl. dies., B 5: 2001, 174–181), doch macht Mazzadi (B 5: 2000, 90) mit Recht darauf aufmerksam, dass der Literaturexkurs die Schwertleitezeremonie nicht vollständig ersetzt.

2. v. 4589–4620: Begründet wird das dichterische Vorgehen freilich mit einem poetologischen Argument. Beschreibungen ritterlichen Prunks gelten dem Erzähler als abgegriffen (*zetriben*, 4618) und somit als literarisch unerfreulich (4619f.). Gottfried lässt sich also von einem auf Innovation gerichteten Dichtungsverständnis leiten, wie es sich in zeitgenössischen lateinischen Poetiken findet, in denen die Vermeidung des Abgedroschenen, der *res trita*,

53 Den gegenwärtigen Forschungsstand repräsentierende, einander ergänzende Besprechungen des Literaturexkurses bieten auch Huber, B 1f: [2]2001, 61–65, und Chinca, B 1f: 1997, 58–69.

empfohlen wird (vgl. Huber, B 5: 1979, 291f.; ders., B 1f: ²2001, 61).

3. v. 4621–4690: Vor diesem Hintergrund hat das viel zitierte Lob Hartmanns von Aue nicht zuletzt die Funktion, den gültigen literarischen Standard zu markieren.[54] Die *cristallinen wortelin* (4629) des *Ouwaere* stehen für einen vorbildlichen Stil, bei dem *uzen und innen*, Worte und Sinn (4623f.), harmonisch aufeinander abgestimmt sind (zum *sin*-Begriff Gottfrieds vgl. Hahn, B 5: 1967, 218ff.; Grünkorn, B 5: 1994, 143 Anm. 120; Kellner, B 5: 2001, 180 Anm. 87; Mazzadi, B 5: 2000, 162–166). Dieses am rhetorischen Ideal der Klarheit (*perspicuitas*) orientierte Konzept hat Huber in einer grundlegenden Untersuchung als »Konsonanz-Modell« charakterisiert (Huber, B 5: 1979, 301) und mit Poetiken aus dem Umkreis der »Schule« von Chartres in Verbindung gebracht (s. dazu im Einzelnen Huber, B 5: 1979; Nellmann, B 5: 1988, 32–44; Schnell, B 5: 1992, 249ff.; vgl. auch Kern, B 5: 1998, 176).

Gottfrieds Ausführungen zu Hartmann und den anderen Autoren sind gespickt mit auf den dichterischen Schaffensprozess bezogenen Termini wie *verwen* (4652), *wortheide* (4639) oder *bluomen* (4646), für die sich in der lateinischen Rhetorik und Poetik Entsprechungen finden lassen (*colorare*, *campus verborum*, *flores*), ohne dass sie jedoch mit ihnen deckungsgleich sind (vgl. Hübner, B 5: 2000, 38ff.). Für den heutigen Leser bedürfen diese Ausdrücke ebenso wie manche Wortneuschöpfungen, Metaphern und poetologische Bilder aus den Bereichen der Pflanzen und Textilien, des Färbens, Reitens oder Jagens, die innerhalb des Exkurses ein komplexes metaphorisches Netzwerk bilden, der philologischen Erläuterung.[55]

54 Dem Verhältnis Gottfrieds zu Hartmann sind mehrere Untersuchungen gewidmet worden. Vgl. den Forschungsbericht bei Goller, B 5: 2005, 13ff.

55 Hilfreich ist der Spezial-Kommentar von Müller-Kleimann (B 5: 1990), der auch eine Forschungsgeschichte zum Exkurs und weiterführende Literaturangaben bietet.

Sobald der Erzähler, wie ein Schiedsrichter, Hartmann den Dichterkranz zuspricht (4636f.),[56] werden in seiner Darstellung der zeitgenössischen Literaturszene agonale Tendenzen vernehmbar, denn es folgt auf die *laudatio* Hartmanns der Tadel (*vituperatio*) eines Stils, der wegen seiner Dunkelheit dem geschilderten *perspicuitas*-Ideal zuwiderläuft (4638ff.). Die Ungeregeltheit dieser Dichtart wird mit verschiedenen in der Forschung berühmt gewordenen Bildern aufs Korn genommen, wie dem des Hasen, der auf der Wortheide wilde Sprünge übt (4638ff.), oder dem Neologismus *bickelwort* (4641), der vermutlich »Würfelwort« bedeutet und einen willkürlichen Umgang mit der Sprache kritisiert (dazu Nellmann, B 5: 1994; Spitz, B 5: 1995).

Die ältere Forschung ist wie selbstverständlich davon ausgegangen, dass sich Gottfried hier, obwohl er keinen Namen nennt, gegen den »Parzival«-Dichter Wolfram von Eschenbach wendet. Sie unterstellte eine literarische Fehde zwischen beiden Persönlichkeiten und glaubte, in ihren Dichtungen ein durchgängiges Geflecht wechselseitiger polemischer Reaktionen ausmachen zu können (so noch Johnson, B 1e: 1999, 305, 307; vgl. Weber/Hoffmann, B 1f: 1981, 17ff.; Norman, B 5: 1969, 69ff.). Doch fällt es in Anbetracht des westlichen Entstehungsraums der ersten Gottfried-Handschriften (s. S. 48f.) schwer, sich vorzustellen, dass der im ostober-/ostmitteldeutschen Raum tätige Wolfram detaillierte Einsicht in die Genese des Gottfriedschen Romans gehabt haben könnte. Eine Kenntnis des weitgehend fertig gestellten »Parzival« kann dagegen bei Gottfried und seinem Publikum angesichts der Verbreitung und Bedeutung von Wolframs Werk als wahrscheinlich angenommen werden (vgl. Nellmann, B 5: 1994, 466; Hoffmann, B 5: 1995, 130).[57]

56 Über Gottfrieds erstaunlich frühe Anspielung auf die antike Thematik der Dichterkrönung s. Schulze, B 5: 1967, 285ff.; Flood, B 5: 2000.

57 Im Prolog seines vielleicht um 1217 entstandenen »Willehalm« (Willeh.

Gestützt auf einen Aufsatz von Ganz (B 5: 1967) und dessen Argument, die pluralische Wendung *vindaere wilder maere, / der maere wildenaere* (4665 f.)[58] brauche nicht gegen eine Einzelperson gerichtet zu sein, haben einige Forscher die Annahme, dass Gottfried gegen Wolfram polemisiere, in Frage gestellt. Für Geil (B 5: 1973) stellt die von der älteren Forschung stark personalisierte Dichterfehde zwischen Gottfried und Wolfram einen germanistischen Mythos dar; einige Forscher vermuten z. B. den Adressaten der Gottfriedschen Polemik im Nibelungendichter (vgl. Vennemann, B 5: 1989). Diese Einzelmeinungen sind mit Recht kritisch aufgenommen worden (vgl. Hoffmann, B 5: 1995, 132–139; gegen Ganz vgl. auch Norman, B 5: 1969), rufen aber in Erinnerung, dass die u. a. für die Datierung des »Tristan« bedeutsame Annahme einer Polemik Gottfrieds gegen Wolfram gänzlich auf suggestiven Andeutungen Gottfrieds beruht.

Andererseits bleibt schwer vorstellbar, dass sich der Tristandichter nicht bewusst gewesen sein sollte, in welche Richtung er die Überlegungen der Rezipienten mit seinen Formulierungen lenkt. Die Vertreter des kritisierten Stilprinzips werden zwar in summarischer Weise angegriffen, doch wird ausdrücklich mit der Möglichkeit gespielt, dass einer von ihnen (4642 f., 4649 ff., 4659 ff.) Anspruch auf Hartmanns Dichterkrone erheben mag, und diese Zuspitzung macht die Frage unausweichlich, wer als Exponent der diffamierten Erzählweise in Betracht komme. Stellt man sich dieser Überlegung und bedenkt, dass die Nicht-Nennung eines Kontrahentennamens ein bewusstes rhetorisches Mittel sein kann (vgl. Fromm, B 5: 1967, 340 f. Anm. 12a; Marchand, B 5: 1973, 188 und Anm. 13; Brin-

4,19 ff.) mag Wolfram sodann auf Gottfrieds Vorwürfe reagiert haben (vgl. Norman, B 5: 1969, 86; Batts, B 1e: 1971, 12).

58 Über die Bedeutungsmöglichkeiten dieser schillernden Wendung vgl. die Zusammenstellung bei Weber/Hoffmann, B 1f: 1981, 18; Nellmann B 5: 1988, 44–54; Green B 5: 2002, 83 f.

ker-von der Heyde, B 5: 1999, 448ff.), wird man fast unweigerlich auf die Spur Wolframs gesetzt. Literarisch versierten Zeitgenossen konnte dabei Gottfrieds Bild vom aufspringenden Hasen (4638) eine markante Stelle aus dem »Parzival«-Prolog (Parz. 1,19) ins Gedächtnis rufen (vgl. Norman, B 5: 1969, 77f.), zumal dort (Parz. 4,5) auch die Wendung *vindaere wilder maere* (4665) ein Pendant hat.[59]

Gottfrieds kritisches Urteil über die *wildenaere* (4665–4690), in dessen Zentrum das auf den antiken Autor Lucan zurückgehende poetologische Bild vom blattlosen *stock* steht (4678ff.),[60] dürfte also polemisch auf Wolframs Stil zugeschnitten sein (vgl. Nellmann, B 5: 1988, 51ff.; Quast, B 5: 2004). Wenn den in die Nähe von Jahrmarktsgauklern gerückten *wildenaeren* die mangelnde Evidenz ihrer Werke auch unter zeitökonomischen Gesichtspunkten vorgehalten wird:

son han wir ouch der muoze nicht,
daz wir die glose suochen
in den swarzen buochen
(4688ff.)

(»Doch die Muße, / uns Erklärungen / aus Büchern schwarzer Magie zu holen, / haben wir einfach nicht«),

ist mit Nellmann (B 5: 1988, 66) daran zu erinnern, dass es gerade Wolfram in seinem »Parzival« versteht, den Textsinn offen zu halten und die Rezipienten durch gezielte Dosierung von Informationen auf die Folter zu spannen (vgl. auch Mühlherr, B 5: 2002).

4.–6. v. 4691–4820: Demgegenüber werden die Epiker

59 Ferner beginnt das X. Buch des »Parzival« mit den Worten: *Ez naeht nu wilden maeren* (Parz. 503,1; vgl. Hoffmann, B 5: 1995, 146).

60 Das Lucan-Zitat wirft ein Licht auf die geistige Schulung des Tristandichters (vgl. Worstbrock, B 5: 1976; Glendinning, B 5: 1987, 624).

Bligger von Steinach (vgl. Quast, B 5: 2004, 257ff.), Heinrich von Veldeke sowie die zeitgenössischen Minnelyriker[61] mit anerkennenden Worten bedacht. Von besonderem literaturgeschichtlichem Interesse sind Gottfrieds Bemerkungen über den verstorbenen Heinrich von Veldeke, dem in einer viel zitierten Aussage nachgerühmt wird:

er inpfete daz erste ris
in tiut[i]scher zungen
(4738f.)

(»er pfropfte das erste Reis / in deutscher Sprache« [erg.: »auf den wilden Baum der deutschen Dichtung«, nach Winkelman, B 5: 1975, 100; anders Schulze, B 5: 1967, 300ff.])

Mit Hilfe dieser auch in der lateinischen Poetik bezeugten Baummetapher (dazu grundlegend Winkelman, B 5: 1975) vermag Gottfried, die veredelnde Wirkung, die von Veldeke auf die deutsche Dichtung ausgegangen ist, treffend zu erfassen und der Leistung nachfolgender Dichter im Bild des Keimens neuer Triebe (vgl. 4743ff.) Ausdruck zu verleihen. Das organische Bild, das der literargeschichtlichen Bedeutung Veldekes und Hartmanns durchaus gerecht wird, wirft implizit die Frage auf, wie sich der »Baum der deutschen Literatur« nach Hartmann weiterentwickeln werde, und es ist der Eindruck nicht von der Hand zu weisen, dass sich Gottfried – analog zum Führungswechsel unter den Minnesängern, bei denen Walther von der Vogelweide die verstorbene Leitfigur aus *Hagenouwe* ersetzen soll (4778–4820) – unausgesprochen als Nachfolger des *Ouwaere* anbietet (vgl. z. B. Wachinger, [S. 18 Anm. 4], 256; Brinker-von der Heyde, B 5: 1999, 454f.; Mühlherr, B 5: 2002, 317).

61 Vgl. zu Gottfrieds Ausführungen über den Minnesang auch S. 71f.

7. v. 4821–4858: Die anschließende (ironische) Andeutung, der Erzähler könne angesichts der angeführten literarischen Größen sprachlos werden (Unfähigkeitstopos), ist eine auffällige Geste, die Glauch (B 5: 2003, 157f.) als Ausdruck eines tatsächlichen Dilemmas Gottfrieds auffassen möchte, während sie Kern (B 5: 1998, 163f.) überzeugender als eine innovatorische, der poetologischen Standortbestimmung dienende Strategie deutet. Sie bildet ein Zwischensegment im Literaturexkurs, das den Anlass zu dem folgenden Musenanruf bietet – der »einzigen Musenanrufung der deutschen Literatur des Mittelalters« (Kern, B 5: 2000, 23; vgl. ders., B 5: 1998, 178).

8.–9. v. 4859–4928: Während bereits die Dichterschau einzelne antikisierende Motive aufweist (z. B. 4790, 4808ff.), prunkt der Erzähler im zweiten Teil des Literaturexkurses förmlich mit Detailkenntnissen antiker Mythologie, von denen vieles allerdings aus heutiger Sicht erläuterungs- bzw. diskussionsbedürftig ist (s. die Kommentierung bei Bechstein/Ganz, B 1a: 1978, Bd. 1, 350; Krohn, B 1a: 1980, Bd. 3, 70ff.; Okken, B 1c: ^{2}1996, 267ff.). Nach Kerns beachtenswerter These (B 5: 1998, 161ff.) schreibt Gottfried hier einen eigenen programmatischen Kunstmythos.

Wie Kolb (B 5: 1967) herausgearbeitet hat, erfolgt die theatralisch inszenierte Inspirationsbitte des Erzählers, der einen Tropfen aus der Quelle der Kunst erhalten möchte, in einem doppelten Anlauf (4862–4879, 4896–4907). Wird der Musensitz zunächst als *Elicon* (4865) bezeichnet, ist etwas später vom *waren Elicon* (4897) die Rede, worin mehrere Forscher ein typologieanaloges (s. S. 97f.) Steigerungsverfahren, ein »Ineinander von Antike und Christentum« (Gnaedinger, B 5: 1967, 17; vgl. auch Jaeger, B 5: 1977, 57ff.; Thelen, B 5: 1989, 663ff.), erkennen. Der *ware Elicon* wird dabei als christliche Gottesinstanz (so Kolb), als antitypischer Inbegriff der Antike (so Wolf, B 5: 1974, 129) oder als Verkörperung eines Gottfriedschen Kunstmythos (so Kern, B 5: 1998, 180ff.; ders., B 5: 2000, 20ff.) verstanden. Jaeger (B 5: 1977, 143ff.) und Huber (B 5: 1988, 80–85) führen Gottfrieds doppelte Invokation auf ein ähnliches Verfahren im »Anticlaudian« des Alanus ab Insulis zurück, was den Tristandichter in die Nähe der »Schule« von Chartres rücken würde. Auch Wachinger (B 5: 2002, 248) vermutet hinter den zwei Anläufen des Musenanrufs eine chartrensisch geprägte Überhöhung, wobei Gottfried den Status der zuletzt angerufenen Instanz »bewußt offen lassen wollte« (ebd. 249; für die ältere Forschung vgl. auch Dietz, B 1d: 1974, 39ff.).

Da die Anrufung des (*waren*) *Elicon* allerdings eher als eine Absichtserklärung formuliert und die Inspirationsgewährung als hypothetische Vorstellung entwickelt wird, haben verschiedene Forscher mit guten Gründen bezweifelt, dass es sich um ein Inspirationsgebet im eigentlichen Sinne handelt (z. B. Schulze, B 5: 1967, 306ff.; Thelen, B 5: 1989, 670; dagegen Mazzadi, B 5: 2000, 160), vielmehr entsteht der Eindruck, der Erzähler nutze eine traditionelle Demutsgebärde, um daran Selbstbewusstsein zu demonstrieren.[62] Ob damit gleichzeitig die Verbindlichkeit inspirierender Instanzen geleugnet und Gottfrieds Dichtung als autonome Fiktion markiert wird (so Haug, B 5: ^{2}1992, 222; anders Huber, B 5: 1979, 297f.; vgl. Kern, B 5: 1998, 176f. Anm. 324), ist derzeit eine offene Frage.

10. v. 4929–4974: Durch seinen gewandten Umgang mit antiker Mythologie macht Gottfried im zweiten Teil des Literaturexkurses deutlich, in welchem Maße für ihn, den volkssprachlichen Dichter, antikes literarisches Bildungsgut verfügbar ist. Dies zeigt sich besonders, wenn er im letzten Abschnitt des Exkurses Vulkan und Cassandra als hypothetische Ausstatter Tristans bemüht (vgl. dazu Kern, B 5: 1998, 161ff.). Im provozierenden Fazit des Literatur-

62 Vgl. Hahn, B 5: 1967, 229: »Das Musengebet ist Ausdruck gesteigerten Selbstbewußtseins, das am Ende der Dichterschau der eigenen – überlegenen – Kunst den Kranz reicht.« Vgl. auch Kellner, B 5: 2001, 180f.

exkurses (4961–4974), dass die antiken Kunstmythen zur Sinngebung der Schwertleiteszene nicht mehr beitragen können, als vom Erzähler zu Beginn mit den Begriffen *hoher muot*, *vollez guot*, *bescheidenheit* und *höfscher sin* ausgesagt wurde, drückt sich zweifellos ein hohes Selbstbewusstsein aus. Schulze (B 5: 1967, 301) rechnet beim Tristandichter mit einem epochalen Selbstwertgefühl (»renaissancehafter Wertschätzung des tempus praesens«), handelt doch die gesamte Passage vom Aufschwung der deutschen Literatur seit Heinrich von Veldeke.

Der Literaturexkurs ist mit seinen diffizilen Aussagen einer der komplexesten Abschnitte des »Tristan«, der in Gottfrieds (impliziter) Zur-Schau-Stellung dichterischen Selbstbewusstseins einen durchgängigen Zug aufweist. Der Tristanautor nimmt an den fortgeschrittensten literarischen Entwicklungen seiner Zeit Maß, an Hartmanns volkssprachlicher Kunst,[63] an der zeitgenössischen lateinischen Poetik wie auch an der Antike, und führt vor, dass er nicht nur über deren Standards eloquent verfügt, sondern darüber hinaus eigene Akzente zu setzen vermag (vgl. Wolf, B 5: 1988), die hier vor allem im allegorisierenden Zugriff auf die Schwertleite-Szene zu finden sind (vgl. Goebel, B 5: 1977, 66, 69). Im Gegensatz zu den von Gottfried kritisierten *wildenaeren*, die ihren Texten *tiutaere* (»Ausdeuter«, 4684) beigeben müssen, wird bei ihm der allegorische Sinn der Ausstattung der Schwertleiteritter expliziert. Da hierauf am Ende des Literaturexkurses der Nachdruck liegt (4961–4974), lässt sich der Textabschnitt auch als eine Passage lesen, in welcher der Dichter sein Erzählverfahren aufdeckt (vgl. Jackson, B 5: 1970, 1001) und durch die nur an dieser Stelle verweigerte *descriptio* darauf aufmerksam macht, dass seine Ausführungen – auf eine kontrollierte Weise – mit übertragenem Sinn aufgela-

63 Wie Goller (B 5: 2005) zeigt, werden in Gottfrieds »Tristan« zahlreiche Hartmann-Verse »anzitiert«.

den sind.[64] Die Einkleidungsszene Tristans vor dem Moroltkampf (6521–6682; vgl. dazu Jaeger, B 5: 1977, 116–125) und der Moroltkampf selbst untermauern diese Einsicht – wohl nicht zufällig finden sich im Literaturexkurs und in der Moroltepisode Schlüsselstellen, die auf eine allegorisch-metaphorische Sinnschicht des »Tristan« verweisen (vgl. z. B. 4940–4946, 6587–6616; s. dazu S. 229ff.).

Die *rede von minnen* (12183–12357), in der Forschung auch als »Minnebußpredigt« bezeichnet, ist der erste von drei großen Exkursen zur Liebesthematik im »Tristan«, deren wechselseitige inhaltliche, motivische und rhetorische Verknüpfung Urbanek (B 5: 1979, 344–358) dokumentiert hat. Es dürfte kein Zufall sein, dass sich die *rede von minnen* direkt an das Minnetrankgeschehen anschließt, während der der *huote* gewidmete Liebesexkurs unmittelbar vor der Trennung von Tristan und Isolde im Baumgarten platziert ist. Beide Exkurse, die u. a. durch das *huote*-Thema (12196ff., 17878ff.) verbunden sind, umrahmen die Phase des gemeinsamen Lebens von Tristan und Isolde, in der sich der dritte Minneexkurs, die in die Minnegrottenepisode eingefügte Grottenallegorese, gleichsam auf dem Höhepunkt der Liebeshandlung befindet (vgl. Urbanek, B 5: 1979, 348; Mazzadi, B 5: 2000, 79ff.).

Wie das neu entdeckte Thomas-Fragment von Carlisle (s. S. 255) zeigt, ist die *rede von minnen* Gottfrieds Eigentum. Sie beschäftigt sich mit dem Herrschaftsanspruch der Liebe sowie mit der Beziehung Liebender und knüpft an die Minneethik des Prologs an, indem sie das dort als *inneclichiu triuwe* (220) bezeichnete Konzept einer *triuwe, diu von herzen gat* (12336), aufgreift, das Tristan und Isolde zwischen Minnetrank- und zweiter Baumgartenepisode vorbildlich verwirklichen. Mehrfach wird in der »Minne-

64 Nach Haug und anderen Forschern wird dagegen im Literaturexkurs ein »dezidiert antiallegorisches Prinzip« vertreten (Haug, B 5: ^{2}1992, 221). Vgl. aber Huber, B 1f: ^{2}2001, 63; s. zu dieser Frage Grünkorn, B 5: 1994, 145–150.

bußpredigt« der *staete vriundes muot* (12269), die *triuwe under vriunden* (12346), beschrieben und zur Zielvorstellung in der Liebe erhoben. Gleichzeitig konfrontiert der Erzähler dieses Ideal mit einer gegenwartskritischen Perspektive (12217ff., 12279ff.), indem er mit ungewöhnlicher Schärfe, die den »bußpredigthaften« Ton des Exkurses ausmacht (*wir valschen minnaere, / der Minnen trügenaere …*[65]), sich und seine Zeitgenossen beschuldigt, sich mit Worten[66] und Taten an der Liebe zu vergehen. Der mehrfache, in seiner rhetorischen Wirkung kalkulierte Wechsel zwischen der Beschwörung der beseligenden Kraft vorbehaltloser Liebeshingabe und der beißenden Kritik am Minneverhalten der Gegenwart, der in den jüngeren Handschriften O, F, N, B und E durch variable Setzung von Initialen und Kapitelzeichen angezeigt wird (vgl. Klein, B 5: 1972, 73), macht den Charakter dieses Exkurses aus (vgl. Peiffer, B 5: 1971, 194–198; Urbanek, B 5: 1979, 346; Tomasek, B 5: 1985, 136–152; Schausten, B 6: 1999, 196ff.; Mazzadi, B 5: 2000, 171–187).

Im Zentrum der Zeitkritik steht das Bild der zuschanden gekommenen, ihre Gaben wie Diebesbeute auf dem Markt feilbietenden Minne (vgl. 12279–12317; dazu Huber, B 5: 1988, 109–115), in dem eine Passage aus Hartmanns »Iwein« (Iw. 1557ff.) nachklingt (vgl. Goller, B 5: 2005, 195ff.). Wie bereits Nickel betonte, werden in den Ausführungen Hartmanns und in seiner altfranzösischen Quelle, dem »Yvain« Chrétiens de Troyes, Vorwürfe gegen die Liebe erhoben, wovon der Tenor der *rede von minnen* allerdings deutlich abweicht (Nickel, B 5: 1927, 80): Eine Anklage der Minne, wie sie bei zeitgenössischen Autoren, etwa im »Parzival« Wolframs von Eschenbach,

65 »Wir Pseudo-Liebenden, / wir Betrüger der Liebe …« (12311f.). Zur Wir-Perspektive des Bußpredigers vgl. Ruh, B 1e: 1980, 254.

66 Auch die *rede von minnen* enthält Sprachkritik (vgl. 12282ff.), die z. T. wörtlich auf den Literaturexkurs zurückverweist (vgl. Huber, B 5: 1979, 299f.).

verbreitet ist, findet sich bei Gottfried allenfalls in Aussagen von Nebenfiguren (vgl. 1400ff.). Gottfrieds Erzähler weist ein solches Denkmuster entschieden zurück (12247ff.): Die Minne, *aller herzen künigin, / diu vrie, diu eine*[67], ist für ihn eine unabhängige Macht. Wenn durch sie Leid entstehe, habe dies, so der Erzähler, der Mensch selbst zu verantworten (12245ff.). Im Sinne des Prologs wird die Liebe als ein Gut dargestellt, das von der Gesellschaft angemessen aufgenommen werden muss (12185f., 12243, 12266, 12317f., 12345).

Obwohl die Bedeutung des durch ein eigenes Exordium (12183–12186) hervorgehobenen Minneexkurses für die »Tristan«-Interpretation nicht zu unterschätzen ist – Wolf sieht in ihm die Grundlage für die Auseinandersetzung mit dem weiteren Minnegeschehen (Wolf, B 6: 1989, 193) –, hat die *rede von minnen* in der Forschung bislang noch zu wenig Aufmerksamkeit gefunden. Die Stellungnahmen fallen entsprechend uneinheitlich aus: Wisbey (B 5: 1980, 21ff.) betont den Antizipationscharakter, den die Passage im Hinblick auf den *huote*-Exkurs besitzt; Huber erkennt in der Minnebußpredigt »ein Bemühen um allgemeinste Kategorien einer personalen Anthropologie« (Huber, B 5: 1988, 114); Christ und Tomasek betonen die rhetorische Leistung des Exkurses im Werkganzen: Während ihm Tomasek eine konstruktiv-stimulierende Funktion zuschreibt (Tomasek, B 5: 1985, 136–152), geht Christ von einem resignativen Charakter des Textabschnitts aus (Christ, B 5: 1977, 223ff.); für Bertau bietet der Exkurs Hinweise, welche die Grenzen der Literatur aufzeigen und verdeutlichen, dass Liebe »vom Tun, nicht vom Reden« abhänge (Bertau, B 5: 1990, 18); eine genau gegenteilige Auffassung (»movement from act to words«) vertritt Chinca (B 1f: 1997, 85); nach Urbanek wiederum soll es in der *rede von minnen* vornehmlich um eine Kritik an der

67 »Königin aller Herzen, / alleiniger Souverän«, 12300f.

mittelalterlichen Ehepraxis gehen (Urbanek, B 5: 1979, 358–371; vgl. dagegen Schnell, B 5: 1982, 350–364); der Behauptung Haugs (B 6: 1996, 183), der Exkurs propagiere »das Ineinander von Freude und Schmerz«, widerspricht Eifler (B 6: 2001, 121ff.), der zeigt, dass Liebe und Leid hier gerade »nicht notwendig miteinander verbunden« sind (ebd. 121; vgl. auch Keck, B 6: 1998, 214; Mazzadi, B 5: 2000, 185); Stevens (B 5: 1994, 323ff.) macht mit Recht auf poetologisch-reflexive Züge des Exkurses aufmerksam. Eine einlässliche, die heterogenen Stellungnahmen prüfende Untersuchung zur *rede von minnen* stellt somit ein Desiderat dar.

Deutlich mehr Aufmerksamkeit hat die »Tristan«-Forschung dem Grottenallegorese-Exkurs (16923–17099) gewidmet (vgl. hierzu auch die Überblicksdarstellung bei Huber, B 1f: ^{2}2001, 104–108). Gottfried stellt die von Thomas in den Tristanroman eingeführte Minnegrotte (s. S. 258f.) beim Einzug Tristans und Isoldes in ihr paradiesisch anmutendes Domizil ausführlich vor (16703ff.): Es handelt sich um einen in literarischen Architekturphantasien der Zeit verbreiteten Rundbautyp (vgl. Penn, B 5: 1972, 114–116) – mit Gewölbe, grünem Marmorfußboden, einem Kristallbett in der Mitte und zahlreichen weiteren Attributen –, wobei der Straßburger Dichter offenbar bis in Einzelheiten der Darstellung des Thomas folgt. Wenn Gottfried aber in einem zweiten Anlauf (16923ff.) die genannten Merkmale der Grotte und einige Details der umgebenden Natur in einem Exkurs allegorisch auslegt – z. B. die Rundung des Gebäudes als *einvalte* (»Ehrlichkeit«, »Reinheit«) der Liebe (vgl. die Zusammenstellung bei Gruenter, B 5: 1957, 25f.) –, geht er nach einhelliger Forschungsmeinung über seine Vorlage hinaus.[68]

Die im Vorgehen Gottfrieds erkennbare systematische Unterscheidung zwischen der Grotte als »Sache« (*res*) auf

68 Vgl. z. B. Gruenter, B 5: 1961, 352. Die Version des Thomas ist für diesen Textabschnitt allerdings nicht erhalten (s. dazu S. 250ff.).

der Handlungsebene und als dem Rezipienten im Exkurs unterbreitete Auslegung (*significatio*) erweist den Tristandichter als geschulten, mit den Verfahren der geistlichen Hermeneutik vertrauten Autor. Er beherrscht das Fachvokabular des Exegeten (z. B. 16924: *entsliezen*; 16932: *daz ist*-Formel) und deutet das Grottengebäude vornehmlich in moralisch-tropologischer Hinsicht, indem er eine umfassende Minnelehre (vgl. die *soln*-Wendungen 16934, 16966f.) entwirft.[69] Das systematische Punkt-für-Punkt-Vorgehen des Erzählers wird in der Heidelberger Handschrift durch Kapitelzeichen verdeutlicht (vgl. Klein, B 5: 1972, 89; zur Binnengliederung des Exkurses vgl. Urbanek, B 5: 1979, 346f.).

Gottfrieds methodisch stringentes Deutungsverfahren scheint Ranke (B 5: 1925) Recht zu geben, der in seinem Aufsatz über »Die Allegorie der Minnegrotte« eine Anlehnung Gottfrieds an die gelehrte geistliche Gebäudeallegorese feststellt, wie sie z. B. in mittelalterlichen Kirchweihpredigten anzutreffen ist. Seit Schwietering wurde von einigen Forschern im Kristallbett der Grotte zudem eine Anspielung auf das Bett Salomos aus dem biblischen Hohelied vermutet (vgl. Schwietering, B 5: 1943, 21ff.). Weitere Belege für die geistlichen Hintergründe zahlreicher Grottendetails bietet die eingehende Studie von Ernst (B 5: 1976, 18–39).

Diesem bis heute von der Mehrheit der Forscher weitgehend geteilten Erklärungsansatz (vgl. z. B. Mertens, B 5: 1999; Wachinger, B 5: 2002) hat Kolb in einer viel beachteten Abhandlung widersprochen (Kolb, B 5: 1962), nach der die erste profane Gebäudeallegorese in deutscher Sprache nicht so sehr der geistlich-lateinischen Exegese als vielmehr französischen *maison d'amor*-Darstellungen verpflichtet sein soll. Allerdings ist eine genaue Datierung der von Kolb als Belegmaterial angeführten Dichtungen

69 Bei der Deutung der *hoehe* und des Schlusssteins (16939ff.) klingt auch eine »erhebende« anagogische Perspektive an.

schwierig (vgl. Kolb, B 5: 1962, 246f.), denn es kann weder die Existenz einer allegorischen französischen *maison d'amor*-Tradition vor Gottfried belegt noch der Nachweis erbracht werden, dass der Tristandichter auf sie angewiesen war bzw. tatsächlich auf sie zurückgegriffen hat. Trotz dieser Bedenken bleiben die von Kolb angeführten Parallelen aufschlussreich, da sie ein Licht auf die fortgeschrittene Ästhetik von Gottfrieds »Tristan« werfen.

Die Grottenallegorese ist neben Ausführungen im Prolog der einzige Minneexkurs, in dem ein ethisches Gesamtmodell der Tristanliebe geboten wird.[70] Die anschauliche, teilweise dynamische (vgl. 16939–16962) – nicht aber auf ein mnemotechnisches »memory-theatre« (so aber Penn, B 5: 1972, 114) zurückführbare – Grottendeutung nutzt die architektonischen Gegebenheiten des Gebäudes, um den Funktionswert einzelner Tugenden innerhalb des Ganzen anzugeben: Der grüne Marmorboden illustriert z. B. die Bedeutung der *staete* als Basistugend der Minne (16969ff.), ein kronengeschmückter Gewölbestein, Sinnbild der Perfektion, schließt das Lehr-Gebäude in der Höhe zusammen (16939ff.; vgl. zum Kronenstein Jaeger, B 5: 1973; ders., B 5: 1977, 126–138). Tugenden, welche die Binnenbeziehung unter Liebenden betreffen, wie z. B. die *durnehte* (»integre Treue«, 16964), finden sich im Inneren der Grotte angesiedelt, während die Anerkennung (*ere*, 17068) im Bild des Sonnenlichtes gefasst ist, das von außen durch die Grottenfenster einstrahlt; Fragen des Schutzes der Minne sowie des Zugangs zu ihr werden anhand eines Türverschlussmechanismus allegorisiert (16985ff.), der so kompliziert ausfällt, dass ihm bereits mehrere Spezialuntersuchungen gewidmet wurden (zu-

70 Mertens' Behauptung, die Minnegrotte negiere die vorherige Tristanliebe, bei der »das Leiden und nicht die ethische Vorbildlichkeit die Liebe beglaubigt« (Mertens, B 5: 1995, 49), ist angesichts von Textstellen wie 12370ff. (ethische Vorbildlichkeit auf der Handlungsebene) oder 17084ff. (Leidensreflexion auf der Exkursebene) kaum zu halten.

letzt Nellmann, B 5: 1999).[71] Kein zeitgenössischer mittelhochdeutscher Roman bietet ein derart elaboriertes Minnemodell.

Gottfrieds Allegorese hat weder eine ketzerische Tendenz (wie Weber, B 5: 1953, Bd. 1, 181f., oder Bayer, B 5: 1978, 182ff., annahmen) noch beansprucht sie theologische Relevanz, sondern sie nutzt Verfahren geistlicher Hermeneutik, um einem diesseitigen Wertesystem würdevollen Ausdruck zu verleihen. Dabei weist sie Züge einer »Konstruktionsallegorie« (vgl. Blank, B 7: 1970, 91ff.) auf, indem sie das Minnephänomen als ethischen Sinnkomplex abbildet und erschließt. Eine »transzendentale« Bedeutung (so Mertens, B 5: 1999, 9f.) ist der Grotte, die als ein Ort weltlichen Glücks (*werltlicher aventiure*, 17070) bezeichnet wird, wie Mieth (B 5: 1976, 179; vgl. auch Haas, B 5: 1989, 166) gezeigt hat, wohl nicht zugedacht, wenngleich Derartiges in der Forschung erwogen wird, da Gottfried bei der Darstellung der stimulierenden, vervollkommnenden Wirkung des Minneideals (16939ff.) auf das (platonische) Bild vom Federkleid der Seele anspielt (vgl. Jaeger, B 5: 1977, 126–138, sowie B: 5 1973; Hurst, B 5: 1974, 228ff.):

die kapfe wir ze wunder an.
hie wachsent uns die vedern van,
von den der muot in vlücke wirt,
vliegende lop nach tugenden birt.
(16959ff.)

(»Die [d. h. die vom Schlussstein des Gewölbes mitbezeichneten Vorbilder der Liebe] schauen wir staunend an. / Davon wachsen uns die Federn, / mit deren Hilfe

71 Betzens erotische Deutung des Türverschlusses (Betz, B 5: 1969), die immer noch gewisses Aufsehen zu erregen vermag, ist von Jaeger (B 5: 1978) und Nellmann (B 5: 1999) widerlegt worden (vgl. dagegen erneut Huber, B 1f: ^{2}2001, 111).

sich unser Trachten zu ihnen aufzuschwingen vermag / und im Fluge, gemäß den Tugenden, Lob erwirkt.« Vgl. Theissen/Vlaming, B 5: 1931.)

Nach Pastré (B 5: 1988, 288) wendet Gottfried hier das Analogieverfahren der Ersetzung einer Gotteswahrnehmung »durch die einer menschlichen geistigen Vollkommenheit« an (vgl. auch Wessel, B 5: 1984, 331 Anm. 825; Mazzadi, B 5: 2000, 192f.; Huber, B 1f: ²2001, 105; Kolerus, B 5: 2006, 168ff.). Für Lutz ist diese Passage, wie auch die Parallelstelle 12200ff., ein Beleg für die vom Straßburger Tristandichter geforderte meditative Aneignung der Tristanliebe im Leseakt (vgl. Lutz, B 5: 2002, 302f.).

Als weltliche Analogie geistlicher Gebäudeauslegung verzichtet die Grottenallegorese allerdings nicht auf einen »analogen Anspruch auf Verbindlichkeit« und fordert vom Rezipienten »existentielles Engagement« (Haug, B 5: 1977, 182), was durch zwei die Grottenallegorese umrahmende sog. »autobiographische«[72] Exkurse (16909ff., 17100ff.) unterstrichen wird, in denen der Erzähler die Verbindlichkeit des Minnekonzepts unter Hinweis auf eigene Erfahrungen bekräftigt: *ich treib ouch eteswenne / alsus getane lebesite ...* (16920f.) – *Diz weiz ich wol, wan ich was da ...*[73] (17100). Viel zitiert sind die Verse:

ich han die fossiure erkant
sit minen eilif jaren ie
und enkam ze Curnewale nie
(17136ff.)

72 Die missverständliche Bezeichnung findet sich bereits bei Sawicki, B 5: 1932, 114, und wird von der Forschung zumeist übernommen (vgl. z. B. Gruenter, B 5: 1957, 23ff.).

73 »Ich habe auch einmal / ein solches Leben geführt ...« – »Das weiß ich genau, denn ich bin dort gewesen ...«.

(»Ich kenne die Grotte schon / seit ich elf Jahre alt bin,[74] / doch habe ich Cornwall nie bereist«),

aus denen ersichtlich wird, dass das allegorische Lehrgebäude einen universellen – in Vers 16697 ist von mehreren, seit Urzeiten (vgl. 16688 ff.) existierenden Grotten die Rede – utopischen »Zielpunkt« (Haug, B 5: 1977, 181) markiert.

Während dieses Gesamtideal der Liebe im Gesprächsraum zwischen Erzähler und Publikum Gültigkeit behält, ziehen sich Tristan und Isolde aus ihrer (fast) paradiesischen Lebenswelt bei erster sich bietender Gelegenheit zurück (vgl. Weber, B 5: 1999). Trotz aller Annehmlichkeiten vermisst das Paar in seinem Exil die Anerkennung menschlicher Gesellschaft (*ere*), wie die Schlüsselstelle 16875 ff. besagt (s. S. 209 f.); denn das in die Grotte einfallende Tageslicht (vgl. 16724 ff.), dem im Exkurs die Bedeutung der *ere* (vgl. 17065 ff.) zukommt, stellt für das Paar, d. h. auf der Handlungsebene, nur Sonnenschein dar (vgl. 17630; anders Herzmann, B 5: 1975; Finney, B 7: 1983/84, 63; Meyer, B 5: 1988, 407 f.; Müller, B 5: 2003, 233; Kolerus, B 5: 2006, 114, die den Statusunterschied von Handlungs- und Exkursebene nivellieren; wieder anders Bekker, B 1e: 1987, 264).

Die Paradiesmotive der Grottenszene schlagen eine Brücke zur folgenden zweiten Baumgartenepisode, in der Isolde sich und ihren Geliebten leichtfertig (18135 ff.) nach dem Muster Evas (vgl. 18162 ff.) ins Unglück stürzt. Unmittelbar vor diesem Ereignis befindet sich der *huote*-Exkurs (17858–18114), dessen Bedeutung von der Forschung erst seit einem grundlegenden Aufsatz Hahns (B 5: 1963a) zunehmend zur Kenntnis genommen wird.

Im *huote*-Exkurs nimmt der Erzähler die Wirkung, welche die Kontrollmechanismen am Markehof auf die

74 Über die rätselhafte Jahresangabe vgl. z. B. Stökle B 5: 1915, 100 f.; Nickel, B 5: 1927, 64 f. Anm. 1; Ernst, B 5: 1976, 38.

Liebenden haben (17832ff.), zum Anlass, sich nachdrücklich gegen jede Fremdbestimmung der Frau[75] auszusprechen: Gute Frauen seien in der Lage, sich selbst zu hüten, bei *übelen* sei Überwachung ohnehin nutzlos (17871ff.), bedränge man aber ein *wip* zu sehr, provoziere man auch bei anständigen Frauen irrationale Reaktionen (17907ff.).

Die Ausführungen im ersten Teil des Exkurses halten sich weitgehend im Rahmen zeitgenössischer *huote*-Kritik, was auch Wendungen wie *als man giht* (17876) oder *daz han ich gelesen* (17896) erkennen lassen. Mit dem bei Vers 17925 beginnenden Abschnitt erweitert sich jedoch die Argumentation zu einer »umfassenden Erörterung über die Frau« (Ruh, B 1e: 1980, 244), was Schnell veranlasst hat, für den *huote*-Exkurs die Bezeichnung »Frauenexkurs« vorzuschlagen (Schnell, B 5: 1984, 3; dagegen Hurst, B 5: 1986, 329).

Nach der Feingliederung des Exkurses durch Kapitelzeichen in der Heidelberger Handschrift[76] verläuft der Argumentationsgang in folgenden Etappen:

1. v. 7858–17924	*huote*-Kritik
2. v. 17925–17985	Die Eva-Natur der Frau und eine erste (unzulängliche) Konsequenz daraus: das *wip* mit männlicher Einstellung
3. v. 17986–18014	Das Verhalten eines *reinen wibes*

75 Die grundlegende Untersuchung über die *huote*, d. h. die Überwachung einer Frau durch die Gesellschaft, in der höfischen Dichtung ist immer noch: Lilli Seibold, »Studien über die Huote«, Berlin 1932. Eine neuere Studie zu dieser Thematik wäre wünschenswert.

76 Eine die Feinstruktur des *huote*-Exkurses hervorhebende Binnengliederung weist neben H auch N auf. Den Exkursanfang bei v. 17858 markieren nur die Handschriften O, M und E (vgl. Klein, B 5: 1972, 47f.). Dem erwägenswerten Vorschlag von Hurst (B 5: 1986; ähnlich auch Johnson, B 5: 1998), den Exkurs bereits bei v. 17817 beginnen zu lassen, wird hier angesichts der im Präteritum erzählenden Verse 17832–17857 nicht gefolgt. Zur Gliederung des Exkurses vgl. auch Urbanek, B 5: 1979, 347; Mazzadi, B 5: 2000, 201ff. Mit keiner Handschrift abgeglichen ist der Gliederungsvorschlag von Schröder, B 5: 1993, 52f.

4. v. 18015–18024	Rechte Selbstliebe: das *saelige wip*
5. v. 18025–18044	Gegenbild: Eine Frau, die sich selbst nicht zugetan ist, verdient weder Zuneigung noch Ehre
6. v. 18045–18087	Wer eine sich selbst liebende Frau zur Partnerin hat, besitzt das *lebende paradis*
7. v. 18088–18114	Aufruf, dieses Paradies zu suchen

1. v. 17858–17924: Durch das *huote*-Thema (vgl. 12196ff.) und charakteristische Pflanzenmotivik (z.B. 17861, 17885ff.) weist der Beginn des Exkurses deutlich auf die *rede von minnen* zurück. Dass dem *huote*-Exkurs ein hoher Stellenwert zukommt, deutet auch die gewichtige, im Anfangsabschnitt des Exkurses hervorgehobene und im Weiteren verfolgte *ere*-Thematik (vgl. 17863ff.) an. Wirken die Ausführungen zur *huote* zunächst konventionell (vgl. Schnell, B 5: 1984, 3–8), so muss dies keineswegs bedeuten, dass auch das Folgende »Hausmannskost« (so Schnell, B 5: 1984, 22; anders ders., B 5: 1992) darstellt.

2. v. 17925–17985: Im Gegenteil: Schon im nächsten Abschnitt wartet der Erzähler mit theologischem Spezialwissen auf, indem er die Auffassung der *pfaffen* referiert, nach deren Lehre die Frucht, die Eva gepflückt habe, eine Feige (17943f.) gewesen sei (vgl. hierzu Stökle, B 5: 1915, 91–94; Nauen, B 5: 1947, 44; Huber, B 5: 1988, 118f.; Sneeringer, B 5: 2002, 99), und bezieht zu einem schwierigen theologischen Problem Stellung, wenn er am Beispiel Evas die Frage der Dialektik von Sünde und Gebot aufgreift, die bis heute eine Herausforderung für jede Deutung des Römerbriefs (vgl. Röm 7,7ff.) darstellt, der möglicherweise im Hintergrund der Ausführungen des Erzählers steht (für Einzelheiten s. Schnell, B 5: 1984, 13f.; Tomasek, B 5: 1985, 188f.):

ez ist ouch min vester wan:
Eve enhaetez nie getan
und enwaere ez ir verboten nie.
(17947 ff.)

(»Es ist meine feste Überzeugung: / Eva hätte es nie getan, / wenn es ihr nicht verboten gewesen wäre.«)

Hier soll sicherlich nicht ausgesagt werden, dass Gott die Schuld am Sündenfall trage (vgl. Schnell, B 5: 1984, 15; anders Volfing, B 5: 1998, 93), vielmehr dürfte das göttliche Verbot als Gelegenheit (*occasio*) – nicht als Grund (*causa*) – für Evas Fehltritt aufzufassen sein (vgl. Tomasek, B 5: 1985, 188 Anm. 243), auch wenn die Position des Erzählers in dieser schwierigen theologischen Frage nur angedeutet wird. Er vertritt offenbar die Ansicht, dass die Begehrlichkeit bei Eva leichter als bei ihrem Mann zu aktivieren gewesen sei, und scheint von einer bereits vor dem Sündenfall vorhandenen, durch die *natiure* (vgl. 17968) bedingten (graduellen) Geschlechterdifferenz auszugehen (vgl. Jackson, B 5: 1999, 180). In jedem Falle handelte Eva aus der Sicht des Erzählers unvernünftig (vgl. 17953 ff.), als sie der Begierde nachgab, wie z. B. die Bemerkung, Eva habe mit dem verbotenen Obst auch ihre Ehre verspeist (*ir ere gaz*, 17960), illustriert. Ehre (*honor*), Selbstidentität und Gottesnähe gelten in der mittelalterlichen Theologie als Merkmale des paradiesischen Urzustandes der Menschheit, ihre in den Versen 17960 und 17966 erwähnte simultane Einbuße ist demzufolge ein Zeichen des Verlusts ursprünglicher Würde (*dignitas hominis*) im Sündenfall (vgl. Hahn, B 5: 1963a, 188 f.; anders Volfing, B 5: 1998, 94), wovon, so der Erzähler, die *art* (17933 ff., 17951, 17967) des weiblichen Geschlechts, der *Even kint* (17961), bis heute geprägt sei. Es sind also frauenspezifische Fragen (darauf insistiert Schnell, B 5: 1992, 41 ff.; vgl. auch Wachinger, B 5: 2002, 254), die im *huote*-Exkurs erörtert werden, allerdings in auffallend weitreichenden, menschheitsgeschichtlichen Dimensionen: vom Sündenfall (17925 ff.) bis zu einem neuen, *lebenden paradis* (18059 ff.).

Die Bemerkungen des Erzählers über den Sündenfall bilden die Grundlage für philosophisch-anthropologische bzw. moralisch-ethische Betrachtungen, in denen Verhaltensmaximen für Frauen entwickelt werden, die den Fehltritt Evas nicht reproduzieren möchten. Zunächst (17967 bis 17985) wird die Möglichkeit erörtert, dass eine Frau ihre durch Evas *art* geprägte (17968 f.) Anlage zur Begehrlichkeit ganz unterdrückt. Ein solches asketisches *wip*, das, so der Erzähler, Lob verdiene, bleibe dem Namen nach (17974) zwar eine Frau, sei hinsichtlich ihrer Haltung aber als Mann einzustufen (17975). Dieses auf Entsagung beruhende Frauenmodell wird, wie der Vergleich mit einer Kette von Naturunmöglichkeiten (Adynata) in den Versen 17979–17985 nahe legt, vom Erzähler offenbar mit Vorbehalten angeführt.[77]

3. v. 17986–18014: Weiterführend ist der sodann entwickelte Gedanke, eine Frau solle sich im Spannungsfeld von Verlangen und Ehre so verhalten, dass sie beidem Rechnung trage (vgl. Hahn, B 5: 1963a, 189 f.; Tax, B 5: ²1971, 222; Tomasek, B 5: 1985, 191 ff.; Huber B 5: 1988, 124 f.; Schnell, B 5: 1992, 46):

Waz mac ouch iemer werden
so reines an dem wibe,
so daz si wider ir libe
mit ir eren vehte
nach ietwederes rehte
des libes unde der eren!
(17986 ff.)

77 Vgl. z. B. Hahn, B 5: 1963a, 188 f.; Tax, B 5: ²1971, 222; Schnell, B 5: 1984, 20; Huber, B 5: 1988, 122 f.; anders Volfing, B 5: 1998, 94 f. Vgl. den Nachweis dieses Frauenbildes in der »Ars Versificatoria« des Matthäus von Vendôme durch Glendinning, B 5: 1987, 624 ff.

(»Was kann es / an einer Frau Reine[re]s geben, / als dass sie ihr Verlangen / mit ihrem Ehrgefühl eindämmt, / [und zwar] so, dass sie beiden gerecht wird: / dem Verlangen und dem gesellschaftlichen Ansehen!«)

Diese auf Selbstkontrolle und kluger Situationseinschätzung – vgl. den Hinweis auf die *guote state* (»günstige Gelegenheit«, 18000) – beruhende Verhaltensweise stellt eine ausgleichende Haltung dar, die der Erzähler mit dem Begriff der *maze* (18010) kennzeichnet. Damit ruft er eine Maxime auf – die Vermeidung alles Einseitigen –, die bereits in der antiken Ethik als *moderantia* (*temperantia*, *modestia*) eine Kardinaltugend darstellt und auch in die höfische Sittenlehre eingegangen ist. Das hier propagierte *maze*-Gebot unter Beachtung *guoter state* berührt sich auffallend mit Brangänes Rat an die Liebenden in den Versen 12135–12146 und spielt damit auch auf der Handlungsebene des Romans eine Rolle – man vergleiche auch die Verse 16411–16443 und 18135 ff., in denen ausgeführt wird, dass sich die Liebenden vorübergehend nach einer solchen Devise verhalten, aber auch gegen sie verstoßen (dazu Wharton, B 5: 1990, 152 f.).

4. v. 18015–18024: Im nächsten Argumentationsschritt wird der Gedanke der *maze* mit einer bemerkenswerten, neuen Thematik, dem Gedanken rechter Selbstliebe, zusammengeführt:

Ezn ist al der dinge kein,
der ie die sunne beschein,
so rehte saelic so daz wip,
diu ir leben unde ir lip
an die maze verlat,
sich selben rehte liebe hat.
(18015 ff.)

(»Es ist nichts / von jeher unter der Sonnne / so glückselig wie diejenige Frau, / die sich ganz / der Mäßigung verschreibt / [und] sich selbst in rechter Weise liebt.«)

Sobald eine Frau sich selbst Liebe entgegenbringe (*ir selber liep ist*, 18022), heißt es weiter, werde sie mit Fug und Recht auch die Sympathie der Gesellschaft finden (*so ist der billich ouch derbi, / dazs al der werlde liep si*, 18023 f.).

Dieser kurze Abschnitt macht eine in der mittelhochdeutschen Literatur singuläre Aussage: Der Erzähler propagiert ein Konzept *rehter*, d. h. angemessener, Selbstliebe und entwickelt somit ein von den Kirchenlehrern seit der Antike bekämpftes, erst in der Nachfolge Rousseaus unter anderen Vorzeichen für die europäische Philosophie bedeutsam werdendes ethisches Programm (vgl. dazu Tomasek, B 5: 1985, 229 ff.). In dem Bild der sich selbst liebenden Frau wird ein Gegentypus zu Eva, die einst den weiblichen Identitätsverlust verschuldet hatte (vgl. 17966), entworfen, der sowohl eine Rückkehr zu innerer Harmonie als auch einen Ausgleich mit der Gesellschaft aufscheinen lässt, worin sich die Überwindung des *huote*-Antagonismus und der Ehre-Problematik des »Tristan« (s. S. 209 ff.) andeutet.

Über die Bewertung dieses Entwurfs eines *saeligen wibes* gehen die Forschungsmeinungen weit auseinander. Während Hahn (B 5: 1963a, 190), Keuchen (B 5: 1975, 216 f.), Tomasek (B 5: 1985, 194 ff.), Huber (B 5: 1988, 125 f.; B 1f: [2]2001, 113 ff.), Wharton (B 5: 1990, 146 Anm. 10), Gerok-Reiter (B 5: 2002, 382 ff.), Sneeringer (B 5: 2002, 102 f.) oder Goller (B 5: 2005, 227) vor dem Hintergrund der voranstehenden Frauentypen hier ein drittes Frauenbild konzipiert sehen, nimmt vor allem Schnell (B 5: 1984, 22; B 5: 1992, 45 f.; vgl. außerdem Tax, B 5: [2]1971, 222 f.; Schröder, B 5: 1993, 56; Schirok, B 5: 1994, 36; Keck, B 6: 1998, 216 Anm. 3; Mazzadi, B 5: 2000, 212 Anm. 214; Wachinger, B 5: 2002, 252) an, dass es sich um eine Ausdifferenzierung des zuvor dargestellten Ausgleichstyps (17986 ff.) handelt und somit im *huote*-Exkurs nur zwei Frauenentwürfe entwickelt werden. Schnell macht u. a. geltend, dass der *maze*-Gedanke an dieser Stelle einen fließenden Fortgang der Argumentation bewirkt. Allerdings ist es eine Spezialität Gottfrieds, Abschnittsgrenzen als Übergangszonen zu gestalten (vgl. S. 90 Anm. 9 und S. 127), und auch das Auszeichnungsverhalten der Handschriften H und N stützt hier die Annahme einer Nahtstelle. In jedem Falle bewirkt die Zusammenführung von *maze* und Selbstliebe gegenüber dem auf Selbstkontrolle und *guote state* angewiesenen Balanceakt des *reinen wibes* ein Plus an personaler Integration: Während der letztgenannte *maze*-Zustand durch mühsamen (18004, 18008) inneren Kampf (17992) erreicht wird, ist das Bild des *saeligen wibes* von Harmonie und Versöhnung geprägt (vgl. Tomasek, B 5: 1985, 194 f.; Schirok, B 5: 1994, 36).

Der strittigen Frage, ob im *huote*-Exkurs »zwei oder drei … Frauentypen vor[ge]führt« werden (Schnell, B 5: 1992, 38), kommt für die Interpretation von Gottfrieds »Tristan« einige Bedeutung zu, denn die Annahme einer dreistufigen Klimax von einer »lobenswerten« (17970) über eine »reine« (17987) zu einer »seligen« (18017) Frauenpersönlichkeit würde bedeuten, dass Gottfried mit dem dritten Typ einen Lösungsentwurf von hoher, die Möglichkeiten der Protagonisten deutlich übersteigender Idealität anbietet.

5. v. 18025–18044: Das Selbstliebe-Konzept wird mit rhetorischer Emphase sodann *a contrario* untermauert: Eine Frau, die gegenüber sich selbst unfreundlich handelt, kann nicht die Sympathie und Anerkennung der Gesellschaft erlangen, wofür als Beispiel unter Anklängen an die *rede von minnen* (vgl. 12282 ff.) die zügellose Frau genannt wird, die viele zu lieben bereit ist (*diu manegem minne sinnet*, 18043).

6. v. 18045–18087: Eine sich selbst liebende Frau aber erhält von ihrer Mitwelt *minne* und *ere* (18045–18059), und, so lautet der sich anschließende Hauptgedanke, wer eine solche selbstidentische Frau als Partnerin besitzt,

der hat daz lebende paradis
in sinem herzen begraben.
(18066 f.)

(»der bewahrt das leibhaftige Paradies / in seinem Herzen.«)

Es handelt sich um die Vorstellung eines inneren Paradieses (s. dazu Wodtke, B 5: 1964, 284–287), das als in die Gesellschaft integrierbar konzipiert wird:

dan ist niht obezes inne
wan triuwe unde minne,
ere unde werltlicher pris.
(18084 ff.)

(»Darin gibt es keine anderen Früchte / als Treue und Liebe, Ehre und gesellschaftliche Achtung.«)

Das hier genannte allegorische Obst steht der fatalen Paradiesfrucht (vgl. 17935 ff.) Segen bringend gegenüber, wie auch das Unkraut, das zuvor die *huote* bezeichnete (17861, 17885 ff. usw.), nun durch eine Pflanzenwelt, die für Versöhnung und Frieden steht (*rosine suone*, 18076), ersetzt wird (s. Ruh, B 1e: 1980, 245 f., und Hahn, B 5: 1963, 192 f., zur Kühnheit dieser mariologischen Bildlichkeit; vgl. auch Sneeringer, B 5: 2002, 99 f.). An der Abwesenheit von Dornen und Diesteln (18068–18078) wird metaphorisch verdeutlicht, dass es sich um einen leidlosen Zustand ohne *sorge* und Bedrängnis (18068 f.) handelt (vgl. Huber, B 5: 2002, 355), auch fällt auf, dass Gottfried in diesem Abschnitt auf die für seinen Stil typischen Antithesen verzichtet. Hahn (B 5: 1964, 172), Tomasek (B 5: 1985, 183 ff.), Huber (B 5: 1988, 116; B 1f: ²2001, 112) und Green (B 5: 2002, 110 f.) sprechen in diesem Zusammenhang von einer »heilsgeschichtlichen« Dimension der Tristanminne (vgl. auch Fritsch-Rößler, B 6: 1999, 372; dagegen Kolerus, B 5: 2006, 194 Anm. 469).

7. v. 18088–18114: Emphatisch preist der Erzähler dieses *paradis* (18088) und fordert am Ende des Exkurses dazu auf, nach ihm zu suchen: Man brauche dabei nicht sein Leben wie Tristan zu verlieren (18097 f.), auch in heutiger Zeit, so der Erzähler, lebten noch Isolden, bei denen man sein Glück finden könnte:

> und han es ouch binamen vür das:
> der suohte alse er solde,
> es lebeten noch Isolde,
> an den man es gar fünde
> daz man gesuochen künde.
> (18111 ff.)

(»Es ist meine feste Überzeugung, dass, wenn man [nur] richtig suchte, / noch heute Isolden existierten, / bei denen man die / Erfüllung aller Wünsche fände.«)

In diesen appellierenden Schlusszeilen herrscht ein gegenwartsoptimistischer Ton, der einem resignativ-nostalgischen Verständnis des »Tristan« entgegensteht (vgl. Johnson, B 5: 1998, 255). Es wird dem Rezipienten im Schlussabschnitt des Exkurses mit rhetorischem Nachdruck ein auf dem Hintergrund des Tristangeschehens entworfenes Idealbild ans Herz gelegt (anders Chinca, B 1f: 1997, 99, der aus den Schlusszeilen des Exkurses eine ironische Warnung des Erzählers heraushört), das die Handlungsebene des Romans überschreitet (vgl. Huber, B 1f: ²2001, 116), was der Erzähler auch selbst zu verstehen gibt, wenn er sich den Ereignissen am Markehof mit der Wendung *Nu suln wir wider zer huote komen* (18115) zuwendet.

Aussage und Funktion des anspruchsvoll argumentierenden, sich zu einer Paradiesvision aufschwingenden *huote*-Exkurses sind in der Forschung sehr umstritten (vgl. auch den Überblick bei Hübner, B 5: 2003, 342 ff.). Eine Gesamteinschätzung hängt nicht zuletzt auch von der geistesgeschichtlichen Einordnung des Tristandichters ab. Jaeger (B 5: 1977) hat die Tatsache, dass im »Tristan« mehrmals auf der Handlungs- (z. B. 6539 ff., 10885 ff.) und Exkursebene (z. B. 4563 ff., 5692 ff.) zu Darstellungen und Erörterungen menschlicher Vollkommenheit angesetzt wird, auf Einflüsse des »Humanismus« der sog. Schule von Chartres zurückgeführt, und in diesem Sinne rückt auch Huber, der Argumente dafür sammelt (B 5: 1988, 79–135), dass Gottfrieds Konzept durch Alanus ab Insulis beeinflusst ist, den *huote*-Exkurs in die Nähe des »Anticlaudian« (B 5: 1988, 115–127). In der Tat könnte der Exkurs in »humanistischen« Entwürfen harmonischen, ganzheitlichen Menschentums, die von Chartrenser Autoren wie Alanus oder Johannes von Hauville stammen, Verwandte besitzen. Letzterer propagiert z. B. in seinem »Architrenius« ebenfalls den Gedanken einer Vervollkommnung des Menschen und einer Harmonisierung der Affekte durch die Zentraltugend der *moderantia*. Ein Vergleich mit den Chartrensern ergibt aber auch, wie Huber gezeigt hat, dass Gottfrieds *huote*-Exkurs ein hohes Maß an Eigenständigkeit besitzt (Huber, B 5: 1988, 133–135; kritisch Haug, B 5: 1995, 177 ff.).

Die Mehrzahl neuerer Arbeiten lässt das Bestreben erkennen, den Beitrag des *huote*-Exkurses für das Gesamtverständnis des Romans ernst zu nehmen (vgl. Schnell, B 5: 1992, 38). Einstufungen wie »hausbackene Minnetugendlehre« (Christ, B 5: 1977, 232) oder »Randerscheinung« (Schröder, B 5: 1993, 43) bleiben die Ausnahme. Auch die mittelalterlichen Rezipienten haben dem Gehalt

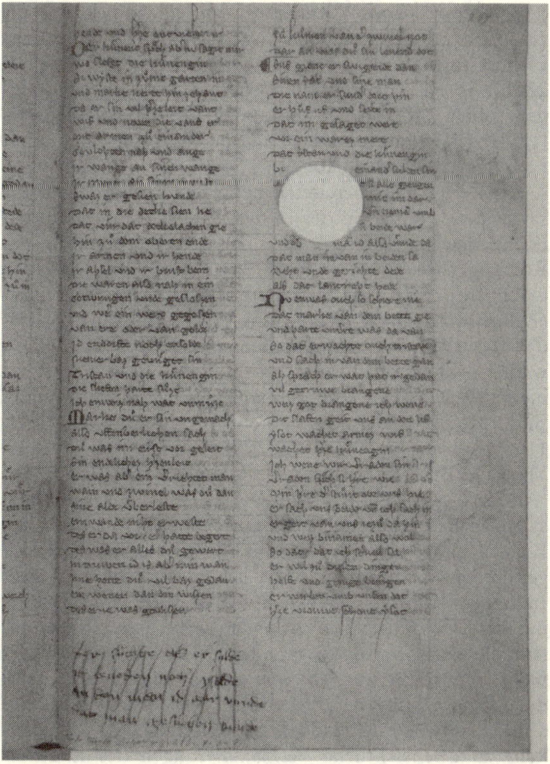

Abb. 7 Kölner »Tristan«-Handschrift B. 1323. Historisches Archiv Köln Nr. *88, S. 217. Am unteren Rand wurde der Schlussappell des *huote*-Exkurses, der sich auf der gegenüberliegenden Seite befindet, von einem Benutzer noch einmal herausgeschrieben.

des *huote*-Exkurses Aufmerksamkeit gewidmet, wie die zahlreich vorgenommenen Anstreichungen in einigen Handschriften dokumentieren (vgl. Tomasek, B 5: 1995, 222f.): So hat sich z. B. ein Benutzer der Handschrift O den oben zitierten Schlussappell des *huote*-Exkurses (18112–19115) am unteren Rand der Folgeseite gesondert herausgeschrieben (s. Abb. 7).

Schwierigkeiten bereitet der Forschung vor allem die Frage der Integration des in der zeitgenössischen mittelhochdeutschen Literatur beispiellosen Exkurses in das Romanganze. Christ (B 5: 1977, 233) hält ihn für einen »nicht integrierbaren« Bestandteil, nach Schröder dient er erzählstrategisch der Erzeugung einer »Illusion« (Schröder, B 5: 1993, 58; zustimmend Steinmetz, B 5: 2000, 405), während Huber, Tomasek u. a. m. darin ein an den Rezipienten gerichtetes, die Romanhandlung übersteigendes Bild »utopischen Glücks« erkennen (Huber, B 1f: [2]2001, 116; vgl. Tomasek, B 5: 1985, 202f.; Schnell, B 5: 1992, 48; Mazzadi, B 5: 2000, 214ff.). Volfing wiederum (B 5: 1998) reduziert den am explizitesten auf theologisch-heilsgeschichtliches Ideengut zurückgreifenden Gottfriedschen Exkurs im Wesentlichen auf die Funktion einer an Frauen gerichteten Ermunterung, sich der *huote* zu widersetzen. In keinem Fall lässt sich behaupten, dass der *huote*-Exkurs mit dem Gesamttext unverbunden wäre, dafür bilden allein die zurück- und vorgreifenden Paradiesmotive, der mehrfache Bezug zur *rede von minnen* und die Thematik der Überwachung der Liebenden (vgl. den auf die Verse 12135ff., 16411ff., 18135ff. verweisenden *state*-Gedanken) zu offensichtliche Verklammerungen des Exkurses mit dem Werk (anders Haug, B 5: 2002, 291).

Die Frage der Bedeutung und Funktion des *huote*-Exkurses, der zu den umstrittensten Abschnitten der Dichtung zählt, ist letztlich nur im Rahmen einer Grundsatzdiskussion über das Verhältnis von Handlungs- und Exkursebene im »Tristan« zu beantworten, die in der Gottfriedforschung seit längerem geführt wird. Extreme ältere Positionen, die davon ausgingen, dass aus den Exkursen die unmittelbare Überzeugung des Autors spreche (z. B. de Boor, B 5: 1940, 286), oder aber, dass es sich um rein vordergründige Passagen handle, die nichts Substantielles zur Deutung des Romans beitrügen (z. B. Tax B 5: ^{2}1971, 194), entsprechen nicht mehr dem heutigen Kenntnisstand, da deutlich geworden ist, dass bei einer »Tristan«-Interpretation von keiner der Erzählebenen abgesehen werden kann. Was das Verhältnis von Handlungs- und Exkursebene betrifft, sind, wie Huber gezeigt hat, in der Forschung inzwischen fast alle denkbaren Konstellationen durchgespielt worden (dazu im Einzelnen Huber, B 5: 1988, 131 Anm. 169; ders., B 1f: ^{2}2001, 118): Es wird z. B. angenommen, dass die Exkursebene die Liebeshandlung relativiere (Wisbey, B 5: 1980, 40 f.), aber auch, dass die Handlungsebene das Prolog- und Exkursprogramm falsifiziere (Stein, B 5: 1980, 645) oder dass eine grundsätzliche Unvereinbarkeit von Exkurs- und Handlungsebene vorläge, die ein Kennzeichen des Gottfriedschen Romans sei (z. B. Unterreitmeier, B 6: 1984, 128; Haug, B 5: 1986).

Schirok hat vor allem anhand der Ansätze von Tomasek (B: 5 1985), Huber (B: 5 1988) und Schnell (B 5: 1992) die gegenwärtige Diskussion dieser für die Einschätzung des Romans zentralen Frage in einem abwägenden Artikel gebündelt (Schirok, B 5: 1994). Gemeinsam ist den genannten Arbeiten mit der Position Schiroks, dass die Exkurse als auf der Handlung aufruhende Werkteile betrachtet werden, die Reflexionsräume schaffen, Denkanstöße geben und Lösungen wie auch Gegenbilder entwerfen. Mit guten Gründen betont Schirok in diesem Zusammenhang die Eigenständigkeit von Handlungs- und Exkursebene, was eine Fundamentalkritik der einen durch die andere unangemessen erscheinen lässt (so z. B. Mikasch-Köthner B 6: 1991, 123 f.). Ob damit aber die Bewertung einzelner Aspekte der Handlung aus der Perspektive der Exkurse unzulässig ist (so Schirok, B 5: 1994, 47), wäre am Einzelfall noch genauer zu untersuchen; der Erzähler jedenfalls wendet durchaus Exkurs-Aspekte, wie z. B. den *guote state*-Gedanken des *huote*-Exkurses (18000) oder das Sonne-Ehre-Motiv aus der Grottenallegorese (17065 ff.), wertend auf die Handlung an (laudativ: 16411–16443; kritisch: 18117–18125, 18127 f.). Hubers Formel eines »dialogischen Verhältnisses der spannungsvoll aufeinander bezogenen Redeebenen« (Huber, B 1f: ²2001, 118) könnte hier weiterhelfen (vgl. auch Goller, B 5: 2005, 249).

Angesichts der offenen Fragen bleiben neue Untersuchungen der kleinen und großen Exkurse des »Tristan« wünschenswert, wobei auch deren äußere Abmessungen und innere Differenzierungen auf der Grundlage der Handschriften genauer diskutiert und die wechselnden Sprechfunktionen, wie Kritik, Lob, Lehre oder Paränese, stärker berücksichtigt werden sollten (vgl. auch Schnell, B 5: 1992, 14 ff.).

Übergreifende Themen

Gottfrieds »Tristan« weist eine nicht geringe Zahl von Grundgedanken auf (vgl. Maurer, B 5: ⁴1969, 214 f.), die in Sentenzen, Erzählerbemerkungen, Figurenreflexionen und Exkursen expliziert und weitergeführt werden. Nur die wichtigsten dieser jeweils an mehreren Stellen diskursiv entfalteten, von der Forschung oft kontrovers beurteilten Themen können im Folgenden vorgestellt werden. Sie lassen sich kaum isoliert voneinander betrachten, stellt doch bereits der Prolog Aspekte wie *liep* und *leit*, Leben und Tod als spannungsvoll aufeinander bezogen dar (60 ff.). Dieser Komplexität können die folgenden Längsschnitte, die auch als Forschungsüberblicke angelegt sind, nur ansatzweise Rechnung tragen. Im Groben lassen sich die miteinander verwobenen Themenkomplexe des »Tristan«

(1.) den Triebkräften des Geschehens (wie Gott, Zufall), (2.) dem Verhältnis von Einzelnem und Mitmensch (wie *ere*, *minne*, *triuwe*) sowie (3.) den existentiellen Parametern des Menschseins (wie Zeit, Tod) zuordnen.

Als Triebkräfte des Geschehens werden im »Tristan« Faktoren der Transzendenz und der Immanenz thematisiert, deren Zusammen- bzw. Wechselspiel der Handlung ihren spezifischen Verlauf gibt. Hierzu zählt die Instanz Gottes, die zum Begriff der *werlt* in einem komplementären Bezug steht. Nicht zufällig wird an programmatischer Stelle die Harmonie des Menschen mit *got* und der *werlt* zum Erziehungsziel *edeler herzen* erhoben (8010–8015; vgl. auch 1801 ff.; s. S. 42. Bezeichnenderweise verfügt aber Gottfrieds der *werlde* (43 ff.), d. h. den Belangen der Menschen im Diesseits gewidmete (vgl. auch 12257), zwischen der *werlt* der *edelen herzen* und *ir aller werlde* (45 ff.; s. S. 132 f.) differenzierende Dichtung über keine ausgeprägte transzendente Bezugsebene, die dauerhaft im Blickpunkt des Geschehens steht. Vielmehr hält sich der Erzähler mit metaphysischen Aussagen zurück und entwirft ein primär irdisches Panorama (vgl. Neumann, B 5: 1940).

Aus dieser Weltzugewandtheit des Gottfriedschen Romans (vgl. Mieth, B 5: 1976, 149 ff.; Tomasek, B 5: 1985, 243 ff.), die »keine religiös oder antireligiös emphatische« (Mieth, B 5: 1976, 154) ist, lassen sich keine Rückschlüsse auf die persönliche Religiosität des Autors ziehen, wie es z. B. Stökle (B 5: 1915) und Nauen (B 5: 1947) in ihren (immer noch nützlichen) Studien zu den theologischen Elementen des »Tristan« versucht haben. Bezeichnenderweise sah Ersterer im Dichter einen gläubigen Kleriker, während der andere Gottfried absprach, ein religiöser Mensch gewesen zu sein (vgl. Dietz, B 1d: 1974, 152 ff.; Mieth, B 5: 1976, 219 ff.; über die Vielfalt der Forschungsmeinungen zur Rolle Gottes und der Religion im »Tristan« informiert Harris, B 5: 2003, 113 ff.).

Dass der Erzähler nicht an der Macht Gottes, das (Welt-)Geschehen zu beeinflussen, zweifelt, sondern ihm eine weichenstellende Rolle zuerkennt, zeigt sich gleich am Beginn der Handlung (z. B. 1328 f., 2406 ff., 3804; vgl. Hahn, B 5: 1964, 173 ff.). Angesichts der Tatsache, dass sich trotz einzelner bemerkenswerter Erzähleraussagen (wie 15733 ff., 17936 ff.) keine eigentlich religiöse Thematik im Werk entfaltet,[78] fällt aber die erstaunlich hohe Zahl von Gotteserwähnungen auf,[79] die, auch wenn es sich oft um formelhafte Wendungen handelt (vgl. z. B. Nauen, B 5: 1947, 20 ff.; Schröder, B 5: 1979, 63), davon zeugt, dass Gott im Denkhorizont der Figuren, insbesondere der Hauptgestalten, eine große Rolle spielt (vgl. Witteck, B 5: 1974, 80–95). Sie scheuen sich nicht, den Namen Gottes gezielt für die eigenen Belange einzusetzen, wie z. B. in der ersten Baumgartenepisode, in der sich Tristan und Isolde – notgedrungen und Gottes Hilfsbereitschaft voraussetzend (14637 f., 1407 ff.) – bei ihrem Täuschungsmanöver auf Gott berufen (z. B. 14752, 14760 ff.).

Ein zentrales Thema des »Tristan«, in dem das irdische Interesse und das Walten Gottes in Bezug zueinander treten und sich Gotteserwähnungen häufen, ist das R e c h t, für das noch immer die Untersuchung Combridges (B 5: 1964) grundlegend ist (vgl. auch Pensel, B 3: 1961, vornehmlich zur Rechtssprache). So bezieht sich z. B. Tristan, als er sich in aufrichtiger Besorgnis (6023) gegen die un-

78 Insofern ist Schnells Versuch, das Thema der Unerforschlichkeit Gottes ins Zentrum des »Tristan« zu rücken, als problematisch anzusehen. Dessen ungeachtet bietet das umfangreiche Kapitel Schnells (B 5: 1992, 57–118) über den »verkannten Gott« wertvolle Anregungen sowie eine Übersicht über bisherige Forschungsreferate zur Gottesthematik (ebd. 57 Anm. 1). Vgl. auch die Studie zum Verhältnis von Gott und Welt im »Tristan« bei Richter, B 5: 1956, 33–52; ferner: Meißburger, B 5: 1974; Goller, B 5: 2005, 152 ff.

79 Die bei van Stockum (B 3: 1963, 283) genannte Zahl ist zu hoch gegriffen. Es handelt sich um etwa 280 Belege (vgl. Harris, B 5: 2003, 116 f.).

menschliche Zinsforderung Morolts auflehnt, wiederholt auf den im Mittelalter geläufigen Zusammenhang von Gott und Recht:

> »si et an gote gemuothaft,
> der nie dekeinen man verlie,
> der mit dem rehten umbe gie.«
> (6126ff.)

(»›[ein Kämpfer] hoffe auf Gott, / der niemals den im Stich ließ, / der das Recht auf seiner Seite hatte.‹«)

Morolt hingegen gründet seinen Anspruch hochmütig auf Gewalt, so dass der Zweikampfsieg Tristans auch aus der Sicht des Erzählers als ein Sieg des Rechts erscheint (7224ff.; dazu im Einzelnen Combridge B 5: 1964, 48–55, hier: 49; Küsters, B 5: 1986, 143ff.). Dennoch sieht der Erzähler die Einrichtung des gerichtlichen Zweikampfs offenbar »als eine unzuverlässige« (Combridge ebd.) an. Als nämlich Tristan von Morolt zunächst in die Defensive gedrängt und lebensgefährlich verletzt wird, was Morolt zum Anlass nimmt, sich seinerseits auf das Recht zu berufen (6932ff.), wirft der Erzähler die Frage auf, wie Gott als Rechtsgarant dies geschehen lassen könne. Auch im Publikum wird eine den Zweikampf als Gottesurteil kritisch hinterfragende Haltung vorausgesetzt:

> nu sprichet daz vil lihte ein man,
> ich selbe spriche ez ouch dar zuo:
> »got unde reht, wa sint si nuo?«
> (6978ff.)

(»Nun sagt sicher jemand, / ich selbst pflichte dem bei: / ›Gott und Recht, wo bleiben sie?‹«).

Durch dieses ironische (vgl. z. B. Mieth, B 5: 1976, 125 Anm. 24; Green, B 5: 1979, 227; Schnell, B 5: 1992, 92; Harris, B 5: 2003, 124) Fragespiel und die nachfolgenden Ausführungen wird suggeriert, dass Tristans Verletzung auf eine Terminverspätung Gottes und des Rechts (vgl. 6984: *si sument sich*, 6988: *so koments al ze spate*) zurückzuführen sei. Wenn aber, wie sich hier andeutet, eine »spielerisch-herausfordernde Einstellung« (Combridge B 5: 1964, 49; vgl. Mieth, B 5: 1976, 125 Anm. 24; Bekker, B 1e: 1987, 114) gegenüber dem Rechtskampf nicht nur für den Erzähler charakteristisch ist, sondern auch im Publikum erwartet wird, dürfte der berühmte Kommentar zu Isoldes Eisenprobe (15733–15750) Gottfrieds Rezipienten umso hellhöriger gemacht haben, denn er setzt mit einer besonders auffälligen, als Ironiesignal deutbaren (vgl. Green, B 5: 1979, 88) Aussage ein:

da wart wol goffenbaeret
und al der werlt bewaeret,
daz der vil tugenthafte Crist
wintschaffen alse ein ermel ist: …
(15733 ff.)

(»Da wurde ganz deutlich / und aller Welt bewiesen / dass der mächtige Christus / wetterwendisch[80] wie ein Ärmel ist: / …«)

Über Isoldes Gottesurteil, das für sie glücklich ausgeht, nachdem sie den zu beschwörenden Sachverhalt manipuliert hat (anders Haupt, B 5: 2004, 165 f., vgl. aber 15765 ff.), liegt eine umfangreiche, kontroverse Spezialliteratur vor (vgl. aus rechtshistorischer Perspektive z. B. Hattenhauer, B 5: 1988; Schild, B 5: 1996), die von Schnell

80 Die Bedeutung von mhd. *wintschaffen* ist, insbesondere vor dem Hintergrund der Kleidermetaphorik der Textstelle, nicht völlig geklärt. Nach Lexer, Bd. 3, 919, kann *wintschaffen* z. B. auch »verdreht« heißen.

gesichtet und systematisiert worden ist (Schnell, B 5: 1992, 62 ff.). Mit Schnell und Combridge (B 5: 1964, 100) lassen sich vereinfachend zwei Zugriffsweisen auf den Kommentar zum Gottesurteil ausmachen:

1. ein »direktes« Verständnis als Kritik bzw. als Lob Gottes,
2. eine ironische Sicht im Sinne der zeitgenössischen Ordalienkritik und/oder als Absage an ein anthropomorphes Gottesbild.[81]

Die in der älteren Forschung vertretene These eines ketzerischen Angriffs auf die christliche Gottesinstanz (so noch Pensel, B 5: 1961, 148 f.) ist beim heutigen Forschungsstand nicht mehr aufrechtzuerhalten (s. S. 40 f.), und auch die Annahme einer blasphemischen Entgleisung besitzt angesichts der sorgfältig konstruierten, auf Einvernehmen mit dem höfischen Publikum angelegten Erzählerrolle wenig Wahrscheinlichkeit. Nicht ausgeschlossen werden kann, dass Rezipienten, die an Textstellen wie den zuletzt zitierten keine Ironiesignale wahrnahmen, den Erzählerkommentar zum Gottesurteil als Lob des hilfreichen Christus auffassten – schließlich wird bis in die jüngste Forschung die Meinung vertreten, dass der Vergleich Christi mit einem (modischen) Ärmel ein Zeichen der Wertschätzung darstelle (so zuletzt Eckhardt, B 5: 1997; zur Kritik dieser Ansätze vgl. aber bereits Schröder, B 5: 1979, 54 ff.).

Grundsätzlich ist zu bedenken, dass zu Lebzeiten Gottfrieds die geistliche Kritik am Gottesurteilswesen in eine

81 Nach Grubmüller (B 5: 1987) steht das Gottesurteil, das eine Steigerung der ersten Baumgartenepisode darstellt (vgl. z. B. Huber, B 1f: ²2001, 93), auch im Kontext der sprachtheoretischen Reflexionen des »Tristan« (s. S. 174 und 229 f.). Neuere Arbeiten betonen die Ambivalenz der Szene, die sowohl Wahrheit als auch Unwahrheit hervorbringt (vgl. z. B. Yanson, B 5: 2002; Dörrich, B 5: 2002, 27, 75 f., 147).

entscheidende Phase getreten war[82] und die Ordalienfrage die Stadt Straßburg besonders betraf, da sie mit Heinrich von Veringen einen Verfechter des Gottesurteils zum Bischof hatte, der im Januar 1212 sogar eine päpstliche Warnung vor dem Einsatz von Eisenproben, Zweikämpfen und ähnlichen Rechtsmitteln erhielt (vgl. PL 216, 502; vgl. Kurz, B 2: 1870, 227; Stökle, B 5: 1915, 88). Schon vor dem großen Ketzerprozess von 1211/12 (s. S. 31 f.) musste – auch in Anbetracht der Vorlaufszeit eines solchen Verfahrens – der Führungsschicht und den Intellektuellen Straßburgs die Aktualität des Ordalienthemas bewusst gewesen und somit ein naives Verständnis der vom Erzähler exponierten Rechtsfrage schwergefallen sein.[83] Der Kommentar zu Isoldes Eisenprobe, in dem von *trügeheit* und einem *gelüppeten* (»vergifteten«) Eid die Rede ist (15747 f.), dürfte deshalb wohl von den meisten Primärrezipienten als aktuell-ironisch gemeint und zugleich gegen ein Gottesverständnis gerichtet verstanden worden sein, das in Christus eine disponible Größe sah (vgl. 15744: *er ist ie, swie so man wil*) – eine Einschätzung, die von zahlreichen Forschern geteilt wird (z. B. Combridge, B 5: 1964, 100 ff.; Kolb, B 5: 1988, 333 ff.; Schnell, B 5: 1992, 65 ff.; Ziegler, B 5: 1994).

Das manipulierte Gottesurteil stellt ein altes Erzählmotiv dar (vgl. Dicke, B 6: 1997, 152 ff.), das im »Tristan« als Höhepunkt einer Kette von Überlistungsepisoden steht,

82 Im Jahr 1215 wurde auf dem 4. Laterankonzil das Gottesurteil verboten (vgl. z. B. Ziegler, B 5: 1994).

83 Der Nachhall des Straßburger Ketzerprozesses in zeitgenössischen und späteren Quellen ist beachtlich. Vgl. z. B. das bei Okken, B 1c: ²1996, 558 f., wiedergegebene Zeugnis. Vgl. ferner Herbert Grundmann, »Religiöse Bewegungen im Mittelalter«, Darmstadt 1961, S. 138; Stökle, B 5: 1915, 88 Anm. 3. Auch die Tatsache, dass das dem Bischof abgetrotzte neue Straßburger Stadtrecht von 1214, das ihm die weltliche Blutgerichtsbarkeit nimmt, den gerichtlichen Zweikampf als Rechtsmittel nicht mehr kennt, belegt die Aktualität der Ordalienfrage in Straßburg zur Zeit Gottfrieds (vgl. Hermann Nottarp, »Gottesurteilstudien«, München 1956, S. 179 f., 192).

die das Recht des Klügeren für Tristan und Isolde reklamieren. Im Unterschied zu den voraufgegangenen Szenen wird hier allerdings die List der Liebenden von Gott mitgetragen, jedoch nicht auf jene Weise, auf welche die Eisenprobe in der mittelalterlichen Rechtspraxis Unschuld erwies – durch ordnungsgemäßes Verheilen der zugefügten Brandwunde –, sondern einem Muster folgend, nach dem Legendenfiguren das Ordal des glühenden Eisens unversehrt bestehen (vgl. 15731 f.; vgl. dazu Schild, B 5: 1996, 60 ff.). Diese durch seine Quelle vorgegebene Anwendung eines Legendenmusters auf die sich ihrer *waren schulde* (15648) bewusste Isoldefigur kann der Tristanerzähler offenbar nicht unkommentiert lassen.

Gottfrieds Roman ist von der Elternvorgeschichte an, in der u. a. die Legalisierung der vorehelichen Verbindung Riwalins und Blanscheflurs durch eine kirchliche Trauung betrieben wird (vgl. 1626 ff.; zu den Eheformen im »Tristan« s. Konecny, B 6: 1978), von zahlreichen Rechtsgeschäften durchzogen, bei denen über den Gottesbezug hinaus die Sicherung von Eigeninteressen im Vordergrund steht. Darunter ragen Tristans rigorose Rechtsnahme gegenüber Morgan (vgl. 5627),[84] der Hoftag in Weisefort (10803 ff.), bei dem bemerkenswerterweise die alte Isolde als Frau an der öffentlichen Rechtsfindung teilhat (vgl. Kellermann-Haaf, B 5: 1986, 71 f.), sowie Isoldes Gottesurteil besonders hervor. Auch Hofästhetik und Repräsentation sind hierbei bedeutsam, wie Kucabas dem Konzil von Lunders (vgl. 15300–15533), auf dem der Bischof von Thamise als Ratgeber Markes die gerichtliche Klärung vorantreibt, gewidmeter Beitrag zeigt (Kucaba, B 5: 1997). In Kucabas Sicht gehört das Gottesurteil in eine Kette höfischer Inszenierungen im »Tristan«, so dass es bei der Eisenprobe weniger um die Aufdeckung der Wahrheit als um die Stabilisierung der königlichen Ehre

84 Zur umstrittenen Legitimität Tristans als Nachfolger Riwalins s. Combridge, B 5: 1959, 43 ff.

geht (ähnlich schon Kolb, B 5: 1988, 329f.; Ziegler, B 5: 1994, 75f.). Dieser Ansatz kann den auch von Schild (B 5: 1996, 70f.) bemerkten Umstand erklären, dass Marke und Isolde beim Gottesurteil nicht gegeneinander zu agieren scheinen.

Die (wahrscheinlich) ironischen Untertöne der Ordalienszenen stellen die Allmacht Gottes im »Tristan« ebenso wenig in Frage wie der Umstand, dass neben den Aspekt der göttlichen Providenz (z.B. 1328f., 2406ff., 3804) derjenige der Fatalität tritt (vgl. Mieth, B 5: 1976, 231; Harris, B 5: 2003, 118ff.): Stets aufs Neue drohendes Unglück zwingt die Figuren fortwährend, sich klug und vorausschauend zu verhalten (vgl. z.B. die Erzählerbemerkungen 2692ff., 7885ff.; 8156ff.; s. Hahn, B 5: 1963, 101). Mangelt es ihnen einmal, wie Riwalin (vgl. 301ff.), an Vorsicht, sehen sie sich ungeschützt den Kräften des Zufalls ausgesetzt (vgl. 366ff.). Dieses Wechselspiel von Fatalität und Rationalität ist ein prägendes Muster des Romans.

Haug (B 5: 1972) hat an mehreren Beispielen gezeigt, welche erhebliche Rolle der Zufall in der Handlung des »Tristan« spielt (vgl. bereits Schröder, B 5: 1967, 28f.; ferner: Bekker, B 1e: 1987, 45ff.; Haug, B 5: 1995, 66–68; Huber, B 1f: [2]2001, 47ff.). So beginnt z.B. die Entführungsepisode, in deren Verlauf der junge Tristan an den Markehof verschlagen wird, mit den Worten: »Damals begab es sich zufällig ...« (*In den ziten unde do / kam es von aventiure also*, 2149f.; zur Bedeutung von *aventiure* bei Gottfried s. auch Mosselman, B 1c: 1953, 1f.; Peschel, B 5: 1976, 156). Diesen Ansatz kritisch fortführend, hat Worstbrock (B 5: 1995) die gesamte Romanhandlung unter dem Gesichtspunkt der mittelalterlichen Fortuna-Konzeption interpretiert. Während Haug das Wesen des Zufalls durch das Bild der (Jagd-)Falle aus der Elternvorgeschichte charakterisiert sieht (dazu im Einzelnen Haug, B 5: 1972, 97ff.; zustimmend Schausten, B 6: 1999, 159; anders Schröder, B 5: 1975, 324ff.), rechnet Worstbrock

(B 5: 1995, 50 Anm. 22) mit einer weit komplexeren Funktion des Zufalls im »Tristan«, stellen doch jene Zufälle, die den Lebensweg des Helden bis zum Minnetrank beeinflussen, zugleich Weichen, über welche die Liebenden schrittweise zueinander finden. Die Fatalität des Geschehens unterliegt also, ohne dass die Protagonisten es ahnen, einer Regie, wenn z. B. Riwalin während des Maienfestes *von aventiure* (737) in die Nähe Blanscheflurs gerät oder Tristan die Minnegrotte »zufällig« (16686) entdeckt (anders Haug, B 6: 1990, 68; ders., B 5: 1998).

Nach der mittelalterlichen, durch den spätantiken Autor Boethius geprägten Fortuna-Konzeption beruht die Unbeständigkeit des Weltverlaufs auf einer heilspädagogisch motivierten Billigung Gottes (vgl. Tomasek, B 5: 1985, 110 ff.; Bekker, B 1e: 1987, 174 f.; Schnell, B 5: 1992, 99–104), was es zuweilen schwer entscheidbar macht, ob ein Ereignis der göttlichen Providenz oder dem (von Gott geduldeten) Zufall entspringt (vgl. z. B. 6118 ff., 7612 f.). Zu den das irdische Geschehen beeinflussenden Kräften gehört bei Gottfried – daran sollte festgehalten werden (zur diesbezüglichen Forschungsdebatte s. S. 197 f.) – auch die Minne, die in der vom Zufall geprägten Trankszene gewissermaßen selbst zum Fatum wird (vgl. Haug, B 5: 1972, 116; Worstbrock, B 5: 1995, 43). So ist hinter der Fatalität des Tristangeschehens eine »finale Kausalität« (Worstbrock, B 5: 1995, 43) erkennbar: Über eine Zufallskette (*catena fatalis*, ebd. 41) werden zwei außergewöhnliche Menschen ihrer gemeinsamen Bestimmung zugeführt, wodurch ihnen fortan auferlegt ist, ihrer schicksalhaften Liebe standzuhalten und sie bis zu ihrem Tod gegen Unglück und Zufall zu verteidigen.

Gottfried fasst den Glückswechsel offenbar als ein Weltprinzip auf (vgl. 369 f., 1865 ff.). Ob ihm dabei das Bild des Rades (*rota fortunae*) als Leitvorstellung dient, wie Worstbrock annimmt, ist offen, zumal das Motiv weder im »Tristan« – die 7161 ff. und 14470 genannte *schibe* entstammt einem anderen Bildbereich[85] – noch in dem Gottfried zugeschriebenen Spruch vom »gläsernen Glück« (s. S. 67f.) auftritt. Zwar enthält die Berliner Handschrift N (Mitte 14. Jahrhundert) die Darstellung eines Glücksrades – bei der es sich um einen Nachtrag des späten 15. bzw. frühen 16. Jahrhunderts handelt (s. Abb. 8) –, doch drängt sich eine Analogie zum Schema von Aufstieg, Höhepunkt, Fall und Niederlage der *rota fortunae*-Konzeption nicht zwingend auf, weil der Glückswechsel in der Abfolge der Szenen im »Tristan« eher wie ein oszillierender Vorgang (vgl. 1865ff.) wirkt. So liegt zwischen den Bedrängnissen des Gottesurteils und der zweiten Baumgartenepisode das *wunschleben* (16872) der Minnegrotte (vgl. aber Worstbrock, B 5: 1995, 46), und auch die an mehreren Episodengrenzen auftretenden Handlungs-Äquilibrien werden ausdrücklich als Zustände eines kurzfristig zurückerlangten Glücks beschrieben (z. B. 15040ff.; s. S. 88 Anm. 7). Die von Worstbrock erkannte »finale Kausalität« scheint somit in der von zahlreichen Glückswechseln durchsetzten Handlungsstruktur des »Tristan« nicht zwangsläufig an die Vorstellung einer vollen Umdrehung des Glücksrads (so aber Worstbrock, B 5: 1995, 38, 50) gebunden zu sein.

Zuweilen werden Handlungszusammenhänge mit dem Begriff des *billichs* erklärt (vgl. die Stellensammlung bei Combridge, B 5: 1964, 144). Als z. B. die junge Isolde, und nicht etwa eine ihrer Begleiterinnen, auf den von der Drachenzunge betäubten Tristan aufmerksam wird, bemerkt der Erzähler: *Nu ergiengez, alse ez solte / und alse der billich wollte, / ...*[86] (9369f.; vgl. auch 10057f.). Dieser eine Nähe zur Rechtsthematik aufweisende Ausdruck

85 Vgl. TPMA 9, 178 Nr. 1ff. (Solange sich das Rad dreht, soll es in Bewegung gehalten werden.) – Auch hinter 5830ff. dürfte wohl nicht die Vorstellung des Glücksrades stehen, zumal das Rad hier nicht erwähnt wird.

86 »Nun kam es, wie es kommen sollte / und wie es die Angemessenheit verlangte / ...«.

Abb. 8 Das Rad der Fortuna. Federzeichnung des späten 15. bzw. frühen 16. Jahrhunderts in der Berliner »Tristan«-Handschrift N.

(vgl. Combridge, B 5: 1964, 144f.) findet zumeist Anwendung, wenn äußere Vorgänge mit den inneren Voraussetzungen der Beteiligten übereinstimmen (z.B. 2146, 4657, 5671–5680, 18023), d.h. eine Korrespondenz »von Person und Schicksal« (Hahn, B 5: 1963, 98) vorliegt. Für Hahn wird deshalb im Begriff des *billichs*, der sich ebenfalls als Indikator dafür werten lässt, dass hinter der Fatalität der Tristanhandlung ein finales Prinzip existiert, »das Gesetz der Individualität zum Fatum objektiviert« (ebd.; vgl. hierzu Mieth, B 5: 1976, 188f. Anm. 9).

Ein wesentlicher Ausdruck der Rationalität, welche die Protagonisten der Fatalität entgegensetzen, um auf den Geschehensverlauf Einfluss zu nehmen, ist ihre Verwendung von Listen (für die Bewertung der List in der älteren Gottfriedforschung vgl. Dietz, B 1d: 1974, 139ff.; neuere Untersuchungen bespricht Semmler, B 5: 1991, 23ff.). Ausgehend von den – zu überprüfenden – *list*-Definitionen, die Jupé (B 5: 1976, 34) und Semmler (B 5: 1991, 32) auf Gottfrieds Werk anwenden,[87] lassen sich im Text mehrere Dutzend Einzellisten ausmachen. So ändert der junge Tristan, als er sich nach der einschneidenden Erfahrung der Entführung durch die norwegischen Kaufleute seiner vorherigen Sorglosigkeit bewusst wird (vgl. 2592ff.), umgehend sein Verhalten und lässt sich von nun an nicht mehr in die Karten blicken. Den ihm zur Rettung nahenden Pilgern (2618ff.) tischt er, obwohl sie ihm vertrauenswürdig erscheinen (2667ff.), eine Lügengeschichte auf (vgl. Semmler, B 5: 1991, 35ff.):

Tristan der was vil wol bedaht
und sinnesam von sinen tagen,
er begunde in vremediu maere sagen:
»saelegen herren« sprach er zin
»von disem lande ich bürtic bin

87 Dass der mittelhochdeutsche Begriff *list* vielschichtig ist und auch Tristans Selbstinszenierungen als Künstler in seine »Listen« hineinspielen, zeigt Jacobson, B 5: 1982.

und solte riten hiute,
ich und ander liute,
jagen uf disem walde alhie.
do entreit ich, ine weiz selbe wie,
den jegeren unde den hunden. …
wan ane stic verreit ich mich,
unz daz ich gar verirret wart. …«
(2692 ff.)

(»Tristan war sehr besonnen / und klug für sein Alter, / er fing an, ihnen eine erstaunliche Geschichte zu erzählen: / ›Ihr glückbringenden Herren‹, sagte er zu ihnen, / ›ich stamme aus diesem Lande / und sollte heute ausreiten / zusammen mit anderen Leuten, / um hier in diesem Wald zu jagen. / Da entfernte ich mich, ich weiß selbst nicht wie, / von den Jägern und Hunden. / … / Denn ohne Pfad bin ich zu weit geritten, / bis ich mich völlig verirrt habe. / …‹«)

Von dieser ersten List Tristans distanziert sich der Erzähler ebenso wenig wie von den zahlreichen weiteren Täuschungsmanövern der Protagonisten – mit Ausnahme des heimtückischen Anschlags Isoldes auf Brangäne, ihres *gelüppeten* (15748) Eides beim Gottesurteil sowie des Betrugs Tristans an der wohlmeinenden Isolde Weißhand (vgl. 19397–19407, 12710 ff.). Tristans Befähigung zu strategisch-klugem Verhalten wird in einem Exkurs als grundsätzlich vorbildlich gepriesen:

hie mac ein man erkennen an
und wizzen wol, wie dicke ein man
guote vorbedaehte
ze guotem ende braehte,
der gerne sinnebaere
und vorbesihtic waere.
(7905 ff.)

(»Hieran ist zu erkennen / und wohl zu merken, dass oft derjenige / mit klugem Vordenken / Erfolg hat, / der sich seines Verstandes / zu bedienen und vorauszuschauen bereit ist.«)

Das Listgebaren der *wol bedahten* (vgl. z.B. 2692, 8530, 13698) Helden, das zum Grundbestand aller Tristanromane gehört und sie mit den sog. »Spielmannsepen« des 12. Jahrhunderts verbindet (vgl. Kästner, B 5: 1981, 36ff., 40ff.), wird, sofern es nicht arglistig motiviert ist oder eine Inanspruchnahme Gottes beim Ordal darstellt, von Gottfried als legitim behandelt, zumal die Gegnerfiguren durchweg in heimtückischer Weise zum Mittel der List greifen: Angesichts des Einsatzes eines vergifteten Schwerts beim Rechtskampf durch Morolt oder in Anbetracht der auf Feigheit und Neid beruhenden Intrigen der Höflinge (zur Intrige im »Tristan« vgl. Gruenter, B 5: 1964; Jaeger, B 5: 1984) erscheint das Listverhalten der Protagonisten bereits durch die »moralische Insuffizienz der Gegenpartei« (Mieth, B 5: 1976, 159) gerechtfertigt. Semmler (B 5: 1991, 178, 209) bringt den diesbezüglichen Reflexionsstand des Tristanautors bzw. -erzählers mit den Auffassungen maßgeblicher Gelehrter des ausgehenden 12. Jahrhunderts zu Fragen der (Welt-)Klugheit in Verbindung.

Bemerkenswert an der ersten Lügengeschichte Tristans ist auch, dass er mit seiner Eingangsbemerkung (2696) unwissentlich die Wahrheit sagt, ist er doch mütterlicherseits von Cornwall *bürtic*, wo er auch gezeugt wurde. Auch seine Jagdgeschichte (2697ff.) »bewahrheitet« sich insofern, als Tristan in Begleitung der Pilger nach kurzer Zeit auf eine Jagdgesellschaft stößt, der er sich zugesellt (dazu Grosse, B 5: 1970; Jupé, B 5: 1976, 65ff.; Christ, B 5: 1977, 323ff.; Ferrante, B 5: 1990, 176f.; Lasch/Liebig, B 5: 2002, 76–82), wobei sich herausstellt, dass die Jagd gleichsam zu Tristans Wesen gehört. Wenn er sich gegenüber den Jägern sodann als Kaufmannssohn ausgibt (3096ff.), enthält seine Lüge ebenfalls ein ungewollt auf höhere Zusammenhänge verweisendes Element, denn er wird zu einem späteren Zeitpunkt die junge Isolde in der Kaufmannsrolle erwerben (dazu Grosse, B 5: 1970; Jupé, B 5: 1976, 98ff.; Ferrante, B 5: 1990, 176f.; vgl. die Kauf-Terminologie 9855, 11590).

Indem Tristan bei seinem Bemühen, der Fatalität der Welt durch Rationalität zu begegnen, Aussagen fingiert, die metaphorisch auf die eigene Minnebestimmung und somit auf eine »finale Kausalität« des Geschehens verweisen (vgl. Wessel, B 5: 1984, 420), verschwimmt die Grenze zwischen Wahrheit und Unwahrheit (vgl. dazu auch Sziráky 2003, 134f.). Eine Einschätzung der von Tristan eingenommenen Rollen als bloße Lüge (so Haug, B 6: 1990, 65f.) greift vor diesem Hintergrund zu kurz.[88] Zudem konstruieren die Liebenden ihre Lügen oft aus »wahrheitsgemäßen« Elementen (z.B. den Namen *Tantris* aus *Tristan*) und sagen, auch so gesehen, in geringerem Ausmaß die Unwahrheit, als es zunächst den Anschein hat. Während Letzteres der Forschung bewusst ist (vgl. z.B. Poag, B 5: 1987), bedarf die über den Horizont der Figuren hinausweisende Aussage der Listen, die im Zusammenhang mit Gottfrieds Minnemetapherngebrauch (s.S. 230ff.) zu sehen ist, eingehender Analyse. Mit Warning (B 6: 2003, 197), der allerdings diese metaphorische Dimension unberücksichtigt lässt, kann von einer selbstreflexiven Qualität der Listen in Gottfrieds Werk ausgegangen werden.

Durch die Untersuchung Jupés, in der allerdings nur ein Teil der »Tristan«-Listen berücksichtigt wird, sind wichtige Vorarbeiten erbracht worden. Umfassender, aber keineswegs erschöpfend, besprechen Hollandt (B 5: 1966,

88 Die metaphorischen Selbstaussagen des Protagonisten sollten auch in Untersuchungen zur Identität Tristans (wie Schmitz, B 5: 1988, 222–227; Gottzmann, B 5: 1989; Schausten, B 5: 2001; Sosna, B 5: 2002, 219–287; Hermann, B 5: 2006) nicht unberücksichtigt bleiben.

bes. 79–117) und Pasierbsky (B 5: 1996, 147–206) den Listenbestand, ohne dabei die metaphorische Dimension der Listbedeutung zu beachten. Hilfreich wäre auch eine klassifizierende Betrachtung der Listen (vgl. Semmler, B 5: 1991, 52f.), da sich neben den Lügengeschichten, einer Spezialität Tristans, weitere Formen wie die Verkleidungslist (vgl. z. B. 15560ff.) oder die Schwertlist (vgl. 17403ff.) finden. Möglicherweise lässt sich auch männliches und weibliches Listverhalten bei Gottfried differenzieren (vgl. Mälzer, B 6: 1991, 168ff.). Die Listen des Tristanromans beruhen vielfach auf Motiven von weltliterarischer Verbreitung (Brautunterschub, gefälschtes Gottesurteil u. a. m.), so dass sich zudem die Möglichkeit bietet, Gottfrieds Einsatz der List durch komparatistische und motivgeschichtliche Studien zu erhellen.

Zwischen den Interessen des Einzelnen und der Gemeinschaft deutet sich hinsichtlich der Liebe im »Tristan« früh eine gewisse Unverträglichkeit an, da bereits Riwalin und Blanscheflur ihre Beziehung vor dem Markehof verbergen (vgl. die List 1266ff.). Viele Forscher erblicken in diesem, im Verlauf des Romans zunehmend deutlich werdenden Antagonismus eine Grundproblematik des Romans, die sie durch Begriffspaare wie »Individuum und Gesellschaft« (z. B. Köhler, B 6: 1970), »Innennormen und Außennormen« (z. B. Schnell, B 5: 1992), »Minne und Ehre« (z. B. Maurer, B 5: [4]1969, 205–262), »love and power« (Hasty, B 5: 1998) – teilweise auch: »Natur und Kultur« (z. B. Simon, B 5: 1990, 378; Jackson, B 5: 1999), »Heimlichkeit und Öffentlichkeit« (Wenzel, B 5: 1988a) – zu beschreiben suchen. Nach Hasty (B 5: 1998) handelt es sich dabei nicht um ein Phänomen von strikter Gegensätzlichkeit, sondern um eine Polarität mit spezifischen Wechselbeziehungen. So denken und agieren Tristan und Isolde, während sie ihre Liebe gegen die Außenwelt verteidigen, stets auch als soziale Existenzen (z. B. 11706–11874; vgl. Jackson, B 5: 1999, 185).

Die Verantwortung des Einzelnen gegenüber dem Mitmenschen manifestiert sich vor allem an der Thematik der Treue, deren hoher Stellenwert mehrfach reflektiert wird (z. B. 1791 ff., 19256 ff.). Zur Vielschichtigkeit der Treueverhältnisse im »Tristan« liegen ausführliche Wort- und Begriffsuntersuchungen von Jauch und Spiess vor (Jauch, B 5: 1951, 107–166; Spiess, B 5: 1957). So verkörpert Rual die vasallitische Treue (s. S. 103), und ähnlich lässt sich auch Tristan zunächst in der Markewelt von einem an den Normen der feudalen Gesellschaft orientierten Treueverständnis leiten (vgl. z. B. 6360 f.). Mit dem Minnetrank aber wandelt sich Tristans Treueverhalten radikal (vgl. Tomasek, B 5: 1985, 52–59), denn nicht nur verkehrt sich seine alte Treue gegenüber dem König und Onkel nun in extreme Untreue, sie wird auch von einem konkurrierenden Treuekonzept verdrängt (vgl. Jauch, B 5: 1951, 137, 156; Spiess, B 5: 1957, 129 f.; Schnell, B 5: 1992, 244 f.), das sich nicht an gesellschaftlichen Normen, sondern an der Herzensaufrichtigkeit zweier Einzelmenschen bemisst: dem der Minnetreue (vgl. 16830: *diu reine triuwe*; s. S. 199 f.).

Ob es dem Verständnis der Dichtung nützt, wenn die Forschung derartige Zusammenhänge unter Zuhilfenahme des Begriffs des Individuums zu beschreiben versucht, ist umstritten. Bereits der Romanist Köhler (B 6: 1970, 2), von dem entsprechende Impulse ausgingen, hatte klargestellt, dass der Begriff, wenn er zur Deutung älterer Literatur herangezogen wird, noch nicht ein neuzeitliches Individualitätskonzept impliziert. In jeweils genauer zu bestimmendem Sinne rechnen zahlreiche Forscher (z. B. Hahn, B 5: 1963; Fromm, B 5: 1973; Langer, B 5: 1974; Tomasek, B 5: 1985; Wenzel, B 5: 1988; Haas, B 5: 1989, 155; Lanz-Hubmann, B 5: 1989; Mikasch-Köthner, B 6: 1991; Schnell, B 5: 1992, 217 Anm. 40; von Ertzdorff, B 6: 1999a; Christoph, B 5: 2003, 54) mit Reflexen einer im Mittelalter einsetzenden Wahrnehmung von Symptomen des Individuellen in Gottfrieds Werk,[89] während sich Haug, der Gottfrieds »Tristan« als prämodern auffasst, in seinen neueren Arbeiten entschieden gegen die Anwendung dieses Terminus auf den Roman ausspricht (vgl. vor allem Haug, B 6: 1990, 61f.).[90] Eine solche Mahnung muss aus heuristischer Sicht ernst genommen werden (vgl. auch Keck, B 6: 1998, 23f., 33f.), zumal die Bezeichnung *individuum* in der mittelalterlichen Philosophie (vgl. von Ertzdorff, B 6: 1999a, 170 Anm. 1) nicht, wie ihn die Gottfriedforschung oft benutzt, als Gegenbegriff zu »Gesellschaft« geläufig ist; andererseits haben sich in der Philosophie des Mittelalters als Folge der im 12. Jahrhundert beginnenden Infragestellung des Primats der Allgemeinbegriffe (Petrus Abaelardus) um die Wende zum 14. Jahrhundert – d. h. etwa ein Jahrhundert nach Gottfried – durchaus Denkparameter des Individuellen herausgebildet (z. B. Duns Scotus, Wilhelm von Ockham).[91]

Die für die geistesgeschichtliche Einordnung des »Tristan« aufschlussreiche Kontroverse um die Verwendbarkeit des Individuumbegriffs ist derzeit noch nicht abgeschlossen, zumal auch andere Problembegriffe wie »Subjektivität«, »Identität« oder »Personalität« in die Diskussion einzubeziehen sind (vgl. Schmitz, B 5: 1988, 222–227; Gottzmann, B 5: 1989; Schnell, B 5: 1992, 216ff.; Klinger, B 5: 1999; Schausten, B 5: 2001; Sosna, B 5: 2002, 219–287; Hermann, B 5: 2006). Unabhängig von der zu klärenden

89 Vgl. den Sammelband: »Individuum und Individualität im Mittelalter«, hrsg. von Jan A. Aertsen und Andreas Speer, Berlin / New York 1996.

90 Vgl. Haug, B 5: 1986, 51f.: »Individualität als positiver Wert, Entwicklung, subjektiver Lebensentwurf, Liebe als dialektischer Prozeß: all diese Begriffe sind dezidiert *ad acta* zu legen. Wir müßten heute, von einer postmodernen Position aus, dazu besser denn je in der Lage sein.« Allerdings entspricht es gerade nicht der Haltung der Postmoderne, mögliche Lesarten eines Textes zu eliminieren – ein Einwand, der auch gegenüber der Darstellung der Individuumfrage bei Ehrismann, B 5: 1991, 129–134, zu erheben wäre.

91 Vgl. Jan A. Aertsen, »Einleitung: Die Entdeckung des Individuums«, in: Aertsen/Speer (s. oben Anm. 89), S. IX–XVII.

Frage, ob es im »Tristan« um vorbegriffliche, im literarisch-ästhetischen Medium bereits diagnostizierbare Aspekte keimhafter Subjektentfaltung bzw. erster individueller Liebesansprüche gegenüber der Gesellschaft geht, kommt der Instanz des Einzelnen in Gottfrieds Werk in jedem Falle ein hoher Stellenwert zu:

1. Dem Einzelnen wird bei Gottfried ein pragmatisches Recht auf Selbstbehauptung zugestanden, was sich nicht nur an der Schilderung des Lebenskampfes der Hauptfiguren (vgl. S. 182 ff., 186 ff.), sondern auch in Erzähler- und Figurenratschlägen äußert (vgl. z. B. 1869 ff., 7320 ff., 8395 ff., 10300, 10426 ff., 11600 ff.).
2. Die Kategorie des Einzelnen wird mehrfach unter dem Gesichtspunkt menschlicher Perfektion beleuchtet, so z. B. in der Vision einer vollkommenen, selbstidentischen Frau im *huote*-Exkurs. Die vielseitig talentierten, umfassend ausgebildeten Protagonisten stellen Wunschbilder (vgl. z. B. 3712 ff., 17440 ff.) innerer und äußerer Vollendung dar (dazu Jaeger, B 5: 1977), was die seelische Zerrüttung Tristans am Ende des Romanfragments umso eindringlicher erscheinen lässt.
3. Viele Figuren zeigen ein »persönlicheres« Profil, als es ihre gesellschaftlichen Rollen erfordern (s. S. 103, 115); manche geraten auch in Konflikt mit ihren Rollenvorgaben (vgl. Wenzel, B 5: 1988, 240): Vor die Wahl gestellt, seine angestammte Herrschaft in Parmenie zu übernehmen oder nach *hoeheren eren* (5666) zu streben, entscheidet sich Tristan z. B. trotz starken Erwartungsdrucks von Seiten Ruals für die Übersiedelung an den Markehof. Dies findet die Zustimmung des Erzählers, der zur Berücksichtigung der inneren Neigung (*... wan al sin muot der stat dar zuo*[92],

92 »... denn er steht mit ganzem Herzen dahinter.«

5680) bei der Lebensplanung rät (zu 5671, 5677; vgl. S. 184ff).

4. Persönlich gewonnener innerer Erfahrung kommt, wie z. B. die Verse 119f., 16920ff. und 17100ff. belegen, bei Gottfried ein hoher Stellenwert zu, auch wird von *edelen herzen* verlangt, dass sie zu subtilen Empfindungen befähigt sind (s. S. 131ff.). So stellt Isolde in der Trennungssituation sogar derart weitreichende Selbst- und Partnerreflexionen an (18491–18600), dass Haug von einer »Entdeckung der personalen Liebe« spricht, die »der Entwicklung der Individualität vorausgehe« (Haug, B 5: 1993, 51). In derselben Situation beweist auch Tristan, wenngleich mit problematischem Ergebnis, seine Fähigkeit zur Selbstreflexion (vgl. Klinger, B 5: 1999, 145).
5. Die Bedeutung des Einzelnen im »Tristan« zeigt sich nicht zuletzt an der Kategorie der (guten) Intention, die im Prolog thematisiert wird: *swaz der man in guot getuot / daz ist ouch guot und wol getan* (144f.; s. dazu Schnell, B 5: 1991, 28ff., und S. 39). In der Wertediskussion des Romans schlägt sich diese auf den einzelnen Menschen bezogene Maxime mehrfach nieder: *Durnehte* (»vollkommene«, »treue«) Handlungen (vgl. 18048ff.), die von *rehter güete* (17052ff.) zeugen, finden das Lob des Erzählers (vgl. z. B. 5ff., 140ff., 172f., 5680), während geheuchelte Ehrerweisungen *uzerthalp des herzen* (16317) oder die Ausübung von Kunst ohne Herzensanteilnahme (7524ff.) kritisiert werden (vgl. Wiwczaroski, B 5: 2000; anders Lanz-Hubmann, B 5: 1989, 224, die den Begriff der guten Absicht primär für die Haltung des Rezipienten reserviert).

Auf dem Einhalten solcher »Innennormen« (diesen Begriff erläutert und verwendet Schnell, B 5: 1992, 28ff.; vgl. bereits Mieth, B 5: 1976, 170; dagegen Keck: B 6: 1998, 44) beruht auch die Tristanminne. Zu ihren Merkmalen gehört, dass zwei Einzelmenschen in synchronem Vorgang zu einer bis in den Tod währenden engen emotionalen Einheit verbunden werden, die mächtiger ist als alle anderen Bindungen, wie es auch die Definition des Minnetranks besagt:

> mit sweme sin ieman getranc,
> den muoser ane sinen danc
> vor allen dingen meinen
> und er da wider in einen:
> in was ein tot unde ein leben,
> ein triure, ein vröude samet gegeben.
> (11439 ff.)

> (»Wenn ihn jemand zusammen mit einem anderen trank, / musste er diesen Menschen, ob er wollte oder nicht, / mehr als alles lieben, / und dieser wiederum ihn allein: / Beiden zusammen war ein Tod und ein Leben, / dieselbe Trauer, dieselbe Freude geschenkt.«)

Dass an dieser Stelle kein detaillierteres Liebeskonzept entfaltet wird – es fehlt z. B. ein Wert wie *inneclichiu triuwe* (220) –, erschwert die Beantwortung der für die Romandeutung wichtigen Frage nach dem Verhältnis der Trankminne zu dem in Prolog und Exkursen entwickelten Liebesideal (vgl. Schindele, B 6: 1971, 58 f., 64 f.) – beides sollte nicht ungeprüft gleichgesetzt werden. Ein Minnekonzept, bei dem Mann und Frau gemeinsam in einen lebenslangen Bann geschlagen werden (vgl. schon Gottfrieds Darstellung der Liebe Riwalins und Blanscheflurs), unterscheidet sich grundlegend von den sonstigen zeitgenössischen Vorstellungen über die Liebesentstehung (s. auch S. 271 f.). Es bildet den Kern des Mythos von Tristan und Isolde, so dass ein spezifischer Begriff der »Tristanminne« nicht nur gerechtfertigt, sondern auch erforderlich ist (anders Keck, B 6: 1998, 11).

Im Laufe des Romans wird das Phänomen der Liebe in fast allen seinen Facetten beleuchtet (vgl. Jackson, B 1e: 1971, 64–141), dabei zeugen Gottfrieds Minneaussagen von Vertrautheit mit der zeitgenössischen höfischen Liebestheorie. So wird wie bei Andreas Capellanus, dem Verfasser des Traktats »De amore«, in Gottfrieds Prolog die Auffassung vertreten, dass nur derjenige zur Tugend befähigt sei, der auch Minne erfahren habe (s. S. 139 vgl. Nickel, B 5: 1927, 23). Diese zeittypische elitäre (vgl. Jaeger, B 5: 1999, 192ff.; Wailes, B 5: 2001) Stilisierung der Liebe als innerweltliches höchstes Gut bedeutet nicht, dass der Kerngehalt der Tristanminne, trotz Parallelen im Detail (vgl. von Ertzdorff, B 5: 1981; Bertau, B 5: 1983, 126, 164; Touber, B 4: 1996), mit der Sichtweise des Andreas übereinstimmt; denn die Liebe Tristans und Isoldes, Riwalins und Blanscheflurs ist von unbedingtem Anspruch und unterwirft sich keinem Regelwerk. Auch hat das zeitgenössische Konzept der sog. Hohen Minne, demzufolge ein Liebender eine *frouwe* (»Herrin«) verehrt, die ihm durch ihr Zögern Leidens- und Dienstbereitschaft abnötigt, mit dem Wesen der Tristanminne wenig gemein (vgl. Nickel, B 5: 1927, 66ff.; Touber, B 4: 1996, 518f.).

Bei Gottfried übt die wahre Liebe ihre Macht über Mann und Frau gleichermaßen aus: Der *gewaltaerinne Minne* (961) sind alle Menschen untertan, und jeder Versuch, der Liebe Vorschriften zu machen, stellt ein Vergehen dar, das – so der Erzähler in der *rede von minnen* – ins Unglück führt (z. B. 12222ff., 12297ff.). Die Tristanliebe ist somit zugleich »existenzsteigernd und existenzgefährdend« (Schulze, B 1e: 199). Folglich wird an keiner Stelle die Kraft der Minne bei Gottfried verharmlost (so aber Mertens, B 5: 1995, 49f.; s. S. 157 Anm. 70; vgl. Keck, B 6: 1998, 217 Anm. 1).

Nachdem schon Ohly (B 5: 1955/56) davor gewarnt hatte, die auf Liebesvereinigung drängende und keinerlei erzieherische Funktion ausübende Tristanminne zu sehr in die Nähe des Minnesangs zu rücken, bleibt eine Gesamteinschätzung des von Gottfried propagierten Minnekonzepts als »höfische Liebe«, wie bei von Ertzdorff (B 5: 1978; 1981), insofern missverständlich, als die weder verdien- noch sublimierbare Tristanminne in deutlichem Kontrast zu den vorherrschenden Liebeskonzepten der höfischen Epik und Lyrik steht. Nicht zufällig wird bei Heinrich von Veldeke und Bernger von Horheim die Vorstellung eines Minnetranks zurückgewiesen (MF 58,35ff., MF 112,1ff.; vgl. Mertens, B 6: 1993). Nimmt man allerdings auch seltenere Ausprägungen der Liebesthematik in der Literatur um 1200, wie die Tageliedminne, in den Blick, so erscheint Gottfrieds Konzept weniger isoliert und lässt sich als eigenständiger Beitrag zu einem an Nuancen reichen höfischen Liebesdiskurs verstehen.

Gottfried formuliert seine Minneauffassung mit Hilfe zahlreicher Anklänge an christliche Konzepte wie Allegorese (s. S. 232f.), Typologie (s. S. 97f.) und geistliche Metaphorik (vgl. z. B. die Oster-, Lilien-/Rosen-, Saat-, Märtyrer-, Dornen-, Paradies-, Sündenfall-Bildlichkeit: 927, 12230, 12235f., 17085, 17861, 18066; 18162ff.; s. dazu Wessel, B 5: 1984; Harris, B 5: 2003, 125ff.), ohne dass es aus heutiger Sicht gerechtfertigt erscheint, ihm eine »Liebestheologie« (Ranke, B 5: 1925, 14; s. dazu S. 241f.) zu unterstellen. Zugleich nutzt er aber auch prägnante heidnisch-antike Vorstellungen (vgl. Nickel, B 5: 1927, 9f.; Ganz, B 5: 1970). Diese »Teilhaberschaft an zwei konträren geistigen Sphären« (Gruenter, B 5: 1961, 396) erzeugt komplexe hermeneutische Konstellationen (vgl. Kern, B 5: 2000, 3ff.; Haug, B 5: 2002, 289), die in der Forschung zu Deutungskontroversen geführt haben.

Wenn der Tristanerzähler z. B. von der *gottine Minne* (16723) spricht, greift er auf ein zu seiner Zeit nicht mehr geglaubtes heidnisches Mythologem zurück. Umstritten ist, ob die so beschriebene Minne als ein »Weltprinzip« (Huber, B 1f: ^{2}2001, 77), d. h. eine »Lebens-« (Mieth, B 5:

1976, 127 Anm. 28) bzw. »Schicksalsmacht« (Rolf, B 5: 1974, 280 Anm. 98), zu gelten hat, die wie die antike Göttin die Herzen der Menschen regiert (so auch Ganz, B 5: 1970[93], Wisbey, B 5: 1980, 27), oder aber primär zeichenhaft als Personifikation menschlicher Gefühle und Leidenschaften fungiert (so Schnell, B 5: 1985, 343f.). Gottfrieds minnepsychologisches Interesse steht dabei außer Frage: Vor allem in den Passagen, in denen sich Riwalin und Blanscheflur (785–1118), Tristan und Isolde (11707–11840) ihrer Liebe bewusst werden, nutzt der Erzähler die Rollenvielfalt der Minne (z. B. 915 ff., 929 f. usw.), um die Stufen der inneren Wandlung, die zu einem *niuwen leben* (938) in der Liebe führen, zu beschreiben. Kennzeichnend hierfür ist das sog. Leimrutengleichnis aus der Vorgeschichte (841 ff.; vgl. dazu Wessel, B 5: 1984, 274–289; Huber, B 1f: ²2001, 50). Zugleich bietet die *rede von minnen* (s. S. 154) aber auch deutliche Indizien dafür, dass die Liebe bei Gottfried als eine eigene Instanz zu denken ist (vgl. auch Schindele, B 6: 1971, 68 f.): Ausdrücklich heißt es dort von der Minne, sie sei *aller herzen künigin, / diu vrie, diu eine* (12300 f.; anders Schweikle, B 5: 1991, 144). Weitere Wendungen – wie z. B. 11765 f. – unterstreichen die Souveränität der Minne, und letztlich demonstriert auch die »Vielfalt ihrer Erscheinungsformen ... ihre Macht« (Ganz, B 5: 1970, 66 f.; anders Schnell, B 5: 1985, 331; vgl. auch Goller, B 5: 2005, 206 f.).

Nicht zufällig ist die Minnegrotte ein Gebäude aus heidnischer Zeit (16690), in dem die Liebenden antike Helden besingen. Doch hält bei Gottfried die *ware wirtinne* (17229) darin nicht bereits im Altertum Einzug, vielmehr offenbart sich das eigentliche Wesen der Liebe

93 Die nach Ganz (B 5: 1970, 69 f.) chartrensischen Denkmustern verpflichtete Minneinstanz muss nicht als »transzendental« (ebd. 68; ähnlich Huber, B 1f: ²2001, 77 ff.; Wessel, B 5: 1984, 583) eingestuft werden, sondern kann wie z. B. bei Wolf, B 6: 1989, 184 f., als eine in der Welt wirkende Kraft aufgefasst werden (vgl. auch Wachinger, B 5: 2002, 249).

erst mit der Ankunft Tristans und Isoldes. Mit dieser – als typologieanalog lesbaren (s. S. 97f.) – Aussage bringt Gottfried zum Ausdruck, dass der christlich-nachantike Mensch zur Perfektionierung des heidnischen Liebeserbes Wesentliches beizutragen hat (vgl. Stevens, B 6: 2003, 250ff.), und in diesen Zusammenhang ist wohl auch die den Roman durchziehende, z. T. kritische Rezeption Ovids, des antiken *praeceptors amoris*, einzuordnen (vgl. dazu Wisbey, B 5: 1990; Usener, B 5: 1999; zuletzt Kern, B 5: 2001, mit ausführlichen Literaturhinweisen).

Vor allem in der Reinheit ihrer Liebesbeziehung, d. h. in der bereits im Prolog gepriesenen inneren Einstellung Tristans und Isoldes zueinander (*triuwen reinekeit*, 231), übertreffen die Protagonisten alle ihre Vorgänger:

swaz e dar inne ie wart getan
von kurzewile oder von spil,
dazn lief nicht ze disem zil;
ezn was niht von meine
so luter noch so reine,
als ir spil was under in.
(17232ff.)

(»Was jemals zuvor darin [in der Minnegrotte] getan wurde / an Vergnügungen oder (Liebes-)Spiel, / besaß nicht diese Vollkommenheit; / es war der Intention nach / nicht so unverfälscht und so rein, / wie das (Liebes-)Spiel der beiden.«)[94]

Hierdurch wird die Tristanliebe auch über die Maßgaben des Minnetranks (s. S. 195) hinausgehoben. So greift es zu kurz, wenn Warning (B 6: 2003, 192) die Tristanliebe als »wesentlich dem Affektischen verhaftet« einstuft. Dass

94 Zur zitierten Stelle vgl. auch Gnaedinger, B 5: 1967, 86f.; Wolf, B 5: 1974, 107ff.; Kern, B 5: 1998, 184ff.; Green B 5: 2002, 110.

ihr, im Gegenteil, ein hoher ethischer Anspruch eignet, ist nicht zu leugnen (so aber Grünkorn, B 5: 1994, 165; vgl. dazu Mazzadi, B 5: 2000, 187 Anm. 151). Bezeichnungen wie *diu reine triuwe* (178, 16830), *inneclichiu triuwe* (220), *triuwe, diu von herzen gat* (12335) sind, wie Hahn (B 5: 1963, 124ff.) gezeigt hat (vgl. Jauch, B 5: 1951, 136ff.; Willson, B 5: 1990), über das Werk verstreute Synonyme einer idealen, beständigen Liebe, wie auch die Grottenallegorese, ohne den Begriff der *triuwe* zu nennen, um das Thema der vorbehaltlosen Aufrichtigkeit und Stetigkeit des Einzelnen kreist (vgl. z. B. 16931ff., 16963ff., 16974ff., 16984f.). Eine solche wahre Liebe bindet, wie u. a. das Grottenleben belegt (z. B 16853; vgl. auch 12171ff.), das Paar zur innigen Einheit zusammen – »eine der mittellateinischen und mystischen Literatur vertraute Vorstellung« (Schnell, B 5: 1992, 215; vgl. Hasebrink, B 5: 2002; Harris, B 5: 2003, 125ff.) – und erzeugt eine nach innen aufrichtige, gewaltfreie (vgl. 17011), symmetrische Partnerbeziehung (s. Jantzen/Kröner, B 6: 1997, 306f.; Jackson, B 5: 1999, 185). Dabei schließt Gottfrieds Minnekonzept ausdrücklich (vgl. z. B. 12380–12391, 16838ff.) die erotischen Bedürfnisse des Menschen ein (vgl. Hahn, B 5: 1964, 129), so dass die wertebezogene Seite der Tristanliebe nicht, wie zuweilen in der älteren Forschung (vgl. Dietz, B 1d: 1974, 110ff.), gegen die sinnlichen Aspekte des Gottfriedschen Minnemodells ausgespielt werden darf.[95]

Über den Beginn der Liebe von Tristan und Isolde herrschte in der Forschung lange Unklarheit, die aber seit der einschlägigen Studie Furstners (B 5: 1957) und anderen Arbeiten der 50er und 60er Jahre des 20. Jahrhunderts

95 Wenn neuerdings Hübner betont, dass der auffliegende *hohe muot* der Grottenallegorese eine »Orgasmusmetapher« darstelle, wie überhaupt der Orgasmus das »Zentrum« der Tristanliebe bilde (Hübner, B 5: 2003, 352 Anm. 153, 361; vgl. z. B. auch 387 Anm. 205), wird Gottfrieds integratives Minnekonzept erneut verzeichnet.

(vgl. den Forschungsbericht bei Schnell, B 5: 1985, 329ff.) insofern als ausgeräumt gelten kann, als sich gezeigt hat, dass sich bei Gottfried keine direkten Beweise für eine unbewusste Liebe der Protagonisten vor dem Minnetrank finden lassen, was auch von Forschern, die der Grundaussage Furstners widersprechen, wie z. B. Herzmann (B 5: 1976, 92), anerkannt wird. Es steht dem einzelnen Rezipienten zwar frei, aus Isoldes interessierter, auch rhetorisch exponierter Betrachtung des vom Drachenkampf genesenen Tristan (vgl. 9992ff.) mit Nickel (B 5: 1927, 46) oder Herzmann (B 5: 1976, 80–83) kurzfristig eine »Jungmädchenliebe« herauszulesen – der Text erklärt später aber ausdrücklich die Einnahme des Minnetranks zum Augenblick des Liebesbeginns:

Nu daz diu maget unde der man,
Isot unde Tristan,
den tranc getrunken beide, sa
was ouch der werlde unmuoze da,
Minne, aller herzen lagaerin,
und sleich zir beider herzen in.
(11707ff.)

(»Nachdem die Jungfrau und der Mann, / Isolde und Tristan, / beide den Trank getrunken hatten, / war sogleich die Unruhestifterin der Welt da, / Minne, die Nachstellerin aller Herzen, / und drang in beider Herzen ein.«)

Eine unbewusste Liebe vor dem Minnetrank, an der auch in der jüngeren Forschung gern festgehalten wird (vgl. Wessel, B 5: 1984, 569–585; Closs, B 5: 1990), braucht somit nicht erwogen zu werden (anders Young, B 5: 2002, 266f.; vgl. auch Huber, B 1f: [2]2001, 74f.), sie kann als Reaktion auf den suggestiven Stil des Tristandichters, der mit den Empfindungen des Publikums gelegentlich zu spielen scheint (dazu Mieth, B 5: 1976, 171), allenfalls eine kurzfristige Lesart einer einzelnen Szene bilden, nicht aber als Eckpfeiler der Werkinterpretation herhalten, denn ausdrücklich werden erst – wie es heißt – durch den Minnetrank »eins und einig, / die vorher zwei und uneinig waren« (*ein und einvalt, / die zwei und zwivalt waren e*, 11716f.).

Ungern möchte sich die Forschung aber hierdurch zu dem Schluss gezwungen sehen, dass die bloße Magie eines Zaubertranks für die außerordentliche Liebe der außerordentlichen Protagonisten entscheidend sei (vgl. die Forschungsberichte bei Stein, B 5: 1980, 603f. Anm. 56; Schnell, B 5: 1985, 329f.; Mikasch-Köthner, B 6: 1991, 52ff.; Huber, B 1f: ²2001, 83–85; Young, B 5: 2002, 258ff.),[96] so dass des Öfteren mit einem Symbolwert des Tranks gerechnet wird.[97]

Auf der Handlungsebene stellt der Minnetrank in jedem Falle ein pharmakologisches Erzeugnis dar (vgl. Müller, B 5: 1984; Okken, B 5: 1988, 127f.; Chinca, B 5: 1993, 70f.; Mertens, B 5: 1995, 52ff.), das – entsprechend der antik-mittelalterlichen Sicht von der Liebe als durch sich selbst heilbarer, im Extremfall aber zum Tode führender Krankheit (vgl. Nickel, B 5: 1927, 12ff.; Haage in Okken, B 1c: ²1996, 1069ff.) – nach seiner Einnahme heftige psycho-physische Reaktionen auslöst (vgl. z.B. 11916ff., 14315ff.). Andererseits ist beobachtet worden, dass sich Gottfrieds Protagonisten, im Gegensatz zum »Tristrant« Eilharts von Oberg, dessen Minnetrank den Liebenden

96 Nach Schnell wäre diese Vorstellung »ein Armutszeugnis für die Intentionen unseres Dichters« (B 5: 1985, 343); dementsprechend geht Schnell, anders als es im Folgenden dargestellt wird, von einer rein endogenen Entstehung der Liebe Tristans und Isoldes aus.

97 So z.B. bei Trimborn, B 6: 1987, 414ff.; zur älteren Forschung s. Furstner, B 5: 1957, 25ff. Vgl. aber den nachdenklich stimmenden kritisch-pointierten Forschungsüberblick über die Deutungen des Tranks als Symbol bei Ehrismann, B 5: 1989, 288ff. (vgl. auch bereits Schröder, B 5: 1967, 33).

durch seine magisch-mechanische Wirkung die Verantwortung nimmt (s. S. 265 f.), für ihr Doppelleben selbst entscheiden, und dies im vollen Bewusstsein, dass höfische Zentralwerte wie *schame*, *ere* und *triuwe* auf dem Spiel stehen (vgl. 11741–11840; s. Mieth, B 5: 1976, 167, 174 f.). Indem aber Gottfrieds Protagonisten nachträglich in ihre Lage einwilligen – Tristan begrüßt seine Liebe zu Isolde emphatisch (vgl. S. 218) –, werden sie für ihr weiteres Tun rechenschaftspflichtig, und vom Trank ist folgerichtig »nur noch ein einziges Mal beiläufig die Rede« (Wessel, B 5: 1984, 583). In Eilharts Konzeption ein fester Bestandteil der Handlung, wird der Minnetrank bei Gottfried, der ihn als *diu wernde swaere, / diu endelose herzenot, / von der si beide lagen tot*[98] (11673 ff.) umschreibt, »entstofflicht und verbegrifflicht« (Schindele, B 6: 1971, 62; vgl. schon Nickel, B 5: 1927, 4).

Das Spektakuläre des Minnetrankgeschehens, dessen geistliche Konnotationen im Vergleich zu denen anderer Handlungsteile (z. B. 18162 ff.) eher gering sind,[99] liegt vor allem darin, dass der Trank entgegen dem Plan seiner Herstellerin dem »Füreinanderbestimmtsein« (Nickel, B 5: 1927, 46) Tristans und Isoldes zum Durchbruch verhilft (vgl. auch Ruh, B 1e: 1980, 229; Trimborn, B 6: 1987, 417; Firestone, B 5: 2000, 77 Anm. 32). Der bereits zuvor am Geschehen beteiligte Zufall (s. S. 182 ff.) führt mittels des Tranks, der eigentlich die Ehe Markes festigen soll, zwei von der Gesellschaft nicht autorisierte Menschen zusammen, die, ohne es zu wissen, füreinander geschaffen sind (dazu z. B. Ruh, B 1e: 1980, 236; Mikasch-Köthner, B 6: 1991, 55 f.; vgl. auch Kern, B 5: 1988, 208 ff.; s. S. 229 ff.).

98 »Das andauernde Leid, / die nicht endende Herzensqual, / durch die sie beide ihren Tod fanden.«

99 Die genauen Umstände und auch der Ablauf des Trinkens sind derart, dass sich Reminiszenzen des Sündenfallgeschehens allenfalls als freie Assoziationen einstellen, aber kaum am lateinischen Wortlaut von Gen 3,6 sichern lassen (anders Haug, B 5: 1995, 173; Mertens, B 5: 1995, 56 f.; vgl. Huber, B 1f: ^{2}2001, 75 ff.).

Akzeptiert man diesen Gedanken einer »Unbeliebigkeit in der Entstehung der Minne« (Mieth, B 5: 1976, 171; dagegen Keck, B 6: 1998, 41f.), so ist die Göttin der Liebe (16723), Tristans und Isoldes *vogetinne* (12000), als eine gegenüber dem Zufall eigenständige Instanz zu denken, die Zeitpunkt und Art der Minneanbahnung zu beeinflussen vermag – eine Liebe, die »nicht wahllos wie der blinde Amor jeden Beliebigen treffen kann, die sich vielmehr die Ihren erwählt und, längst ehe sie es ahnen, ihr Dasein prägt« (Wessel, B 5: 1984, 583; anders Ehrismann, B 5: 1989, der den Aspekt des »Füreinanderbestimmtseins« Tristans und Isoldes unberücksichtigt lässt).

Der für die Entstehung der Liebe der Protagonisten entscheidende Impuls kommt, so gesehen, weder allein aus dem Trank noch dem Zufall, vielmehr dient der Zufall, der den Trank aktiviert, schon seit längerem der Zusammenführung des Paares, an der u. a. auch Gott weichenstellend mitgewirkt hat (vgl. 2406ff., 3804, 6969ff.). Wie das Geschehen um Riwalin und Blanscheflur zeigt, kennt die Minne verschiedene Wege der Liebesanbahnung und ist auch keineswegs mit der Institution der Ehe unvereinbar (vgl. Batts, B 1e: 1971, 85; Schnell, B 5: 1982, 340–350; Morsch, B 5: 1984, 76ff., 90f.). Im Falle Tristans und Isoldes nutzt sie im letztmöglichen Moment unter Mithilfe des Zufalls den Minnetrank (vgl. 11707–11712), der eigentlich zu ihrer gesellschaftlichen Domestizierung gedacht war, d. h. die Finalität des Geschehens durchkreuzt hätte, und setzt ihren Anspruch (vgl. 11714) gegen den der Gesellschaft durch (vgl. auch Huber, B 1f: ^{2}2001, 82, 84f.).

Für den soeben benutzten Begriff »Gesellschaft« sind, wie auch für den des »Individuums«, in der mittelalterlichen Literatur nur annähernde Äquivalente auszumachen (vgl. Gerok-Reiter, B 5: 2002, 388; Schnell, B 5: 2001, 107). Doch lässt bereits der im Prolog des »Tristan« propagierte Terminus »*werlt*«, der als »menschliche Gesellschaft«

übersetzbar ist (vgl. Wehrli, B 5: 1946, 97), annehmen, dass der Erzähler Aspekte des menschlichen Zusammenlebens mit in den Blick zu nehmen gedenkt, dient der Begriff doch zur Abgrenzung *edeler herzen* von einer *werlt*, die nur in Freuden leben möchte (45ff.; anders Pfeiffer, B 5: 2004, 163f., der kosmologische Implikationen des *werlt*-Begriffs erwägt). Auf der Handlungsebene zeigt sich ein solches Interesse Gottfrieds vor allem an der Darstellung der Hofgesellschaft.[100]

Dass der Markehof bei Gottfried über weite Strecken negativ konnotiert ist – er stellt die Gegenspieler der Protagonisten (vgl. Kolb, B 5: 1977, 238ff.) –, entwertet, wie Kolb (ebd. 242ff.) gezeigt hat, den Begriff des Höfischen nicht, denn der Hof, der häufigste Schauplatz der Handlung, bleibt der eigentliche Kulturraum im »Tristan« (vgl. Morsch, B 5: 1984, 11ff.; Jackson, B 1e: 1971, 144–164; Czerwinski, B 5: 1989, 179–351; s. dazu S. 42), von dem, insbesondere wenn Tristan und Isolde ihre Auftritte haben (zu 10885f. vgl. z. B. Jaeger, B 5: 1977, 105–115), eine spürbare Faszination ausgeht (vgl. Küsters, B 5: 1986). Der junge Tristan wird ausdrücklich in der Rolle des *hovemans* (3486f.) geschildert, und auch der Erzähler, der seine Tätigkeit der Gesellschaft widmet (vgl. 44, 12257), wünscht, den Standards des Hofs zu genügen (z. B. 7950ff., 12183f.).

Wie die Einführung des Markereichs als Idealgesellschaft (vgl. 420ff., 485ff., 520ff.) und die Erwähnung des Musterhofs König Artus' (16861, 16900) zeigen, wird in Gottfrieds Werk nicht nur der Einzelne, sondern auch der Bereich der (Hof-)Gesellschaft unter dem Aspekt der Perfektibilität betrachtet – umso bedeutsamer ist die Frage,

100 Das am Ideal eines kultivierten *rex iustus et pacificus* ausgerichtete Herrscherprogramm König Markes (vgl. 430–453, 5025–5040) impliziert auch über den Horizont des Hofes hinausweisende, das Gemeinwohl des ganzen Landes betreffende Gesellschaftsvorstellungen (vgl. Küsters, B 5: 1986, 143ff.).

warum Markes Hof, an dem außer Tristan kaum ein Funktionsträger positiv geschildert wird (vgl. Jackson, B 1e: 1971, 157ff.), vor dem eigenen Anspruch so grundlegend versagt. Nach Schnell (B 5: 1992, 49f., 183ff.) ist hierfür die moralische Korrumpierbarkeit des Menschen in Gestalt einzelner Hofmitglieder verantwortlich, für Tomasek, der feudalkritische Tendenzen in Gottfrieds Werk annimmt (vgl. Tomasek, B 5: 1985, 44–89; ferner: Poag, B 5: 1979; Wiwczaroski, B 5: 2000, 220ff.), werden am Markereich auch systemimmanente Schwächen offenbar. In jedem Falle wird man Gottfried nicht absprechen, dass er es versteht, kritische Schlaglichter auf die Hofgesellschaft zu werfen (vgl. Küsters, B 5: 1986). Wenn z. B. der Karriereneid ein kollektives Hofphänomen darstellt (vgl. 8316–8327) und der Bischof von Thamise den Hof als eine Gerüchteküche beschreibt, in der die Lüge ihren Nährboden hat (15387ff.; 15452ff.), lassen sich, worauf Jaeger mehrfach hingewiesen hat, vergleichbare Einschätzungen auch in zeitgenössischen Klerikerkreisen ausmachen (vgl. Jaeger, B 5: 1977, 18f., 85; ders., B 5: 1984); wenn sich die Markewelt mit dem Vollzug von »Außennormen« (diesen Begriff erläutert Schnell, B 5: 1992, 30ff.; vgl. bereits Mieth, B 5: 1976, 170; dagegen Keck: B 6: 1998, 44), wie z. B. der im Prolog verurteilten Freudehaltung, zufrieden gibt (s. S. 132f.), so trifft Gottfrieds Kritik den demonstrativen Kommunikationsstil des mittelalterlichen Adels.[101]

Dass gesellschaftliches Leben jedoch nicht nur nach »Außennormen« funktionieren kann, sondern »Innennormen« benötigt, betont der Erzähler bereits am Beginn der Dichtung, als er – das Gute an die gute Absicht bindend (5; s. S. 194) – fordert, einen *guoten man*, der zum Nutzen der Gesellschaft handelt, auch aufrichtig zu würdigen (vgl. 1–8). In diesem Sinne schließt sich wenige Verse später ein Lob der rechten Erkenntnis an:

101 Vgl. dazu Gerd Althoff, »Spielregeln der Politik im Mittelalter. Kommunikation in Frieden und Fehde«, Darmstadt 1997.

Tiur unde wert ist mir der man,
der guot und übel betrahten kan,
der mich und iegelichen man
nach sinem werde erkennen kan.
(17ff.)

(»Teuer und lieb ist mir derjenige, / der das Gute und das Schlechte erkennen kann, / der mich und jeden Menschen / nach seinem Wert einzuschätzen vermag.«)

Die *guot/übel*-Opposition wird im »Tristan« mehrfach thematisch (z. B. 877ff., 9671f., 13575, 17873ff.), zumal die Handlung zahlreiche Vorgänge des Erkennens (z. B. 15086ff.; vgl. die Liebesanbahnung bei Riwalin und Blanscheflur, Tristan und Isolde) und Verkennens (z. B. im Isolde-Weißhand-Teil; im Umfeld von List-Handlungen) enthält (vgl. dazu Winkelman, B 5: 1980; Ries, B 5: 1980; Wolf, B 6: 1989, 191ff.; Schnell, B 5: 1992, 128ff., 198ff.; Wiwczaroski, B 5: 2000, 87, 245ff.). Schnell versteht die Erkenntnisthematik des »Tristan« als die eigentliche Zentralfrage des Werks (vgl. z. B. Schnell, B 5: 1992, 7) und schreibt ihr eine bis ins Religiöse ausgreifende Dimension zu (vgl. ebd. 57–118), wofür allerdings die signalgebenden Passagen des Prologs kaum Anhaltspunkte bieten.

Dass bei (Miss-)Verstehensvorgängen die Sprache und ihre Sprechakte maßgeblich beteiligt sind, wird vom Erzähler ebenfalls ausdrücklich reflektiert (vgl. z. B. 12282ff.). Als Vertreter eines sprachlichen »Konsonanz-Modells« (s. S. 144) fordert er in Fällen problematischer Kommunikation vom Rezipienten die Bereitschaft zur genauen Analyse der jeweiligen Intentionen (vgl. Wiwczaroski, B 5: 2000, 22ff.):

hie sprechet alle, wie dem si:
da diu samblanze geschiht ...
(16322f.)

(»Nun sagt alle, wie sich das verhält: / Wenn [nur] der äußere Anschein besteht / ...«)

Der Text bietet zahlreiche Beispiele für die Notwendigkeit »intellektueller Entschlüsselungsarbeit, in der ... nach allen Regeln der Semiotik die verbalen und gestischen Zeichen auf ihren möglichen Sinn überprüft« werden (Huber, B 1f: ²2001, 49). Zahlreiche Forscher wie z. B. Christ (B 5: 1977, 144 ff.), Grundlehner (B 5: 1983, bes. 149 ff.), Haug (B 5: ²1992, 222 f.), Ferrante (B 5: 1990), Schnell (B 5: 1992, 128 ff., 233 ff.), Draesner (B 5: 1996, 81 ff.), Salvan-Renucci (B 5: 1999) und Schnyder (B 5: 2003) haben sich mit Fragen der Sprach- und Kommunikationsproblematik im »Tristan« mit unterschiedlichen Ergebnissen befasst (vgl. auch den Überblick bei Wetzel, B 6: 1996, 205 ff.).

Aus einem Verkennen des Guten (vgl. z. B. 12227) leitet der Erzähler bereits im strophischen Prolog die Verbreitung des *übels* in der Welt ab (vgl. 29–32) und führt als Hauptübel den Neid, den Widersacher von *cunst* und Scharfsinn, an (33–36). So ist auch die Handlung von einer ausgeprägten, mit den Gegnerfiguren verknüpften *nit*-Thematik durchzogen (z. B. 8318 ff., 10791, 13637, 15060, 15686 f.; vgl. Jackson, B 1e: 1971, 157 ff.): Tristan fällt es auffällig schwer, sich mit dem Neid, den er als erfolgreicher Mensch auf sich zieht (vgl. 10791 ff.), abzufinden (vgl. 8365–8432). Markes Versuch, ihn mit einem Aufgebot an diesbezüglichen Sentenzen zu beruhigen (vgl. 8395 ff., 8403 f.), bleibt erfolglos. Die Empfindlichkeit des Protagonisten gegenüber dem Neid mag im Sinne der Verse 33–36 auf seine Künstlernatur verweisen (vgl. zu dieser Textpassage zudem Jaeger, B 5: 1984).

Zu Tristans Neidern, den *valschen husgenozen* (15052), zählt auch der Inhaber des wichtigsten Hofamtes, der Truchsess Marjodo, für dessen Verhalten die folgenden Verse charakteristisch sind:

eren dern wart ime nie me
da ze hove erboten danne do
wan so vil, daz im Marjodo
ere uzerthalp des herzen bot ...
(16314 ff.)

(»Nie wurde ihm [Tristan] mehr Anerkennung / dort am Hof gezollt als damals, / mit der Einschränkung, dass ihm Marjodo / die Ehre rein äußerlich ohne Anteilnahme des Herzens erwies ...«)

Symptomatisch ist Marjodos geheuchelte Ehrerbietung deshalb, weil die Ehre das höchste Gut darstellt, das die mittelalterliche Gesellschaft dem Einzelnen zu gewähren vermag, ein Gut, welches, wie Maurer (B 5: [4]1969) betont, für den höfischen Menschen existentiell unverzichtbar ist (ältere Forschungen zum Ehre-Begriff im »Tristan« verzeichnet Dietz, B 1d: 1974, 125 ff., einen neueren Überblick bietet Sneeringer, B 5: 2002, 45–52).

Der komplexe mittelhochdeutsche Begriff der *ere* (dazu Morsch, B 5: 1984, 123 ff.; Meyer, B 5: 1989, 268; Sneeringer, B 5: 2002, 1–45), lässt sich bei Gottfried in seiner Grundbedeutung als »äußere Anerkennung, Ansehen in der Öffentlichkeit« verstehen, sofern das Wort »ohne Zusatz gebraucht wird« (Maurer, B 5: [4]1969, 256; vgl. auch Haug, B 5: 1995, 174). Die Annahme einer gesonderten Minne-Ehre im »Tristan«, von der mehrere Forscher ausgehen (s. die Darstellung bei Meyer, B 5: 1988, 407 f.), dürfte entbehrlich sein (vgl. auch S. 160), denn die hierfür als Hauptbeleg genannte Minnegrotten-Ehre, welche anhand der Sonne versinnbildlicht wird, die durch die im Grottengebäude oben angebrachten Fenster *güete*, *diemüete* und *zuht* (17058 ff.) – d. h. durch in der »Konstruktionsallegorie« (s. S. 158) hochbewertete, Wohlverhalten bezeichnende Tugenden – einstrahlt, fügt sich problemlos in die Vorstellung von *ere* als einem dem Einzelnen von außen zukommenden hohen gesellschaftlichen Gut (vgl. Maurer, B 5: ^{4}1969, 249; Tomasek, B 5: 1985, 172 ff.; Goller, B 5: 2005, 223). Auch Wenzel (B 5: 1988a, 352) rechnet die Grotten-Ehre dem »Parameter gesellschaftlicher *êre*« zu, da sie der Ehre-Licht-Motivik des höfischen Repräsentationsraums angehört (vgl. Haug, B 5: 1986, 47).[102]

In jedem Falle wird, wie Meyer (B 5: 1988; B 5: 1989) gezeigt hat, das Wort *ere* – es ist unter den Zentralbegriffen eines »der häufigsten im Tristan« (Maurer, B 5: ^{4}1969, 245) – bei Gottfried nuanciert verwendet (vgl. die eingehende Besprechung der Belege bei Morsch, B 5: 1984, 126 ff.), so dass viele Textstellen erst durch genaue Kontextanalysen zu »disambiguieren« (Meyer, B 5: 1989, 269) sind. Auf diesem Wege sollten auch einige Ergebnisse Sneeringers, die Gottfrieds *ere*-Verwendung an Zentralstellen »a transcendent dimension« (Sneeringer, B 5: 2002, 161) beimisst, überprüft bzw. differenziert werden. Ob es, wie Gerok-Reiter (B 5: 2002) annimmt, im Verlauf des Werks zu einer entscheidenden »Umcodierung« des Verhältnisses von *minne* und *ere* kommt, ist fraglich, da diese Relation vom Erzähler häufig vom Bezugspunkt der Minne aus diskutiert wird (vgl. z. B. 187 ff., 11741 ff., 12507 ff., 17724 ff., 18085 ff.).

Als höfische Menschen halten Tristan und Isolde an ihrem gesellschaftlichen Ansehen als Zentralaspekt ihres Selbstverständnisses jederzeit fest (vgl. Bechstein/Ganz, B 1a: 1978, XLIII ff.) – dies gilt auch für ihr »paradiesisches« Dasein in der Minnegrotte, während dessen sie autark sind und geradezu von ihrer Liebe leben, so dass sie aus ihrer Zweisamkeit mehr *wunne* beziehen, als es an

102 Für die gegenteilige Annahme, dass nämlich die Minnegrotten-Ehre nicht in der Problematik von Liebe und Ehre ihren Platz habe, sondern »etwas ganz anderes«, eine »gottgewollte«, aus der Transzendenz legitimierte Ehre bezeichne (Tax, B 5: ^{2}1971, 128; vgl. auch ebd., 141 ff., sowie Hurst, B 5: 1994, 341 ff.), fehlen im Text klare Hinweise, doch bedarf auch diese Frage genauerer Untersuchung.

König Artus' Hof gegeben hat (vgl. 16807 ff.; zum sog. Speise- und Gesellschaftswunder vgl. Huber, B 1f: ²2001, 100 f.). Dennoch heißt es:

> sin haeten umbe ein besser leben
> niht eine bone gegeben
> wan eine umbe ir ere
>
> (16875 ff.)

(»Für ein besseres Leben / hätten sie rein gar nichts gegeben / – wohl aber etwas für ihre Anerkennung durch die Gesellschaft«)[103]

Das hier exponierte *ere*-Defizit der Liebenden in der Grottenepisode vermag selbst das ganze Ensemble eines *locus amoenus* (Linde, Bach, Vögel usw.; dazu grundlegend Tubach, B 5: 1959) als *hof*-Ersatz (16879 ff.) nicht wettzumachen. Dreimal (16879 ff., 17147 ff., 17347 ff.) führt der Erzähler vor, wie die anthropomorphisierte Natur den Liebenden in täglicher Routine ihre Anerkennung ausdrückt (vgl. Gruenter, B 5: 1961, 350, 397; Batts, B 5: 1962, 231 f.; Hahn, B 5: 1963, 138 ff.), doch da sich diese höfische Modellkommunikation (vgl. Wünsch, B 5: 1972, 527) außerhalb der Gesellschaft abspielt, bleibt der Begriff der *ere* hier ausgespart (vgl. Huber, ²2001, B 1f: 2000, 101).

Anders verhält es sich im Prolog und in wichtigen Minneexkursen, in denen der Erzähler ausdrücklich von einer Vereinbarkeit von Liebe und *ere*, d. h. einer Ausgleichsmöglichkeit mit der Gesellschaft, ausgeht (z. B. 181 ff., 224 ff., 17066 ff., 18051 ff., 18085 ff.; dazu Tomasek, B 5: 1985, 172–180; vgl. auch Keck, B 6: 1998, 212). Tristan

103 Forschungspositionen zu dieser Schlüsselstelle werden ausgewertet bei Tomasek, B 5: 1985, 177 Anm. 201. – Müller (B 5: 2002, 391 f.) und Kolerus (B 5: 2006, 113 f.), die das Gewicht dieser Verse nicht anerkennen, übersehen die stützende Parallelstelle 17696 ff.

und Isolde ist dies allerdings nicht vergönnt: Die Bedürfnisse ihrer Liebe auf der einen und die Unentbehrlichkeit gesellschaftlicher Anerkennung auf der anderen Seite stürzen sie in einen grundlegenden Konflikt (vgl. Maurer, B 5: [4]1969, 253; Ferrante, B 6: 1973; Mieth, B 5: 1976, 164ff.; Christoph, B 5: 2003), den sie vornehmlich mit List zu bewältigen suchen, doch richtet die zermürbende Doppelrolle am Ende nicht nur das Paar selbst zugrunde, sondern schädigt auch das Ansehen der Markewelt (vgl. z. B. 15316–15324). Wenn also

1. die Alternative »entweder Liebe oder Gesellschaft« ausgeschlossen bleibt (vgl. 12507ff.), da
2. sich sowohl die Minne als auch die höfische Gesellschaft als wertvoll erweisen, und
3. am Konflikt beider der Einzelne und die Gesellschaft nachhaltig Schaden nehmen, während
4. im Prolog und auf der Exkursebene der Zusammenhang von Minne und Ehre betont wird,

lässt sich daraus der Schluss ziehen, dass im Idealfall die Interessen des Einzelnen und einer Gesellschaft, die dem Einzelnen zu vertrauen vermag, ineinander aufgehen müssten. Diese Auffassung vertritt neben Tomasek z. B. Schnell: »Einzelne(r) und die Gemeinschaft haben sich aufeinander zuzubewegen und zu einer Harmonie von Innen- und Außennormen zu finden« (Schnell, B 5: 1992, 48; vgl. ebd. 36). Während Tomasek einen entsprechenden utopischen Paradigmawechsel auf der Exkursebene projektiert sieht, liegt für Schnell die Ausgleichsmöglichkeit maßgeblich in einer Durchsetzung der Intentionsethik in der Gesellschaft begründet (vgl. Schnell, B 5: 1992, 179ff., 209). Auch nach Jackson (B 5: 1999, 185) spricht die Werkkonzeption für die »Notwendigkeit immer neuer pragmatischer Vermittlungsversuche« im Konflikt zwischen Liebe und Gesellschaft.

Einer der Grundparameter des Lebens im Diesseits, mit denen sich die Protagonisten zu arrangieren haben, ist das Phänomen der Zeit. So wird Gottfrieds »Tristan« von einer Kette sich ergänzender Zeitangaben durchzogen (vgl. z. B. 337, 398, 2057, 2131, 3800, 4122,[104] 10086, 15482, 18603), die das deutlich mehr als 25 Jahre währende, zudem in die britische Geschichte eingeordnete Romangeschehen (s. S. 75) mit einer realistisch anmutenden Chronologie versehen. Da die Handlung oft mehrsträngig verläuft, dienen die Zeithinweise auch der Synchronisierung von Vorgängen (vgl. Steinhoff, B 5: 1964, 66–76), wobei der Straßburger Dichter, z. B. bei der Schilderung der mehrsträngigen Drachenkampfepisode, durchaus mit Raffinesse vorgeht (vgl. Störmer-Caysa, B 5: 2001).

Nachdem Gottfrieds Zeitgestaltung vorwiegend in Arbeiten der 50er und 60er Jahre des 20. Jahrhunderts Beachtung gefunden hat (vgl. Zimmermann, B 5: 1951, 146–164; Schorn, B 6: 1952; Thomsen, B 5: 1962, 67–126; Steinhoff, B 5: 1964, 66–76), wird ihr derzeit erneut das Interesse der Forschung zuteil, wie die Untersuchungen Störmer-Caysas (B 5: 2001) und Müllers (B 5: 2002) belegen. Pauschalisierende Einschätzungen wie: Gottfried zeige ein »Desinteresse ... an meßbaren Zeiteinheiten« (Müller, B 5: 2002, 379), die mit den Ergebnissen der älteren Forschung nicht im Einklang stehen, bedürfen allerdings der Differenzierung (vgl. Tomasek, B 5: 2007).

Während die Zeit im »Tristan« unablässig voranschreitet, weist die Ausgestaltung der Zeit(erfahrung) innerhalb des Werks Unterschiede auf, worauf bereits Zimmermann (B 5: 1951) und Thomsen (B 5: 1962) hingewiesen haben; so stellt sich etwa für die Minnegrottenepisode die Frage,

104 Dass auch mit allegorischem Sinn von Zeitangaben bei Gottfried zu rechnen ist, zeigt Lenschen, B 5: 1996. Vgl. Zimmermann, B 5: 1951, 146 f.; Wolf, B 6: 1989, 151.

inwieweit sie sich in das Zeitkontinuum fügt.[105] Dass sich Gottfried dem Thema der Zeit aber keinesfalls unreflektiert nähert, signalisiert der strophische Prolog, in dem die Zeit als ein kostbares Gut herausgestellt wird (41ff.). Diese Sicht der Zeit klingt in weiteren Erzählerbemerkungen an (s. S. 147 zu 4686ff.; vgl. 4820, 12257ff.) und wird auch auf der Handlungsebene umgesetzt: Tristan unternimmt es mehrfach, Zeitverläufe im eigenen Interesse zu gestalten (vgl. Störmer-Caysa, B 5: 2001), ebenso nutzen die Liebenden ihre Chancen, als ihnen am Markehof zunächst viel Zeit und Gelegenheit zum Beisammensein zur Verfügung stehen (*ir state unde ir zit / ze staten und ze willen lit*, 12971f.); in der Minnegrotte schöpfen sie jeden Augenblick der Gemeinsamkeit durch eine feste Tagesroutine aus (dazu mit anderen Akzenten Mertens, B 5: 1999, 12; Müller, B 5: 2002, 393f.).

Das Dasein in der Zeitlichkeit ist, wie schon Tristans Eltern erleben müssen, durchsetzt von wechselnden Erfahrungen intensiver Freude und bitteren Leides (vgl. die Tages-Metapher 305–318). Auf diese Polarität weist bereits der Prolog hin, der den zum Wagnis der Liebe bereiten *edelen herzen* neben *maneger vröude* auch *ungemach* (203) vorhersagt und dabei einer Haltung, die auf verabsolutierten, ausschließlichen Freudengenuss zielt, eine Absage erteilt (zu 50ff. vgl. S. 132f.). Der Erzähler betrachtet Freude und Leid als Grunderfahrungen des Lebens (vgl. die Sentenz 1865ff.), die vor allem in der Liebe unvermeidlich bleiben (vgl. die Sentenzen 204ff.).

Während Leidensaufgeschlossenheit ein Kennzeichen *edeler herzen* ist, liegt es nahe, die im Prolog als einseitig verworfene Freude-Haltung mit Figuren wie Riwalin (vgl.

105 Für eine Suspendierung der linearen Zeit im Grottenleben plädieren Mertens, B 5: 1999, 11f., Müller, B 5: 2002, und Kolerus, B5: 2006, 102 (s. auch S. 248). Etwas anders lautet das Ergebnis Steinhoffs, B 5: 1964, 71.

303 ff.), Herzog Gilan (vgl. 15774 ff.)[106] und dem seinen Freude-Anspruch formelhaft postulierenden Marke (vgl. 3741, 4311, 5045, 5167, 11642, 14055, 14363) in Verbindung zu bringen (vgl. Jaeger, B 5: 1977, 99 ff.; anders Hübner, B 5: 2003, 266 Anm. 7). *Vröude* und *wunne* sind zugleich Leitwörter des Maienfestes, der ersten am Markehof spielenden Szene (zum Fest im »Tristan« vgl. Haupt, B 5: 1989, 249–278), doch deutet bereits der rhetorische Aufwand bei der Gestaltung der Festszene darauf hin, dass der Freude-Wunsch der Hofgesellschaft nicht grundsätzlich zu verwerfen ist. Auch Tristan und Isolde genießen später ihr Leben im *wunneclichen tal* (17353) der Minnegrotte mit Billigung des Erzählers, im Unterschied zu Marke oder Riwalin bleiben sie sich aber der Relativität ihres Glücks bewusst: Sie empfinden ihre fehlende gesellschaftliche Anerkennung während der Zeit der Abgeschiedenheit ausdrücklich als Defizit (16875 ff.; s. S. 211) und haben auch das unglückliche Liebesschicksal antiker Wegbereiter nicht vergessen, welches sie anteilnehmend *betruren* (17182 ff.; vgl. z. B. Gnaedinger, B 5: 1967, 82 ff.; von Ertzdorff, B 5: 1981, 202 f.; Huber, B 1f: ²2001, 102). Im Sinne des Prologs begleitet die Leid-Thematik – in mehrerer Hinsicht (vgl. auch 17099 ff.) – auch das Grottenleben.

Da sich verschiedene Typen und Ursachen von Freude und Leid ausmachen lassen, sollte das *leit* im »Tristan« differenziert betrachtet werden (vgl. Tomasek, B 5: 1985, 104–108). So ist z. B. die generelle Leidhaltigkeit des Weltverlaufs (vgl. 1865 ff.) von dem minneimmanenten Leid zu unterscheiden, das sich in der Initialphase der Liebe (vgl. z. B. 825 ff.) und immer dann, wenn das Paar nicht bei-

106 Das die Sorgen vergessen machende Wunderhündchen Petitcreiu, dessen Besitzer Gilan ist, gehört ebenfalls in die Freude-Leid-Thematik (vgl. Tomasek, B 5: 1985, 62 f.; s. dazu Philipowski, B 5: 1998). Die ältere Forschung zu Petitcreiu verzeichnet Wessel, B 5: 1984, 444–453. Vgl. auch Wright, B 5: 1992.

sammen sein kann (vgl. z. B. 14306 ff.), einstellt. Letzteres wird für Tristan und Isolde geradezu lebensbedrohlich, im Gegensatz zu dem ebenfalls minneendogenen, aber stimulierenden Leidtyp, von dem im Exkurs über *zorn ane haz* (13033) die Rede ist.

Indem sich die maßgeblichen Vertreter des Markehofs nicht damit begnügen, die Liebenden voneinander zu trennen, sondern versuchen, deren illegitime Beziehung öffentlich zu machen, lösen sie bei Tristan und Isolde neben dem gefährlichen der Minne innewohnenden (Trennungs-)Leid die zusätzliche Sorge um den Erhalt ihrer Ehre aus (vgl. 15535 ff.). In seiner immer noch einschlägigen Leid-Studie sieht Maurer im Konflikt der Liebe mit den Normen der Gesellschaft die Ursache des »tiefsten und schwersten« Leids in Gottfrieds Werk (Maurer, B 5: ^{4}1969, 232; dagegen z. B. Ohly, B 5: 1955/56, 120 f.).

Trotz des breit gefächerten Leidvokabulars im »Tristan« (vgl. Tomasek, B 5: 1999, 9) kann von einer »Leidensseligkeit« (Nauen, B 5: 1947, 68) bei Gottfried keine Rede sein. Das *leit* spielt vor allem im Wechselverhältnis zu den freudigen Affekten eine signifikante Rolle. Wendungen wie *ir süeze sur, ir liebez leit, / ir herzeliep, ir senede not* (60 f.), *ein triure, ein vröude samet gegeben* (11444), *mit liebe und leide* (13075) sind an vielen Stellen des Werks anzutreffen. Über die Bewertung dieser für Gottfried typischen Kontrastverknüpfung, die von Ertzdorff (B 5: 1981, 205) und Mikasch-Köthner (B 6: 1991, 57 ff.) als »dialektisch« auffassen (vgl. aber von Ertzdorff, B 5: 1978, 349: »antinomisch«; Mikasch-Köthner, B 6: 1991, 61 f.: »Einheit von Liebe und Leid«), herrscht in der Forschung Uneinigkeit. Die viel zitierte Oxymoronkette des Prologs (60 ff.; s. S. 132 f.) und Aussagen wie

liep unde leit diu waren ie
an minnen ungescheiden
(206 f.)

(»Angenehmes und Leidvolles / waren in der Liebe immer vereint«)

sprechen dafür, dass die Gegensätze oft als ineinander projiziert zu denken sind, woraus Hahn auf eine »Identität von *minne* und *leit*« schließt (Hahn, B 5: 1963, 121 Anm. 67; vgl. auch Haas, B 5: 1989, 151: »Untrennbarkeit von *liep unde leit*«; Klinger, B 5: 1999, 135: »Gleichzeitigkeit von *liebe* und *leit*«). Während Haug in der Freude-Schmerz-Thematik eine »programmatische Widersprüchlichkeit« erkennt, die im Werk nicht gelöst, sondern vertieft wird (Haug, B 5: ^{2}1992, 212; ähnlich Schausten, B 6: 1999, 144; dagegen Eifler, B 6: 2001, 121 ff.), geht Tomasek (B 5: 1985, 107) unter Verweis auf das als *vröudebaere* (18089) und leidfrei geschilderte *lebende paradis* im *huote*-Exkurs davon aus, dass die *vröude-leit*-Antithetik des »Tristan« als im Idealfall aufhebbar zu verstehen sei (vgl. Huber, B 5: 2002, 355; Mazzadi, B 5: 2000, 202). Auch Haferland (B 5: 2000, 253 ff.) erwähnt die Auflösbarkeit von Gegensätzen im Handlungsverlauf und in den Exkursen.[107]

Dem *arbeitsaeligen* (2130; s. S. 109) Tristan ist die Teilhabe an einem völlig leidfreien Zustand indes nicht vergönnt. Sein von lat. *triste* (»traurig«) hergeleiteter Name (1999 ff., vgl. S. 111) stellt ein durch Ruals Namenserklärung in der Taufszene (1991 ff.) untermauertes Omen dar,[108] und nicht zufällig tritt das Leitwort *truren* an mehreren signifikanten Stellen des Lebenswegs der Hauptfigur auf (dazu Tomasek, B 5: 1999). Bemerkenswert ist, dass an

107 Der viel diskutierte Freude-Wunsch des Erzählers in den Versen 4817 ff., auf den Rocher (B 5: 1994) und Huber (B 5: 2002, 343 f.) erneut hingewiesen haben, bleibt in diesem Zusammenhang ebenfalls zu bedenken.

108 Über den *praesagium*-Charakter des Tristan-Namens vgl. Huber, B 5: 1979, 271 ff., der diese Stelle als ein wichtiges Zeugnis der Sprachreflexion Gottfrieds wertet; vgl. auch Haubrichs, B 5: 1989, 205 f., 217; Ruberg, B 5: 1989, 315 ff. Für eine weniger eindeutige Lesart der Taufszene plädiert Scheuer, B 5: 1999, 414–424.

der Abbruchstelle des Fragments, als das Leid übermächtig zu werden droht, Tristans letzte Äußerungen vom Wunsch nach *vröude und vrolichem leben* (19548) bestimmt sind.

Die in Gottfrieds Dichtung erkennbare Hinwendung zum diesseitigen Leben (z. B. 64: *dem lebene si min leben ergeben*; vgl. 1872 ff.; ferner 1371 f., 16871 ff.) verwundert bei einem der *werlde* gewidmeten Werk (s. S. 130 f.) kaum (vgl. Neumann, B 5: 1940, 45–51), doch mit gleichem Nachdruck wird auch der Tod (z. B. 62 f., 228 f.) in den Entwurf der Dichtung einbezogen (vgl. Wolf, B 5: 1966, 394 ff.; Auteri, B 5: 2003). Darin drückt sich nicht zuletzt die im Prolog vertretene Risikobereitschaft zum *verderben oder genesen* (»zugrunde gehen oder am Leben bleiben«, 66) aus, die für *edele herzen* kennzeichnend ist.

Auch Tristan scheint das Lebensrisiko nicht zu scheuen, als er nach Brangänes warnendem Hinweis auf die mit dem Minnetrank verbundene Todesgefahr (»*der tranc … / … ist iuwer beider tot*«, 12488 f.) ausruft:

»nu waltes got! …
ez waere tot oder leben:
ez hat mir sanfte vergeben.
ine weiz, wie jener werden sol:
dirre tot der tuot mir wol.
solte die wunnecliche Isot
iemer alsus sin min tot,
so wolte ich gerne werben
umb ein eweclichez sterben.«
(12494 ff.)

(»›Das sei Gott anheim gestellt! … / bedeute es nun Tod oder Leben, / es hat mich auf angenehme Weise vergiftet. / Ich weiß nicht, wie jener [der physische Tod] werden wird, / dieser »Tod« [d. h. Tristans Zustand nach Genuss des von Brangäne als *tot* apostrophierten Tranks] ist mir angenehm. / Wenn die freudespendende Isolde / auf diese Weise ständig meinen Tod bedeutete, / dann würde ich gerne / nach dem ewigen Sterben streben.‹«)

Der Sinn dieser Bemerkung – für von Ertzdorff (B 6: 1999a, 188) die »vielleicht ... schönste Liebeserklärung ... in der höfischen Dichtung des Mittelalters« –, in der sich mehrere Aspekte der Todesthematik verschränken, ist in der Forschung stark umstritten (zur Interpretationsgeschichte der Stelle vgl. Dietz, B 1d: 1974, 116ff.; Kraschewski-Stolz, B 5: 1983, 325 Anm. 412f.; Haas, B 5: 1989, 224ff. Anm. 12). Dies beginnt bereits bei der Frage, ob Tristan, der mit Brangänes Worten zu spielen scheint, sich der Schwere der Konsequenzen, auf die er sich einzulassen gedenkt, hier überhaupt bewusst ist (vgl. Gruenter, B 5: 1954, 275f.; Bertau, B 5: 1983, 153; Huber, B 5: 1996, 136; Eifler, B 6: 2001, 126ff.).

In der in jedem Falle als Zustimmung zum Minnetrankgeschehen zu deutenden Aussage Tristans (vgl. z.B. Ruh, B 1e: 1980, 234f.; Bekker, B 1e: 1987, 182; Fritsch-Rößler, B 6: 1999, 346; Huber, B 1f: ^{2}2001, 81; Wiwczaroski, B 5: 2000, 207ff.; Hellgardt, B 5: 2002, 191) klingen Lebenswille und Todesthematik zugleich an – eine Konstellation, die bereits in der Elternvorgeschichte (z.B. 1337–1353; vgl. Kraschewski-Stolz, B 5: 1983, 313ff.) und an zahlreichen weiteren Stellen des Werks (z.B. 62f., 19410; vgl. Glendinning, B 5: 1992, 916ff.) anzutreffen ist: So wird z.B. Isolde, die seit dem Minnetrank mit Tristan eine »Einheit in Leben und Tod«[109] bildet (vgl. 11443f.), als dessen *le-*

109 Schindele, B 6: 1971, 63. Von einer »Einheit von ... Leben und Tod« (so Mikasch-Köthner, B 6: 1991, 57) ist im »Tristan« nicht die Rede, ebenso wenig davon, dass die Minne ihrem Wesen nach eine »tödliche Macht« sei (so Bertau, B 5: 1983, 144). Dass die Liebe allerdings aus mehreren Gründen zur tödlichen Gefahr werden kann, zeigt z.B. Ridder, B 5: 1999, 305–312.

bender tot (18468) bezeichnet; auch durch intertextuelle Verweise wie die in der Minnegrotte besungenen verhängnisvollen antiken Liebesschicksale wird die Bedeutung der Todesthematik unterstrichen (vgl. 17187ff.; dazu Huber, B 5: 1996, 137ff.). Nach der Entdeckung der Protagonisten im Baumgarten und der daraus resultierenden Trennung scheint sie noch an Gewicht zu gewinnen (vgl. z. B. 18326f.; 18542ff.).

Wie im Falle der *liebe-leit*-Verknüpfung ist auch die Deutung der Leben-Tod-Relation in der Gottfriedforschung weitgehend offen. Die seit den 30er Jahren des 20. Jahrhunderts einflussreiche These de Rougemonts, dass die Liebe im Tristanmythos eine »Liebe zum Tode« sei, deren Höhepunkt ein freiwillig gesuchter Liebestod bilde (vgl. de Rougemont, B 6: 1966, 51–56), welcher bei Gottfried von katharischem Geist zeuge (ebd. 167) und einen Vorgriff auf die Liebestod-Auffassung Richard Wagners darstelle (ebd. 168), wird von der heutigen Forschung in dieser Form nicht mehr geteilt (dazu Haug, B 5: 1993, 32ff.; Warning, B 6: 2003, 175ff.; im Ansatz zustimmend noch von Ertzdorff, B 5: 1984, 96). Dass Wagners Vorstellung des Liebestodes, im Gegenteil, den Blick auf Gottfrieds Konzept verstellt, betonen u. a. Batts (B 1e: 1971, 71ff.), Weber/Hoffmann (B 1f: 1981, 52) und Bertau (B 5: 1983, 144, 163f.).

In seiner immer noch einschlägigen Untersuchung zur Todesthematik im »Tristan« interpretiert Rolf den im (fast) gemeinsamen Sterben endenden Lebensweg der Protagonisten als einen – mystischem Denken analogen – Prozess des »Der-Welt-Absterbens« (Rolf, B 5: 1974, 381; kritisch dazu Stein, B 5: 1980, 576f. Anm. 14), während Tomasek die Tristanminne als eine dem Leben zugewandte, den Tod programmatisch einbeziehende Haltung versteht und die Romanhandlung als zwischen beiden Polen oszillierend auffasst (Tomasek, B 5: 1985, 95–103; vgl. dazu Haas, B 5: 1989, 160; Haferland, B 5: 2000, 253f.).

Wenzel (B 5: 1988, 321 ff.) nimmt im »Tristan« ein Prinzip des »Durchganges durch den Tod« an; Haug wiederum sieht die Todesthematik bei Gottfried in ein grundlegendes, unauflösbares Paradox eingebunden, an dem die Protagonisten zugrunde gehen (vgl. Haug, B 5: 1993, 43; ähnlich Müller, B 5: 2003, 218; kritisch dazu: Huber, B 5: 1996, 128, 140; Eifler, B 6: 2001, 127 f.).

An Tristans hypothetischem Wunsch nach einem *ewec-lichen sterben* in Isolde ist nicht zuletzt der Aspekt der Permanenz dieses »Todes« auffällig, der nach Haas (B 5: 1989, 151 f.) Assoziationen an die geistliche Vorstellung der *secunda mors*, des ewigen Verlusts des Seelenheils, weckt (vgl. auch Hellgardt, B 5: 2002, 191; dagegen aber Bekker, B 1e: 1987, 214; Worstbrock, B 5: 1995, 44 Anm. 17). Dem *sterben* der Protagonisten in einem anderem Sinne Dauer zu verleihen, ist ein Bestreben des Prologs, in dem angekündigt wird, dass der Tod Tristans und Isoldes durch Gottfrieds Werk in den Herzen der Rezipienten lebendig bleibe (234–243).

Es darf angenommen werden, dass der Straßburger Dichter den nicht mehr ausgearbeiteten bitteren (vgl. 2013 ff.) Tod der Protagonisten denkwürdig gestaltet hätte. Wie aber die Bewertung dieses Todes bei Gottfried ausgefallen wäre – ob sich das Ende »vor metaphysisch leerem Horizont« (Bertau, B 5: 1983, 122) abgespielt oder sich die Minne im Tod behauptet bzw. sogar vollendet hätte (so Wolf, B 6: 1989, 245), ob der Tod der Liebenden den *edelen herzen* als Vermächtnis überantwortet worden wäre – ist eine völlig offene Frage, die angesichts der Originalität des Dichters von der Forschung behutsam zu behandeln ist (vgl. die ausgewogene Darstellung bei Huber, B 5: 1996).

Im Spannungsfeld von Freude und Leid, Leben und Tod, kann das diesseitige Leben vor allem durch die Kunst besonderen Glanz erhalten. So heißt es bereits im strophischen Prolog: *Cunst und nahe sehender sin / swie wol diu schinen under in ...*[110] (33f.). Wo Kunst im »Tristan« gedeiht, ist sie für das Selbstverständnis der höfischen Gesellschaft ebenso bedeutsam (vgl. Küsters, B 5: 1986, 159), wie sie den Einzelnen in seiner Besonderheit zur Geltung bringt (vgl. Kästner, B 5: 1981, 106). Bereits in Mohrs grundlegendem Aufsatz wird das Künstlertum Tristans als ein Hauptzug des Protagonisten, »seines Wirkungsanspruchs an die Welt und seiner ... einsamen Innerlichkeit« herausgestellt (Mohr, B 5: 1959, 165; vgl. auch Langer, B 5: 1974). Bemerkenswert ist die Breite der von Mohr aufgelisteten künstlerischen Fähigkeiten Tristans, der – mit Harfe und Schwert agierend – auch »spielmännische« Züge besitzt (vgl. Mohr, B 5: 1959, 161f.; Kästner, B 5: 1981; s. S. 186 zum *list*-Begriff[111]): Außer als vielseitiger Musiker (dazu z. B. Gnaedinger, B 5: 1967, 19ff.) erweist sich Tristan als ein die Techniken des Weidwerks beherrschender Jagd-Künstler (z. B. 2823–3080; 17241–17274) und als gebildeter, mehrsprachig-galanter Virtuose der Hofkünste (vgl. z. B. 2121f., 3690ff.); in einem bei Gottfried nicht mehr behandelten Abschnitt (Sag. Kap. LXXVIIIff.) lässt er sich zudem einen kunstvollen Statuensaal einrichten. Mit Ausnahme der nur für Tristan (vgl. Thom. 941ff.) bestimmten Bildnisse dieses Saals sowie des gemeinsamen Musizierens des Paares in der Minnegrotte, worin sich die Autarkie der Tristanliebe spiegelt (vgl. Gnaedinger, B 5: 1967, 86; Finckh, B 5: 1999, 320ff.), werden die künstlerischen Äußerungen Tristans und Isoldes ansonsten stets vor einer Anteil nehmenden Öffentlichkeit inszeniert.

In Gottfrieds Darstellung des Künstlertums tritt besonders die Disziplin der Musik hervor,[112] die in speziel-

110 »Kunst und Scharfsinn, / wie die auch immer zusammen glänzen ...«

111 Zusammenhänge von *cunst* und *list* zeigen sich besonders in der Gandin-Episode (vgl. dazu Oswald, B 5: 2001).

112 Vgl. z. B. 2293ff., 3547ff., 4751ff., 7513ff., 8048ff., 17200ff., 19196ff. Dass Gottfried entsprechende Ansätze bei Thomas ausbaut, zeigt Buschinger, B 6: 1993. – Vgl. die Wort- und Sacherklärungen van Schaiks in: Okken, B 1c: ^{2}1996, 1009–10068.

len Reflexionen erörtert wird (4751ff., 7530ff.) und, wie schon Gnaedinger (B 5: 1967) betont hat, auf den Bereich der Minne verweist (vgl. Wolf, B 5: 1974, 108: »Musikalisierung der Minne«; s. auch S. 232): Nicht nur vermag die Musik – wie die Liebe – die Menschen zu beglücken (vgl. 4760ff., 17212ff.) oder aber aus der Bahn zu werfen (vgl. 3593ff., 8076ff.), die außergewöhnliche Musikalität beider Protagonisten lässt Tristan und Isolde geradezu füreinander bestimmt erscheinen (vgl. Ruh, B 1e: 1980, 229f.).

Die Bedeutung der Musik für die Interpretation des »Tristan« wird in der Forschung kontrovers beurteilt. Während Witteck (B 5: 1974, 223) annimmt, Gottfried identifiziere sich mit der »künstlerischen Problematik« seines Helden, geht Jackson (B 5: 1973, 302ff.) davon aus, dass der Dichter in Kenntnis der mittelalterlichen Musiktheorie das Musikphänomen nutzt, um den Gedanken einer (Liebes-)Harmonie (*consonantia*) zwischen Tristan und Isolde zum Ausdruck zu bringen (vgl. auch Sziráky, B 5: 2003, 481; kritisch dazu Blodgett, B 5: 1994, 10f.); in Steins Deutung läuft Gottfrieds Behandlung der Musik auf eine »Bankrotterklärung« (Stein, B 5: 1987, 671) der Kunst gegenüber der Welt hinaus, und auch bei Blodgett, der im Rahmen eines psychoanalytischen Deutungsansatzes die unbeständige, manipulative Funktion der Musik im »Tristan« hervorhebt, wird deren vielschichtige Funktion vereinseitigt; differenzierter ist demgegenüber bereits die Darstellung bei Wehrli (B 5: 1946, 97ff., 114ff.), der die Musik im »Tristan« u. a. als ein »sentimentales Refugium« (98) des Einsamen deutet. Neuerdings hat Sziráky den Versuch einer Lektüre des »Tristan« »im Geiste der Musik« (Sziráky, B 5: 2003, 371) unternommen.

Jackson (B 5: 1973, 297ff.) hält es für denkbar, dass der von Gottfried geprägte, bislang nicht völlig geklärte Begriff der *moraliteit* (8004) durch das *moralitas*-Konzept der musiktheoretischen Schrift des Boethius angeregt worden sei (vgl. auch Sziráky, B 5: 2003, 485 f.), doch ist für diesen »Zentralbegriff in der Bildungsgeschichte Isoldes« (Mieth, B 5: 1976, 156) wohl eher mit einem Einfluss des moralphilosophisch ausgerichteten mittelalterlichen Schulunterrichts auf das höfisch-weltliche (Erziehungs-)Denken[113] zu rechnen (für Einzelheiten s. Mieth, B 5: 1976, 162 f.; Küsters, B 5: 1986, 160; Jaeger, B 5: 1987, 612 ff.; Lutz, B 5: 2002, 301 f.).

Insgesamt wird an den Hauptfiguren die hohe Bedeutung der Kunst als Ausdrucksform höfischen Menschentums vorgeführt, sie ist bei Gottfried mehr als nur ein Unteraspekt der Identität der Liebenden (so Keck, B 6: 1998, 144). Ein besonderer Wert liegt, wie bereits im Prolog deutlich wird (s. S. 136), in der Möglichkeit der Kunst, bedeutsame Ereignisse, Erfahrungen oder Hoffnungen entgegen der Vergänglichkeit alles Zeitlichen zu konservieren und der *memoria* Einzelner (vgl. 12200 ff.), eines Paares (vgl. 17182 ff.) oder einer Gruppe (vgl. 1 ff., 235 f.) verfügbar zu halten (s. dazu Stevens, B 5: 1994; Rocher, B 5: 1998; Kellner, B 5: 1999; dies., B 5: 2001, 164–174; Kern, B 5: 2000, 16 ff.; Huber, B 5: 2002, 355 f.; Mazzadi, B 5: 2000, 18, 114 f.). Bemerkenswerterweise beginnt Tristan, als Isolde ihn gegen Ende des Fragments auffordert, ihrer zu *gedenken* (18313 ff.; vgl. Philipowski, B 5: 1998, 33 f.; Mazzadi, B 5: 2000, 125), sein Schicksal dichterisch aufzuzeichnen und öffentlich zu besingen (19200 ff.; vgl. Draesner, B 5: 1996, 97; Ridder, B 5: 1997, 66–70) – eine Tendenz, die in dem bei Gottfried nicht mehr behandelten Motiv des Statuensaals, den Tris-

113 Wie Tristans musikalische Ausbildung einem »Bildungsprogramm« (Gnaedinger, B 5: 1967, 33) folgt, das im Zusammenhang eines umfassenden höfischen Erziehungskonzeptes für junge Männer steht, so unterrichtet er seine Schülerin Isolde nicht allein in der Musik, sondern lehrt sie auch *moraliteit daz süeze lesen* (8008). Darin scheint sich Gottfrieds Vision eines frauenspezifischen (vgl. 8006), auf Lektüre gegründeten Erziehungsideals zu spiegeln. Vgl. auch Batts, B 1e: 1971, 19, 81 f.; Schnell, B 5: 2004, 106 f.

tan seiner eigenen memorialen Einkehr weiht (vgl. Thom. 941 ff.; vgl. Mergell, B 6: 1949, 103 ff.; Ruh, B 1e: 1980, 247; Wenzel, B 6: 1991, 67–70; Mertens, B 5: 1995, 41 ff.; Schausten, B 5: 2001, 47), fortgeführt und variiert wird. Zugleich ist zu betonen, dass die *memoria* und ihr Gegenbegriff, das *vergezzen*, in Gottfrieds Werk – z. B. während der Petitcreiu-Episode (vgl. Philipowski, B 5: 1998; Fritsch-Rößler, B 6: 1999, 347) – auch über den Bereich der Kunst hinaus bedeutsam sind (vgl. Fritsch-Rößler, B 6: 1999, 348–373, und dies., B 5: 2003, mit sehr weit gehenden Interpretationen).

Zum Fragmentstatus

Darüber, dass Gottfrieds »Tristan« ein Fragment ist, herrscht Konsens,[114] denn es fehlen alle auf die Anbahnung der Beziehung Tristans zu Isolde Weißhand folgenden Episoden, obwohl der Erzähler im Prolog in Aussicht stellt, auch den Tod der Liebenden zu behandeln (235, 241 f.); zudem ist weder ein Epilog noch eine Schlussformel vorhanden. Da es sich nach Lage der Handschriften nicht um einen überlieferungsbedingten Torso handeln dürfte, ist Gottfrieds »Tristan« als eine vom Autor unvollendet hinterlassene Dichtung anzusehen.

Über die äußeren Anlässe, die zum Abbruch der Arbeit Gottfrieds geführt haben (Tod oder Krankheit des Autors, Verlust des Gönners u. a. m.), lässt sich allenfalls spekulieren. In der Forschung ist auch nach inneren Gründen gesucht und z. B. der Verdacht geäußert worden, Gottfried habe resigniert oder sich außerstande gesehen, sein Werk zu Ende zu führen, doch sind alle für eine Krise des Autors genannten Gesichtspunkte anfechtbar (vgl. die Hin-

114 Als eine vollendete Dichtung wurde Gottfrieds Werk namentlich von Mergell bezeichnet (vgl. Mergell, B 6: 1949, 152, 179, 188, 195), ohne dass ihm die Forschung darin gefolgt wäre.

weise bei Weber/Hoffmann, B 1f: 1981, 95–98; Hänsch, B 5: 1982, 51; Tomasek, B 5: 1985, 92–95). Während die ältere Forschung bei ihren diesbezüglichen Mutmaßungen noch glaubte, von einer Einheit von Dichter und Erzähler ausgehen zu können, sollte sich die heutige Gottfried-Philologie an spekulativen Rückschlüssen vom Text auf die innere Befindlichkeit des Autors schon aus methodischen Gründen nicht mehr beteiligen.[115] Insgesamt spricht alles dafür, dass Gottfried nach einem Plan arbeitete (s. S. 93f.), und nichts dagegen, dass der zu den begabtesten Dichtern seiner Zeit zählende Straßburger Autor wusste, wie er sein Konzept fortführen wollte (dazu Neumann, B 5: 1963, 211; Huber, B 1f: ²2001, 127).

Gewinnbringender sind Überlegungen, die – z.T. von modernen Fragmenttheorien ausgehend – das Fragmentarische des Werks nicht nur in stofflicher, sondern auch in inhaltlicher und ästhetischer Hinsicht reflektieren (vgl. Hänsch, B 5: 1982), auch wenn Peschels Annahme, der Abbruch der Dichtung sei eine unmittelbare Folge der Gottfriedschen Konzeption (vgl. Peschel, B 5: 1976, 10f., 196ff.), eine Einzelmeinung darstellt, die das mittelalterliche Werk zu stark in die Nähe der Fragmentauffassung der Neuzeit rückt (mit anderer Argumentation gelangt Stein, B 5: 1980, 623, 668, zu einer vergleichbaren Sicht). Ähnliches gilt für Bertaus Verständnis des »Tristan«-Torsos als »Bild vom Fragmentcharakter der Liebe«, da Bertau die Frage, ob Gottfrieds Werk »mit oder ohne Zustimmung des Dichters« unvollendet blieb, ausdrücklich offen hält (Bertau, B 5: 1983, 173).

115 So aber neuerdings wieder Ferrante, B 5: 1990, 179f., und Albrecht Classen, »Der Text, der nie enden will. Poetologische Überlegungen zu fragmentarischen Strukturen in mittelalterlichen und modernen Texten«, in: LiLi. 99 (1995), S. 83–113. Auch Warning (B 6: 2003, 205, 210) greift zu der unbeweisbaren Spekulation, »Gottfried habe resigniert« und sei »möglicherweise … gescheitert«. Dies erinnert an ähnlich lautende Stellungnahmen in der älteren Forschung, zu denen es aber bereits frühe Gegenstimmen gab (vgl. de Boor, B 5: 1940, 263f.; Nauen, B 5: 1947, 97).

Grundsätzlich ist zu bedenken, dass es für die gönnerabhängigen Autoren mittelalterlicher Großromane nichts Ungewöhnliches war, mit Teilen eines unfertigen Werks an die Öffentlichkeit zu treten. Dichter wie Gottfried sind in der Lage gewesen, das Instrument der Teilveröffentlichung effektvoll einzusetzen, so dass Tristans Schlussworte an der Fragmentgrenze, aus denen der angesichts des Prologkonzepts provozierende Wunsch nach *vröude und vrolichem leben* (19548) spricht, durchaus einem fortsetzungsstrategischen Kalkül unterliegen können (s. S. 107 und 217f.; vgl. Peschel, B 5: 1976, 196; Stein, B 5: 1980, 668; Huber, B 1f: ²2001, 126f.).

Stil und literarische Technik

Nicht nur die Dichter des 13. und frühen 14. Jahrhunderts (s. S. 17ff.), auch Forscher der Neuzeit würdigen Gottfrieds Roman als ein sprachliches »Wunderwerk« (de Boor, B 1e: 1979, 123). Da sich vor allem ältere Forschungsarbeiten einer Gesamtanalyse von Gottfrieds Stil gewidmet haben (vgl. Preuß, B 5: 1883; Stiebeling, B 7: 1905; Piquet, B 6: 1905, 357ff.; Engels, B 5: 1928; Sawicki, B 5: 1932; Dijksterhuis, B 6: 1935; Scharschuch, B 5: 1938; Gräff, B 7: 1946, 78ff.; Bechstein/Ganz, B 1a: 1978, XXIVff., u. a. m.), stellt eine aktuelle Zusammenschau und Bewertung der literarischen Technik Gottfrieds ein Desiderat dar. Im Folgenden kann nur ein Überblick geboten werden.

Wortpaare wie z. B. *ere unde lop* (21) finden sich bei Gottfried in erstaunlich hoher Zahl – Täuber (B 5: 1912, 9) hat 2165 derartige »Doppelformeln« gezählt, heutige Forscher wie Jeep (B 5: 1999, 16) rechnen mit etwa 3000 Belegen –, darunter zahlreiche semantisch bemerkenswerte sog. »twin pairs« (vgl. Christian, B 5: 1990) und mehrere hundert alliterierende Belege (vgl. die Liste bei Jeep,

B 5: 1999, 30ff.; »unechte alliterierende« Wortpaare behandelt Zutt, B 5: 1998). Die Funktion bzw. Verwendung der Wortpaare wird ausführlich von Jackson (B 5: 1965) untersucht.

Der Antithesenreichtum des »Tristan« ist ebenfalls bemerkenswert, so weist das Werk vom Prolog an – oft an Zentralstellen und um das Minnephänomen zu charakterisieren – eine große Fülle kontrastreicher Gedankengänge und Schilderungen (z. B. 877–911), antithetischer Wendungen (z. B. *ere ane ere*, 16332) und Oxymora auf (z. B. *arbeitsaelic*, 2130; *lebender tot*, 18230). (Vgl. dazu u. a. Preuß, B 5: 1883, 17–28; Stiebeling, B 7: 1905, 19–25; Engels, B 5: 1928, 177–201; Ehrismann, B 1e: 1927, 326f.; Scharschuch, B 5: 1938, 12ff.; Gräff, B 7: 1946, 95–102; Freytag, B 5: 1972, 143–244; Glendinning, B 5: 1992; Sziráky, B 5: 2003, 241–261.)

Auch Wortspiele (Paronomasien), welche die Aufmerksamkeit des Rezipienten durch sprachliches »Umkreisen« eines oder mehrerer Worte auf sich ziehen, finden sich in großer Menge im »Tristan«, dessen Anfangsverse sogleich die Wörter *guot* und *werlt* »durchspielen« (s. S. 130); von den Vierreimstrophen des Eingangs greifen die Wortspiele rasch auf die Handlungsebene (z. B. 304ff.) sowie auf die Exkurse (z. B. 1872ff.) über (vgl. z. B. die Materialsammlungen bei Engels, B 5: 1928, 147–177; Sawicki, B 5: 1932, 132ff.; Scharschuch, B 5: 1938, 23ff.; Gräff, B 7: 1946, 89ff.; Batts, B 1e: 1971, 92ff.).

Zusammen mit einer Vielzahl weiterer Stilmittel, wie dem ausgiebigen Rückgriff auf französisches Wortgut (vgl. Zotz, B 5: 2002; Rocher, B 5: 2003, 218f.), dem bevorzugten Gebrauch des *participium praesentis*, Wortneuschöpfungen, *figurae etymologicae*, Chiasmen u. a. m. (vgl. z. B. Scharschuch, B 5: 1938, 37ff., 47, 26f.; Sziráky, B 5: 2003, 190ff., 220ff.), verleihen die genannten Wortfiguren dem »Tristan« eine durchgängige, in der deutschen Literaturgeschichte neuartige, geradezu »musikalische« Stilqualität (vgl. Rocher, B 5: 2003, 215), für die auch klangliche Mittel wie Alliterationen oder Vokalgleichklänge intensiv genutzt werden, wie Gruenter (B 5: 1962, 274ff.), Bertau (B 1e: 1973, 930ff.) und Ruh (B 1e: 1980, 259ff.) an Textproben veranschaulichen (vgl. zur Alliteration Preuß, B 5: 1883, 3ff.; Engels, B 5: 1928, 27ff., u. a. m.). Auch trägt Gottfrieds Verskunst maßgeblich zum Wohlklang seiner Dichtersprache bei (vgl. Bechstein/Ganz, B 1a: 1978, XXIXff.; Weber/Hoffmann, B 1f: 1981, 27f., weiterführende Literatur ebd. 30).

Zweifellos kommt der Sprachästhetik im »Tristan« ein Eigenwert zu (vgl. Quast, B 5: 2004), dass aber Gottfrieds »Versinnlichung der Sprache« (Ruh, B 1e: 1980, 260) den »archimedischen Punkt« (Bertau, B 5: 1983, 127) für das Verständnis der Dichtung bilde, darf bezweifelt werden. Weder die Auffassung Bertaus, durch »Verklanglichung des Sinns« (Bertau, B 5: 1983, 128) würden Erzählfluss und Diskursivität des Werks »beschädigt« (ebd. 135; vgl. dazu Huber B 5: 1979, 279), noch die gegenteilige Sicht Wehrlis, eine »Welt, die den Gefahren der Melancholie und des Nihilismus ausgeliefert« sei, bewahre sich »in Gottfrieds musikalischer Form« (Wehrli, B 5: 1946, 116f.; vgl. ders., B 1e: 1984, 263: »Triumph ... der Form über den Stoff«), sind mit Gottfrieds Sprach- und Stilreflexion vereinbar, in der ein »Konsonanz-Modell« (Huber, B 5: 1979, 301; vgl. auch Nellmann, B 5: 1988; Schnell, B 5: 1992, 229ff., 250), d. h. ein Konzept der Sinntransparenz, vertreten wird. Dem Versuch, Inhalt und Form des »Tristan« grundlegend auseinanderzudividieren, wie er schon von Schwietering (B 5: 1943, 13; vgl. neuerdings Chinca, B 6: 2000, 125) unternommen wurde, stehen die Erzählerreflexionen über Sprachfragen (vgl. S. 111 Anm. 31 zu 1983–2042, S. 144 zu 4621–4690) entgegen, deren Plädoyer für eine Konsonanz von Bezeichnung und Sache (vgl.

12282 ff., 16332, 16702, 17730 ff., 18035 ff.) ein Gottfriedsches Charakteristikum darstellt (vgl. Huber, B 5: 1979, 279). Hierfür bieten die zahlreichen auf der Handlungsebene auftretenden Fälle verdeckten sprachlichen Handelns (z. B. 12990 ff.) und problematischer Kommunikation (z. B. 19395 ff.) konkrete Anwendungsfälle, die am Sprachideal der Konsonanz zu messen sind (vgl. Huber, B 1f, [2]2001, 124), denn Gottfrieds Konzeption bleibt bei aller sprachlicher Komplexität »in der Frage der Sinnkonstituierung grundsätzlich optimistisch« (Bleumer, B 5: 2003, 139; s. S. 206 ff. zur Thematik des »Erkennens«).

Dass sich Sprache und Inhalt bei Gottfried vielfach stützen, belegen mehrere Untersuchungen: Jackson (B 5: 1965) illustriert den sinnbezogenen Einsatz der Wortpaare, Glendinnings Ausführungen verdeutlichen Gottfrieds Verwendung von Antithesen zur Umschreibung der Minneerfahrung (vgl. Glendinning, B 5: 1992, 909–925), Gräff (B 7: 1946, 92) hebt u. a. die Verdeutlichung von Zentralwörtern als eine Aufgabe der Wortspiele hervor; das Zusammenspiel von Ästhetik und Inhalt im »Tristan« wird auch von Nagel (B 5: 1977, 606–625), der Gottfrieds Sprachkunst eine Überblicksdarstellung gewidmet hat, bekräftigt (vgl. zudem Schröder, B 5: 1960; Wolf, B 5: 1966; Jackson, B 1e: 1971, 247–269; Witteck, B 5: 1974, 194; Bechstein/Ganz, B 1a: 1978, XXIV ff.; Huber B 5: 1979, 279: Weber/Hoffmann, B 1f: 1981, 25 ff.; Tomasek, 1985, 257–278; Sziráky, B 5: 2003, 219).

Auch im Bereich der sog. »Tropen« (vgl. für die ältere Forschung Sawicki, B 5; 1932, 116 ff.) greifen Sprache und inhaltliche Aussage oft auf raffinierte Weise ineinander. So werden Minnemetaphern[116] nicht nur in üblicher rhetorischer Weise verwendet – wenn etwa Isolde die Bezeichnung »Falke der Liebe« (*der Minnen vederspil,*

116 Sie bilden Gottfrieds »Leitmetaphorik« (Kraschewski-Stolz, B 5: 1983, 225). Vgl. auch Wessel, B 5: 1984, 206.

11985; vgl. Hatto, B 5: 1957) trägt –, sondern auch »szenisch realisiert«: Da in Gottfrieds Metaphernsprache der Falke auf Isolde verweist, die an den Werbungshelfer Tristan *verkoufet* (»ausgeliefert«, 11590) wird, stellt bereits der folgenreiche *kouf* von *valken*, den der junge Tristan auf Geheiß Ruals am Beginn der Entführungsepisode (vgl. 2177) tätigt, eine »szenische Realisierung« des späteren stellvertretenden Brauterwerbs dar (vgl. Wessel, B 5: 1984, 309f.). Derartige minnemetaphorische Lesarten ergeben sich für zahlreiche Handlungsstränge des Werks (vgl. Anson, B 5: 1970; Bekker, B 1e: 1987).[117]

Unter »Minnemetapher« lässt sich vieles subsumieren, was bereits Tax als »Symbolik« im »Tristan« analysiert hat (s. das Sachregister s.v. Symbolik bei Tax, B 5: ^{2}1971, 237). Während aber Tax ins Metaphysische ausgreifende Aussagen bei Gottfried sucht, besagt der unbelastete Begriff der Minnemetapher lediglich, dass sich der Straßburger Dichter zur Darstellung der Minne (z. B. ihrer Macht über die Menschen) spezifischer uneigentlicher Redeformen bedient.

Die metapherntheoretisch gut fundierte Studie Wessels (B 5: 1984) bietet die bislang eingehendste Betrachtung der Gottfriedschen Bildlichkeit. Im Unterschied zu Kraschewski-Stolz (B 5: 1983), die eine »Dissoziierung des Bedeutungsgehaltes« (ebd. 373) im »Tristan« annimmt, fragt Wessel, wie bei Gottfried »ein bestimmtes, vielleicht begrifflich nicht erfassbares Phänomen« – die Liebe – »mit Hilfe einer Vielzahl sprachlicher Bilder facettenartig beleuchtet und der menschlichen Denk- und Vorstellungskraft in Ansätzen verfügbar gemacht werde« (Wessel, B 5: 1984, 2). Mit dieser Zielsetzung wird der minnemetaphorische Bestand des »Tristan« erstmals systematisch erfasst und eine Vielzahl an Metaphern und Motiven – etwa die zentrale Licht-Metaphorik (vgl. Wessel, B 5: 1984, 324–

117 Über die sich ergebenden methodischen Fragen vgl. Wessel, B 5: 1984, 195–215; s. auch Tomasek, B 5: 1986, 179f.

358), der in seiner Bedeutung umstrittene Wunderhund Petitcreiu (s. dazu S. 215 Anm. 106), die Musik- oder die Jagdmotivik (vgl. ebd. 316–324, 378–398) u. v. a. m. – einschließlich ihrer z. T. komplexen Forschungslage behandelt.[118]

Wessels ausführliche Register stellen zudem ein wichtiges Hilfsmittel für zukünftige Untersuchungen dar. Sie belegen eine dichte, romanübergreifende »Bildfeld-Konstellation« (ebd. 179) aus Minnemetaphern, wodurch der in der Forschung verschiedentlich vermerkte Umstand, dass Gottfrieds »Tristan« erst im letzten Drittel zur eigentlichen Minnehandlung gelange (vgl. z. B. Kunzer, B 5: 1973, 141; Bertau, B 5: 1983, 145; Gottzmann, B 5: 1989, 129; Tax, B 5: 1990, 223; Keck: B 6: 1998, 28f., 209; vgl. auch Johnson, B 1e: 1999, 312), in verändertem Licht erscheint: Es existiert im Werk offenbar keine Episode, in der sich nicht, eingebunden in ein Netzwerk »szenisch realisierter« oder »rhetorischer« Metaphern, metaphorische Hinweise auf die Liebesthematik und das Füreinanderbestimmtsein Tristans und Isoldes finden lassen (vgl. auch Bekker, B 1e: 1987).

Gegenüber früheren Tristandichtungen zeichnet sich Gottfrieds Fassung auch durch einen besonderen Stellenwert des Allegorischen aus (vgl. Bertau, B 1e: 1973, 918ff.). Ernst (B 5: 1976) hat in einem umfassenden Überblick gezeigt, dass Gottfrieds Allegorien, die als Gewän-

118 Für die sehr zahlreichen Studien zu Einzelmotiven bei Gottfried, wie dem wunderbaren Hirsch der Minnegrotte, dem Eber- oder Zungenmotiv, die hier nicht einzeln vermerkt werden können, sei auf die Nachweise bei Wessel verwiesen. Nach Wessels Studie ist die Arbeit von Glogau (B 5: 1993) zur Tier- und Pflanzenmetaphorik erschienen, die auf anderer methodischer Grundlage ebenfalls den Netzwerkcharakter (270) der Bildwelt des »Tristan« verdeutlicht (vgl. auch Tax, B 5: 1990; Sziráky, B 5: 2003, 261 ff.). Demgegenüber beobachtet Schleissner (B 5: 1993) eine werkübergreifende Verwendung von Tiermetaphorik nach einem dualen Verfahren. Dass »die Mehrzahl der Metaphern … untereinander eng verbunden« ist, betont bereits Lewis, B 5: 1976, 59. Vgl. auch Collings, B 5: 1973.

der-, Kampf-, Gebäude- und Naturallegorien auftreten, zahlreiche Anklänge an die geistliche Allegoresetradition aufweisen. Wie sehr Gottfrieds Werk dadurch an Vielschichtigkeit gewinnt, lässt sich an den grundlegenden Deutungsfragen ermessen, die seit Rankes Aufsatz über die Minnegrottenallegorie (Ranke, B 5: 1925) die Forschung beschäftigen (vgl. dazu Konietzko, B 5: 1983, 30ff.). Die Behauptung, Gottfrieds Allegorieverwendung leiste generell der Ambiguität des »Tristan« Vorschub (so Meyer, B 5: 1986), stellt jedoch angesichts zahlreicher offenkundig zur Sinnsteuerung dienender Allegoresen wie 6594ff., 18085ff. (s. auch S. 236f.) eine zu weit gehende Pauschalisierung dar.

Auch bei der *descriptio* von Figuren und Handlungen (vgl. für die ältere Forschung Sawicki, B 5: 1932, 72ff., 89ff.; vgl. neuerdings Masse, B 5: 2005) setzt Gottfried neue Maßstäbe, indem er seinen Gestalten durch die genaue Beachtung zeitlicher und bewegungsrhythmischer Abläufe Auftritte von geradezu »pantomimischer Ausdruckskraft« gewährt (Hahn, B 5: 1963, 81); für Christ (B 5: 1977, 286) besitzen Gottfrieds Kampfschilderungen eine gewisse »filmische« Qualität. Dieses Vermögen, Figuren unter Beachtung der *verisimilitudo*-Forderung der Rhetorik (vgl. dazu Chinca, B 5: 1993, 86–99) plastisch-bewegt zu gestalten, vergleicht Jaeger (B 5: 1977, 113f.; vgl. Sternling-Hellenbrand, B 5: 2002) mit Entwicklungen in der zeitgenössischen Bildhauerkunst.

Im Abschiedsgespräch der Liebenden[119] veranschaulicht Gottfried z. B. durch die kurze Bemerkung *Si trat ein lützel hinder sich* (18286) sowohl Isoldes Auseinandersetzung mit ihren Emotionen als auch die nun unvermeidlich werdende Trennung in einer einzigen knappen Geste (vgl. Wapnewski, B 6: 1964, 390ff.; Lewes, B 6: 1987, 67). Ins-

119 Zu Gottfrieds Gestaltung von Dialog und Figurenreden liegen erst einzelne Beobachtungen vor. Vgl. z. B. Gräff, B 7: 1946, 29ff.; Schwarzkopf, B 6: 1909; Schwarz, B 7: 1984, 91–108.

gesamt steht dem Straßburger Dichter, wie vor allem Schubert (B 5: 1991, 163–190) gezeigt hat, ein breites, nicht zuletzt der Figurencharakterisierung dienendes Gebärdenrepertoire zur Verfügung (vgl. Hahn, B 5: 1963, 72f.; Jackson, B 1e: 1971, 225ff.; Jantzen/Kröner, B 6: 1997, 301ff.; Schnyder, B 5: 2003; zur Kleiderschilderung s. Raudszus, B 5: 1985, 146–158; Yanson, B 5: 2002; zur Darstellung des Körpers in Repräsentations- und Kampfszenen vgl. Kellermann, B 5: 2002). Hinsichtlich der Natur- und Schauplatzbeschreibungen, d.h. der Wald-, Meer-, Baumgarten- und Ideallandschaftsdarstellungen, in denen sich zuweilen die seelischen Regungen der Protagonisten spiegeln, sind die Untersuchungen von Gruenter (B 5: 1961; B 5: 1962, 257ff.) und Hahn (B 5: 1963) immer noch grundlegend (vgl. auch Batts, B 5: 1962).

Gottfrieds Werk weist zahlreiche parallel oder symmetrisch angeordnete Strukturen auf, dies gilt für die Ebene der Syntax mit ihren häufigen Parallelismen und Chiasmen (z.B. 13013, 15535f.; vgl. Sziráky, B 5: 2003, 220ff.) wie auch für den Aufbau ganzer Versabschnitte. So bilden z.B. die fast identischen Versfolgen 12675ff. / 15751ff. einen einfachen Parallelismus, während komplexere Bauformen zu Verzahnungen, Rahmungen oder Verschachtelungen gedanklicher und szenischer Elemente führen. Als symmetrisch fasst z.B. Wessel (B 5: 1984, 323) den Versabschnitt 8067–8111 auf, wie Huber (B 1f: ²2001, 99) die gesamte Minnegrottenepisode als »Zentralkomposition« deutet (anders Gruenter, B 5: 1957, bes. 44f.; Wünsch, B 5: 1972, 525; Ruh, B 1e: 1980, 237f.; Bertau, B 5: 1983, 156ff.; Chinca, B 1f: 1997, 87). Auch für weitere Passagen des »Tristan« werden von der Forschung sorgfältig strukturierte Bauformen angenommen (vgl. z.B. Crossgrove, B 5: 1969, und Wolf, B 6: 1989, 204f., zur Petitcreiu-Episode; Christ, B 5: 1977, 74f., und Semmler, B 5: 1991, 129–134, zu den Bettgesprächen; Ruh, B 1e: 1980, 233f., zur Minnetrankszene).

Vor allem deutet das Initialenkryptogramm des »Tristan« (s. S. 92 ff.) auf eine Gesamtanlage des Werks nach dem Prinzip der Symmetrie hin. (Vgl. zu diesem Forschungsfeld Scholte, B 5: 1925; Dijksterhuis, B 6: 1935, 53–62; Stolte, B 6: 1941, 96–156; Roeland, B 5: 1942; Lanz-Hubmann, B 5: 1989, 72–79.)

Mit seiner Vielzahl rhetorischer Elemente weist Gottfrieds Werk für einen volkssprachlichen Roman seiner Zeit einen ungewöhnlich hohen Grad der Durchstilisierung auf (vgl. dazu Sawicki, B 5: 1932, 71–154; Christ, B 5: 1977, 276 ff.; Stevens, B 5: 1990, 73; Chinca, B 5: 1993; Zutt, B 5: 1998, 175 f.), die allerdings nicht mit dem späteren sog. »geblümten Stil« in einen direkten Zusammenhang gebracht werden sollte (so Asher, B 5: 1961, 140; für Einzelheiten vgl. Hübner, B 5: 2000, bes. 38 ff., 97 ff.). Wie von Sawicki (B 5: 1932) nachgewiesen und durch Huber (B 5: 1979, 283 ff.) untermauert wurde, lassen Gottfrieds literarische Technik sowie seine Sprach- und Stilreflexion eine Schulung an den Standards zeitgenössischer lateinischer Poetiken erkennen, die in den Umkreis der sog. »Schule« von Chartres gehören (dazu Huber, B 5: 1979, 289; Glendinning, B 5: 1987; 1992). Gemäß der Empfehlung dieser Handbücher, das literarisch Verbrauchte zu vermeiden, ist die durchgängige, neue Stilqualität des Gottfriedschen Werks als eine (selbst)bewusste Innovationsleistung zu werten (vgl. Tomasek, B 5: 1985, 274 f.; Stevens, B 5: 1990, 73 f.; s. auch S. 143 f. zu 4589–4620).

Die wirkungspoetische Funktion des Gottfriedschen Stils wird in der Untersuchung von Christ (B 5: 1977) eindrucksvoll herausgearbeitet und damit das Verständnis der literarischen Technik des »Tristan« sowie der durch sie erzeugten Faszination maßgeblich gefördert (zum »Wortzauber« Gottfrieds vgl. auch Quast, B 5: 2004). Gottfrieds Rhetorik zielt zweifellos darauf, beim Publikum eine »affektbetonte Vereindringlichung« (Christ, B 5: 1977, 276) zu erzielen – u. a. durch die große Fülle von Wortfiguren, von denen, so Christ, »sinnliche Wirkungen« (ebd. 140; vgl. Schausten, B 6: 1999, 190ff.) ausgehen, die aber zugleich auch ein hohes Maß an semantischer Differenzierung erzeugen.

Wo Affekte geweckt und semantische Feindeutungen verlangt werden (vgl. dazu Huber B 5: 1979, 279), sind unterschiedliche Texterfahrungen auf Seiten der Rezipienten die natürliche Folge. Auf eigenständige Reaktionen der Hörer-/Leserschaft scheint der Tristandichter auch zu setzen (vgl. Fromm, B 5: 1973, 204), operiert er doch mit Mitteln wie Ironie oder Suggestion – siehe z. B. S. 145ff. zur Wolfram-Anspielung – und gibt den Rezipienten Gelegenheit zu eigenen Assoziationen (vgl. z. B. Wolf, B 6: 1989, 169, 197; vgl. auch Köbele, B 5: 2004): So lässt die mit Wortfiguren durchsetzte Schilderung des intensiven Blicks, den Isolde in der Splitter-Episode auf Tristan wirft, den Eindruck einer »Jungmädchenliebe« zu, bis der Erzähler anlässlich des Minnetranks den Zeitpunkt des Liebesbeginns klarstellt (s. S. 201f.); die rhetorisch gestaltete Sakralsphäre der Minnegrottenallegorie kann fast überirdisch anmuten, doch wird am Ende deren weltlich-diesseitiger Status betont (vgl. 17070). Fortwährend stimuliert der Tristandichter mit rhetorischen Mitteln das Einfühlungsvermögen des einzelnen Rezipienten, ohne dabei den Textsinn ganz in dessen Belieben zu stellen – dies zu gewährleisten, ist eine der Aufgaben der Erzählerrolle (vgl. Sziráky, B 5: 2003, 175). Ähnlich weist auch Lutz, der für Gottfrieds »Tristan« ein offenes, meditatives Lesen als gefordert ansieht, auf die »Technik der Meditationslenkung« durch den Erzähler hin (Lutz B 5: 2002, 303f.; vgl. dazu die kritisch weiterführenden Bemerkungen bei Schnell, B 5: 2004, 106f.).

Fördert Gottfrieds effektvoller Stil individuelle Rezeptionswege, so verstärkt die Durchgängigkeit der Stilelemente die künstlerische Geschlossenheit des Werks (anders Christ, B 5: 1977; dazu S. 240). Es verleihen z. B. die wiederholt auftretenden religiösen Anklänge (s. z. B. S. 197) dem »Tristan« einen Anspruch von Kohärenz und Würde, eröffnen aber dadurch, dass der Grad, in dem sich das Publikum dem Eindruck eines »heilsgeschichtlich aufgehöhten Sinns« (Haas, B 5: 1989, 151) aufzuschließen gedenkt, von diesem selbst abhängt (vgl. Ehrismann, B 5: 1991, 123), auch Rezeptionsspielräume. Insofern ist festzuhalten, dass die geistlichen Analogien des »Tristan«, die – ohne damit Ausdruck einer »Liebestheologie« (Ranke, B 5: 1925, 14) zu sein – Gottfrieds Minnekonzeption sowie den Charakter des ganzen Werks mitprägen und die Forschung seit Ranke stark beschäftigen,[120] in ein Rezeptionsspiel eingebunden sind, an dem das Publikum aktiven Anteil hat (vgl. Mieth, B 5: 1976, 120).

Grundpositionen der Werkanalyse seit dem 19. Jahrhundert

Zur Fülle der Sekundärliteratur, die in den vorangegangenen Kapiteln unter inhaltlichen Gesichtspunkten – in Auswahl – zu verzeichnen war, soll der folgende Abschnitt, in dem anhand modellbildender Forschungsarbeiten ein Abriss der Interpretationsgeschichte von Gottfrieds Roman geboten wird, eine perspektivische Ergänzung bieten. Neben biographischen, editionsphilologischen und stoffgeschichtlichen Zugriffen (s. dazu S. 16, 60 ff. sowie 249) haben im Verlauf der Gottfriedforschung nämlich auch einige textanalytische Ansätze Schule gemacht, von denen die wichtigsten im Folgenden skizziert und im Hinblick auf ihre Konsequenzen für die gegen-

120 Siehe auch S. 97 f. und 232 f. Vgl. dazu insgesamt Konietzko, B 5: 1983, 40 f.; Huber, B 1f: ^{2}2001, 106 f.; Wachinger, B 5: 2002; Harris, B 5: 2003, 125 ff., sowie die Forschungsüberblicke bei Rolf, B 5: 1974, 357 f. Anm. 91, Poag, B 5: 1987, 232 Anm. 7; Köbele, B 5: 2004; Kolerus, B 5: 2006, 162 f.

wärtige Forschung erörtert werden. Der folgende vereinfachende Überblick darf aber nicht darüber hinwegtäuschen, dass es in der Deutungsgeschichte des »Tristan« nie an Gegenstimmen gefehlt hat und auch zu Überlagerungen von Forschungsparametern gekommen ist.

Im 19. Jahrhundert war den Stellungnahmen zu Gottfrieds »Tristan« zunächst ein ästhetisch oder moralisch wertender Zug zu Eigen (vgl. Konietzko, B 5: 1983, 28f.). Nach positiven Urteilen der Frühromantik (vgl. Batts, B 1e: 1971, 116ff.; Picozzi, B 6: 1971, 79ff.; Fritsch-Rößler, B 1d: 1989, 52ff.), deren Unbefangenheit Ehrismann (B 5: 1991, 133) neuerdings wieder zur Nachahmung empfiehlt, erhob mit Lachmann eine der einflussreichsten Persönlichkeiten der sich etablierenden Germanistik gegen Gottfrieds Roman den Vorwurf der Kraft- und Sittenlosigkeit. Im Vorwort zu seiner »Auswahl aus den hochdeutschen Dichtern des dreizehnten Jahrhunderts« (1820) rechtfertigt er seine Entscheidung, nur eine kurze Probe aus Gottfrieds Werk in die Sammlung aufzunehmen, mit den viel zitierten Worten:

> Gottfried von Straßburg ist dabei nicht Unrecht geschehen: seine gehaltene, verständig geschmückte Darstellungsweise erhellet wohl aus dem gewählten Abschnitt; anderes, als Üppigkeit oder Gotteslästerung, boten die Haupttheile seiner weichlichen unsittlichen Erzählung nicht dar. Wolframs Parcivâl aber, wiewohl ihm billig der größte Raum gestattet ist, wird aus diesem Buche nicht nach Würden erkannt werden.[121]

121 Karl Lachmann, »Auswahl aus den hochdeutschen Dichtern des dreizehnten Jahrhunderts. Für Vorlesungen und zum Schulgebrauch«, Berlin 1820, S. VI. Wiederabdruck in: K. L., »Kleinere Schriften zur deutschen Philologie«, hrsg. von Karl Müllenhoff, Berlin 1876, S. 157–176, hier S. 159. – In Lachmanns Auswahlausgabe sind z. B. für Hartmanns »Armen Heinrich« und Wolframs »Parzival« 52 bzw. 86 Textseiten reserviert, während Gottfried 16 Seiten (= Ranke v. 15267–15764) zugestanden werden.

Ähnliche Wertungen, die oft mit einer Höherschätzung Wolframs einhergehen, sind bis in die ersten Jahrzehnte des 20. Jahrhunderts verbreitet gewesen (vgl. Batts, B 1e: 1971, 119f., 140ff.; Picozzi, B 6: 1971, 82ff.; Dietz, B 1d: 1974, 3ff.; Langmeier, B 6: 1978, 33ff., 65; Ruh, B 1e: 1980, 203; Weber/Hoffmann, B 1f: 1981, 58ff.; Fritsch-Rößler, B 1d: 1989, 93ff.) und dürften unterschwellig sogar noch länger weitergewirkt haben.

Die heutige Mediävistik hält sich dagegen in Fragen der Bewertung des »Tristan« bewusst zurück; sie lässt sich, spätestens seit der in den 70er Jahren des 20. Jahrhunderts aufkommenden Diskussion um die »Alterität«[122] mittelalterlicher Kunst, von der Erkenntnis leiten, dass sich die Wertewelt mittelalterlicher Rezipienten von der des neuzeitlichen Betrachters unterschied, und rechnet auch mit dem Vermögen literarischer Texte, sich vom Wertehorizont der eigenen Zeit zu distanzieren. Einen frühen Beleg für eine von solchen Erwägungen geleitete Einschätzung der Normvorstellungen im »Tristan« findet Fritsch-Rößler (B 1d: 1989, 312ff.) in Ehrismanns Literaturgeschichte (B 1e: 1927, 318f.).

Auf dem Feld der stilistisch-rhetorischen Mittel des »Tristan«, das Lachmann aus seinem Verdikt ausdrücklich ausgenommen hatte, konnte sich bald eine systematische, von Wertungen befreite Gottfriedforschung entwickeln. Hiermit wurde am Ende des 19. Jahrhunderts im Geist des Positivismus begonnen (vgl. dazu Langmeier, B 6: 55ff.) und die Grundlage für eine bis in die Gegenwart anhaltende Folge von Arbeiten zur literarischen Technik Gottfrieds gelegt. In die Reihe dieser Untersuchungen, in denen Deutungsfragen zumeist ausgeblendet blieben, gehört u. a. die grundlegende Arbeit von Sawicki (B 5: 1932), und noch Christ (B 5: 1977) positioniert seine

122 Vgl. Hans Robert Jauss, »Alterität und Modernität in der mittelalterlichen Literatur«, in: H. R. J., »Alterität und Modernität in der mittelalterlichen Literatur«, München 1977, S. 9–47.

impulsgebende Studie über die Rhetorik im »Tristan« vor dem Hintergrund dieser Forschungslinie (s. den Überblick bei Christ, B 5: 1977, 9ff.; vgl. auch Chinca, B 5: 1993, 1–11).

Gemäß dem methodenkritischen Denken der 70er Jahre des 20. Jahrhunderts hält Christ seinem Vorgänger Sawicki aber vor, dass er »über eine positivistische Position nicht hinaus[komme]«, weil bei ihm und seinen Vorgängern offen bleibe, »wie Stil und Bedeutung im Werk vermittelt sind« (ebd. 11f.). Dieses Desiderat möchte Christ durch den Nachweis einer wirkungspoetischen Funktion der Gottfriedschen Rhetorik einlösen (vgl. ebd. 14ff.), die den Rezipienten lenken und überzeugen solle. Mit Chinca (B 5: 1993, 10) ist allerdings zu fragen: »But convince the audience of what?«, denn Christ bleibt der aus dem Positivismus stammenden Forschungslinie insofern treu, als auch er den Versuch einer Werkinterpretation unterlässt – wenngleich mit einer neuen, bis in die gegenwärtige Forschung nachwirkenden Begründung, indem er Gottfried ein »partikularistisches«, »diskontinuierliches« (vgl. Christ, B 5: 1977, 117, 336 usw.) Dichten, dem »ganzheitsästhetische Vorstellungen nicht beizukommen vermögen« (ebd. 112), unterstellt. Dieser These lässt sich entgegenhalten, dass Gottfried seinen »gegenwartsintensiven Erzählstil«, auf den bereits Hahn aufmerksam gemacht hat (Hahn, B 5: 1963, 82), vom Prolog an in den Dienst eines Gesamtplans stellt, wie z. B. das Initialenkryptogramm belegt (vgl. zu Christ auch Tomasek, B 5: 1985, 1f.; Lanz-Hubmann, B 5: 1989, 29ff.; Chinca, B 5: 1993, 9ff.).

Wichtige Anstöße zur Verwissenschaftlichung der Bemühungen um die »Tristan«-Deutung hat die sich in der Literaturwissenschaft des frühen 20. Jahrhunderts durchsetzende h e r m e n e u t i s c h e Textreflexion erbracht (anders Ehrismann, B 5: 1991, 121ff., der eine kritische Bilanz der »geistesgeschichtlichen Wende« zieht). Hermeneutische Ansätze gehen von der Annahme der »Sinnhaftigkeit« eines Textganzen aus, was auch die meisten Vertreter der zuvor genannten Forschungsrichtungen für den »Tristan« nicht leugneten; doch im Gegensatz zur rhetorisch-stilistischen Gottfriedforschung widmet sich der hermeneutische Zugriff maßgeblich der Werkinterpretation und stellt, anders als die Literaturbetrachtung des 19. Jahrhunderts, Wertungen zugunsten methodisch kontrollierter Verstehensbemühungen zurück.[123]

Bei der hermeneutischen Annäherung an das Sinnangebot einer Dichtung kommt der Untersuchung des zeitgenössischen Umfelds große Bedeutung zu. Für die Gottfriedforschung ist in dieser Hinsicht über lange Zeit Rankes Untersuchung zur Allegorie der Minnegrotte (Ranke, B 5: 1925) richtungweisend gewesen, in der es gelang, die Sinnkonstitution eines wichtigen Abschnitts des »Tristan« auf Verfahren mittelalterlicher geistlicher Hermeneutik zurückzuführen (s. S. 156). Damit schien ausgemacht, dass der geistesgeschichtliche Ort der Tristandichtung in der mittelalterlichen Theologie zu finden sei, und dementsprechend suchten Rankes Zeitgenossen, wie etwa de Boor, der im »Tristan« eine »Minnelegende« sah, den Schlüssel zur »Grundauffassung« (de Boor, B 5: 1940) des Werks in seinen geistlichen Anklängen, wobei der Tristanliebe oft ein Status jenseits der Moral zuerkannt wurde (vgl. auch Schwietering, B 5: 1943; Mergell, B 6: 1949; Weber, B 5: 1953, u. a. m.; für Einzelheiten siehe die Forschungsüberblicke bei Fromm, B 1d: 1954; Batts, B 1e: 1971, 145–149; Picozzi, B 6: 1971, 109ff.; Schneider, B 1d: 1992, 196ff.). Dies erbrachte zwar neue Erkenntnisse, führte aber nie zu einem akzeptierten Gesamtergebnis; so wurden die Ansatzpunkte für eine »Tristan«-Deutung in unterschied-

123 Zur Einführung in den Begriff der Hermeneutik s. Jens Vogt, »Hermeneutik«, in: »Literaturlexikon. Autoren und Werke deutscher Sprache«, hrsg. von Walther Killy, Bd. 13, Gütersloh 1992, S. 398–401. Eine forschungsgeschichtlich orientierte Einführung in die hermeneutische Problematik des »Tristan« bietet Konietzko, B 5: 1983, 21–56.

lichsten Bereichen der mittelalterlichen Theologie und Philosophie – in der lateinischen Mystik, im Ketzertum, im Nominalismus (s. S. 37ff.) – vermutet, und als in den 70er und 80er Jahren, d. h. ein halbes Jahrhundert nach Rankes Aufsatz, noch immer Interpretationen verschiedener theologischer Ausrichtungen miteinander konkurrierten (z. B. Tax, B 5: ²1971; Allgaier, B 5: 1983; vgl. dazu Jaeger, B 5: 1977, XIf.) und nun vor allem sozialgeschichtliche Zugriffe hinzutraten, die dem Einfluss von Faktoren wie »Hof« oder »Stadt« auf den »Tristan« nachgingen (wie z. B. Seitz, B 1e: 1979; vgl. dazu Schneider, B 1d: 1992, 202ff.; s. S. 32ff.), entstand – auch unter dem Einfluss der Thesen Christs – der bei Krohn festgehaltene Eindruck, »der Facettenreichtum des Romans [lasse] eine einheitliche, integrative Auslegung … nicht zu« (Krohn, B 1a: 1980, Bd. 3, 270 [= ⁵1998, 364]).[124]

Aus der Entwicklung im 20. Jahrhundert darf der Schluss gezogen werden, dass die mittelalterliche Religiosität offenbar nicht den alles entscheidenden Bezugspunkt einer »Tristan«-Interpretation hergibt, zumal Gottfried, wie u. a. der Dichterkatalog im Literaturexkurs signalisiert, sein vielschichtiges Werk in die Tradition des höfischen Romans, und damit in den Kontext der »höfischen Kultur« (s. S. 41ff.) stellt. Dem haben die von Ehrismann als »Theologisierungen« (Ehrismann, B 5: 1991, 127; vgl. bereits Bechstein/Ganz, B 1a: 1978, XLff.; Seitz, B 1e: 1979, 257; Konietzko B 5: 1983, 32) gerügten tonangebenden Forschungsansätze des 20. Jahrhunderts nicht immer hinreichend Rechnung getragen.

Es fallen allerdings signifikante, durchgängige Züge des Werks ins Auge, die über die bloße Zugehörigkeit der Dichtung zur höfischen Laienkultur hinausgehen und Verschmelzungen mit zeitgenössischen gelehrten Traditionen belegen: die Stilqualität des »Tristan«, die mehrfachen

124 Ähnlich Stein, B 5: 1980, 656f.; Bechstein/Ganz, B 1a: 1978, IX. Vgl. auch die Darstellung bei Simon, B 6: 1990, 354ff.

Sprach- und Stilreflexionen, das weite spekulative Ausgreifen einiger Exkurse, die prominente Rolle der Allegorie, das Interesse an Weltwissen und Bildungsfragen (s. z. B. S. 224 Anm. 113), die im Werk ausgedrückte Hochschätzung des Menschen (einschließlich seiner Sinnlichkeit, s. S. 200), das Konzept einer von Kräften neben Gott beeinflussten Welt (Minne, Fortuna) u. a. m. – Züge, die allesamt Affinitäten zum Schrifttum der »Schule« von Chartres aufzuweisen und andere Aspekte des »Tristan«, wie gelegentliche Anklänge an mystische Bildlichkeit oder den spürbaren Einfluss der abaelardischen Ethik, an sich zu binden scheinen (s. S. 39). Die sich hieran abzeichnende, wenn auch nicht gesicherte Option, Gottfrieds »Tristan« als einen von der chartrensischen Geisteswelt beeinflussten höfischen Roman zu verstehen (s. vor allem Jaeger, B 5: 1977; Wisbey, B 5: 1980; Huber, B 5: 1988), wird gegenwärtig kaum weiterverfolgt,[125] sie bleibt z. B. in Ehrismanns kritischem Forschungsüberblick (B 5: 1991) undiskutiert.

Mit der Schwierigkeit, das geistesgeschichtliche Umfeld des Gottfriedschen Romans zu rekonstruieren, korrespondiert das Problem hermeneutisch ausgerichteter Arbeiten, überzeugende innertextliche Ansatzpunkte für die Deutung größerer Werkzusammenhänge auszumachen (über die hinzukommende Problematik des Fragmentstatus vgl. z. B. Batts, B 1d: 1983/84, 46). Die von Ranke angeregte Forschung sah im »Tristan« primär eine Minnedichtung mit einer der moralischen Wertung enthobenen »Liebestheologie« (Ranke, B 5: 1925, 14; vgl. Picozzi, B 5: 1971, 118), und auch Ruh, für den die Liebesthematik des »Tristan« im Zentrum eines ebenso idealtypischen wie

125 Ausnahmen bilden z. B. Finckh (B 5: 1999, 280–325), die einen Einfluss der Mikrokosmos-Idee der Chartrenser auf die Minnegrottenszene postuliert, Glendinnig (B 5: 1987; 1992), der mit entsprechenden Berührungen im Bereich der Rhetorik rechnet, Krause (B 5: 1996, 177 ff.), der eine *interpretatio platonica* der *bast*-Szene unternimmt, und Haug (B 5: 1995, 177 ff.), in dessen Kritik am Ansatz Hubers allerdings die oben genannte Fülle von Aspekten nicht berücksichtigt wird.

problematischen literarischen Diskurses steht, hielt es für »berechtigt, das Liebesproblem zur Grundlage der Interpretation zu machen« (Ruh, B 1e: 1980, 231; vgl. auch Collings, B 5: 1973, 378). Maurer aber modifizierte bereits diesen Ansatz, indem er betonte, dass Gottfrieds Werk nicht allein »von der Minne-Idee aus« (Maurer, B 5: ^{4}1969, 206; vgl. ebd. 234) zu verstehen sei, da es im »Tristan« um einen »Konflikt der Minne mit anderen Werten« gehe (ebd. 235). Bei Bechstein/Ganz (B 1a: 1978, XLIII) heißt es ähnlich: »Wenn Minne im einen Brennpunkt des Werks steht, dann bildet *êre* den zweiten, denn dieser Liebesroman ist gleichzeitig auch ein Gesellschaftsroman.«

In der Tat dürfte ein einziger »archimedischer Punkt«, den Bertau (B 5: 1983, 140, 145) in Gottfrieds Sprachgebung sucht, oder ein Zentralthema, wie es Mazzadi vage mit »Bedeutung der Rezeption« (Mazzadi, B 5: 2000, 40, 133) angibt,[126] bzw. eine einzige zentrale Idee, die Schnell im Thema des Erkennens und Verkennens (vgl. Schnell, B 5: 1992, 7), die Mehrzahl der Forscher aber zumeist im Minnephänomen erblickt (z. B. Jackson, B 1e: 1971, 1; Dietz, B 1d: 1974, 89; Jupé, B 5: 1976, 17; Simon, B 5: 1990, 365; Keck, B 6: 1998, 37: »Liebe als Zwang«, vgl. ebd. 24, 37, 68), nicht ausreichen, um daran eine Deutung des komplexen Romans festzumachen (vgl. auch Klein, B 5: 1977, 350). Erfolgversprechender wäre es wohl, bei der Gruppe werkübergreifender Themen anzusetzen, die im Prolog exponiert und dort bereits miteinander verwoben werden (s. S. 139f.), unter denen die Minnethematik zweifellos als besonders wichtig ausgewiesen ist (vgl. 187ff.). Jene Themenstränge, welche die im Prolog eröffnete und im Verlaufe des Werks erweiterte Diskussion über Möglichkeiten eines werthaften Menschentums in

126 Sehr allgemein bleibt auch Grubmüllers Feststellung, das »Thema des ›Tristan‹ ist ... der Konflikt« (Grubmüller, B 5: 1987, 163).

kultivierter Gesellschaft[127] tragen und die auch für die Darstellung des Lebens, Liebens und Leidens Tristans und Isoldes maßgeblich sind, bei einer Werkbetrachtung zu übergehen, wäre in keinem Falle zu rechtfertigen (vgl. auch Schnell, B 5: 1992, 245).

Während schon früh die Frage gestellt wurde, ob Gottfrieds Werk überhaupt eine Programmatik besitze (vgl. Wapnewski, B 5: 1964, 335–337), hält die Suche nach Ansatzpunkten für eine Werkdeutung immer noch an. So diskutieren Tomasek (B 5: 1985), Huber (B: 5 1988; vgl. ders., B 1f: ²2001, 118), Schnell (B 5: 1992), Mazzadi (B 5: 2000), Goller (B 5: 2005) u. a. Möglichkeiten einer Zusammenschau von Handlungs- und Exkursebene des Romans (vgl. auch den Überblick bei Schnell, B 5: 1992, 4). In weit stärkerem Maße aber wird in der g e g e n w ä r t i g e n Forschung – mit unterschiedlichen Ergebnissen – nach rekurrenten Mustern im »Tristan« Ausschau gehalten, so dass weniger Fragen der Deutung als der Anlage des Werks im Vordergrund des Interesses stehen. Während die von Wenzel (B 5: 1988) herausgestellten Kategorien »Negation und Doppelung« sowie das von Köbele (B 5: 2002) exponierte Verfahren der Wiederholung als Werkprinzipien sehr unspezifisch bleiben, kommt der Ansatz Haferlands, der in den seit langem als bedeutsam erkannten antithetischen Strukturen des »Tristan« (s. S. 228) einen mit Gottfrieds »Erzählprogramm« (Haferland, B 5: 2000, 238) verknüpften »Ordnungsfaktor« sieht (ebd. 253), dem Charakter des Romans näher (vgl. bereits Stavenhagen, B 5: 1984a). Andererseits erkennt z. B. Glogau (B 5: 1993, 270), der einen »konstruktivistischen« Ansatz vertritt, im »Tristan« ein »Netzwerk« polyvalenter Zeichen, für das ein binäres Erklärungsmodell nicht ausreicht. Simon wiederum erklärt die »gegenseitige Verschränkung der Legitimitäts-

127 Vgl. auch das Interesse der neueren Forschung am Verhältnis von Natur und Kultur bei Gottfried (Stavenhagen, B 5: 1984a; Krause, B 5: 1993; ders. B 5: 1996, 130–188; Jackson, B 5: 1999; Schmid, B 5: 2002).

beziehungen« zum »thematischen Erzählprogramm« des »Tristan« (Simon, B 5: 1990, 357f.).

Heute gilt zumeist die Mehrdeutigkeit von Werten und Begriffen im »Tristan« als durchgängiges Charakteristikum eines Werks, das als von grundlegenden Widersprüchen gezeichnet aufgefasst wird (dazu Schnell, B 5: 1992, 4f.; Keck, B 6: 1998, 18ff.). Der wohl profilierteste Exponent dieser Sicht ist Haug, der in zahlreichen Arbeiten (vgl. z.B. Haug, B 5: 1986; ders., B 5: 1993; ders., B 5: 1995) die Auffassung vertritt, dass in Gottfrieds »Tristan« Gut und Böse, Heil und Unheil als Ausdruck einer radikalen »inneren Widersprüchlichkeit« (Haug, B 5: 2002, 282) präsent seien. Zahlreiche weitere Forscher greifen auf den Begriff »Ambivalenz« zur Charakterisierung des Gottfriedschen Werks zurück (vgl. z.B. Meyer, B 5: 1986; Wenzel, B 5: 1988b, 356f.; Lanz-Hubmann, B 5: 1989, 39ff.; Simon, B 5: 1990, 362ff.; Ridder, B 5: 1999, 311f.; Schausten, B 6: 1999, 136 Anm. 78; Kern, B 5: 2000; Klein, B 1e: 2000, 80ff.; Zotz, B 6: 2000, 18f.; Gerok-Reiter, B 5: 2002, 368; Köbele, B 5: 2002; Müller, B 5: 2003, 224ff.). Dabei wird allerdings, worauf Schnell in einem (vorläufigen) Forschungsüberblick hingewiesen hat, unter diesem Stichwort Verschiedenstes subsumiert (für Einzelheiten s. Schnell, B 5: 1992, 119ff., 233ff.) und die Bedeutung der Ambivalenz, die keineswegs für alle Aspekte des »Tristan« gilt (vgl. ebd. 202f.; s. S. 168f.) und sich auf Autor- und Figurenebene unterschiedlich darstellt (vgl. ebd. 234), möglicherweise überschätzt (vgl. ebd. 243f.; Mazzadi, B 5: 2000, 166ff.).

Auch diskreditiert das Auftreten von Ambiguität nicht das Vorhaben einer Interpretation übergreifender Werkzusammenhänge, denn der »Doppelsinn der Metaphern« und die »schillernde Ambivalenz der Begriffe« lassen sich, wie die Ausführungen Hahns (B 5: 1963, 147) zeigen, bei Gottfried in der Regel am Einzelbeleg disambiguieren. Zudem können auch ambivalente Themenstränge – etwa das *triuwe*-Thema, das in der Markewelt anderes bedeutet als für die Liebenden (s. S. 191) – in ihrer Durchgängigkeit »ein beträchtliches Maß an Kohärenz« erzeugen (Jackson, B 5: 1999, 186). Während heute zumeist die dissoziierende Kraft der Gottfriedschen Sprachgebung in den Vordergrund gerückt wird (vgl. z. B. Dembeck, B 5: 2000, bes. 497 ff.; neuerdings auch Huber, B 1f: ^{2}2001, 92), hatte Fromm (B 5: 1973, 203 ff.) im Anschluss an Hahn noch beide Seiten – die integrierende wie die differenzierende Funktion der Themen- und Motivkomplexe – in den Blick genommen (vgl. auch die abgewogenen Ausführungen bei Harris, B 5: 2003, 131 f.).

Einige Forscher, welche die Ambivalenzen und Antithesen des »Tristan« *a priori* als nicht auflösbar festschreiben, wie z. B. Haug (vgl. dazu die Kritik bei Schnell, B 5: 1992, 21 ff.), oder die, wie Mertens, das Verhältnis von Handlungs- und Exkursebene von vornherein als brüchig ansetzen, verweisen neuerdings auf eine Nähe ihrer Auffassungen zur Ästhetik der Postmoderne (vgl. Haug, B 5: 1986, 51 f.; Mertens, B 5: 1995, 60 ff.; Ehrismann, B 5: 1991, 133). Für Warning besteht das Wesen des Gottfriedschen Erzählens in einem aus der Lust an der List resultierenden fortwährenden Spiel einer »Dekonstruktion der Opposition von Norm und Transgression« (Warning, B 6: 2003, 187). Lanz-Hubmann erklärt die Ambivalenzen im »Tristan« als eine »Dekonstruktion des Textes durch einander widersprechende Lesarten« (Lanz-Hubmann, B 5: 1989, 11), die aus einer durchgängig wechselnden Optik, welche als Spiegeltechnik beschrieben wird (ebd. 39 ff., 55 ff.), resultieren sollen (kritisch dazu Fritsch-Rößler, B 5: 1991). Über die weitreichenden methodischen Konsequenzen (vgl. auch S. 192 Anm. 90) und den Erkenntniswert solcher Inanspruchnahmen postmoderner Ästhetik bzw. des Dekonstruktivismus für den mittelalterlichen Tristanroman wird die zukünftige Gottfriedforschung zu urteilen haben.

Mertens hat nicht allein »irritierende Widersprüche« im »Tristan« diagnostiziert und als unhinterfragbar festgeschrieben, sondern diese auch mit zentralen Motiven des Werks (wie Minnetrank, Minnegrotte), denen er einen mythischen Charakter zuspricht, in Verbindung gebracht (Mertens, B 5: 1995, 61; vgl. dazu Köbele, B 5: 2004, bes. 241 f.). Dieser Ansatz ist unlängst von Müller fortgeführt und auf die Zeitverhältnisse im »Tristan« appliziert worden: Da die Gegensätze *leit* und *linge* bei Gottfried »in der Latenz stets koexistieren«, seien sie »entzeitlicht« zu denken (Müller, B 5: 2002, 383), wie die Zeit der Minnegrotte »mythische Zeit« darstelle (ebd. 384; zustimmend Köbele, B 5: 2002, 102; Kolerus, B 5: 2006; s. dazu S. 213 f.). In diesem Sinne hat neuerdings Schulz (B 6: 2003) für das Vorhandensein eines »mythisierenden Erzählens« bei Gottfried plädiert, so dass der auf Mertens zurückgehende, die Minnegrottenszene ins Zentrum rückende neue Forschungsansatz bereits mit weitreichenden Erklärungsansprüchen (»Re-Mythisierung« des Tristangeschehens »im Dienste des *unio*-Programms«, Schulz, B 6: 2003, 543; »mythisch-episches Konzept von *memoria*«, Kolerus, B 5: 2006, 173) auftritt.[128]

128 Für Gottfrieds Arbeit am »Mythos« verdienen die Untersuchungen Kerns (B 5: 1998; B 5: 2000) Beachtung.

VI
Zur Geschichte des Tristanromans

Das in mehreren Versionen verbreitete *maere* (138) von Tristan und Isolde gilt als der bedeutendste Liebesstoff der mittelalterlichen Literatur, für viele Forscher besitzt die auf dem Kernmotiv des Minnetranks beruhende, mit dem Tod der Protagonisten endende doppelte Dreiecksgeschichte den Rang eines europäischen Mythos (vgl. z. B. de Rougemont, B 6: 1966, 22ff.; Payen, B 6: 1973; Unterreitmeier, B 6: 1984, 5–54; Finney, B 7: 1983/84, 62; Wolf, B 6: 1989, 1–7; Grill, B 7: 1997, 112ff.; Huber, B 1f, ²2001, 9, 12; Tomasek in Knecht, B 1b: 2004, VIIf.). So sind seit der Romantik zahlreiche Untersuchungen entstanden, die sich kulturkreisübergreifend mit der Genese, Wandlung und Verbreitung des Tristanstoffs sowie seiner Motive beschäftigen (vgl. Weber/Hoffmann, B 1f: 1981, 60ff.). Dieses mehrere Philologien vereinende Interesse am Tristanstoff ist in den letzten Jahrzehnten noch gestiegen (vgl. z. B. von Ertzdorff, B 6: 1999) – was sich u. a. in der Gründung der Zeitschrift »Tristania« (Bd. 1ff. 1975/76ff.) niederschlug –, so dass Gottfrieds Werk derzeit auch aus vergleichender literaturwissenschaftlicher Sicht rege Beachtung erfährt (vgl. z. B. Wolf, B 6: 1989; Keck, B 6: 1998).

Im Folgenden kann weder die Breite der motiv- und stoffgeschichtlichen Tristanforschung, deren Ziele und Methoden sich im Laufe zweier Jahrhunderte mehrmals verändert haben,[1] nachgezeichnet noch eine detaillierte Darstellung der verzweigten Geschichte der Tristanversionen geboten werden (s. dazu vor allem Stein, B 6: 2001). Vielmehr beschränken sich die nachfolgenden Ausführun-

1 Vgl. Langmeier, B 6: 1978, 77–300. Den kompaktesten Abriss der Forschungen bis in die Mitte des 20. Jahrhunderts bietet Picozzi, B 6: 1971, 11–59, 88–92; s. auch Weber/Hoffmann, B 1f: 1981, 31ff., 58ff. Zum gegenwärtigen Stand vgl. die Bemerkungen bei Dicke, B 6: 2002, 199f.

gen darauf, den für Gottfrieds Werk relevanten Ausschnitt der Textgeschichte etwas ausführlicher zu beleuchten: Von Gottfried zurückblickend soll zunächst das Verhältnis seines »Tristan« zu den beiden wichtigsten Vorgängern, dem Roman des Thomas und dem »Tristrant« Eilharts, der in mancher Hinsicht eine vor Thomas liegende Entwicklungsstufe repräsentiert, behandelt werden; von Eilhart und Thomas aus lässt sich sodann ein vorsichtiger Blick auf die komplexe Ursprungsfrage des Tristanromans werfen (S. 268ff.). Einige Bemerkungen über die Verbreitung des »Tristan« in Mittelalter und früher Neuzeit (S. 283ff.) vervollständigen die Darlegungen (vgl. Schaubild 3 auf S. 286ff.).

Der »Tristan« des Thomas

Dialektale Indizien, aber auch ein Lobpreis der Stadt London (Thom. 2651ff.) lassen darauf schließen, dass es sich bei dem von Gottfried als Gewährsmann für seine Erzählung genannten *Thomas von Britanje* (130) um einen anglonormannischen Dichter handelt, dessen nur fragmentarisch erhaltenes Werk etwa zwischen 1160 und 1176 entstanden sein dürfte (zur Datierungsproblematik s. Bonath, B 6: 1985, 17f.).[2] Thomas, der, wie Gottfried, eine klerikale Ausbildung erhalten haben muss, zumal sein Denken kasuistische Schulung zeigt, gilt als der Begründer des sog. »höfischen« Zweigs der mittelalterlichen Tristanromane (»version courtoise«). Auch wenn diese Bezeichnung irreführend ist (s. S. 260), sind von Thomas in jedem Falle richtungweisende Impulse auf zahlreiche europäische Tristandichtungen ausgegangen: Neben Gottfrieds Werk

2 Der »Tristan« des Thomas liegt in mehreren Editionen und Übersetzungen vor. Hier wird die mit deutscher Übertragung versehene Ausgabe von Bonath zugrunde gelegt. Einen Inhalts- und Forschungsüberblick zum Thomasschen »Tristan« bietet Stein, B 6: 2001, 31ff.

gehören auch der mittelenglische »Sir Tristrem« (Ende 13. Jahrhundert) und die auf das Jahr 1226 datierte altnordische »Tristrams-Saga« des Mönchs Robert zur Thomas-Gruppe.[3] Diese Dichtungen folgen dem Thomasschen Handlungsaufbau, für den vor allem die »Saga« als repräsentativ gilt, da sie im Vergleich zur gerafften Darstellung des »Sir Tristrem« eine einlässlichere und im Unterschied zu Gottfrieds Torso vollständigere Version der Thomas-Rezeption ist. Von Thomas' Werk selbst sind, was angesichts seiner Bedeutung überrascht, nur vereinzelte Bruchstücke – insgesamt ca. 3300 Verse aus sechs Handschriften (vgl. Bonath, B 6: 1985, 9ff.; zum Carlisle-Fragment s. S. 255ff.) – erhalten geblieben.

Diese Thomas-Fragmente gehören vorwiegend dem bei Gottfried nicht mehr gestalteten Schluss der Handlung an, was es der Gottfriedforschung ermöglicht, sich einen Eindruck von dem Handlungsverlauf zu verschaffen, der dem Straßburger Dichter als Grundlage gedient hätte, wenn er mit seiner Arbeit fortgefahren wäre, denn ein Vergleich mit den Werken der Thomas-Gruppe ergibt, dass Gottfried keine Episode seiner Vorlage ausgelassen hat.

Da aber jede Tristanversion eigene Bearbeitungstendenzen aufweist, ist eine vollständige und exakte Rückgewinnung der Thomasschen Handlungsgestalt aus den späteren Texten etwa durch ein Zusammenfügen der Fragmente des Anglonormannen mit dem Torso Gottfrieds oder durch ein Abgleichen von Details anhand der »Saga« (wie z.B. bei Heimerle, B 6: 1942) letztlich unmöglich.[4] Nur für das

3 Weitere Thomas-Einflüsse zeigen Teile der italienischen »Tavola Ritonda« (Anf. 14. Jahrhundert), das niederfränkische Tristanfragment (Ende 13. Jahrhundert) und die Oxforder »Folie« (Ende 12. Jahrhundert). Zu den Werken der Thomas-Gruppe vgl. Stein, B 6: 2001, 60ff., 236f., 238ff., 249f., 272ff.

4 Einen entsprechenden, heute kritisch bewerteten, Versuch hatte Bédier (B 6: 1902/05) in seiner einflussreichen Thomas-Rekonstruktion unternommen. Wie unterschiedlich hingegen die Episodenausgestaltung im Detail bei den verschiedenen Tristandichtern ausfällt, zeigt Ferrante, B 6: 1973, 25–58, 124–147.

letzte Viertel von Thomas' »Tristan«, in dem über weite Strecken auf die erhaltenen Thomas-Fragmente zurückgegriffen werden kann und lediglich drei Lücken mit Hilfe der »Saga« zu überbrücken sind (im Folgenden kursiviert), gelten bessere Bedingungen, so dass es vertretbar ist, der Inhaltsangabe von Gottfrieds »Tristan« (s. S. 75 ff.) eine Skizze der Thomasschen Schlussepisoden an die Seite zu stellen:[5]

24. Hin- und hergerissen, entscheidet sich Tristan für eine Heirat mit Isolde Weißhand. Doch unterlässt er es – in der Hochzeitsnacht eine Krankheit vortäuschend –, die Ehe zu vollziehen. (Thom. 235–700; Sag. Kap. LXIX–LXX)

25. Am Markehof sehnt sich die erste Isolde nach ihrem Geliebten, während Graf Cariado, der ein Auge auf sie geworfen hat, die Nachricht von Tristans Heirat nutzt, um ihn zu diffamieren. (Thom. 701–940; Sag. Kap. LXXII)

26. *Tristan besiegt einen Riesen und lässt auf dessen Gebiet einen unterirdischen, mit lebensechten Statuen versehenen Saal bauen – darunter Figuren Brangänes und der ersten Isolde,* zu denen er sich oft zurückzieht. (Thom. 941–1123; Sag. Kap. LXXIII–LXXXI)

27. Bei einem Ausritt der Familie tritt das Pferd der Isolde Weißhand in eine Pfütze, so dass Wasser an ihre Schenkel spritzt. Sie verliert darüber die Fassung und gesteht ihrem Bruder Kaedin, das Wasser sei weiter vorgedrungen, als jemals die Hand eines Mannes.

Kaedin stellt daraufhin Tristan zur Rede, der ihm sein Verhalten aber begreiflich machen kann, indem er ihn in den Statuensaal führt und ihn von der überlegenen Schönheit der ersten Isolde überzeugt. Auch die Figur der Zofe beeindruckt Kaedin, so dass er Brangäne zur Geliebten begehrt. Unter dem Vorwand einer Pilgerfahrt brechen die Freunde nach England auf, um die beiden

5 Der folgende Abriss ist stark gerafft. Namen werden in der Gottfriedschen Variante wiedergegeben, Episodengrenzen beanspruchen keine Verbindlichkeit.

Frauen heimlich aufzusuchen. (Thom. 1124–1200; Sag. Kap. LXXXII–LXXXVI)

28. Dort beobachten sie zunächst aus einem Versteck das vorbeiziehende Gefolge des Königspaars, *bis es Kaedin gelingt, mit Isolde Kontakt aufzunehmen. Ein abendliches Stelldichein wird arrangiert, bei dem Tristan und die Königin ihre Minne genießen, während Brangäne Kaedin mit einem Zauberkissen einschläfert. Dies wiederholt sich am folgenden Abend, und erst in der dritten Nacht gibt sich Brangäne auf Isoldes Anweisung Kaedin hin. Als sie entdeckt zu werden drohen, ziehen sich Tristan und sein Gefährte zurück, können aber nicht mehr zu ihren Pferden und Rüstungen gelangen.*

Damit waren nämlich kurz zuvor ihre Knappen beim Herannahen Cariados geflohen. Dieser nimmt irrtümlich an, Kaedin und Tristan seien vor ihm geflüchtet, so dass er sie der Feigheit bezichtigt. Brangäne ist geneigt, den Anschuldigungen zu glauben, und zeigt sich zutiefst verbittert. In einer Strafpredigt rechnet sie mit Isolde ab, durch deren Lebenswandel sie in viele unwürdige Situationen geraten sei. Sie droht, sich zu rächen und ihr Wissen dem König zu offenbaren, doch als sie vor Marke tritt, hält sie eine besonnene, allein gegen Cariado gerichtete Rede, womit sie zugleich ihre eigene Position stärkt. (Thom. 1201–1748; Sag. Kap. LXXXVII–XC)

29. Um die seit seinem und Kaedins Weggang entstandene unklare Lage zu bereinigen, kehrt Tristan in der Verkleidung eines Aussätzigen an den Markehof zurück. Aber die erzürnte Brangäne verhindert, dass es zu einer Aussprache kommt, was Tristan resignieren und erkranken lässt. Bettlägerig geworden, kann er Brangäne zuletzt doch versöhnlich stimmen, indem er sie überzeugt, dass Kaedin kein Feigling ist und den Verleumder Cariado bestrafen werde. Nach einer gemeinsamen Nacht mit Isolde segelt Tristan zu Isolde Weißhand zurück. (Thom. 1749–2008; Sag. Kap. XC–XCIII)

30. Weil sie ihren Geliebten leidend weiß, kasteit sich die erste Isolde, indem sie ein panzerartiges Gewand über ihre bloße Haut zieht. Als Tristan davon erfährt, eilen er und Kaedin als Büßer verkleidet zu ihr an den Markehof und nehmen dort an Kampfspielen teil, in deren Verlauf Cariado von Kaedin getötet wird. Befriedigt reisen Tristan und sein Gefährte wieder heim. (Thom. 2009–2106; Sag. Kap. XCIII)
31. Eines Tages wendet sich ein Ritter namens Tristan der Zwerg, dem ein mächtiger Burgherr die Freundin geraubt hat, Hilfe suchend an Tristan. Als sie gemeinsam die entführte Dame zurückzuerobern versuchen, sehen sie sich plötzlich einer Übermacht gegenüber, so dass Tristan trotz tapferer Gegenwehr von einem vergifteten Speer verwundet und der Zwerg getötet wird. Nur mit Mühe gelangt Tristan nach Hause, wo ihm kein Arzt helfen kann. Er bittet Kaedin, als Kaufmann verkleidet, nach England zu reisen und die erste Isolde herbeizuholen, die ihn allein noch zu heilen vermag: Willigt sie ein, soll Kaedin mit weißen Segeln zurückkehren, weigert sie sich zu kommen, sollen schwarze Segel gesetzt werden.
Dieses Gespräch wird hinter einer Wand von Isolde Weißhand mitgehört, die ihren Zorn über das Vernommene aber verbirgt. (Thom. 2107–2650; Sag. Kap. XCIV–XCVI)
32. Kaedin findet die erste Isolde in London. Um den Geliebten zu retten, verlässt sie in Brangänes Begleitung heimlich den Markehof und sticht mit Tristans Freund in See. Doch wird ihr Schiff, während Tristan ungeduldig auf ihre Ankunft wartet, durch Sturmwinde vom Kurs abgedrängt. Als sie endlich dem Ziel nahe sind, nun aber von einer Flaute aufgehalten werden, nennt Isolde Weißhand dem dahinsiechenden Tristan die falsche Segelfarbe, so dass er seine restliche Lebenskraft verliert und stirbt. Die bald darauf eintreffende erste Isolde kann nur noch seinen Leichnam umarmen und Tristan in den Tod folgen. (Thom. 2651–3124; Sag. Kap. XCVII–CI)

[Epilog (Thom. 3125–3144)]

Von Gottfrieds Romantorso aus betrachtet, stellen die Thomas-Bruchstücke willkommene Orientierungspunkte dar, zumal nichts zu der Annahme zwingt, dass der Straßburger Dichter von der Abfolge der Episoden seiner Vorlage entscheidend abgewichen wäre. Ein eingehender Vergleich beider Werke ist allerdings wegen der geringen Überschneidungen der erhaltenen Textsubstanz kaum möglich. Bis vor einigen Jahren standen fast ausschließlich die etwa 50 Verse des Cambridger Thomas-Fragments (Thom. 1–52) aus der zweiten Baumgartenepisode für einen Vergleich zur Verfügung: Wie Wapnewski gezeigt hat, erweitert der Straßburger Dichter an dieser Stelle den Umfang der im Grundverlauf bei beiden Autoren gleichen Szene beträchtlich (18212–18307), nuanciert selbständig die Haltungen und Emotionen der Figuren und tauscht sogar Nebenakteure aus (s. Wapnewski, B 6: 1964; vgl. zudem Piquet, B 6: 1905, 39–49; Batts, B 1e: 1971, 36ff.; Bechstein/Ganz, B 1a: 1978, XXII; Huby, B 6: 1984, Bd. 1, 197–236; Lewes, B 6: 1987; Wolf, B 6: 1989, 236–244; Guillaume, B 6: 1996). Auch einige sich mit dem Fragment Sneyd (Thom. 53ff.) überlappende Verse an der Abbruchstelle von Gottfrieds Werk (19420ff.) sprechen für einen eigene Akzente setzenden Umgang des Straßburger Dichters mit seiner Quelle (vgl. Piquet, B 6: 1905, 50–58; Huby, B 6: 1984, Bd. 1, 237–259).

Dieser auf schmaler Vergleichsbasis beruhende Befund wird durch das 1995 veröffentlichte Carlisle-Fragment untermauert (vgl. Benskin [u. a.], B 6: 1995; deutsche Übertragung u. a. bei Zotz, B 6: 2000, 3ff.). Das neu aufgefundene Bruchstück einer Thomas-Handschrift zeigt ebenfalls, dass Gottfried dem Handlungsgerüst seiner Quelle weitgehend folgt, aber der gerafften Schilderung des Thomas (154 Verse) eine ausführlichere, in diesem Falle mehr als 700 Verse (11958–12678) umfassende, Darstellung mit signifikanten Veränderungen entgegenstellt (vgl. Jackson, B 5: 1999, 183f.; Keck, B 6: 2002).

Das Carlisle-Bruchstück ist nicht zuletzt deshalb besonders aufschlussreich, weil es sich, vom Liebesgeständnis Tristans und Isoldes bis zur Hochzeitsnacht Markes, über die Nahtstelle zweier Episoden(blöcke) hinweg erstreckt (s. S. 89, 91). Während Thomas diese Fuge durch einen kurzen, mit einer Initiale beginnenden Erzählereinschub markiert, in dessen Zentrum eine Sentenz steht (s. Benskin [u. a.], B 6: 1995, 304 App. zu v. 85 ff.), platziert Gottfried an der Episoden(block)grenze drei dem Initialenkryptogramm dienende sentenziöse Vierreimstrophen (12183 ff., 12431 ff., 12503 ff.), zwischen denen sich weitere Neuerungen finden: der umfangreiche *rede von minnen*-Exkurs (12183–12357) und das vorgezogene Gespräch der Liebenden mit Brangäne über den geplanten Brautunterschub in der Hochzeitsnacht (12435–12502), woraus einige Forscher weitreichende Schlussfolgerungen gezogen haben.

So stützt z. B. Haug auf diese Umformungen seine These, dass die Änderungen, die Gottfried gegenüber Thomas vornimmt, für das Liebeskonzept von größerer Tragweite seien als die des Thomas gegenüber seiner Vorstufe (B 6: 1996, 183 ff.; vgl. auch Haug, B 6: 1999, 15), während Eifler (B 6: 2001, 124), der sich auf einen detaillierten Textvergleich stützt, keinen derart gravierenden Unterschied in den Liebesauffassungen bei Gottfried und Thomas erkennt (eine Zwischenposition vertritt Jackson, B 5: 1999, 185). Somit hat durch das Carlisle-Fragment der alte Forschungsstreit um Piquets (B 6: 1905) These von der »Originalität« Gottfrieds neue Nahrung erhalten.[6]

Einigkeit herrscht in jedem Falle darüber, dass Gottfrieds Vorverlegung des Brangänegesprächs, das bei Thomas erst kurz vor der Hochzeitsnacht erfolgt, eine auf-

6 Piquets These wurde u. a. von Huby (B 6: 1984, Bd. 1, 4 ff., 261 f.) angezweifelt, der im Straßburger Dichter einen Adapteur sieht (zur Kritik an Hubys Methode vgl. Huber, B 1f: ^{2}2001, 33).

fällige Parallele zur Version Eilharts darstellt. Hieraus gewinnt Nellmann (B 6: 2001) bei seiner Analyse der Brangänefigur, die beim Straßburger Dichter im Vergleich zum Carlisle-Fragment stärker ins Blickfeld gerückt wird, eine wichtige Bestätigung dafür, dass Gottfried die Eilhartsche Dichtung als »Nebenquelle« (ebd. 37) benutzt haben dürfte.

Mit den bisherigen Forschungsbeiträgen zum Carlisle-Fragment, in denen – auch anhand des *lameir*-Wortspiels (vgl. Jantzen/Kröner, B 6: 1997; Zotz, B 6: 2000) – aufschlussreiche Vergleiche zwischen Gottfrieds und Thomas' Dichtungen angestellt wurden, dürfte die Auswertung des bedeutenden Neufundes noch nicht abgeschlossen sein. Es zeigt sich aber bereits, dass Gottfried besondere Sorgfalt auf die makrostrukturelle Gliederung seines Textes verwendet hat und gegenüber Thomas, der dazu neigt, jeweils nur so viel zu berichten, »wie nötig ist« (Jantzen/Kröner, B 6: 1997, 303), in stärkerem Maße äußere und innere Vorgänge »erzählerisch expliziert« (Eifler, B 6: 2001, 118).

Während der Straßburger Autor im Bestreben, den Gehalt (*die rihte und die warheit*, 156) der Thomasschen Dichtung herauszuarbeiten, den szenischen Grundbestand der von ihm gewählten Quelle respektiert (vgl. Tennant, B 5: 1982), ist Thomas in dieser Hinsicht eigenmächtiger vorgegangen. Das ergibt ein Vergleich seines Werks mit den Fassungen Eilharts und Berols,[7] die in mancher Hinsicht der ältesten Romanstufe (s. S. 269ff. zur sog. »Estoire«) nahe stehen. Mit dem Hinweis, dass von Tristan ganz unterschiedlich berichtet werde (Thom. 2107ff., vgl. die Gottfriedverse 131ff.), erzählt der Anglonormanne, der sich auf einen Gewährsmann namens Breri beruft,

7 Zur Dichtung des Anglonormannen Berol, deren Datierung zwischen 1160 und dem frühen 13. Jahrhundert schwankt, vgl. die Überblicksdarstellung bei Stein, B 6: 2001, 34ff. Berols Werk ist in einem größeren Bruchstück von etwa 4500 Versen erhalten.

z. B. eine deutlich andere Geschichte von Tristans letzter Verwundung (Nr. 31) als Eilhart. Die Minnegrotte und der Statuensaal gehören ebenfalls zu den Zutaten und Änderungen des Thomas, wie auch die Gandin-, Petitcreiu- und zweite Baumgartenepisode in der durch Eilhart und Berol repräsentierten älteren Textstufe keine Entsprechung besitzen (vgl. z. B. Ruh, B 1e: 1980, 209; vgl. S. 264 f.). Durch die Gandin-Handlung untermauert Thomas den Minneanspruch Tristans auf Isolde, die er im Drachenkampf erwarb und nun ein zweites Mal erringt (s. dazu Dicke, B 6: 1998); anhand des Wunderhündchens Petitcreiu zeigt der anglonormannische Dichter Tristans Neigung auf, unter dem Druck der Trennung nach Ersatzlösungen zu suchen (und sie zu verwerfen); und mit der zweiten Baumgartenepisode bietet er eine folgenschwere Entsprechung zur ersten Begegnung im *boumgarten*, als die Liebenden noch in der Lage waren, der Überwachung ihrer Versucher eine kluge Strategie entgegenzusetzen.

Auch indem er die Vorgeschichte um Riwalin und Blanscheflur zu einem kleinen Minneroman und Tristans Jugenderlebnisse zur »enfance« (vgl. Wolfzettel, B 6: 1974, 10–12) ausbaut, während er im hinteren Romanteil die Handlung rafft und den Figurenbestand reduziert, greift Thomas in die Konzeption des Tristanromans nachhaltig ein. So löst er die auf der früheren Stufe bestehende Zeitgleichheit von Artus- und Tristangeschehen und datiert die Romanhandlung unter Rückgriff auf anglonormannische Geschichtswerke in die postarthurische Zeit, womit ein differenzierter Bezug zur Artussage entsteht (vgl. McDonald, B 6: 1991, 55–70; Stevens, B 6: 2000; ders., B 6: 2003, 224 ff.; Green, B 5: 2002, 143 f.). Von ähnlichem Gewicht sind Thomas' Neuerungen im Bereich der Figurenbehandlung und der höfischen Milieuschilderung, die zu verfeinerten, psychologisch vertieften Darstellungen führen (vgl. Ranke, B 6: 1925, 135 ff.). Hierin, wie auch in der Tendenz, Handlungsabläufe möglichst rational zu begründen (vgl. ebd. 133ff.), wird er zum Vorbild Gottfrieds (s. S. 116f.), was teilweise auch für den rhetorisch geschulten Stil des Thomas gelten mag, der in größerem Umfang als etwa Eilhart Wortspiele, Antithesen oder Sentenzen nutzt, wenn auch nicht mit jener dynamisch-musikalischen Sprachqualität wie bei Gottfried (vgl. Dijksterhuis, B 6: 1935, 90ff.; Heimerle, B 6: 1942, 40f.; Wolf, B 6: 1989, 237; Henkel, B 6: 1990, 78f.). Auch erheben sich die Thomasschen Exkurse nicht zu derart komplexen Entwürfen, dass sie mit den großen Exkursen Gottfrieds vergleichbar wären (vgl. Peiffer, B 5: 1971, 80–94).

Die wohl einschneidendsten, von Gottfried ebenfalls übernommenen Änderungen des Thomas betreffen die Liebeskonzeption des Romans (vgl. Ranke, B 6: 1925, 137–142), die nach Huby beim Anglonormannen bereits eine Willenskomponente enthält (vgl. Huby, B 6: 1984, Bd. 1, 148f.). Während der Minnetrank in Thomas' Quelle eine zeitliche Wirkungsbeschränkung besaß (s. S. 265), lässt der Anglonormanne die volle Kraft des Tranks lebenslang andauern und wertet damit die Liebe im Sinne eines Weltprinzips auf, das bei ihm mit der Minnegrotte zudem ein eigenes Heiligtum erhält. Indem er die Macht der Minne stärker ins Zentrum rückt, glorifiziert Thomas die Liebe aber nicht einseitig, sondern beleuchtet ihre verschiedensten Aspekte (vgl. le Gentil, B 6: 1970). Sowohl aus der Perspektive des Erzählers, eines »skeptischen Moralisten« (Jackson, B 5: 1999, 181; vgl. Keck, B 6: 1998, 148ff.), als auch in den eindringlichen Mono- und Dialogen der Figuren tritt bei Thomas der Facettenreichtum der Liebe hervor (vgl. bes. Thom. 3125–3144).

Thomas' Eingriffe geben, zusammengenommen, dem »Tristan« eine neue Sinnstruktur, die sowohl vom Anspruch einer hoch entwickelten höfischen Kultur als auch von anthropologischem Skeptizismus (vgl. z. B. Thom. 285ff., 2595ff.) durchdrungen ist. Indem Thomas die Liebesthematik aufwertet, Stil und Figurenbehandlung verfeinert und den Gedanken ritterlicher Kultiviertheit stärkt, erneuert er die Tristandichtung im Geiste des zeitgenössischen höfischen Romans. Doch ist die in der Forschung gebräuchliche Unterscheidung zwischen einer durch Thomas geprägten »version courtoise« und einer dem ältesten Tristanroman nahe stehenden »version commune« insofern missverständlich, als auch die ursprünglicheren Romanfassungen aus dem Umkreis der adligen Hofkultur stammen (vgl. Bonath, B 6: 1985, 19f.; Wolf, B 6: 1989, 36ff., 56; Stein, B 6: 2001, 38ff.). Zudem lässt sich Thomas' Darstellung des bitteren Todes des Liebespaares mit idealtypischen Vorstellungen vom Ablauf »höfischer Liebe« nicht ohne weiteres in Einklang bringen (vgl. Curtis, B 6: 1969, 51; Hunt, B 6: 1981; Huby, B 6: 1984, Bd. 1, 138–190; Grimbert, B 6: 1990; Keck, B 6: 1998, 159).

Der »Tristrant« Eilharts von Oberg

Gottfried, der sich nachdrücklich für die Fassung des Thomas einsetzt (vgl. 148ff.), dürfte auch eine Version des älteren Romantyps gekannt haben, wie seine Polemik gegen das Schwalben-Haar-Motiv (8601ff.)[8] und die Zurückweisung von Behauptungen wie, Riwalin stamme aus Lohnois (324ff.) oder der Zwerg Melot sei ein Sternkundiger gewesen (14241ff.), nahe legen. Zwar ließe sich mit

8 Zwei in Markes Saal kämpfende Schwalben verlieren ein goldenes Haar, dessen Besitzerin der König zur Frau begehrt (vgl. dazu Schindele, B 6: 1971, 21ff.; Dicke, B 6: 1997, 31ff.). – Die in der Forschung gelegentlich vertretene Auffassung, Gottfried polemisiere gegen eine Motivvariante mit einer einzigen Schwalbe und könne deshalb nicht Eilharts Version meinen (so Deighton, B 7: 1997, 142), greift zu kurz. Denn das Motiv impliziert, dass zunächst eine Schwalbe (≈ Tristan) ein Haar (≈ ein Teil von Isolde) aus Irland nach Cornwall bringt, bis ihr dort eine andere (≈ Marke) das Nistmaterial streitig macht. Gottfrieds Kritik richtet sich gegen die Unwahrscheinlichkeit des ersten Teils des Motivs.

Gombert einwenden, dass die genannten Passagen bereits auf Bemerkungen bei Thomas zurückgehen können (vgl. Gombert, B 6: 1927, 142–151), doch fragt es sich, warum sich Gottfried eine Polemik des Thomas zu Eigen machen sollte, wenn sie nicht (auch) für ihn und sein deutsches Publikum eine Stoßrichtung hätte. Seit Nellmann (B 6: 2001) die nahe liegende Annahme, Gottfried habe Eilharts Werk gekannt, anhand des Carlisle-Fragments erhärten konnte, ist es noch wahrscheinlicher geworden, dass die Invektiven des Straßburger Dichters Eilharts »Tristrant« nicht zufällig treffen, sondern auf ihn gemünzt sind.

Ein Eilhardus de Oberch, Angehöriger einer welfischen Ministerialenfamilie aus dem Dorf Oberg bei Braunschweig, ist zwischen 1189 und 1209 urkundlich bezeugt.[9] Von dessen »Tristrant« sind sechs Textzeugen – die Gottfried-Handschrift P (s. S. 54), drei Fragmente des 12./13. und zwei vollständige Handschriften des 15. Jahrhunderts (vgl. Schröder/Wolff, B 6: 1980, 412) – erhalten. Obwohl auch dieser Tristandichter eine eigene Bearbeitungstendenz verfolgt, die Handschriften seines »Tristrant« im Wortlaut oft divergieren und die beiden einzigen unversehrten Textzeugen möglicherweise auf eine Überarbeitung des 13. Jahrhunderts zurückgehen, bietet der unter Eilharts Namen vollständig erhaltene Roman dennoch den vergleichsweise besten Einblick in den Handlungsverlauf eines Tristanromans der vor-thomasschen Stufe. Einige der Handlungselemente, die bei Eilhart – streckenweise auch im Berol-Fragment – belegt sind und gegenüber der Thomas-Version als ursprünglicher gelten, seien im Folgenden genannt:

9 Wie Mertens (B 6: 1987, 262f.) dargelegt hat, könnte es sich somit um einen Dichter aus dem Umkreis des Welfenhofs handeln, der u. a. Kaiser Otto IV. gedient haben und dessen »Tristrant« um 1190 entstanden sein mag. Zur stark umstrittenen Datierung des Romans, deren Spielraum von 1160 bis um 1190 reicht, s. ebd., 262ff.

- Eilhart berichtet von Tristrants[10] Eltern in sehr knapper Form; Blanscheflur stirbt bei der Geburt ihres Sohnes auf hoher See (vgl. Eilh. 93ff.), während Riwalin, der König von Lohnois, fast bis zum Ende der Handlung am Leben bleibt (vgl. Eilh. 8139ff.).
- Das Geschehen um Herzog Morgan fehlt bei Eilhart ebenso wie die Rual-Gestalt, statt derer die ältere Romanstufe eine integre Helferfigur im Markereich namens Dinas kennt.
- Der vom Moroltkampf verwundete Tristrant lässt sich auf seiner ersten Irlandfahrt ziellos (*ane sture*, Eilh. 1153) in seinem Boot treiben und wird vom Wind nach Irland verschlagen, wo ihn die junge Isalde heilt (Eilh. 1192ff.); den Aufbruch zur zweiten Fahrt löst das Schwalben-Haar-Motiv aus (s. S. 260 Anm. 8), womit auch diese Ausfahrt eine Reise ohne festes Ziel ist.
- Nach der Mehlstreuszene, die der sternkundige Zwerg Aquitayn inszeniert, werden die Liebenden von Marke kurzerhand zum Tode verurteilt, aber Tristrant kann durch einen mutigen Sprung aus einem Kapellenfenster entkommen; Isalde soll auf dem Scheiterhaufen verbrannt werden, doch der König entscheidet sich zuletzt für eine besonders schändliche Todesart und übergibt sie den Aussätzigen, aus deren Händen sie von Tristrant wieder befreit wird. Es schließt sich ein entbehrungsreiches, standesunwürdiges Waldleben des flüchtenden Paares an, das bei Thomas durch die idyllische Minnegrottenepisode ersetzt wird (vgl. zu dieser Szenenfolge Schindele, B 6: 1971, 76ff.; Wolf, B 6: 1989, 71ff.; zum Waldleben s. auch Ruh, B 1e: 1980, 237; Mikasch-Köthner, B 6: 1991, 67ff.; Mälzer, B 6: 1991, 194ff.). Im Wald wohnt ein – bei Thomas getilgter – Einsiedler namens Ugrim, der Isalde hilft, zu Marke zurückzukehren, während sich Tristrant zu König Artus begibt, in dessen

10 Bis auf die Namen »Tristrant« und »Isalde« werden im Folgenden, wo möglich, die Namenformen Gottfrieds verwendet.

Gefolge er erneut mit dem Markehof in Kontakt tritt und das burleske Wolfseisenabenteuer erlebt (dazu McDonald, B 6: 1991, 35 ff.).
- Mehrere Nebenfiguren, wie der Einsiedler Ugrim oder der zwischen Tristrant und Isalde vermittelnde Piloise, nehmen bei Eilhart markante Aufgaben wahr: Als Tristrant und Kaedin die erste Isalde besuchen, verliebt sich Kaedin z. B. in deren Zofe Gymele und nicht, wie bei Thomas, in Brangäne (die bei Eilhart gegen Ende der Handlung stirbt, Eilh. 7560 ff.). Nach dem für Tristrant unerfreulichen Besuch bei Isalde in der Verkleidung eines Aussätzigen vollzieht Tristrant im Zorn die Ehe mit Isalde Weißhand (Eilh. 7070 ff.).
- Auch die zur tödlichen Verwundung Tristans führenden Umstände werden bei Eilhart anders als bei Thomas dargestellt: Ein eifersüchtiger Ritter namens Nampetenis hält argwöhnisch seine Ehefrau unter Verschluss. Als er bemerkt, dass Kaedin, von Tristrant unterstützt, mit ihr ein Verhältnis begonnen hat, überfällt er die beiden Freunde mit einer Übermacht, verwundet Tristrant schwer und tötet Kaedin. Dementsprechend wird in der Schlussepisode nicht, wie bei Thomas, Tristrants Schwager, sondern Kurvenal ausgesandt, um Isalde herbeizuholen (vgl. Schindele, B 6: 1971, 100 ff.).

Die nachstehende grobe Übersicht über die Episodenfolge bei Eilhart/Berol, welche die Handlung der Eilhartschen Fassung auf das Episodengerüst der Thomas-Textgruppe (s. S. 75 ff. und 252 ff.) projiziert, soll einen ungefähren Eindruck von den makrostrukturellen Übereinstimmungen und Abweichungen der beiden Redaktionsstufen vermitteln (bei Thomas hinzugefügte Handlungsabschnitte werden als Fehlstellen, von ihm nicht behandelte Episoden mit Kleinbuchstaben markiert):

[Prolog (Eilh. 1–53)]

1. Riwalin und Blanscheflur (Eilh. 54–102)
2. Tristrants Erziehung (Eilh. 103–184)
3. Tristrant zieht an den Markehof (Eilh. 185–350)
4. [–]
5. [–]
6. [–]
7. Der Sieg über Morolt (Eilh. 351–1050)
8. Die erste Irlandfahrt: Heilung (Eilh. 1051–1356)
9. Die zweite Irlandfahrt: Schwalben-Haar-Episode (Eilh. 1357–1472)
10. Der Drachenkampf (Eilh. 1473–1685)
11. Der Splitter (Eilh. 1686–2026)
12. Der Hoftag (Eilh. 2027–2226)
13. Der Minnetrank (Eilh. 2227–2720)
14. Der Brautunterschub in der Hochzeitsnacht (Eilh. 2721–2862)
15. Isaldes Mordanschlag auf Brangäne (Eilh. 2863–3080)
16. [–]
17. Verleumdung des Paares durch Antret (Eilh. 3081–3276)
18. Baumgartenepisode: Belauschtes Stelldichein (Eilh. 3277–3764; Ber. 2–580)
19. Mehlstreuszene und Todesurteil (Eilh. 3765–4490; Ber. 581–1274)
20. [–]
21. Das Waldleben (Eilh. 4491–4729; Ber. 1275–2132)
22. Die Trennung des Paares unter Vermittlung des Einsiedlers (Eilh. 4730–4995; Ber. 2133–3027[11])
    a. Tristrant am Artushof: Das Wolfseisenabenteuer (Eilh. 4996–5487)

11 Es folgen bei Berol zwei bei Eilhart nicht vorhandene Episoden: das (anders als bei Thomas verlaufende) Gottesgericht (Ber. 3028–4266) sowie eine fragmentarische Szene, in der sich Tristan an den bösen Baronen am Markehof rächt (Ber. 4267–4485). Diese Wendung der Handlung macht es unwahrscheinlich, dass Eilharts »Tristrant« von Berols Werk beeinflusst ist.

23. Tristrant in Karahes (Eilh. 5488–6102)
24. Tristrants Heirat mit Isalde Weißhand (Eilh. 6103–6142)
25. [–]
26. [–]
27. Das »kühne Wasser« (Eilh. 6143–6254)
28. Tristrants und Kaedins Besuch bei der ersten Isalde (Eilh. 6255–7025)
29. Tristrants Rückkehr als Aussätziger (Eilh. 7026–7080)
30. Tristrants Rückkehr als Pilger (Eilh. 7081–7864)
    a. Exposition des Nampetenis-Abenteuers (Eilh. 7865–8134)
    b. Tristrants Rückkehr als fahrender Knappe (Eilh. 8135–8582)
    c. Tristrants Rückkehr als Narr (Eilh. 8583–9032)
31. Das Nampetenis-Abenteuer (Eilh. 9033–9234)
32. Der Tod der Liebenden (Eilh. 9235–9524)

Die Konzeption des Eilhartschen »Tristrant«, in der manche Züge der ältesten Romanstufe konserviert sind, von denen sich die Thomas-Version teilweise deutlich abhebt, manifestiert sich nicht zuletzt am Phänomen des Minnetranks, der auf der früheren Stufe über eine Wirkungsstaffelung verfügt (vgl. dazu grundlegend Curtis, B 6: 1969, 24–27; anders Hellgardt, B 6: 2002, 184f., 192f.). Dementsprechend ist bei Eilhart von einer vierjährigen Intensivwirkung die Rede, während der das Paar keinen Tag getrennt zu verbringen vermag, ohne zu erkranken; darauf folgt eine lebenslang anhaltende Phase abgeschwächter Trankwirkung, in der die Liebenden ihre Minne freier gestalten können (vgl. Mikasch-Köthner, B 6: 1991, 50ff.). Der Phasenwechsel vollzieht sich – bei Eilhart in der Werkmitte (vgl. Buschinger, B 6: 1974, 219f.; dies., B 6: 1984, 72–75) – am Ende des Waldlebens zwischen zwei Einsiedlergesprächen (in Nr. 21 und 22): Als die Liebenden das Nachlassen der Trankwirkung spüren, bereuen sie gegenüber Ugrim, der ihr Zusammensein ausdrücklich als Sünde (Eilh. 4715) bezeichnet, ihre Taten (Eilh. 4755ff.) und sind nun bereit, sich zu trennen. Bei Gottfried dagegen, der dem Konzept des Thomas verpflichtet ist, weist das Ende des Waldlebens weder eine entsprechende Umschlagpunkt-Funktion noch moraltheologische Akzente auf, denn die Liebenden nehmen ihre alte Rolle am Markehof zunächst wieder ein, bevor sie sich in der zweiten Baumgartenepisode voneinander trennen müssen.

Zudem stellt Eilharts Erzähler, in deutlichem Gegensatz zur Darstellung bei Gottfried (s. S. 203), die Liebenden während der Intensivphase der Minne als für ihr Tun nicht haftbar dar (vgl. z. B. Eilh. 2367f.) und gibt die Schuld für ihr normwidriges Verhalten weitgehend dem als böse (*vil ledig*, Eilh. 2844) bezeichneten Trank (vgl. Mikasch-Köthner, B 6: 1991, 22). Im Schlussdrittel des Eilhartschen Romans bietet die Abschwächung der Trankwirkung Tristrant und Isalde sodann eine Chance, ihre Liebe in Anlehnung an höfische Verhaltensmuster zu leben (vgl. Buschinger, B 6: 1974, 504f., 1035; Mikasch-Köthner, B 6: 1991, 20f.; 27ff., 101ff.; anders Keck, B 6: 1998, 107ff.). Bezeichnend ist, dass gerade dieser Handlungsteil tödlich endet, während sich die Liebenden in der weit gefährlicheren Intensivphase stets zu retten vermögen (vgl. die Erklärungsansätze bei Kuhn, B 6: 1973, 34; Tomasek, B 6: 1986, 117–119). Doch darf auch die abgeschwächte Wirkung des Tranks in Eilharts Konzeption nicht unterschätzt werden, wie das Schlussbild des »Tristrant« zeigt:

man grub si beide in ein grab.
ich en weiß, ab ich uch sagin mag,
idoch horte ich sagin alsuß,
daß der koning einen rosenpusch
lyße setczin uff daß wip
und einen uff dez manneß lip
von eyme edelin wynrabin.

do wordin sie sich samene
daß man sie mit nykeinen dingen
von en andir kunde bringen,
man konde or nicht zcubrechin.
vor ware horte ich daß sprechin,
daß eß machte dez trankeß craft.
(Eilh. 9509–9521)

(»Man beerdigte sie beide in einem Grab. / Ich weiß nicht, ob ich es euch sagen soll, / doch hörte ich folgendermaßen erzählen, / dass der König einen Rosenbusch / über der Frau anpflanzen ließ / und einen [Setzling] über dem Leichnam des Mannes, / der von einem edlen Weinstock stammte. / Da wurden sie miteinander vereint, / so dass man sie unmöglich / voneinander trennen konnte, / man konnte von ihnen nichts auseinanderbrechen. / Wahrlich hörte ich sagen, / dass dies die Macht des Tranks bewirkt habe.«)

Das berühmte Bild vom zusammenwachsenden Rosen- und Weinstock beendet auch die altnordische »Saga«, obwohl es sich in den erhaltenen Thomas-Fragmenten nicht findet (vgl. dazu Bonath, B 6: 1985, 396ff.).

Weitere gravierende konzeptionelle Unterschiede treten an Eilharts und Gottfrieds Prologen (einschließlich des Thomasschen Epilogs) zutage: Während Gottfried und Thomas einen Hauptakzent auf die Minnethematik legen, haben in Eilharts Prolog (vgl. Eilh. 36ff., 51f.), wie im gesamten »Tristrant«, Leben und Taten des männlichen Protagonisten Vorrang vor dem Liebesgeschehen (vgl. Mertens, B 6: 1987, 266ff.). So bestimmt die Tristrant-Figur bei Eilhart weite Teile der Handlung durch ihr mannhaftes Rittertum (vgl. Mikasch-Köthner, B 6: 1991, 40), was phasenweise – vor allem während der Intensivwirkung des Minnetranks – die Entfaltung der Isaldegestalt einschränkt (vgl. Ferrante, B 6: 1973, 51; Mälzer, B 6:

1991, 78ff.), wogegen der Straßburger Dichter schon im Prolog zwei gleichwertige Protagonisten einführt (vgl. z. B. Wolf, B 6: 1989, 164f.).

Die Hervorhebung des Heroentums und der feudalen Herrschaft führt bei Eilhart zu anderen Figurenprofilen als bei Gottfried. Eilharts Marke-Gestalt ist z. B. ein tatkräftiger, zuweilen überaus zorniger König, der als erste Figur in die Handlung eingeführt wird (Eilh. 54f.) und mit einer großmütigen Geste gegenüber dem toten Liebespaar auch den Schlussakzent setzt, während er bei Thomas am Ende bedeutungslos bleibt (vgl. Hoffmann, B 6: 1991, 58ff.; Spiewok, B 6: 1995, 235f.).[12]

Offenkundig wollte Gottfried, der, wie das Carlisle-Fragment nahe legt (s. S. 257), den Eilhartschen »Tristrant« gekannt, zumindest aber von dessen Existenz gewusst haben wird, die deutsche Vorgängerdichtung nicht zu seiner (Haupt-)Vorlage machen. Er hat sich, wie es im Prolog lautet (155–170), mit Bedacht der Mühe unterzogen, die Version des Thomas als »einzig richtige« Quelle für sein Publikum zu erschließen, und dennoch nicht daran hindern lassen, manche Details ähnlich wie Eilhart zu behandeln (vgl. Nellmann, B 6: 2001, 31, 35).

Zur Entstehung des Tristanromans

Die Romane Thomas', Eilharts und Berols sind nicht die ersten schriftlichen Tristandichtungen gewesen, bezeichnet doch u. a. Eilhart seine Quelle als ein *buch* (Eilh. 1806, 4731). Folglich hat der »Tristan« – vermutlich in Gestalt einer französischen Versdichtung – die Schwelle vom mündlichen Erzählen zum schriftlichen Roman bereits auf der davorliegenden Stufe überschritten (vgl. auch Thom. 2117f.), für welche die Forschung seit Schoepperle (vgl.

12 Zu den Unterschieden in der Erzähltechnik vgl. Wolf, B 6: 1989, 66ff.; Keck, B 6: 1998, 80ff.; Schausten B 6: 1999, 106ff.

Schoepperle Loomis, B 6: ²1963, 66ff. [¹1913]) den Ausdruck »Estoire« zu verwenden pflegt, den Berol zur Bezeichnung seiner schriftlichen Vorlage benutzt (*... conme l'estoire dit, / L[a] ou Berox le vit escrit*).[13]

Die Übereinstimmungen der erhaltenen Romane lassen darauf schließen, dass auf der Stufe der »Estoire« alle Handlungsblöcke des »Tristan« (Elternvorgeschichte, Tristans Erziehung, Dienst für Marke, Minnegeschehen, Isolde-Weißhand-Teil mit Rückkehrabenteuern, Tod der Liebenden) vorhanden waren (vgl. Mohr, B 6: 1976, 61–76; Blakeslee, B 6: 1989, 8f.).[14] Auch haben sich bereits prominente Episoden des Tristanromans herausgeschält: die traurige Geburt des Protagonisten, der Moroltkampf, die Heilungsfahrt, der Minnetrank, Markes Hochzeitsnacht, der Anschlag auf Brangäne, das Waldleben u. a. m. Andererseits zeigen die Unterschiede zwischen den Fassungen Thomas', Eilharts und Berols, dass die Dichter bei der Auswahl und Formung der Episoden mancherlei Gestaltungsfreiheit für sich in Anspruch nahmen. Auf der »Estoire«-Stufe erhielt der europäische Tristanroman seine Grundlage, nicht aber eine unabänderliche Vorgabe (vgl. dazu Blakeslee, B 6: 1989, 10).

Der Verschriftlichung des »Tristan« muss eine Phase variantenreichen mündlichen Erzählens über Tristan und Isolde vorausgegangen sein, die (mindestens) bis in die Abfassungszeit der ältesten erhaltenen Romane angedauert hat, wie entsprechende Bemerkungen bei Eilhart, Berol und Thomas nahe legen (vgl. Eilh. 9454ff.; Ber. 1265ff.; Thom. 2107ff.; s. dazu Henkel, B 6: 1990, 92f.). Dies steht der Annahme einer modellbildenden »Estoire«-Stufe nicht

13 »... wie die Geschichte sagt, so wie sie Berol geschrieben fand«, Ber. 1789f.

14 Aus heutiger Sicht erscheint es wenig sinnvoll, darüber hinaus mit Ranke (B 6: 1925, 8–39) eine Vorstufe der »Estoire«, d. h. ein »älteres Epos« ohne den Minnelisten- und Isolde-Weißhand-Teil, zu rekonstruieren (vgl. Mohr, B 6: 1976, 61).

im Wege (vgl. Baumgartner, B 6: 1987, 15; anders vor allem Varvaro, B 6: 1967), da deren prägende Wirkung nicht, wie die ältere Forschung unterstellte (z. B. Bédier, B 6: 1902/05; Golther, B 6: 1907, 37ff.; Schoepperle Loomis, B 6: ²1963, 66ff. [¹1913]), auf ein einzelnes Werk eines einzelnen Autors zurückgeführt werden muss.[15] Wenn sich der »Estoire«-Rahmen vielmehr, wofür einiges spricht, in einer mündlichen Erzählkultur mit vielseitigen Autorenkontakten herausbildete, konnte die Dichtung rasch in mehreren hinsichtlich des Makro-Aufbaus stabilen, bezüglich der Wahl und Gestaltung einzelner Episoden aber variablen Fassungen verbreitet und verschriftlicht worden sein (die Variabilität der frühen Tristandichtungen betont auch Baumgartner, B 6: 1987, 14–16).

Neben der Fixierung eines Handlungs(groß)rahmens und der Herausbildung signifikanter Episoden gehört, wie die Fassungen Thomas', Eilharts und Berols zeigen, auch das kohärenzstiftende Prinzip der Motivdoppelung zum Wesen der »Estoire«-Stufe. Bedenkt man, dass Eilharts Dichtung – und vielleicht auch seine Vorlage (vgl. Mohr, B 6: 1976, 73, 77f.) – auf einen Wendepunkt inmitten eines gedoppelten Einsiedlergesprächs hin angelegt ist (s. S. 265) oder dass Thomas die Abenteuer Tristans mit einem Seesturm beginnen lässt (Nr. 3), um ans Handlungsende ein nicht weniger schicksalhaftes Unwetter zu stellen (Nr. 32), so scheint Haugs Formulierung, »dem ›Tristan‹ [fehle] eine Struktur« (Haug, B 6: 1990, 67), zu weit zu gehen. Dieser bis zu Ranke (B 6: 1925) zurückzuverfolgenden Ansicht hat bereits Witte (B 6: 1933) widersprochen und auf das ausgiebig genutzte Prinzip der Vervielfältigung von Motiven hingewiesen. Alle Autoren von Tristanromanen, so auch Gottfried, übernehmen dieses Verfahren und realisieren es – dem Umgang mittelalterlicher Lyriker mit dem Strukturprinzip des Leichs vergleichbar – nach je-

15 Über die (wenig überzeugenden) Versuche, einen »Estoire«-Dichter zu identifizieren, vgl. Stein, B 6: 2001, 18f.

weils eigenen Bauplänen (vgl. dazu Ferrante, B 6: 1973, 59–113). Die strukturellen Vorgaben, welche die »Estoire«-Stufe den auf ihr aufbauenden Romanen vererbte, sind allerdings noch nicht genügend ergründet worden. Einen viel beachteten Strukturdeutungsansatz vertritt Kuhn, der im »Tristan« die Verbindung eines »Heilsbringermärchens« mit dem Muster einer »Brautwerbung durch einen außergewöhnlichen Stellvertreter« erkennt (B 6: 1973; s. auch ders., B 6: 1979, 208–210; diesen Zugriff weiterführend: Haug, B 6: 1973, 418ff.; auf Kuhn kritisch aufbauend: Simon, B 5: 1990; Warning, B 6: 2003, 177ff.; vgl. auch die Ansätze von Mohr, B 6: 1976; Unterreitmeier, B 6: 1984; Blakeslee, B 6: 1989, 8f.).

Welchem Gattungsbild die »Estoire«-Stufe am nächsten gestanden haben mag, lässt sich nicht mehr feststellen. Durch die dem Leben Tristans von der Zeugung bis zum Tod gewidmete biographische Gesamtanlage, den fatalen Ausgang sowie die Mischung aus heroischer Abenteuerhandlung, schwankartigen Ehebruchsepisoden und Szenen passionierter Liebe (vgl. dazu Kay, B 6: 1985; s. S. 89f.) unterscheidet sich der »Tristan« in jedem Falle deutlich von den klassischen Artusromanen. Der Konnex von Liebe und Tod im »Tristan« weist u. a. ins Heldenepische,[16] die Aspekte des Künstlertums und der List zeigen eine Nähe zur Textgruppe der sog. »Spielmannsepen«.[17]

Eine wesentliche Errungenschaft der »Estoire«-Stufe ist das Minnetrankmotiv (vgl. Ranke, B 6: 1925, 15f.; Curtis, B 6: 1969, 24–27), das zum Grundbestand des Mythos von Tristan und Isolde gehört. Während in vielen Kulturen Liebeszauber zur Beeinflussung einzelner Personen be-

16 Für die auffallenden Parallelen zwischen Tristan- und Nibelungenstoff vgl. Kuhn, B 6: 1973; Gillespie, B 6: 1990; Keck, B 6: 1998, 85ff.; Hellgardt, B 6: 2002.

17 Vgl. Michael Curschmann, »Spielmannsepik. Wege und Ergebnisse der Forschung von 1907–1965. Mit Erg. und Nachtr. bis 1967«, Stuttgart 1968, S. 64f., 96, 110f. – Zum Künstler Tristan in der »Estoire« vgl. Eilh. 1136 und Henkel, B 6: 1990, 82.

kannt sind, bedeutet die Konzeption eines Minnetranks, der einen Mann und eine Frau gemeinsam in den Bann schlägt, etwas grundlegend Neues. In Frankreich und einigen Ländern des europäischen Kontinents existierte nach Schoepperle (vgl. Schoepperle Loomis, B 6: ^{2}1963, 407 Anm. 1) im 12. Jahrhundert die Sitte, einem Brautpaar im Anschluss an den Ehevollzug im Schlafgemach einen Hochzeitstrunk zu reichen (vgl. die Gottfriedverse 11460 ff.). Dieser zeitgenössische Brauch ist auf der »Estoire«-Stufe offenbar mit älteren liebesmagischen Vorstellungen zu einem neuen Konzept verschmolzen worden, das beide Partner zu gleichermaßen betroffenen Liebenden werden lässt (vgl. Eisner, B 6: 1969, 102).

Insgesamt stellt die »Estoire« ein für die europäische Literaturgeschichte sehr bedeutsames Phänomen dar (vgl. Mohr, B 6: 1976, 56) – die Annahme, der Tristanstoff sei auf dieser Stufe noch »nicht überzeugend realisiert« worden (so Buschinger, B 6: 1984, 68; vgl. dies., B 6: 1974, 1043), ist ebenso unüberprüfbar wie unnötig. Mit der Herausbildung der »Tristan«-Grundhandlung auf der »Estoire«-Stufe entstand eine bis in die Gegenwart anhaltende Romantradition, die auch in anderen Gattungen lebhafte Reaktionen auslöste. Kurz nach 1150 erwähnt z. B. der südfranzösische Trobador Bernart von Ventadorn in einem seiner Lieder *Tristan l'amador*, der Schmerzen wegen der blonden Isolde erlitten habe. Derartige provencalische und – bald darauf – nordfranzösische Zeugnisse (vgl. Wolf, B 6: 1989, 8–18; Stein, B 6: 2001, 141–147) bilden den Anfang einer Kette von Tristananspielungen in der mittelalterlichen Lyrik (vgl. Stein, B 6: 2001, 139), die sich rasch im deutschen Minnesang (vgl. Lichtenstein, B 6: 1877, CCII f.) und im 13. Jahrhundert auch in italienischen Liedern[18] fortsetzt. In diesen Zeugnissen wird die Tristanliebe entweder als positiver Vergleichspunkt ge-

18 Vgl. z. B. Walter Pagani, »Repertorio tematico della Schuola poetica Siciliana«, Bari 1968, bes. S. 469 f.

wählt oder, wie in der nordfranzösischen und deutschen Lyrik des 12. Jahrhunderts, energischer Kritik ausgesetzt (vgl. Mertens, B 6: 1993).

Dass mehreren Trobadors eine über die wesentlichen Bestandteile verfügende Tristanerzählung bekannt war (vgl. Wolf, B 6: 1989, 12ff.), eröffnet Datierungsperspektiven für die »Estoire«-Stufe. Demnach haben estoirenahe Fassungen schon bald nach der Mitte des 12. Jahrhunderts vorgelegen und im höfischen Milieu Südfrankreichs ein Publikum gefunden, wo sich um 1150 die in den Liedern Bernarts von Ventadorn ebenfalls erwähnte Eleonore von Aquitanien (1122–1204), die Enkelin Herzog Wilhelms IX., des »ersten Trobadors«, als Mäzenin betätigte (vgl. z. B. Wolf, B 6: 1989, 9f.).

Während sich also Aspekte der »Estoire«-Stufe auf der Basis der ältesten erhaltenen Tristanromane vorsichtig erschließen lassen, ist die viel diskutierte Frage ihrer keltischen oder orientalischen Vorformen mit zahlreichen Unsicherheiten behaftet. Entsprechend vielfältig fällt das Spektrum der diesbezüglichen Forschungsmeinungen aus (vgl. den Überblick bei Stein, B 6: 2001, 19–25). Bis über die Mitte des 20. Jahrhunderts hinaus ist die große Mehrzahl der Forscher davon ausgegangen, dass die »Tristansage« im Wesentlichen ein Produkt der britischen Inseln sei, wozu insbesondere die Untersuchung Schoepperles (Schoepperle Loomis, B 6: ^{2}1963; ^{1}1913) und in Deutschland das durch Schoepperle inspirierte Werk Rankes (B 6: 1925) beigetragen haben. Umfassende Kritik an Schoepperles Vorgehen ist erst in jüngster Zeit formuliert worden (vgl. Brockington, B 6: 1996, 297ff.).

Zweifellos weisen zentrale Figurennamen des »Tristan« in den (insel-)keltischen Bereich, wie etwa der walisische Name Brangänes. Ein König Marcus/March des 6. Jahrhunderts wird seit dem 9. Jahrhundert (»Vita S. Pauli Aureliani«) in mehreren Texten des walisischen und bretonischen Raums erwähnt (vgl. z. B. Bromwich, B 6: 1953,

46ff.; Padel, B 6: 1981, 72f.), und nicht zuletzt ist der Tristan-Name aufschlussreich, der zuerst auf einem kornischen Gedenkstein des 6. Jahrhunderts als *Drvsta[n]us* bezeugt ist, sodann für das 8. Jahrhundert als piktischer Name *Drust* (o. Ä.) bzw. in kymrischen Handschriften (z. B. aus dem 13. Jahrhundert) in der Variante *Drystan* überliefert wird und nach dem Jahre 1000 auch in bretonischen Zeugnissen (in entstellter Form) auftritt (vgl. Bromwich, B 6: 1953, 35; Padel, B 6: 1981, 55; Lühr, B 6: 1999, 143ff.). Angesichts solcher Befunde mag es von untergeordneter Bedeutung sein, ob auch der Name Isoldes aus einem kymrischen *Essylt* herzuleiten oder möglicherweise von germanischen Namenformen (mit-)beeinflusst ist (vgl. Padel, B 6: 1981, 66), da im frühmittelalterlichen Westeuropa ohnehin von keltisch-germanischen Kontakten ausgegangen werden kann (vgl. zum Namenmaterial auch Loth, B 6: 1911; McCann, B 6: 1995, 27f.; Stein, B 6: 2001, 14f.; zu den Ortsnamen vgl. vor allem Padel, B 6: 1981, 58ff.).

Zudem besitzen einige Handlungselemente, wie z. B. die keusche Schlafhaltung der Liebenden während des Waldlebens (vgl. Eilh. 4581ff.; Schoepperle Loomis, B 6: ²1963, 430f.; anders Brockington, B 6: 1996) oder die Episode vom »kühnen Wasser« (vgl. Schoepperle Loomis, B 6: ²1963, 413ff.), die im »Tristan« eine recht artifizielle Verwendung zeigen, beachtenswerte Parallelen im inselkeltischen Erzählgut (vgl. McCann, B 6: 1995, 25f.). Keltischer Herkunft ist das Motiv des voreiligen Versprechens (9./10. Jahrhundert; vgl. Dicke, B 6: 1997, 126, zur Gandin-Episode), und das Motiv der im Wasser schwimmenden geschnitzten Späne weist in den irischen Raum (vgl. Küsters, B 6: 1996, 74). Hinzu kommt, dass auch Spuren altirischer Gattungsmuster in der Romanhandlung ausgemacht wurden: Tristans Irlandfahrten, die bei Eilhart ins Ungewisse gehen, sollen nach Schoepperle (vgl. Schoepperle Loomis, B 6: ²1963, 326ff.) Züge der keltischen Gattung *immram* (»Seefahrt«) tragen, wie im Waldleben Tristans und Isoldes das Modell einer altirischen Fluchterzählung (*aithed*) zu erkennen sei (vgl. ebd. 391ff.). Ferner wird die Moroltepisode mit Elementen der Gattung *tochmarc* (»Werbung«) in Zusammenhang gebracht (vgl. McCann, B 6: 1995, 23f.). Der am häufigsten als keltische »Tristan«-Parallele herangezogene Text ist die altirische Dreiecksgeschichte von »Diarmaid und Grainne«, die in mehreren Versionen vorliegt; neuere Arbeiten betonen aber zunehmend auch deren Differenz zum Tristanroman (vgl. Cormier, B 6: 1976; Brockington, B 6: 1996).[19]

Das Vorhandensein eines Reservoires tristannaher Erzählbausteine und Namen macht es vorstellbar – aber keineswegs sicher –, dass sich irgendwo auf den Britischen Inseln eine möglicherweise dem Moroltkampf entsprechende Erzählung (mit *tochmarc*- und/oder *immram*-Zügen?) und eine »Diarmaid und Grainne« ähnliche *aithed* unter Zwischenschaltung internationaler Motive (Brautwerbung, Drachentötung) zu einer Erzählsequenz formiert haben, die mit dem Namen *Drystan* verbunden

19 In der an das *aithed*-Muster erinnernden Handlung von »Diarmaid und Grainne« finden sich u. a. folgende Episoden: Grainne, die mit dem alten Heerführer Finn verheiratet ist, verliebt sich in dessen Gefolgsmann Diarmaid. Mit Hilfe eines Trunks versetzt sie den Hof Finns in einen Tiefschlaf, um Diarmaid ihre Liebe zu gestehen. Da er sich weigert, seinem Herrn untreu zu werden, zwingt sie ihn mit Hilfe eines Zaubers, mit ihr zu fliehen. Von Finns Leuten verfolgt, streifen Diarmaid und Grainne durch das Land, schlafen aber zunächst nicht miteinander. Als bei einem ihrer Fußmärsche Wasser an Grainnes Schenkel hinaufspritzt, zwingt sie ihren Begleiter mit der für ihn entehrenden Feststellung, das Wasser sei kühner als er, zum Beischlaf. Lange Zeit leben Diarmaid und Grainne in der Wildnis, bis sie durch einen Vermittler mit Finn ausgesöhnt werden. Eines Tages wird Diarmaid bei der Eberjagd tödlich verletzt; Finn könnte Diarmaid mit seiner Zauberkraft heilen, doch unterlässt er es im Gedanken an Grainne. Diese betrauert den toten Diarmaid, versöhnt sich aber wieder mit Finn. (Verkürzte Wiedergabe auf der Grundlage von Carney, B 6: 1955, 217f. Vgl. auch die Darstellung von »Diarmaid und Grainne« bei Cormier, B 6: 1976, 593f., und – besonders ausführlich – Kühnel, B 6: 1987, 226ff.)

wurde (vgl. Bromwich, B 6: 1953, 38ff.; Newstead, B 6: 1959, 126f.). Bis weit über die Mitte des 20. Jahrhunderts nahm die Forschung an, dass der Keim zu einer solchen Sequenzbildung im Norden Großbritanniens, im Gebiet der Pikten, gelegt worden und die Geschichte von Tristan und Isolde im Zuge einer Südwanderung, die bis auf den Kontinent führte, zusammengewachsen sei (so z.B. Loomis, B 6: 1963, 79f.). Neuere Forschungen sprechen aber eher dafür, dass der Nährboden für die Ausprägung entscheidender Teile der Tristanerzählung in Cornwall zu suchen ist, wobei auch kornische Ortssagen, von denen vor allem Berol zu berichten weiß (vgl. u.a. Ber. 953f.), eine Rolle gespielt haben mögen (dazu Padel, B 6: 1981, bes. 63ff.; vgl. McCann, B 6: 1995, 34; Lühr, B 6: 1999; Stein, B 6: 2001, 23f.).

Das Hauptproblem der keltistischen Tristanforschung liegt in der zumeist späten Überlieferung keltischen Erzählguts, so dass im Falle der Geschichte von »Diarmaid und Grainne«, die zwar bereits im 10. Jahrhundert Erwähnung findet, deren Haupthandschrift aber erst aus dem 17. Jahrhundert stammt, mit einem Einfluss des Tristanromans auf die erhaltenen Fassungen gerechnet werden muss (vgl. Padel, B 6: 1981, 56f.; McCann, B 6: 1995, 26, 34). Darüber hinaus verwundert es, dass, abgesehen von Kleintexten, keine mittelalterliche keltische Dichtung über Tristan und Isolde erhalten ist (vgl. dazu McCann, B 6: 1995, 29f.).[20]

Ferner ist festzustellen, dass die aufgeführten keltischen Parallelen in keinem Falle ausreichen, um die Entstehung des Tristanromans insgesamt zu erklären, denn zweifellos

20 Hieraus haben Carney und Eisner den Schluss ziehen wollen, dass eine frühmittelalterliche lateinische Dichtung existiert haben müsse, durch die sowohl der »Tristan« als auch die irischen Erzählungen mit Tristanparallelen angeregt worden seien, doch konnte sich ihre Spekulation über einen solchen »Proto-Tristan« nicht durchsetzen (vgl. Carney, B 6: 1955, 189ff.; Eisner, B 6: 1969, 94f.).

ist auch eine Fülle international umlaufenden Erzählguts (s. S. 280f.) in den »Tristan« mit eingegangen. Dazu gehören offenbar auch Motive aus antiker Überlieferung wie z. B. das auf die Theseussage verweisende Rückkehrsignal des schwarzen bzw. weißen Segels (vgl. Eisner, B 6: 1969, 150ff.; Stein, B 6: 2001, 17).

Das Interesse an einer keltistischen Ausrichtung der Tristanforschung führte in der ersten Hälfte des 20. Jahrhunderts dazu, dass die orientalistische (Gegen-)Position, die bereits vor dem Erscheinen der Arbeit Schoepperles durch Zenker (B 6: 1911) vertreten worden ist, zunächst nur ein Schattendasein führte. Hinweise aus dem 19. Jahrhundert aufnehmend, sah Zenker den Ursprung des Tristanromans in dem persischen Epos »Wis und Ramin«, doch erst nach der Jahrhundertmitte hat seine Position in Arbeiten Schröders (B 6: 1961), Haugs (B 6: 1973), Gallais' (B 6: 1974), Tekinays (B 6: 1980) u. a. m. ernsthafte Beachtung gefunden.

Die Handlungsparallelen, die »Wis und Ramin« mit dem »Tristan« aufweist, können, wie auch deren Unterschiede, im Folgenden unausgeführt bleiben (vgl. die gründliche Darstellung bei Hartmann, B 6: 1999), denn weder Zenkers These noch Schröders, Gallais' oder Haugs modifizierte Auffassungen lassen sich nach heutigem Forschungsstand aufrechterhalten, seit der Orientalist Kunitzsch gezeigt hat, dass dem wenig verbreiteten und offenbar nie ins Arabische übersetzten persischen Großepos im 12. Jahrhundert der Verbindungsweg in die abendländische Welt gefehlt hat (s. dazu im Einzelnen Kunitzsch, B 6: 1980, 77ff.; zustimmend Hartmann, B 6: 1999).

Mit derselben Entschiedenheit weist Kunitzsch auch die Vermutung Singers (B 6: 1918, 8ff.), die arabische Geschichte »Kais und Lubna« könne eine Quelle für den Isolde-Weißhand-Teil gewesen sein, zurück (vgl. Kunitzsch, B 6: 1980, 81f.). Die in die bedeutende Sammlung des al-Isfahani (9. Jahrhundert) eingegangene Erzählung hat wegen ihrer Nähe zum Schlussdrittel des »Tristan« auch bei Anhängern der keltistischen Position Beachtung erlangt, denn es finden sich darin folgende Motive: 1. eine erzwungene Trennung eines Künstlers von seiner geliebten Frau, 2. sein Fortziehen, um den Liebesschmerz zu verringern, 3. die Namensgleichheit seiner zweiten Braut, 4. die Freundschaft mit deren Bruder, 5. die nicht vollzogene Ehe, 6. das Wiedersehen mit der Geliebten, 7. ihre vorübergehende Unnahbarkeit, 8. ihre letztliche Bereitschaft, den Partner zu retten, und 9. der Tod aus Liebesschmerz (vgl. Tekinay, B 6: 1980, 104).[21] Im Unterschied zu »Wis und Ramin« entspricht auch die Abfolge der Handlungsschritte derjenigen des »Tristan«, wobei die inhaltlichen Übereinstimmungen im Bereich der Elemente 3–5 besondere Aufmerksamkeit verdienen.

Kunitzsch lehnt diese populäre arabische Erzählung[22] als »Tristan«-Parallele mit dem Argument ab, dass eine

21 »Der Dichter Kais liebt seine Frau Lubna über alles. Da die Ehe aber kinderlos bleibt, bestehen die Verwandten auf der Ehescheidung, bis das Ehepaar mit Gewalt getrennt wird. Daraufhin wird Kais schwer krank. In der Hoffnung, ihn wieder heilen zu können, beginnen seine Eltern, für ihn eine neue Frau zu suchen. Zu diesem Zweck ziehen sie in eine fremde Gegend. Ein schönes Mädchen lüftet dort den Schleier vom Gesicht. Als Kais hört, daß sie zufällig auch Lubna heißt, fällt er in Ohnmacht. Er zieht fort, aber der Bruder der zweiten Lubna folgt ihm. Die beiden Männer schließen Freundschaft, und erst nach vielen Wochen gelingt es dem Bruder, Kais mit seiner Schwester zu verheiraten. Aber Kais naht sich seiner neuen Frau nicht und spricht auch kein Wort mit ihr, weshalb er von den Verwandten bedroht wird. Als er auf seiner Wallfahrt nach Mekka zufällig die erste Lubna wiedersieht und diese ihn nicht einmal begrüßt, wird Kais auf dem Rückweg unheilbar krank. Darauf eilt die erste Lubna zu Kais, in der Hoffnung, ihn heilen zu können. – Über den Tod der beiden Liebenden sind die verschiedenen Versionen uneinig; fest steht nur, daß Kais und die erste Lubna aus Liebesschmerz den Geist aufgegeben haben.« (Tekinay, B 6: 1980, 104; vgl. auch Otto Rescher, »Abriss der arabischen Litteraturgeschichte«, Osnabrück 1983 [Nachdr.], S. 197–203.)

22 Es handelt sich bei »Kais und Lubna« um »eine der bekannten Liebeserzählungen« der altarabischen Literatur (Fuat Sezgin, »Geschichte des arabischen Schrifttums«, Bd. 2, Leiden 1975, S. 411). Schon im 8./9. Jahrhundert wird Lubna »as a proverbial mistress« erwähnt (Julie Scott Meisa-

Übersetzung von »Kais und Lubna« ins Lateinische und somit eine Übermittlung in die westliche Welt undenkbar sei (vgl. Kunitzsch, B 6: 1980, 81; zustimmend McCann, B 6: 1995, 34f.). Doch war Singer nicht von einer schriftlichen Vermittlung von »Kais und Lubna« ausgegangen, sondern von der Annahme, es sei im Umkreis des aquitanischen Hofs von Poitiers zu einer Rezeption arabischen Erzählguts im Zuge von Dichterbegegnungen gekommen (vgl. Singer, B 6: 1918, 10). An ihnen könnte nach Singer auch der von Thomas als früher Tristanerzähler erwähnte Breri (vgl. Thom. 2120ff.) beteiligt gewesen sein, der zumeist mit dem *famosus ... fabulator Bledhericus* gleichgesetzt wird, den der walisische Geschichtsschreiber Giraldus Cambrensis erwähnt (so z. B. auch Newstead, B 6: 1959, 132f.; Gallais, B 6: 1967).

Während Breri aber eine schwer fassbare Gestalt bleibt (vgl. Kellermann, B 6: 1956), ist mit dem Vorhandensein von Personen, die am Beginn des 12. Jahrhunderts imstande waren, westeuropäischen Erzählern arabische Geschichten mündlich zu vermitteln, unbedingt zu rechnen.[23] Und da die »Estoire«-Stufe mit großer Wahrscheinlichkeit in einer Phase intensiven mündlichen Erzählens über Tristan und Isolde verwurzelt ist (s. S. 269f.), kann beim gegenwärtigen Forschungsstand keineswegs ausgeschlossen werden, dass an einem literarisch interessierten europäischen Hof eine Brücke zwischen der Tristanerzählung keltischer Provenienz und einer populären arabischen Liebesgeschichte geschlagen wurde.

mi/Paul Starkey (Hrsg.), »Encyclopedia of Arabic Literature«, Bd. 2, London/New York 1998, S. 635). Zur Bekanntheit von »Kais und Lubna« im arabischen Mittelalter vgl. auch I. J. Kračkovskij, »Die Frühgeschichte der Erzählung von Magnûn und Lailâ in der arabischen Literatur«, in: »Oriens« 8 (1955), bes. S. 37ff.

23 Dies zeigt das Beispiel des konvertierten spanischen Juden Petrus Alfonsi, des Verfassers der aus orientalischem Erzählgut schöpfenden »Disciplina clericalis«, der sich am Londoner Hof König Heinrichs I. aufhielt (vgl. Gallais, B 6: 1974, 140).

Abb. 9 Die erste Baumgartenszene. Wandgemälde im Schloss Rhäzüns in Graubünden. Um 1400.

Die Tristanmaterie hat eine erstaunliche Kraft bewiesen, verschiedenste Motive (wie Drachenkampf, Brautunterschub, gefälschtes Gottesurteil, Haar der Prinzessin u. a. m.), die international breit überliefert sind und oft bis in die vorchristliche Literatur zurückreichen, anzuziehen und zu integrieren (vgl. neuerdings die Arbeiten von Dicke, B 6: 1997; B 6: 1998; B 6: 2002). Dass auch biblisches Motivgut hinzugehört, legt die erste Baumgartenszene nahe, in der sich das Liebespaar unerlaubterweise unter einem Baum trifft, auf welchem sein Feind darauf lauert, dass es einen fatalen Fehler begeht – ein Geschehen, das bei Eilhart ausdrücklich teuflischer Regie unterliegt (vgl. Eilh. 3400 ff., 3480 ff.). Der dieser Konstellation inhärente Motivverweis auf das biblische Sündenfallgeschehen kommt in zahlreichen mittelalterlichen Abbildungen der Baumgartenszene (s. Abb. 9) ikonographisch zum Ausdruck.[24] Im Unterschied zu den Stammeltern des Men-

24 Vgl. z. B. Ott, B 7: 1982, 197, 216; Curschmann, B 6: 1990, 7 ff.; Walworth, B 6: 1995, 279 ff. Die Sündenfall-Anklänge im »Tristan« werden eher

schengeschlechts verhalten sich Tristan und Isolde unter dem Baum jedoch umsichtig, so dass sie nicht vertrieben werden. Erst in der (von Thomas hinzugefügten) zweiten Baumgartenepisode, deren Anklänge an den Sündenfall bei Gottfried besonders evident sind, verspielen sie ihr bis dahin verteidigtes *wunschleben* (15043), d. h. die Möglichkeit, Hofleben und Liebe miteinander zu verbinden.

Die Motivvielfalt des Tristanromans hat bereits die ältere Forschung dazu veranlasst, weltweites Parallelmaterial aufzudecken (vgl. die Literaturangaben bei Steinhoff, B 1c: 1971, 91 ff.; ders., B 1c: 1986, 82 ff.; Dicke, B 6: 1997). Während hierbei der Versuch im Vordergrund stand, Quellen des Tristanromans zu identifizieren, was sich angesichts des Variantenreichtums und der Verbreitung der Motive als schwierig erwies, werden in jüngerer Zeit Ansätze verfolgt (z. B. bei Blakeslee, B 6: 1989), in denen Fragen der »Anverwandlung« (Dicke, B 6: 1997, 6) von Motivtraditionen in den Tristanversionen im Vordergrund stehen. Wie die noch ungedruckte, sich auf die Indizes der internationalen Erzählforschung stützende Habilitationsschrift Dickes (B 6: 1997) zeigt, führt die Motivverwendung im »Tristan«, insbesondere bei Gottfried, häufig zu komplexen, mehrdeutigen Strukturen, die aus Schemaüberlagerungen und -transformationen resultieren; nicht selten werden durch den Rückgriff auf gängige Motive anspruchsvolle intertextuelle Effekte erzeugt (vgl. auch Blakeslee, B 6: 1989; zur Gandin-Episode: Dicke, B 6: 1998; Oswald, B 5: 2001).

Die in allen Tristanfassungen zu beobachtenden Doppelungen, Spiegelungen und Verzahnungen von Motiven setzen die frühzeitige Herausbildung einer Erzählweise voraus, die es zuließ, weiteres Episoden- und Motivmaterial anzuschließen. Somit ist neben der oft beobachteten »er-

marginalisierend behandelt bei Lähnemann, B 6: 2002. Vgl. auch Dicke, B 6: 2002, 202 f., der für die erste Baumgartenszene vornehmlich andere Motivzusammenhänge rekonstruiert.

zählerischen Eigenausprägung« der Einzelszene im »Tristan« (Wolf, B 6: 1989, 57) auch deren Zusammenspiel mit dem motivischen Gesamtrahmen zu beachten, das in jedem Tristanroman anders ausfällt.

Dies bestätigen auch die für den Tristanstoff typischen Episodengedichte, d. h. separat überlieferte Episoden, die entweder ein Handlungselement aus dem »Estoire«-Bestand neu erzählen oder von apokryphen Ereignissen berichten, die sich in keinem Tristanroman finden. Sowohl für die teilweise noch aus der zweiten Hälfte des 12. Jahrhunderts stammenden altfranzösischen Episodengedichte (»Geißblattlai«, Berner und Oxforder »Folie«, »Donnei des amants«, »Tristan ménestrel«) als auch für den einzigen mittelhochdeutschen Vertreter (»Tristan als Mönch«; s. S. 295 f.) gilt, dass sie sich nicht nur dem Handlungsverlauf des Tristanromans recht genau zuordnen lassen, sondern auch an dessen Themen und Motivverknüpfungen teilhaben: Das bekannteste Beispiel dieser Textgruppe, der sog. »Geißblattlai« der Marie de France, schildert z. B. ein Geschehen, das Parallelen zu einem der Rückkehrabenteuer (s. S. 265 Nr. 28) besitzt und motivisch sowohl auf die Spanlist als auch auf die Verschlingung von Rosen- und Weinstock (s. S. 266 f.) verweist; die anonyme »Folie Tristan«, die – auf einem älteren Episodengedicht beruhend – in mehreren Versionen (Bern, Oxford) vorliegt, erzählt unter zahlreichen Anspielungen Tristans Rückkehrabenteuer als Narr aufs Neue (vgl. Nr. 30c; für Einzelheiten s. Wolf, B 6: 19–54).[25]

25 Einen Überblick über die altfranzösischen Episodengedichte bietet Stein, B 6: 2001, 44–74. Auch Chrétien de Troyes, der in seiner Lyrik und seinen Romanen mehrfach auf den »Tristan« Bezug nimmt, könnte ein (verlorenes) Episodengedicht verfasst haben, da er im Prolog seines »Cligés« eine eigene Dichtung von König Marke und der blonden Isolde erwähnt (vgl. ebd., 44 f., 74–138).

Zur Verbreitung des Tristanromans in Mittelalter und früher Neuzeit

Seit den 80er Jahren des 20. Jahrhunderts liegen mehrere Arbeiten vor, welche die Entwicklung und Verbreitung des Tristanromans in übersichtlicher Form auf einem (zumeist) immer noch modernen Forschungsstand darstellen (z. B. Buschinger, B 6: 1984; Stein, B 6: 1984; Henkel, B 6: 1990); den aktuellsten und pointiertesten Überblick über die deutsche Tradition gewährt derzeit Chinca (B 6: 2000). Die bei weitem vollständigste Darstellung aber bietet die sich durch eine breite geographische Perspektive, detaillierte Forschungsüberblicke und reiche Literaturangaben auszeichnende, postum veröffentlichte Habilitationsschrift Steins aus dem Jahre 1983 (Stein, B 6: 2001). Demgegenüber kann im Folgenden nur eine knappe Skizze der Verbreitung des Tristanromans in Europa geboten werden.

Das Alter der frühesten Episodengedichte (»Geißblattlai«: 1160–70/80; Urfassung der »Folie«: drittes Viertel 12. Jahrhundert?), die bereits die Makro-Handlung des »Tristan« voraussetzen, untermauert die Annahme, dass die entscheidenden Grundlagen des Tristanromans bald nach 1150 auf der »Estoire«-Stufe gelegt wurden (vgl. Schaubild 3). Neben den Versromanen des 12. Jahrhunderts greift auch der um 1230 verfasste, aus mehreren Quellen schöpfende altfranzösische »Tristan en prose« auf Material der »Estoire«-Stufe zurück. Er bildet einen groß angelegten Versuch, »die Biographie des tapferen Ritters Tristan in den Kosmos der arthurischen Welt einzuordnen« (Stein, B 6: 2001, 259). Von diesem umfangreichen, in etwa 80 Handschriften und 8 Drucken erhaltenen altfranzösischen Prosawerk, das über eine völlig andere Konzeption als die Versromane verfügt (vgl. die Überblicksdarstellungen bei Ranke, B 6: 1925, 233ff.; Stein, B 6: 2001, 252ff.; Wolf, B 6: 1989, 262ff.), ist eine nachhaltige europaweite Ausstrahlung ausgegangen, die dafür mitverantwortlich sein dürfte, dass die Thomas-Überlieferung auffällig schmal blieb, denn im Spätmittelalter wurde die Prosaversion in der Regel den Versfassungen aus dem 12. Jahrhundert vorgezogen. Einzig in Mitteleuropa vermochte sich der »Tristan en prose« gegenüber dem Einfluss Gottfrieds im 13. und frühen 14. Jahrhundert sowie Eilharts im späten 14. und 15. Jahrhundert nicht durchzusetzen (zur geringen Nachwirkung des »Tristan en prose« im deutschen Raum vgl. Stein B 6: 2001, 237).

Der »Tristan« hat im 12. Jahrhundert starke Grundlagen im anglonormannischen Einflussbereich besessen, denn es kann kein Zufall sein, dass die meisten der in zeitlicher Nähe zur »Estoire« entstandenen Tristanzeugnisse in diesen Sprachraum weisen: Die altfranzösischen Fragmente Thomas' und Berols sowie mehrere Episodengedichte wurden im anglonormannischen Dialekt verfasst, und Marie de France nennt nicht zufällig das titelgebende Symbol ihres »Geißblattlais« in französischer und englischer Sprache.

Fragt man sich, welches Herrscherhaus seit der Mitte des 12. Jahrhunderts ein Interesse am Tristanstoff besessen haben mag, so deuten viele Indizien auf ein Mäzenatentum des englischen Königspaares Heinrich II. und Eleonore von Aquitanien hin: Die ersten Anspielungen der Trobadors auf den Tristanstoff (s. S. 272f.) finden sich im Umkreis Eleonores, Marie de France dichtete wahrscheinlich für den englischen Königshof, Thomas preist ausdrücklich die Stadt London, und das Wappentier des Protagonisten ist bei ihm mit großer Wahrscheinlichkeit der angevinische Löwe des englischen Herrscherhauses (s. S. 34). Bedenkt man zudem, dass Eilhart von Oberg als Ministeriale im Dienst der Welfen stand, die durch die Heirat zwischen Heinrich dem Löwen und Mathilde, der Tochter Eleonores und Heinrichs II., mit der englischen Königsdynastie versippt waren, so spricht vieles für ein besonderes Interesse Heinrichs II. und Eleonores am Tristanstoff. (Diese von den meisten Forschern – mit verschiedenen Nuancen – geteilte Ansicht wird u. a. komprimiert dargestellt bei Loomis, B 6: 1922, bes. 28f.; Lejeune, B 6: 1954, 31–36.)

Während der Tristanroman im 12. Jahrhundert seine Heimat im Wesentlichen im anglonormannischen Raum bzw. in der Einflusssphäre der englischen Königsdynastie besaß, öffnete er sich in der Folgezeit in geographischer und sozialer Hinsicht einer immer breiter werdenden Rezeption. Hierzu trug im europäischen Maßstab vor allem der altfranzösische »Tristan en prose« bei, von dem u. a. mehrere italienische Tristanromane des Spätmittelalters, wie »La Tavola ritonda«, abhängen und dessen Wirkung von England (vgl. Malorys »Morte Darthur«, gedr. 1485) und der Iberischen Halbinsel bis auf den Balkan reichte.

Aber schon von der Versfassung des Thomas ging im 13. Jahrhundert eine recht weite Ausstrahlung aus, wie u. a. die im Kontext norwegisch-englischer Kulturbeziehungen unter König Haakon Haakonarson (1217–1263) entstandene altnordische »Tristrams-Saga« (1226) zeigt; in Deutschland hat Gottfried von Straßburg in der Thomas-Nachfolge ebenfalls an der Erweiterung des Tristanpublikums mitgewirkt (s. dazu S. 34). Zum eigentlichen Wegbereiter im deutschen Einflussraum wurde in den folgenden Jahrhunderten jedoch Eilharts »Tristrant«, der im ausgehenden 14. Jahrhundert eine alttschechische Versübertragung erhielt – in die auch Abschnitte aus Gottfrieds Fassung eingegangen sind (vgl. Růžičková, B 7: 2001) – und im Jahre 1484 als deutsche Prosabearbeitung gedruckt wurde. Diese anonyme Prosaauflösung, die bis ins 17. Jahrhundert 13 Auflagen erlebte und den »Tristan« einem breiter werdenden deutschen Lesepublikum verfügbar machte, hat zwischen 1551 und 1554 den Nürnberger Stadtbürger und Dichter Hans Sachs zur Abfassung mehrerer Meisterlieder mit Tristanthematik sowie einer »Tragedia … von der strengen lieb herr Tristrant mit der schönen königin Isalden« inspiriert (zur Eilhart-Rezeption vgl. Stein, B 6: 2001, 226–232).

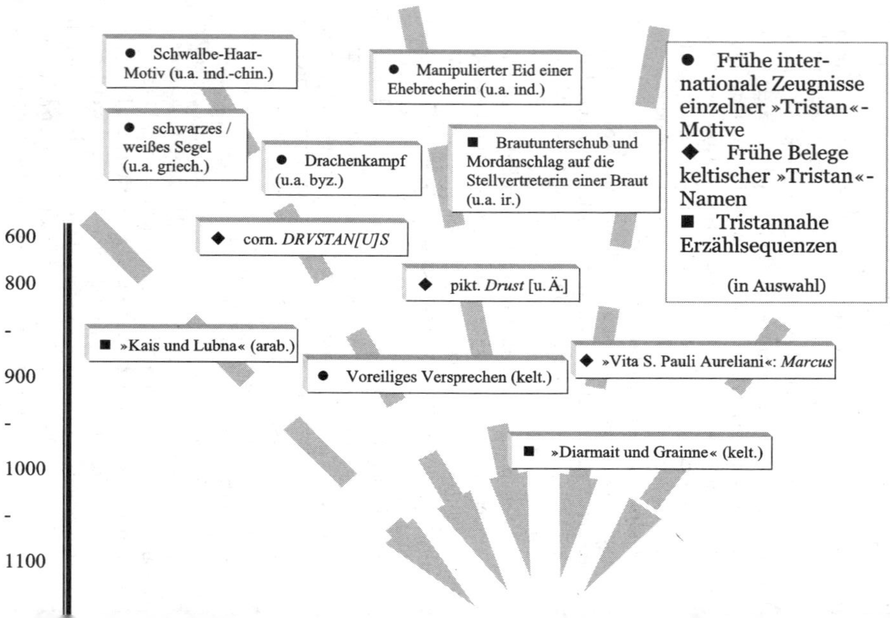

● Schwalbe-Haar-Motiv (u.a. ind.-chin.)
● schwarzes / weißes Segel (u.a. griech.)
● Drachenkampf (u.a. byz.)
● Manipulierter Eid einer Ehebrecherin (u.a. ind.)
■ Brautunterschub und Mordanschlag auf die Stellvertreterin einer Braut (u.a. ir.)
◆ corn. DRVSTAN[U]S
◆ pikt. Drust [u.Ä.]
■ »Kais und Lubna« (arab.)
● Voreiliges Versprechen (kelt.)
◆ »Vita S. Pauli Aureliani«: Marcus
■ »Diarmait und Grainne« (kelt.)
600
800
-
900
-
1000
-
1100
● Frühe internationale Zeugnisse einzelner »Tristan«-Motive
◆ Frühe Belege keltischer »Tristan«-Namen
■ Tristannahe Erzählsequenzen
(in Auswahl)

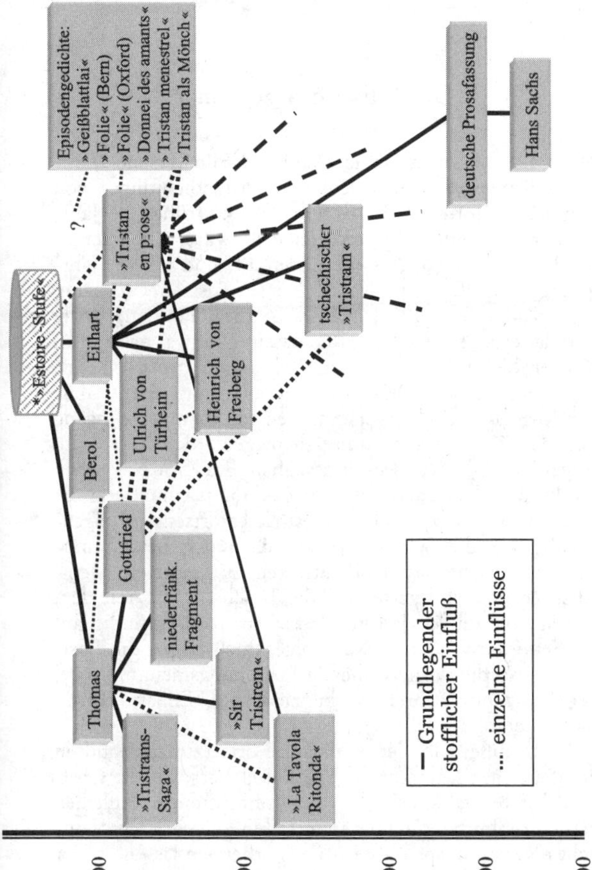

Schaubild 3:
Entstehung und Entwicklung des Tristanromans im Mittelalter

VII
Die Gottfried-Rezeption

Nach 1210 lagen in Deutschland mit Eilharts und Gottfrieds Romanen zwei bedeutende Tristandichtungen vor, von denen Gottfrieds Version im 13. und frühen 14. Jahrhundert die eindeutig erfolgreichere war (vgl. Wachinger, B 7: 1975, 56), bis im späten 14. und im 15. Jahrhundert der Einfluss von Eilharts »Tristrant« zunahm (vgl. Kuhn, B 7: 1976, 55ff.; s. S. 285). Für eine dritte mittelalterliche deutsche Buchfassung, etwa nach dem Muster des altfranzösischen »Tristan en prose«, ließen sie wenig Raum. Dies bedeutet allerdings nicht, dass den folgenden Dichtergenerationen ein kreativer Umgang mit dem Tristanstoff unmöglich geworden wäre. Im Gegenteil: Die Unabgeschlossenheit des Gottfriedschen Werks bot deutschen Autoren des 13. Jahrhunderts die Chance, im Rahmen einer Gottfried-Fortsetzung eigenständig auf die Spannweite zwischen den beiden mittelhochdeutschen Tristandichtungen zu reagieren. Dementsprechend verlagerte sich die Beschäftigung mit dem Tristanstoff im 13. Jahrhundert zwar vordergründig auf die Seite der Gottfried-Nachfolge, doch zogen die Fortsetzer – so die vorherrschende Forschungsmeinung – bei der Konzeption ihrer Werke zusätzlich Eilharts »Tristrant« heran.

Auch außerhalb der »Tristan«-Fortsetzungen sind in der deutschen Literatur des Spätmittelalters manche Gottfried-Zitate und stilistische oder konzeptionelle Anleihen beim Straßburger Dichter anzutreffen, die ein recht deutliches Rezeptionsprofil Gottfrieds erkennen lassen. In der frühen Neuzeit gerieten sodann beide mittelhochdeutsche Tristanversdichtungen – im Gegensatz zu dem auf Eilhart basierenden Prosadruck von 1484 – für mehrere Jahrhunderte in Vergessenheit, bis das Werk des Straßburger

Dichters im ausgehenden 18. Jahrhundert wiederentdeckt wurde (vgl. Buschinger, B 7: 1996) und seither eine anhaltende produktive Rezeption erfährt.

Die Gottfried-Fortsetzungen des 13. Jahrhunderts

Literarische Fortsetzungen nehmen die Handlungsfäden von Vorgängerwerken auf und spinnen sie fort; auf welche Weise dies geschieht, liegt im freien Ermessen der jeweiligen Autoren, die durch ihre Akzentsetzungen die Rezeption der Vorgängerwerke erheblich mitzusteuern vermögen (vgl. Strohschneider, B 7: 1991, 70–74, 93–98). Dabei liefern sie wichtige Hinweise auf das zeitgenössische Verständnis der von ihnen vervollständigten Dichtungen.

Über lange Zeit hat die Tristanforschung ihre Aufgabe allerdings darin gesehen, »Epigonen« an einem »Meister« zu messen, so dass das Urteil über die Gottfried-Fortsetzungen oft sehr einseitig und befangen ausfiel (vgl. z.B. Weber/Hoffmann, B 1f: 1981, 46f.; zur Forschungsgeschichte vgl. McDonald, B 7: 1990, 5f., 61f., 104f.). Erst in jüngerer Zeit konzentriert sich die Forschung darauf, die Prinzipien, welche die Fortsetzer geleitet, und die intertextuellen Bezüge, die sie in ihren Werken hergestellt haben, möglichst unvoreingenommen aufzuklären (so u.a. Grubmüller, B 7: 1985; McDonald, B 7: 1990; Strohschneider, B 7: 1991; Müller, B 7: 1992; Voß, B 7: 1999; Schausten B 6: 1999, 201–286).

Die erste »Tristan«-Fortsetzung hat der von dem zeitgenössischen Literaturkenner Rudolf von Ems (s.S. 17ff.) hoch geschätzte Ulrich von Türheim spätestens um 1240 vorgelegt (3730 Verse). Sie ist in mehreren Handschriften im Anschluss an Gottfrieds Werk überliefert (s.S. 54f.), wobei ein Prolog Ulrichs, der den 1243 verstorbenen einflussreichen schwäbischen Ministerialen Konrad von Winterstetten als Auftraggeber nennt (Ulr. 25 ff.), den Beginn der Fortsetzung markiert.

Da sich Ulrich die für seine Werke erforderlichen Vorlagen stets mit Hilfe seiner Gönner zu verschaffen vermochte,[1] ist es auffällig, dass er den »Tristan« nicht, wie es der Straßburger Dichter verlangt hätte, auf der Grundlage des Thomas, sondern – davon ist trotz Wachingers und Deightons Einsprüchen (s. S. 291 f.) auszugehen – anhand der von Gottfried kritisierten Eilhart-Fassung vollendete. Auch wenn die Gründe für sein Changieren zwischen Gottfried und Eilhart offen bleiben müssen, dürfte Ulrich dabei ein durchdachtes Konzept verfolgt haben, zumal eine als »compatible with both … models« (Kerth, B 7: 1981, 91) angelegte »Tristan«-Fortsetzung gut in das Kunstverständnis im Umkreis Rudolfs von Ems passt, der dazu neigte, die Antagonismen unter den Klassikern einzuebnen (vgl. Kuhn, B 7: 1976, 54; s. auch S. 24).

Ulrich dichtet sein Werk in einem eher nüchternen Stil, bemüht sich aber durchgängig, an Gottfrieds Diktion anzuknüpfen (vgl. Grubmüller, B 7: 1985, 339). So benutzt er Wortspiele und Antithesen (vgl. Stiebeling, B 7: 1905, 17 ff.) und verwendet Sentenzen in fast gleichem Ausmaß wie Gottfried. Als einziger Fortsetzer bildet er sogar eine (an Gottfrieds strophischen Prolog erinnernde) Vierreimstrophe nach, um damit den Schlussabschnitt seiner Dichtung zu markieren (vgl. Ulr. 3601 ff.). Ganz im Sinne der Thomas/Gottfried-Tradition und im Gegensatz zu Eilhart hält auch Ulrich den Artushof außerhalb des Handlungsgeschehens, die Minnethematik aber stets im Zentrum der Darstellung.

Die Makrostruktur von Ulrichs Werk ist dagegen mit großer Wahrscheinlichkeit der Konzeption Eilharts geschuldet: Wie im »Tristrant« folgen bei Ulrich auf die

1 Zur Person, zum Umfeld, zu den Werken und Quellen des in Augsburger Urkunden 1236 und 1244 bezeugten Ulrich von Türheim vgl. Peter Strohschneider, »Ulrich von Türheim«, in: VL^2, Bd. 10, Sp. 28–39.

Heirat mit Isolde Weißhand (s. S. 265 Nr. 24) das »kühne Wasser« (Nr. 27), Kaedins und Tristans Besuch bei der ersten Isolde (Nr. 28) und Tristans Rückkehr als Aussätziger (Nr. 29); unter Auslassung einiger Episoden schließen sich Tristans Wiederkehr als fahrender Knappe (Nr. 30b), als Narr (Nr. 30c), das Nampetenis-Abenteuer (Nr. 31) und der Tod der Liebenden (Nr. 32) an. Während aber Eilharts Protagonist nach jeder Episode ins Land der Isalde Weißhand heimreist, fasst Ulrich die Rückkehrabenteuer zu einem Handlungsblock zusammen, an dessen Ende Tristan die Ehe mit Isolde Weißhand vollzieht (Ulr. 3092 ff.; vgl. Eilh. 7070 ff.; s. dazu z. B. Grubmüller, B 7: 1985, 342 f.).

Ulrich stellt mehrfach Motive um und verwendet solche, die in keinem anderen Tristanroman zu finden sind: z. B. wird Tristans und Kaedins Besuch bei der ersten Isolde (Nr. 28) durch einen Brief der Geliebten zusätzlich motiviert, den ein aus der Minnegrotte stammendes elsternfarbenes Reh überbringt (vgl. dazu z. B. Müller, B 7: 1992, 536). Ferner wird berichtet, wie der um das Seelenheil besorgte Marke am Schluss in die Bretagne reist, um die Särge Tristans und Isoldes zu überführen. Auch sind die Figurenprofile gegenüber Gottfried und Eilhart eigenständig gestaltet, so zeigt etwa Kaedin bei Ulrich Züge eines Angsthasen (Ulr. 1116 ff.; vgl. Meißburger, B 5: 1954, 84 f.).

Sobald man mit der neueren Forschung bereit ist, auch Ulrich jenes Maß an Gestaltungskraft zuzubilligen, das allen Tristandichtern konzediert wird (vgl. Kerth, B 7: 1981, 84; Grubmüller, B 7: 1985, 342), erscheint Wachingers und Deightons Annahme, Ulrich müsse wegen der genannten Eigenheiten einer unbekannten Sonderquelle oder einer mündlichen Erzähltradition gefolgt sein, unnötig. Wachingers diesbezügliche Vermutung beruht ganz auf der Annahme der poetischen Inferiorität Ulrichs (vgl. z. B. Wachinger, B 7: 1975, 61), Deightons Überlegungen bleiben zudem sehr hypothetisch (vgl. Deighton, B 7: 1997, 141–152).

Offen ist allerdings, wie Ulrichs Werk als eine zwischen Gottfried und Eilhart stehende Tristandichtung zu interpretieren wäre: Einerseits werden bei Ulrich zentrale Aspekte des Gottfriedschen Konzepts fortgeführt, andererseits finden sich bei ihm – z. B. am Anfang und am Ende der Dichtung (vgl. Ulr. 45 ff., 3709 f.) – von Gottfried abrückende Aussagen. Während die Forschung lange Zeit mit Meißburger (B 5: 1954, 33 ff.; vgl. Fritsch-Rößler, B 6: 1999, 319–334) in Ulrichs »Tristan« den Ehegedanken propagiert sah, hat McDonald (B 7: 1990, 4 ff.) das Treuethema als zentral herausgestellt; andere neuere Untersuchungen konzentrieren sich auf Struktur- und erzähltechnische Aspekte des Werks oder betonen Ambivalenzen in Ulrichs Konzept (z. B. Kerth, B 7: 1981; Grubmüller, B 7: 1985; Strohschneider, B 7: 1991; Müller, B 7: 1992; Schausten, B 6: 1999, 201–250; Voß, B 7: 1999).

Im ausgehenden 13. Jahrhundert[2] verfasste der vermutlich aus Sachsen stammende Heinrich von Freiberg im Auftrag des böhmischen Adeligen Reimund von Lichtenburg die mit 6890 Versen umfangreichste »Tristan«-Fortsetzung. Diese in drei vollständigen Gottfried-Handschriften und zwei Fragmenten (s. S. 54 f.) erhaltene Dichtung besaß in der älteren Forschung einen etwas besseren Ruf als die Fortsetzung Ulrichs, da es Heinrich gekonnt versteht, Gottfrieds Stil zu imitieren (vgl. z. B. Stiebeling, B 7: 1905). Darüber hinaus setzt auch er eigene Akzente: So macht Heinrich die Tristanfigur expliziter als Eilhart zu einem Vorbildritter (z. B. Heinr. 6414 ff.; vgl. McDonald, B 7: 1990, 54 ff.), nutzt die Äquilibrien

2 Für eine Datierung in die 70er Jahre des 13. Jahrhunderts plädiert Bok, B 7: 1993; nach Grothues (B 7: 1991, 82) fällt die Entstehung der »Tristan«-Fortsetzung in die Zeit um 1300. Über den Autor und seine Werke informiert Hans-Hugo Steinhoff, »Heinrich von Freiberg«, in: VL^2, Bd. 3, Sp. 723 ff.

der Handlung zum Erzeugen von Scheinschlüssen (so Strohschneider, B 7: 1991, 89f.) und umgibt das Handlungsgeschehen noch eindringlicher als Ulrich mit relativierenden Signalen (vgl. Müller, B 7: 1992, 540; Schausten, B 6: 1999, 251–286; Voß, B 7: 1999, 344ff.). Am Ende hat sich seine Dichtung von der in Gottfrieds Prolog vertretenen Position entfernt, denn Heinrichs Erzähler begegnet dem Romangeschehen zuletzt mit grundlegender Kritik:

> Nu dar, ir werlde minner,
> sehet alle in disen spiegel her
> und schouwet, wie in aller vrist
> hin slîchende unde genclîch ist
> die werltlîche minne!
> (Heinr. 6847ff.)

> (»Wohlan ihr Weltlich-Verliebten, / studiert in dem Spiegel [dieser Dichtung], / wie sich stets nach gewisser Zeit / die irdische Liebe / als hinfällig und vergänglich erweist!«)

Dementsprechend wird der dem Grab Isoldes entsprießende und sich mit dem auf Tristans Grab gepflanzten Rosenbusch vereinigende Weinstock im Nachwort des Erzählers geistlich auf die Situation des Menschen, der sich Christus zuwenden soll, ausgedeutet (vgl. Heinr. 6856ff.), allerdings ohne dass sich Heinrichs Fortsetzung dadurch als ein »Anti-Tristan« erweist (vgl. Deighton, B 7: 2004).

Bemerkenswert ist auch Heinrichs Feststellung, er habe sein Werk nach einer italienischen Thomas-Vorlage gedichtet (vgl. Heinr. 6842ff.), die von der Forschung unterschiedlich aufgenommen wird (vgl. den Forschungsüberblick bei Deighton, B 7: 1997, 153). Es dürfte sich hierbei um eine in Anlehnung an Gottfrieds Prolog formulierte Quellenfiktion handeln, da Heinrichs Werk signifikante

Thomas-Anklänge vermissen lässt. Selbst wenn man ihm Kenntnisse norditalienischer Tristanromane, die allerdings erst aus späterer Zeit erhalten sind (vgl. dazu Stein, B 6: 2001, 270ff.), unterstellt, bleibt es leichter, Heinrichs Handlungsverlauf aus Eilharts Vorgaben herzuleiten, als mit Deighton (B 7: 1997, 161ff.) von einer verschollenen, nur aus romanischen (Prosa-)Traditionen zu erschließenden Quelle auszugehen.

In jedem Falle gestaltet Heinrich die Episodenfolge besonders eigenständig. So lässt er seine Tristanfigur nach der Heirat mit Isolde Weißhand (s. S. 265 Nr. 24) an den Artushof ziehen und das bei Gottfried/Thomas ausgesparte Wolfseisenabenteuer erleben, über das Eilhart im Vorfeld von Tristans Eheschließung berichtet (Nr. 22a). Dieses Nachholen von bei Eilhart überlieferten Episoden, die Gottfried nicht bietet, ist eine Spezialität Heinrichs: Im Anschluss an das Wolfseisenabenteuer werden Tristan und Isolde bei ihm erneut von Marke des Ehebruchs überführt (vgl. dazu Eilh. 3251ff.) und nach Eilhartschem Muster zum Tode verurteilt (vgl. S. 264 Nr. 19), können entkommen und müssen, wie bei Eilhart, ein Waldleben führen (vgl. Nr. 21), bis Isolde von Marke an den Hof zurückgeholt wird und sich Tristan wieder zu seiner Ehefrau begibt. Erst danach mündet die Handlung in die Episode vom »kühnen Wasser« (Nr. 27), an die sich Tristans und Kaedins Fahrt zur ersten Isolde (Nr. 28) anschließt.

Ob Heinrich mit dieser umfangreichen Interpolation Eilharts und Gottfrieds Dichtungen enger zusammenführen oder möglicherweise »eine Tristan-Summe« (so Mertens, B 6: 1996, 373) herstellen wollte, muss offen bleiben – in jedem Falle werden dem Werk Gottfrieds durch Heinrich überraschende neue Akzente hinzugefügt. So wird z. B. die Minnegrotte, das Prunkstück Gottfrieds, gleichsam aus dem Roman ausgemustert: Als sich die Liebenden, der Hinrichtung durch Marke entronnen, ein zweites Mal in der Grotte verbergen wollen, können sie diese bei Heinrich nicht mehr wiederfinden (vgl. Heinr. 3318 ff.).

Diesen Hinzufügungen Heinrichs steht eine konsequente Reduzierung der Verkleidungsepisoden gegenüber, von denen nur Tristans Rückkehr als Narr (Nr. 30c) erhalten bleibt, bevor die Dichtung mit dem Nampetenis-Abenteuer (Nr. 31), dem Tod der Liebenden (Nr. 32), dem mahnenden Nachwort des Erzählers und einem dreifachen *âmen* (Heinr. 6890) ihr Ende findet.

Möglicherweise lassen sich noch weitere Werke des 13. Jahrhunderts unter dem Gesichtspunkt einer »Tristan«-Fortsetzung betrachten. So hat Strohschneider (B 7: 1991) die von der Forschung bislang wenig beachtete anonyme Dichtung »Tristan als Mönch« in den Kontext der Gottfried-Fortsetzungen gerückt, da sie ausschließlich in den Gottfried-Handschriften R und *S in unmittelbarem Anschluss an den Text des Straßburger Dichters überliefert wird (s. S. 54). Genau genommen handelt es sich um ein Episodengedicht, das sich nicht nahtlos an den Romantorso anfügt, sich aber durchaus in einen Zusammenhang mit Gottfrieds Werk stellt: Als Isolde darin ihren Geliebten zu einem Platz beordert, *do er fernent by myr was, / ob dem brunnen in dem garten*[3] (TaM 2441 f.), tragen die Angaben dem Geschehensverlauf Gottfrieds Rechnung, bei dem die zweite Baumgartenszene, von der Fragmentgrenze aus gesehen, knapp ein Jahr zurückliegt (vgl. Gottfr. 18603).[4] Auch heißt Tristans Heimatland wie bei Gottfried *Parmenie* (TaM 2702), und zudem weisen mehrere Äußerungen der Protagonisten Anklänge an Gottfrieds Stil auf (vgl. TaM 2014 ff., 2390 ff.).

Ungeachtet seines beachtlichen Umfanges von 2705

3 »Wo er voriges Jahr mit mir zusammen war, / oberhalb des Brunnens im Garten.«

4 Einige Verse später (TaM 2455) findet sich ein Zeithinweis, der das Geschehen aber auch vor dem Hintergrund von Eilharts Handlungsverlauf positioniert.

Versen erfüllt »Tristan als Mönch« alle Kriterien eines Episodengedichts (s. S. 282), in dem über ein Ereignis berichtet wird, das die Gesamthandlung des Tristanromans, der es sich auch recht genau zuordnen lässt, voraussetzt. Die erzählte Episode fügt sich mittels einer neuen Verkleidungslist in die Motivstruktur des Romans ein und greift mit der Todesthematik ein zentrales Thema des Romans auf. Denn in »Tristan als Mönch« fingiert der Protagonist sein eigenes Begräbnis, um, als Ordensbruder verkleidet, die Reaktion der Mitwelt auf seinen vermeintlichen Tod zu studieren. Der anonyme, vermutlich elsässische Verfasser des 13. Jahrhunderts behandelt dabei die Tristanliebe mit spürbarer Distanz (vgl. z. B. TaM 2656 ff.).[5]

Dass Gottfried nicht der einzige Autor des Rheingebiets gewesen ist, dem die anglonormannische Tristandichtung des Thomas vorgelegen hat, zeigt ein kurzes niederfränkisches Fragment (158 Verse) aus den letzten Jahrzehnten des 13. Jahrhunderts, in dem Tristans tödliche Verwundung weitgehend nach den Vorgaben des Thomas (s. S. 254 Nr. 31) erzählt wird. Es ist umstritten, ob dieses Fragment den Rest einer niederfränkischen Thomas-Übertragung oder einer Gottfried-Fortsetzung darstellt. Für Letzteres sprechende Indizien hat Tomasek (B 7: 2002, mit weiterer Literatur) zusammengestellt.

Sonstige Nachwirkung im deutschen Spätmittelalter

Während Gottfrieds Sangsprüchen eine begrenzte Nachwirkung beschieden gewesen ist (s. dazu S. 67 ff.), hat sein unvollendeter Roman mehrere Tristandichtungen auch über das 13. Jahrhundert hinaus beeinflusst (s. S. 285). Zu-

5 Zur Forschungslage vgl. Hans-Hugo Steinhoff, »Tristan als Mönch«, in: VL^2, Bd. 9, Sp. 1062 ff., sowie McDonald, B 7: 1990, 104 ff.

dem ist er bis weit ins 14. Jahrhundert von Autoren anderer Gattungen produktiv rezipiert worden. Hierzu trug bei, dass der Nachruhm Gottfrieds durch Rudolf von Ems und Konrad von Würzburg, zwei »Tristan«-Kenner und literarische Autoritäten der ersten und zweiten Hälfte des 13. Jahrhunderts, maßgeblich gefördert wurde (s. S. 17 ff.). Unter ihren zahlreichen an Gottfried geschulten Werken ist Konrads »Herzmäre« dasjenige, das in Stil und Gehalt dem »Tristan« wohl am nächsten steht (für Einzelheiten siehe z. B. Wachinger, B 7: 1975, 64–76).

Die Vorliebe Rudolfs von Ems und Konrads von Würzburg für den Straßburger *meister* erschwert zugleich die Analyse der Gottfried-Rezeption, da vom späteren 13. Jahrhundert an Gottfriedsche Züge auch durch Rudolf oder Konrad weitervermittelt worden sein können. Gleichwohl ist ein vierfaches Rezeptionsinteresse an Gottfried im Spätmittelalter erkennbar:

1. Bis weit ins 14. Jahrhundert hinein gilt der Straßburger Dichter als bedeutendster Tristanexperte der deutschen Literatur. Seit ihm Rudolf von Ems mit dem Ausruf: *Wie ist sô gar meisterlich / sîn Tristan!* (Al. 3158 f.) höchstes Lob gespendet hat, bewegt sich die deutsche Tristandichtung, zumindest äußerlich, im Fahrwasser Gottfrieds. Keiner der Dichter des 13. und 14. Jahrhunderts würdigt das Werk Eilharts, obwohl viele von ihnen – wie offenbar auch Gottfried selbst – den »Tristrant« für eine studierenswerte und nutzbare Quelle gehalten haben.

Dass Gottfried im hochdeutschen Sprachraum über längere Zeit die Tristan-Maßstäbe setzt, illustriert ein Roman des Pleiers, eines im bayrisch-österreichischen Gebiet beheimateten Dichters aus dem zweiten Drittel des 13. Jahrhunderts, dessen Werke den weniger beachteten Artusrittern gewidmet sind. In Pleiers »Garel« tritt der aus Gottfrieds Roman bekannte Herzog Gilan (vgl. Gar. 2185 ff.), der Vorbesitzer des Wunderhündchens Petitcreiu (vgl. Gar. 2443 ff.), als Nebenfigur auf und benötigt, wie einst die Hilfe Tristans, nun die Unterstützung Garels (vgl. Stein, B 6: 2001, 224 f.).

Auch der um 1400 entstandene Tristan-Bilderzyklus auf der Burg Runkelstein in Südtirol (vgl. Abb. 10) wurde nach Gottfrieds Vorgaben gestaltet (vgl. Ott, B 7: 1982). Gleiches gilt für das etwa aus derselben Zeit stammende Wandgemälde der (ersten) Baumgartenepisode im Schloss Rhäzüns in Graubünden, wie die auf Gottfrieds Version zurückzuführende Anwesenheit Brangänes in der dargestellten Szene zeigt (s. Abb. 9; vgl. Gottfr. 14657 ff.).[6]

Die Vorherrschaft von Gottfrieds »Tristan« im hochdeutschen Raum ändert sich grundlegend erst mit dem auf dem »Tristrant« beruhenden Prosadruck von 1484 (s. S. 285), in dessen Epilog Eilhart als Tristanautor erwähnt wird. Ein Umschwung zeichnet sich aber bereits am alttschechischen »Tristram« (etwa Ende 14. Jahrhundert) ab, der in der Mehrzahl seiner Verse auf Eilhart und nur noch in einem Abschnitt auf Gottfried fußt (vgl. dazu Růžičková, B 7: 2001). Doch selbst im Prosaroman des 15. Jahrhunderts finden sich noch Anzeichen dafür, dass der Prosabearbeiter Kenntnis von Gottfrieds »Tristan« hatte (vgl. dazu Stein, B 6: 2001, 228–230).

2. Wie schon im 13. Jahrhundert bei Rudolf von Ems (s. S. 18) wird Gottfried bis ins 14. Jahrhundert als Gnomiker geschätzt. Nicht zufällig sind am Ende des 13. Jahrhunderts in die Heidelberger Handschrift (H) im Anschluss an den »Tristan« Freidanks Sprüche aufgenommen (s. S. 55) und etwa zur selben Zeit zwei Gottfriedsentenzen in die sog. Rumpfbearbeitung des »Deutschen Cato«, eine verbreitete Gnomik-Sammlung (Cat. 253–260 ≈ Gottfr. 8395–8398), eingefügt worden. Auch in didaktischen

6 Über das in vielen Details nicht mehr den Originalzustand aufweisende Bild vgl. Alfons Raimann, »Gotische Wandmalereien in Graubünden. Die Werke des 14. Jahrhunderts im nördlichen Teil Graubündens und im Engadin«, Disentis 1983, S. 358–363. U. a. wurde die Beischrift ISALD um 1700 aus älterem ISOLDT abgeändert (vgl. ebd., S. 360).

Kleintexten des 13./14. Jahrhunderts lassen sich Spuren Gottfriedscher Sentenzen nachweisen, so z. B. in der Minnerede »Des Minners Anklagen« (M. Ank. 66–70 ≈ Gottfr. 201–205).

3. Seit den Tagen Rudolfs von Ems gilt der Straßburger Dichter zudem als Minneexperte (s. S. 17 ff.), wie u. a. Konrad von Würzburg hervorhebt: *... von ganzer liebe ... / des bringet uns gewisheit / von Strâzburc meister Gotfrit*, Herzm. 7 ff.). In den Exkursen des »Tristan« entwickelt Gottfried, der den Begriff *»rede von minnen«* (12183) geprägt hat, neue Möglichkeiten des Sprechens über die Liebe, die mittelbar der Entstehung der sog. Minnereden des 14. und 15. Jahrhunderts zugute gekommen sind (vgl. Glier, B 7: 1971, 28 ff.). Vor allem in solchen Minnereden, in denen, wie bei Gottfried, minneallegorische Landschafts- oder Raumstrukturen entworfen werden, sind Nachklänge des »Tristan« spürbar (vgl. Gruenter, B 7: 1957, 18; Blank, B 7: 1970, 91 ff.). Dies gilt z. B. für die um 1300 entstandene »Minnelehre« Johanns von Konstanz (vgl. Glier, B 7: 1971, 90 f.) und wohl auch für die »Minneburg« (2. Viertel 14. Jahrhundert), in der sich ein markantes Gottfriedzitat und eine Gottfriedsche Sentenz finden (Minneb. 1165, 5171 ≈ Gottfr. 129, 1703; vgl. Glier, B 7: 1971, 155 Anm. 245). Deutliche Einflüsse Gottfrieds zeigt vor allem die Minnerede »Der Minne Porten« aus dem 14. Jahrhundert (vgl. ebd. 213 f.).

Auch mehrere Märendichtungen mit Liebesthematik, wie das »Herzmaere« (s. oben) oder das »Häslein« (z. B. Häs. 1 ≈ Gottfr. 41), greifen auf Gottfrieds »Tristan« zurück (vgl. Sprague, B 7: 2005). So sind z. B. in die alemannische Schwankdichtung »Aristoteles und Phyllis« vom Ende des 13. Jahrhunderts über 50 Gottfriedverse einmontiert worden (vgl. Wachinger, B 7: 1975, 77–82).

4. Beginnend mit Rudolf von Ems, der in seinen Dichtungen zahlreiche literarische Neuerungen Gottfrieds, wie z. B. dessen Exkurstechnik und Literaturschau (vgl. Gräff,

B 7: 1946, 70ff.; Brinker-von der Heyde, B 5: 1999), adaptiert, wird im 13. und 14. Jahrhundert die literarische Technik des Straßburger Dichters, insbesondere dessen Stilistik, von Autoren verschiedenster Gattungen rezipiert. Oft erweist es sich als schwierig, den Gebrauch von Wortspielen, Antithesen o. Ä. bei späteren Dichtern direkt auf Gottfried zurückzuführen, da auch bei anderen Autoren mit der Kenntnis zeitgenössischer lateinischer Poetiken gerechnet werden muss (vgl. die Versuche von Mertens, B 7: 1999, einen Einfluss Gottfrieds auf einzelne Minnelyriker nachzuweisen). Über die bereits genannten Dichter und Werke hinaus ist aber mit einiger Sicherheit eine Wirkung Gottfrieds auf den »Wigalois« Wirnts von Grafenberg (vgl. Haug, B 5: 1992, 275), »Die Gute Frau« (vgl. z. B. die Sentenz G. Fr. 2189f. mit Gottfr. 13829ff.), das »Büchlein« (vgl. Glier, B 7: 1971, 48), den »Wigamur« (Wig. 1164–1201 ≈ Gottfr. 16733–16760), den »Helmbrecht« Wernhers des Gartenaere (vgl. Tschirch, B 7: 1958), den »Reinfried von Braunschweig« (vgl. Gräff, B 7: 1946) und den »Wilhelm von Österreich« Johanns von Würzburg (s. S. 19) anzunehmen. Selbst in den geistlichen Dichtungen »Der Saelden Hort« und »Erlösung«, deren erklärtes Ziel es ist, den Einfluss von Romanen wie dem »Tristan« einzudämmen (vgl. Saeld. H. 4407ff.), finden sich Reminiszenzen von Gottfrieds Stil und Sprachkunst (vgl. z. B. Saeld. H. 9746ff. mit Gottfr. 1791ff.).

Die literarischen Innovationen des Straßburger Dichters haben bei den Zeitgenossen schnell Anklang gefunden, wie die frühen »Tristan«-Reflexe im »Guoten Gêrhart« Rudolfs von Ems (s. S. 17ff.) und im »Wigalois« Wirnts von Grafenberg (zwischen 1210 und 1220) belegen. Aber auch noch in der zweiten Hälfte des 13. und der ersten des 14. Jahrhunderts, der Zeit des sog. »geblümten Stils« – mit dessen Entstehung der Straßburger Dichter allerdings von der heutigen Forschung nicht direkt in Verbindung gebracht wird (für Einzelheiten vgl. Hübner, B 5: 2000, bes.

38ff., 97ff.) –, hat Gottfrieds anspruchsvolle Stilistik nichts an Attraktivität eingebüßt. Erst als sich seit dem Ende des 14. Jahrhunderts das Publikumsinteresse mehr der epischen Verlaufsschilderung als der rhetorischen Ausschmückung zuneigt, verliert Gottfrieds musikalischer, an Exkursen reicher Stil, der sich zudem für eine Prosaauflösung wenig eignet, seine Vorbild-Rolle.

Wenngleich eine eingehende Studie zur Gottfried-Rezeption im Mittelalter noch aussteht – so mögen z. B. die in Werken wie dem »Moriz von Craûn«, dem »Jüngeren Titurel«, der »Kudrun« oder Konrad Flecks »Flore und Blanscheflur« vermuteten Gottfried-Reminiszenzen ebenfalls zu sichern sein –, kann Gottfrieds Einfluss auf die deutsche Literatur des Spätmittelalters insgesamt als beträchtlich bezeichnet werden. Mit der mächtigen Nachwirkung Wolframs von Eschenbach ist er indes nicht vergleichbar.

Die literarische Rezeption Gottfrieds im 19. und 20. Jahrhundert

Myllers Gottfried-Ausgabe von 1785 und die Editionen der ersten Hälfte des 19. Jahrhunderts (s. S. 60ff.) machten Gottfrieds »Tristan« nach etwa 300 Jahren der Vergessenheit zunächst Literaturspezialisten wieder verfügbar, die sich mittelhochdeutsche Texte selbständig zu erarbeiten vermochten. Erst durch die neuhochdeutsche Übertragung von Kurtz (B 1b: 1844), der Gottfrieds Romantorso mit einem eigenen Abschluss versah, und die nachfolgenden Übersetzungen von Simrock (B 1b: 1855) und Hertz (B 1b: 1877) wurde das Werk des Straßburger Dichters breiteren literarisch interessierten Kreisen zugänglich. Ein drittes Mal änderten sich die Rahmenbedingungen der »Tristan«-Rezeption um die Jahrhundertwende, d. h. zeitgleich mit dem Erscheinen von Joseph Bédiers einflussreichem »Roman de Tristan et Iseut« (1900), als neue Forschungsansätze zum »Urtristan« veröffentlicht und literarisch verarbeitet wurden. Dementsprechend werden im Folgenden die Tristandichtungen des 19. und 20. Jahrhunderts, sofern sie einen direkten Einfluss Gottfrieds erkennen lassen,[7] den Phasen »vor 1844«, »1844–1900« und »nach 1900« zugeordnet, womit allerdings nur eine grobe Einteilung gewonnen ist. Da bereits mehrere einander ergänzende Überblicksdarstellungen zur neueren Tristanrezeption vorliegen,[8] kann die Information über Autoren und Werke knapp gehalten werden.

1. Vor 1844: Aufgrund ihres Interesses an der ritterlichen Kultur des Mittelalters zeigte sich die auf die deutsche Klassik folgende Dichtergeneration dem Tristanstoff gegenüber aufgeschlossen. Dies gilt zuerst für August Wilhelm Schlegel, der Gottfrieds »Tristan« in seinen Vorlesungen (1803–04) behandelte und auch eine eigene unvollendete Tristandichtung in Strophen verfasste (gedruckt 1811). Selbst als sich unter dem Eindruck des Ver-

7 Erstmals wird im Folgenden – ohne Anspruch auf Vollständigkeit – eine Zusammenstellung der auf Gottfried zurückgreifenden Autoren des 19. und 20. Jahrhunderts (Namen gesperrt) geboten. Bei vielen neueren Tristandichtungen bedarf nämlich die Quellenfrage genauerer Untersuchung. Zum Beispiel führen Grosse/Rautenberg, B 7: 1989, 31–45, in ihrer Bibliographie zur Rezeption mittelalterlicher deutscher Dichtung unter »Gottfried von Straßburg« auch Zeugnisse an, welche, wie August von Platens Tristanfragmente, nicht auf Gottfried zurückgehen (Ähnliches gilt für Batts, B 1e: 1971, 109–150; Müller, B 7: 2003). Die nachweislich auf den Straßburger Dichter zurückgreifenden Autoren haben zudem oft mehrere Tristanquellen herangezogen.

8 Bis ins ausgehende 19. Jahrhundert: Bechstein, B 7: 1876; bis zum Ende des 19. Jahrhunderts: Geerdts, B 7: 1955/56; Grill, B 7: 1997; bis ins frühe 20. Jahrhundert: Golther, B 6: 1907, 259–460; Dufhus, B 7: 1924; Golther, B 6: 1929, 49–70; Sparre, B 7: 1988, 59–150; bis über die Mitte des 20. Jahrhunderts: Batts, B 1e: 1971, 109–150; Schwarz, B 7: 1984; Batts, B 7: 1991; bis zum Ende des 20. Jahrhunderts: Müller, B 7: 2003; von der Mitte des 19. bis ins frühe 20. Jahrhundert: Block, B 7: 1908/09; Poletti, B 7: 1989 (mit Forschungsbericht 35ff.); für das erste Drittel des 20. Jahrhunderts: Heimann, B 7: 1930; vom Anfang des 20. Jahrhunderts bis in die 1970er Jahre: Hoffmann, B 7: 1997. Eine eingehende Gesamtwürdigung fehlt allerdings.

dikts Lachmanns (s. S. 238) die Einstellung der Forschung gegenüber Gottfried verhärtete, orientierten sich Autoren wie Wilhelm Wackernagel (Tristanromanzen, 1828), Friedrich Rückert (»Jung-Tristan«, 1839) und Karl Leberecht Immermann (»Tristan und Isolde«, 1841) in ihren zumeist fragmentarisch gebliebenen Versdichtungen weiterhin an Gottfrieds Roman. Friedrich Roeber, der sowohl auf Gottfrieds »Tristan« als auch auf den deutschen Prosaroman zurückgriff, schuf die erste dramatische Bearbeitung des Tristanstoffs seit der »Tragedia« des Hans Sachs (begonnen 1838, neu bearbeitet 1898). Diese Bereitschaft z. T. namhafter Autoren, sich mit Gottfrieds Werk auseinanderzusetzen, ist in einer Zeit, in der nur wenige Hilfsmittel zur Erschließung altdeutscher Texte zur Verfügung standen, durchaus beachtlich (anders Batts, B 7: 1991, 466, der die Beschäftigung der Romantiker mit dem Tristanstoff als eher verhalten einschätzt).

2. *Zwischen 1844 und 1900:* Theodor Storm griff in seiner Erzählung »Späte Rosen« (1859) bereits auf die Gottfried-Übertragung von Kurtz zurück, aus der er wörtlich zitiert. Auch Josef Weilen dürfte sie für seine Tragödie »Tristan« (1860) verwendet haben, wie mehrere Namenformen (Tintayol usw.) nahe legen. Der wohl bedeutendste Benutzer der Kurtzschen Übersetzung aber war Richard Wagner (vgl. Batts, B 1e: 1971, 124), der zudem über die Gottfried-Ausgaben von der Hagens und Maßmanns verfügte.[9] Neben privaten Ereignissen spielte bei der Entstehung der 1859 erschienenen und 1865 uraufgeführten Oper »Tristan und Isolde« die Beschäftigung Wagners mit der Philosophie Schopenhauers eine wichtige Rolle. Das Musikdrama, in dem die Handlung zugunsten der inneren Vorgänge stark komprimiert wurde, hat das Tristanverständnis der Moderne so nachhaltig beeinflusst,

9 Über Wagners Gottfried-Lektüre informieren neben den S. 304 Anm. 10 aufgeführten Forschungsarbeiten u. a. Rosenband, B 7: 1973; Bolz, B 7: 1979; Mertens, B 7: 1989, 52–62; Groos, B 7: 1990.

dass sein romantisch geprägtes Todeskonzept auch in der Gottfriedforschung Spuren hinterließ (s. S. 220).

Wagners Einfluss auf die Tristandichtungen der nachfolgenden Jahrzehnte ist kaum zu überschätzen.[10] Die in der zweiten Hälfte des 19. Jahrhunderts aufkommende, viele Jahrzehnte anhaltende Flut von Tristandramen unterschiedlichster Qualität wurde durch ihn mit angeregt. Stücke wie Ludwig Schneegans' »Tristan« (1865), Albert Gehrkes »Isolde« (1869), Carl Roberts »Tristan und Isolde« (gedr. 1871), Michael Rützels »Isolde« (1893), Adolf Bessells »Tristan und Isolde« (1895) oder Ernst Eberhards gleichnamiges Werk (1898), in denen stets auch Gottfrieds »Tristan« verarbeitet wird, sind heute weitgehend vergessen.

In der bildenden Kunst finden sich ebenfalls Zeugnisse für das seit der zweiten Hälfte des 19. Jahrhunderts sprunghaft ansteigende Interesse am Tristanstoff, so ließ der Wagner-Verehrer Ludwig II. von Bayern im Jahre 1881 das Schlafzimmer seines Schlosses Neuschwanstein mit einem Tristan-Bilderzyklus ausstatten. Der vom König beauftragte Maler, August Spieß, der bereits 1866 das Thema »Tristan und Isolde« für Ludwig II. im Rahmen eines für Schloss Berg bestimmten Zyklus bearbeitet hatte, legte seinen Ölgemälden die Gottfriedsche Fassung zugrunde (vgl. Abb. 10).[11]

Die in der Kunst des 19. Jahrhunderts zunehmende Bedeutung des »Tristan« dürfte u. a. darauf zurückzuführen

10 Die Wagnerrezeption in den Tristandichtungen des 19. und 20. Jahrhunderts stellt ein eigenes Thema dar. Einen exemplarischen Rezeptionsweg von Gottfrieds Roman über Wagners Oper zu Thomas Manns novellistischer Erzählung »Tristan« verfolgt Geerdts, B 7: 1966, bes. 194ff. Ein Filmmanuskript Thomas Manns aus dem Jahr 1923 (Thomas Mann-Archiv, Zürich) belegt, dass ihm Gottfrieds Fassung vertraut war.

11 Für Einzelheiten s. Siegrid Russ, »Die Ikonographie der Wandmalereien in Schloß Neuschwanstein«, Diss., Heidelberg/München 1974, S. 113–118, 196–201; Detta Petzet / Michael Petzet, »Die Richard Wagner-Bühne König Ludwigs II.«, München 1970, S. 67 und Abb. 77.

Abb. 10 Tristans Abschied von Isolde. Schloss Neuschwanstein, Wandgemälde im Schlafzimmer des Königs von August Spieß. 1881.

sein, dass der Normenkonflikt von Liebe und Gesellschaft sowie der Gedanke einer Widerstandskraft der Liebe bis in den Tod in der Literatur und Geisteswelt der Zeit ohnehin Beachtung fanden (vgl. Finney, B 7: 1983/84; Grill, B 7: 1997, 64 ff.). Um 1900 wurde das Interesse an der Liebe-Tod-Thematik durch das Lebensgefühl des Fin de Siècle zusätzlich verstärkt (vgl. Sparre, B 7: 1988, 5, 67; Thibault-Schaefer, B 7: 1995).

3. *Nach 1900:* Joseph Bédier, ein namhafter Vertreter der stoffgeschichtlichen Tristanforschung der Jahrhun-

dertwende (vgl. Bédier, B 6: 1902/05), brachte im Jahre 1900 eine auf mehreren Quellen – u. a. dem Berol-Fragment, teilweise auch auf Gottfrieds Werk – fußende »Tristan«-Nachdichtung in Prosa heraus (»Roman de Tristan et Iseut«), die als dem »Urtristan» nahe stehend galt. Dieses rasch in mehrere Sprachen übersetzte Werk gab der dichterischen Rezeption des Tristanstoffs auch in Deutschland neue Impulse (vgl. Golther, B 6: 1929, 65f.; Sparre, B 7: 1988, 59). So orientierten sich Dramatiker wie Emil Ludwig (»Tristan und Isolde«, 1909), Eduard Stucken (»Tristram und Ysolt«, 1916) oder Joseph Hurter-Ammann (»Tristan und Isolde«, 1928) an Bédier und bemühten sich, ihre Dichtungen, in denen auch Gottfriedsche Elemente enthalten sind, mit archaischen bzw. estoirenahen Zügen zu versehen.

Im 20. Jahrhundert hielt die Produktion von Tristandramen, unter denen Ernst Hardts »Tantris der Narr« (1907) und Georg Kaisers »König Hahnrei« (1913) heute die bekanntesten sind, zunächst unvermindert an (vgl. z. B. Albert Geigers »Tristan« von 1906, Friedrich Huchs Schattenspiel »Tristan und Isolde« von 1911, Marie Itzerotts »Die Weißhand« von 1916, Hermann Heubners »König Marke« von 1918, Maja Loehrs »Tristans Tod« von 1919, Robert Prechtls »Trilogie der Leidenschaft« von 1922 oder Felix Dhünens »Die Sonne Irlands« von 1939 – Dramen, die alle auch Einflüsse Gottfrieds aufweisen). Durch Bédiers Werk wurde zugleich die Eignung der Romanform für moderne Tristandichtungen erwiesen, so dass vom Beginn des 20. Jahrhunderts an auch durch Bédier beeinflusste epische Tristanbearbeitungen in deutscher Sprache entstanden, wie z. B. die Romane von Will Vesper (»Tristan und Isolde«, 1911) und Hans W. Fischer (»Tristan und Isolde«, 1932), die beide u. a. auf Gottfried zurückgriffen.

Dass dem neuhochdeutschen Prosa-Tristanroman, an dessen Anfang Emil Luckas an Gottfried anknüpfendes

Werk »Isolde Weißhand« (1909) stand, die Zukunft gehören würde, zeigte sich in der zweiten Hälfte des 20. Jahrhunderts, in der das Tristandrama mit Leo Stettners »Tristan und Isot« (1964) zwar weiterlebte, aber sichtlich an Bedeutung verlor (vgl. Hoffmann, B 7: 1997, 432f.). So wurde Gottfrieds Werk im Jahre 1943 für einen Feldpost-Prosaroman missbraucht (Edith Jansen-Runge: »Isolde und Tristan. Die Geschichte einer jungen Liebe«); weitere deutsche Tristandichtungen in Prosaform entstanden in der Nachkriegszeit, wie Walter Widmers »Tristan und Isolde« (1946) oder Ruth Schirmers »Roman von Tristan und Isolde« (1969), die jeweils Einflüsse Gottfrieds aufweisen und unter denen sich Günter de Bruyns erfolgreiche Nachdichtung (»Tristan und Isolde«, 1975) so stark an Gottfrieds Version hält, dass sie den Charakter einer Nacherzählung trägt (vgl. Hoffmann, B 7: 1997, 458ff.). Ob auch Hans Erich Nossacks Roman »Spätestens im November« (1955) in den Kontext moderner Tristanbearbeitungen gehört, wie Batts annimmt, der in Nossacks Text u. a. eine Analogie zur Minnegrottenepisode ausmacht, bleibt umstritten (vgl. Batts, B 7: 1971, 138; dagegen Hoffmann, B 7: 1997, 438f.).

Wie die angeführten Autoren und Werke belegen, spielte Gottfried von Straßburg im verschlungenen Verlauf der neueren literarischen Rezeption des Tristanstoffs in Deutschland zu jeder Zeit eine wichtige Rolle. In der ersten Rezeptionsphase bildete sein »Tristan« den Ausgangstext für die Werke bedeutender Dichter wie Schlegel, Rückert oder Immermann. Sodann wurde Wagners Auseinandersetzung mit Gottfried folgenreich. Während der daraufhin anschwellenden Flut von Tristandramen blieb die Wirkung des Straßburger Dichters bzw. seiner Übersetzer stark spürbar, und auch in der mit Bédier einsetzenden, durch eine Vielfalt sich überschneidender stofflicher Einflüsse bestimmten Rezeptionsphase behauptete Gottfrieds Roman seine Bedeutung als zentraler Bezugstext der deutschen Tristandichtung der Moderne.

Wenngleich die Zahl der Tristanbearbeitungen seit der zweiten Hälfte des 20. Jahrhunderts rückläufig erscheint, zeigen jüngste Beispiele wie Ingomar von Kieseritzkys und Karin Bellingkrodts als Hörspiel konzipiertes sarkastisches Stück »Tristan und Isolde im Wald von Morois oder Der zerstreute Diskurs« von 1987 (vgl. dazu Meyer, B 7: 1996), Hanno Helblings »Abendstücke« genannte Prosadichtung »Tristans Liebe« aus dem Jahre 1991 und Norbert Silberbauers ironische Kurzerzählung »Tristan & Veronika, Franz & Isolde« (1992), dass Gottfrieds Roman auch gegenwärtig genügend Anlass zu produktiver literarischer Auseinandersetzung bietet (vgl. ferner das bei Bein, B 7: 1996, 9ff., erwähnte originelle Bilderbuch aus dem Jahre 1987).

VIII
Ausblick

Gottfried von Straßburg hat nach einem Diktum Rankes »dem Tristanstoff die klassische Form gegeben« (Ranke, B 6: 1925, 178), bei aller wegweisenden Bedeutung ist sein Roman aber auch ein Kunstwerk von hoher Originalität; aus heutiger Sicht stellt er die anregendste, wenn nicht aufregendste Version aller Tristandichtungen dar. Zwar hält sich der Straßburger Autor als Vertreter der Thomas-Gruppe eng an die Episodenfolge seiner Vorlage, doch versetzt er den Tristanstoff gleichsam in »einen neuen Aggregatzustand« (Wolf, B 6: 1989, 91), wie sich bereits an der Werkgliederung zeigt; denn Gottfried arrangiert seinen Roman anhand eines Kryptogramms nach einem ebenso sinnreichen wie persönlichen Prinzip, bei dem der Dichtername zusammen mit den Figurennamen die Handlung strukturiert.

Ein wesentliches Spezifikum des Gottfriedschen Dichtens ist seine intensive Ausgestaltung der Erzählerrolle. Keine andere Tristandichtung verfügt über einen Erzähler, der das Geschehen derart involviert präsentiert (vgl. z. B. 16920 ff., 17100 ff.) und sich in etwa 40 Exkursen und noch weit mehr Sentenzen in den Handlungsverlauf einschaltet. Poetologische, moralische und lebenspraktische Fragen werden in einem Ausmaß expliziert, wie es in keiner Tristandichtung zuvor der Fall gewesen ist, und nirgends lassen sich in der zeitgenössischen volkssprachlichen Literatur vergleichbare, komplexe Großexkurse finden, die entweder der literarischen Standortbestimmung dienen oder eine anspruchsvolle Diskussion der Liebe und ihrer Relation zur Gesellschaft bieten. Dabei ist der Rezipient zum Mit- und Weiterdenken auf dem Niveau der zeitgenössischen Poetik und Ethik eingeladen (vgl. z. B. 17 ff., 18094 ff.).

Gottfried stellt »grundsätzlich andere Ansprüche an das Verstehen« als die vorherigen Tristandichter (Wolf, B 6: 1989, 148), was sich auch daran zeigt, dass sein Werk neben der genannten Ebene »übergreifenden geistigen Durchdringens und intensiven Nachdenkens« (Wolf, B 6: 1989, 190) ein Netz von metaphorischen Verweisen aufweist, die als (inszenierte) Minnemetaphern (vgl. Wessel, B 5: 1984) beschrieben werden können. Ob es sich um den Falkenkauf in der Entführungsepisode, die Drachentötung, die Siege über den Jäger Morgan oder den Künstler Gandin handelt, stets ist als metaphorische Botschaft impliziert, dass Tristan, der Beste, nach dem Minnerecht Isolde zugehört. Der Erzähler deutet mehrfach auf die Existenz einer metaphorischen Ebene hin (z.B. 4940–4946), doch hat der Rezipient sich diese im Wesentlichen selbst zu erarbeiten. Er soll z. B. erkennen, dass in Tristans Lügen Wahrheit liegt: Wenn der Protagonist etwa während seines ersten Irlandaufenthalts eine Ehe vorschützt, um von den beiden Isolden fortzukommen (vgl. 8189ff.), nimmt er seine spätere Flucht in die Ehe mit Isolde Weißhand vorweg, und beide Male zeigt sich, dass es für den Protagonisten kein Entrinnen gibt, da es seine Bestimmung ist, immer wieder zu Isolde zu finden.

Auch unter dem Aspekt der Intertextualität erweist sich Gottfrieds Werk als äußerst beziehungsreich. Das gilt nicht nur für den eigenständigen Umgang des Straßburger Dichters mit den (z. T. weltliterarischen) Motiven des Tristanstoffs – etwa seine Behandlung des Königinnenraubs bzw. des voreiligen Versprechens (vgl. Dicke, B 5: 1998), das auch vor dem Hintergrund von Hartmanns »Iwein« zu lesen ist (vgl. Goller, B 5: 2005, 115ff., 121) –, sondern ebenso für die vielfältigen Bezugnahmen auf die antike Literatur und Mythologie, die zeitgenössische volkssprachliche Dichtung sowie auf geistliche Denkformen und Textsorten.

All dies wird dem Publikum in einer hochdifferenzierten, durchstilisierten, geradezu »musikalischen« Sprache präsentiert, die eine Gottfried-Lektüre zu einem ästhetischen Erlebnis werden lässt. Mit der wirkungsästhetischen Seite seines Werks (vgl. Christ, B 5: 1977) ist Gottfried als derjenige Tristanautor vor Richard Wagner anzusehen, der neben der intellektuellen in besonderem Maße die affektive Anteilnahme des Rezipienten zu erringen sucht.

Viele Forscher scheinen das Bemühen aufgegeben zu haben, eine derartig mit Sinnebenen, Verknüpfungspotentialen und rhetorischen Strategien ausgestattete Dichtung, in der zudem grundlegende Wertesysteme aufeinanderprallen, einer umfassenden Deutung zu unterziehen. Es mehren sich Stimmen, die an Gottfrieds »Tristan« eine Tendenz zur »Hybridisierung« (Warning, B 6: 2003, 190) und »exzessiven Kombination ... literarischer Verfahren« (Müller, B 5: 2003, 223; vgl. auch Pfeiffer, B 5: 2004, 169) feststellen; Gottfrieds Werk liefere gleichsam »eine Droge, die ... in der Literatur des Mittelalters selten« sei: »das Rauschmittel Komplexität« (Wyss, B 4: 2002, 338).

In diesem Zusammenhang werden wieder kritische Töne vernehmbar: In einer neueren Literaturgeschichte erscheint der Tristandichter als »gerissener Taktiker«, der seine Rezipienten durch »akustische Hypnotisierung« manipulierte (Johnson, B 1e: 1999, 319, 315), Gottfrieds dichterische Technik wird an anderer Stelle als ein »riskantes Übereinanderkopieren« literarischer Verfahren bezeichnet (Müller, B 5: 2003, 219). Die neuerdings wieder vertretene Annahme, dass Gottfried sich an seinem komplexen literarischen Projekt womöglich überhoben und es deshalb abgebrochen habe (so z. B. Ferrante, B 5: 1990, 179f.; Warning, B 6: 2003, 205, 210), ist in jedem Falle methodisch fragwürdig, da nicht von der Textbeschaffenheit auf den inneren Zustand des Autors geschlossen werden kann (s. S. 226). Im Übrigen ist all dies nicht neu, denn schon Stein (B 5: 1980, 671) hatte für Gottfried die »Krise einer hochgespannten, anspruchsvollen Poetologie« postuliert (vgl. auch ebd. 625ff.).

Vor diesem Hintergund sei der eingangs (s. S. 11ff.) erwähnte Nachholbedarf an fundierter Gottfriedforschung in Erinnerung gerufen und betont, dass einer Beurteilung der Kohärenz des Gottfriedschen Werks noch immer die Basis fehlt. Bevor nicht zumindest die Funktionsweise der Minnemetaphern, das Verhältnis von Handlungs- und Exkursebene sowie die Rolle der Stilistik des »Tristan« eingehender untersucht und in ihrem Wechselbezug erforscht worden sind, müssen Äußerungen über ein mangelndes Ineinandergreifen der literarischen Verfahren im »Tristan« Behauptungen bleiben. Ihnen lässt sich die Ansicht Wolfs entgegenstellen: »Um einen Tristan tristanhaft zu schildern, bedarf es einer neuen Kunst – Gottfried verfügt über sie!« (Wolf, B 6: 1989, 111). Aus dem Befund eines komplexen Kunstwerks, für dessen Verstehen die Mitwirkung eines sich einbringenden Publikums gefordert ist, dessen Affekte stimuliert und dem Rezeptionsspielräume offengehalten werden, folgt nicht, dass es damit effektiver Steuerungsmechanismen entbehrt. Bis zum Erweis des Gegenteils empfiehlt es sich daher, an der bislang in der Forschung vorherrschenden Sicht des »Tristan« Gottfrieds von Straßburg als eines souverän konzipierten Erzählwerks festzuhalten.

Anhang

Verzeichnis der Siglen und Abkürzungen

ABäG	Amsterdamer Beiträge zur älteren Germanistik
AfdA	Anzeiger für deutsches Altertum und deutsche Literatur
AU	Archiv für Urkundenforschung
AUMLA	Journal of the Australian Universities Language and Literature Association
Brechungen	Walter Haug: Brechungen auf dem Weg zur Individualität. Kleine Schriften zur Literatur des Mittelalters. Tübingen 1995.
Coll. Germ.	Colloquia Germanica
DLZ	Deutsche Literaturzeitung für Kritik der internationalen Wissenschaft
DVjs.	Deutsche Vierteljahrsschrift für Literaturwissenschaft und Geistesgeschichte
Et. Germ.	Etudes Germaniques
Euph.	Euphorion
Germ.	Germania
Germ. Rev.	The Germanic Review
GRM	Germanisch-Romanische Monatsschrift
HMS	Minnesinger. Deutsche Liederdichter des zwölften, dreizehnten und vierzehnten Jahrhunderts […]. Hrsg. von Friedrich Heinrich von der Hagen. Bd. 1/2. Leipzig 1838.
JEGP	Journal of English and Germanic Philology
LCI	Lexikon der christlichen Ikonographie. Hrsg. von Engelbert Kirschbaum. Sonderausg. Freiburg i. Br. 1994.
Leuv. Bijdr.	Leuvense Bijdragen
Lexer	Mittelhochdeutsches Handwörterbuch von Matthias Lexer. 3 Bde. Stuttgart 1979. (Nachdr. der Ausg. Leipzig 1872.)
LiLi.	Zeitschrift für Literaturwissenschaft und Linguistik
Mlat. Jb.	Mittellateinisches Jahrbuch
MLN	Modern Language Notes
MLQ	Modern Language Quarterly
MLR	The Modern Language Review
NdJb.	Jahrbuch des Vereins für Niederdeutsche Sprachforschung

NDB	Neue Deutsche Biographie. Hrsg. von der Historischen Kommission der Bayerischen Akademie der Wissenschaften. Berlin 1953ff.
Neoph.	Neophilologus
PBB	Beiträge zur Geschichte der deutschen Sprache und Literatur
PL J. P.	Migne: Patrologiae cursus completus, sive bibliotheca universalis. Ser. latina. Paris 1844ff.
PMLA	Publications of the Modern Language Association of America
RF	Romanische Forschungen
RSM	Repertorium der Sangsprüche und Meisterlieder des 12. bis 18. Jahrhunderts. Hrsg. von Horst Brunner und Burghart Wachinger. 16 Bde. Tübingen 1986ff.
Sitzungsber. Frankfurt	Sitzungsberichte der Wissenschaftlichen Gesellschaft an der Johann Wolfgang Goethe-Universität Frankfurt am Main.
Strukturen	Walter Haug: Strukturen als Schlüssel zur Welt. Kleinere Schriften zur Erzählliteratur des Mittelalters. Tübingen 1989.
THSC	The Transactions of the Honourable Society of Cymmrodorion
TPMA	Thesaurus proverbiorum medii aevi. Lexikon der Sprichwörter des romanisch-germanischen Mittelalters. Begr. von Samuel Singer. Bd. 1ff. Berlin / New York 1995ff.
VL^{2}	Die deutsche Literatur des Mittelalters. Verfasserlexikon. 2., völlig neu bearb. Aufl. Hrsg. von Kurt Ruh. Bd. 1ff. Berlin / New York 1978ff.
WW	Wirkendes Wort
WZUJ	Wissenschaftliche Zeitschrift der Friedrich-Schiller-Universität Jena/Thüringen. Gesellschafts- und Sprachwissenschaftliche Reihe
ZfdA	Zeitschrift für deutsches Altertum und deutsche Literatur
ZfdPh.	Zeitschrift für deutsche Philologie
ZfSL	Zeitschrift für französische Sprache und Literatur
ZGO	Zeitschrift für die Geschichte des Oberrheins

Abgekürzt zitierte Quellen

Al.	Rudolf von Ems: Alexander. Ein höfischer Versroman des 13. Jahrhunderts. Zum ersten Male hrsg. von Viktor Junk. 2 Tle. Leipzig 1928/29.
Ber.	Berol: Tristan und Isolde. Übers. von Ulrich Mölk. München 1962.
Cat.	Der deutsche Cato. Geschichte der deutschen Übersetzungen der im Mittelalter unter dem Namen Cato bekannten Distichen [...]. Hrsg. von Friedrich Zarncke. Leipzig 1852.
Ehrenbr.	Der Ehrenbrief des Püterich von Reichertshausen. Hrsg. von Fritz Behrend und Rudolf Wolkan. Weimar 1920.
Eilh.	Eilhart von Oberg: Tristrant. Edition diplomatique des manuscrits et traduction en français moderne avec introduction, notes et index. Hrsg. von Danielle Buschinger. Göppingen 1976. [Zit. wird Hs. D.]
Gar.	Garel von dem bluͤnden Tal von dem Pleier. Hrsg. von Wolfgang Herles. Wien 1981.
Gottfr.	s. Ranke, B 1a: 1978.
Gralep.	Die Gralepen in Ulrich Füetrers Bearbeitung. (Buch der Abenteuer.) [...]. Hrsg. von Kurt Nyholm. Berlin 1964.
Gr. Hd. Lhs.	Die Große Heidelberger »Manessische« Liederhandschrift. In Abbildung hrsg. von Ulrich Müller. Göppingen 1971.
Gr. Hd. Lhs. Abdr.	Die Große Heidelberger Liederhandschrift (Codex Manesse). In getreuem Textabdruck hrsg. von Fridrich Pfaff. Bearb. von Hellmut Salowsky. Heidelberg 1995.
G. Schm.	Konrad von Würzburg: Goldene Schmiede. Von Wilhelm Grimm. Berlin 1840.
Häs.	Das Häselein. In: Gesammtabenteuer. Hundert altdeutsche Erzählungen [...]. Hrsg. von Friedrich Heinrich von der Hagen. Bd. 2. Stuttgart/Tübingen 1850. S. 1–18.

Heinr. Heinrich von Freiberg: Tristan. In: Heinrich von Freiberg. Mit Einleitungen […]. Hrsg. von Alois Bernt. Halle 1906. (Nachdr. Tübingen 1978.) Tl. 2. S. 1–211.

Herzm. Konrad von Würzburg: Das Herzmaere. In: Kleinere Dichtungen Konrads von Würzburg. Bd. 1: Der Welt Lohn – Das Herzmaere – Heinrich von Kempten. Hrsg. von Edward Schröder. 10. Aufl. Dublin/Zürich 1970. S. 12–40.

Iw. Iwein. Eine Erzählung von Hartmann von Aue. Hrsg. von G. F. Benecke und K. Lachmann. Neu bearb. von Ludwig Wolff. Siebente Ausg. Bd. 1. Text. Berlin 1968.

J. v. W. Johann von Würzburg: Wilhelm von Österreich. Aus der Gothaer Handschrift hrsg. von Ernst Regel. Berlin 1906.

KLD Deutsche Liederdichter des 13. Jahrhunderts. Hrsg. von Carl von Kraus. 2 Bde. [Bd. 1: Text. Bd. 2: Kommentar. Bes. von Hugo Kuhn.] 2. Aufl., durchges. von Gisela Kornrumpf. Tübingen 1978.

Kl. Hd. Lhs. Die Kleine Heidelberger Liederhandschrift Cod. Pal. Germ. 357 der Universitätsbibliothek Heidelberg. Einführung von Walther Blank. Wiesbaden 1972.

K. v. St. Der Ritter mit dem Bock. Konrads von Stoffeln »Gauriel von Muntabel«. Neu hrsg., eingel. und komm. von Wolfgang Achnitz. Tübingen 1997.

Lann. Ulrich Fuetrer: Lannzilet. (Aus dem »Buch der Abenteuer«.) Str. 1–1122. Hrsg. von Karl-Eckard Lenk. Tübingen 1989.

M. Ank. Des Minners Anklagen. Hrsg. von Wilhelm Seelmann. In: NdJb. 8 (1882). S. 42–63.

MF Des Minnesangs Frühling. Bearb. von Hugo Moser und Helmut Tervooren. 36., neugest. und erw. Aufl. 2 Bde. [Bd. 1: Texte. Bd. 2: Editionsprinzipien, Melodien, Handschriften, Erläuterungen.] Stuttgart 1977.

Minneb.	Die Minneburg. Nach der Heidelberger Pergamenthandschrift (CPG. 455) unter Heranziehung der Kölner Handschrift und der Donaueschinger und Prager Fragmente. Hrsg. von Hans Pyritz. Nachdr. der Ausg. Berlin 1950. Hildesheim 1991.
Parz.	Wolfram von Eschenbach: Parzival. Studienausg. Berlin 1965.
Reinm. v. Zw.	Die Gedichte Reinmars von Zweter. Hrsg. von Gustav Roethe. Leipzig 1887.
Saeld. H.	Der Saelden Hort. Alemannisches Gedicht vom Leben Jesu, Johannes des Täufers und der Magdalena. Aus der Wiener und Karlsruher Handschrift hrsg. von Heinrich Adrian. Berlin 1927.
Sag.	Die nordische Version der Tristan Sage. Tristrams Saga ok Ísondar. Hrsg. von Eugen Kölbing. Hildesheim / New York 1978. (Nachdr. der Ausg. Heilbronn 1878.)
TaM	Tristan als Mönch. Untersuchungen und krit. Edit. von Betty C. Bushey. Göppingen 1974.
Thom.	Thomas: Tristan. Eingel., textkrit. bearb. und übers. von Gesa Bonath. München 1985.
Tit.	Wolfram von Eschenbach: Titurel. In: Wolfram von Eschenbach. Hrsg. von Albert Leitzmann. H. 5. 5. Aufl. Tübingen 1963. S. 163–184.
Ulr.	Ulrich von Türheim: Tristan. Hrsg. von Thomas Kerth. Tübingen 1979.
Wartb.	Der Wartburgkrieg. Krit. hrsg. von Tom A. Rompelman. Amsterdam 1939.
Wig.	Wigamur. Edité avec Introduction et Index par Danielle Buschinger. Göppingen 1987.
Willeh.	Wolfram von Eschenbach: Willehalm. In: Wolfram von Eschenbach. Hrsg. von Albert Leitzmann. H. 4/5. 5. Aufl. Tübingen 1963.
W. v. O.	Rudolf von Ems: Willehalm von Orlens. Hrsg. […] von Viktor Junk. Berlin 1905.

Auswahlbibliographie

1. Einleitung: Allgemeine Forschungslage, Hilfsmittel

a. Ausgaben

Bechstein, Reinhold (Hrsg.): Gottfried von Straßburg: Tristan. Nach der Ausg. von Reinhold Bechstein hrsg. von Peter Ganz. 2 Bde. Wiesbaden 1978.

[Faks.-Ausg. des Cgm 51 der Bayerischen Staatsbibliothek München:] Gottfried von Straßburg: Tristan und Isolde. Mit der Fortsetzung Ulrichs von Türheim. 2 Bde. Text-Bd. mit Beitr. von Ulrich Montag und Paul Gichtel. Stuttgart 1979.

Firchow, Evelyn Scherabon (Hrsg.): Gottfried von Straßburg: Tristan und Isolde. Diplomatische Textausgabe der Zimelien-Handschrift Codex Vindobonensis 2707 mit Konkordanzen und Wortlisten auf CD. Hrsg. von Evelyn Scherabon Firchow unter Mitarb. von Richard Hotchkiss. Stuttgart 2004.

Golther, Wolfgang: Tristan und Isolde und Flore und Blanscheflur. 2 Bde. Berlin/Stuttgart 1888/89.

Krohn, Rüdiger (Hrsg.): Gottfried von Straßburg: Tristan. Nach dem Text von Friedrich Ranke neu hrsg., ins Nhd. übers., mit einem Stellenkomm. und einem Nachw. 3 Bde. Stuttgart 1980. [Bd. 1: ^{9}2001. Bd. 2: ^{6}1999. Bd. 3: ^{5}1998.]

Marold, Karl (Hrsg.): Gottfried von Straßburg: Tristan. Bd. 1: Text. Unveränd. fünfter Abdr. nach der dritten mit einem auf Grund von Friedrich Rankes Kollationen verb. krit. Apparat bes. und mit einem erw. Nachw. vers. von Werner Schröder. Berlin / New York 2004.

Massmann, Hans Ferdinand (Hrsg.): »Tristan und Isolt« von Gottfried von Straßburg. Leipzig 1843. (Nachdr. Hildesheim / New York 1977.)

Ranke, Friedrich (Hrsg.): Gottfried von Straßburg: Tristan und Isold. In Auswahl hrsg. Bern 1946.

– Gottfried von Straßburg: Tristan und Isold. 15., unveränd. Aufl. Zürich 1978. (Nachdr. Hildesheim 2001.)

Spiewok, Wolfgang (Hrsg.): Das Tristan-Epos Gottfrieds von Straßburg. Mit der Fortsetzung des Ulrich von Türheim nach der Heidelberger Handschrift Cod. Pal. Germ. 360. Berlin 1989.

b. Übersetzungen/Nacherzählungen

Buschinger, Danielle [in Zs.-Arb. mit Wolfgang Spiewok]: Gottfried de Straßbourg: Tristan et Isolde. In: Tristan et Iseut. Les premières versions européennes. Hrsg. von Christiane Marchello-Nizia [u. a.]. Paris 1995. S. 389–635, 1400–1469 [Stellenkomm.]. (Bibliothèque de la Pléiade.)

Ertzdorff, Xenja von [u. a.]: Gottfried von Straßburg: Tristan. Übers. von X. v. E. [u. a.]. München 1979.

Gentry, Francis G.: Gottfried von Straßburg: Tristan and Isolde. Foreword by C. Stephen Jaeger. New York 1988.

Hatto, Arthur T.: Gottfried von Straßburg: Tristan. Translated entire for the first time. With the surviving fragments of the »Tristan« of Thomas newly translated. With an Introd. by A. T. H. Harmondsworth 1972.

Hertz, Wilhelm: »Tristan und Isolde« von Gottfried von Straßburg. Neu bearb. und nach den altfranzösischen Tristanfragmenten des Trouvère Thomas erg. Stuttgart 1877.

Knecht, Peter: Gottfried von Straßburg: Tristan. Bd. 2: Übersetzung. Mit einer Einf. in das Werk von Tomas Tomasek. Berlin / New York 2004.

Kramer, Günter: Gottfried von Straßburg: Tristan und Isolde. Aus dem Mhd. übertr. und erl. von Günter Kramer. Berlin 1966.

Kühn, Dieter: »Tristan und Isolde« des Gottfried von Straßburg. Ulrich von Türheim: Tristan. Eine Fortsetzung. Frankfurt a. M. / Leipzig 1991.

Kurtz [Kurz], Hermann: Tristan und Isolde. Gedicht von Gottfried von Straßburg. Übertr. und beschlossen von Hermann Kurtz. Stuttgart 1844.

Mohr, Wolfgang: Gottfried von Straßburg: Tristan und Isold. Nach der Übertr. von Hermann Kurtz bearb. von Wolfgang Mohr. Göppingen 1979.

Pannier, Karl: Tristan und Isolde. Höfisches Epos von Gottfried von Straßburg. Aus dem Mhd. übers. von Karl Pannier. 2 Bde. Leipzig 1903.

Simrock, Karl: Tristan und Isolde. Von Gottfried von Straßburg. Übers. von Karl Simrock. 2 Tle. Leipzig 1855.

Weber, Gottfried: Gottfried von Straßburg: Tristan. Text, Nacherzählung, Wort- und Begriffserklärungen. In Verb. mit Gertrud Utzmann und Werner Hoffmann. Darmstadt 1967.

c. Hilfsmittel

Hall, Clifton D.: A Complete Concordance to Gottfried von Strassburg's »Tristan«. Lewiston 1992.

Huber, Christoph: Bibliographie zum »Tristan« Gottfrieds von Straßburg (seit 1984). In: Encomia-Deutsch. Tübingen 2000. (Sonderh. der Deutschen Section der ICLS / International Courtly Literature Society.) S. 80–128.

Mosselman, Frederik: Der Wortschatz Gottfrieds von Straßburg. Diss. Amsterdam. s'Gravenhage 1953.

Okken, Lambertus: Kommentar zum Tristan-Roman Gottfrieds von Straßburg. 2 Bde. 2. Aufl. Amsterdam 1996. [3 Bde. Amsterdam 1984/85/88.] [Im Anhang: Martin van Schaik: Musik, Aufführungspraxis und Instrumente im Tristan-Roman Gottfrieds von Straßburg. S. 1009–67; Bernhard D. Haage: Heilkunde im »Tristan« Gottfrieds von Straßburg. S. 1069–1107.]

Steinhoff, Hans-Hugo: Bibliographie zu Gottfried von Straßburg. Berlin 1971.

– Bibliographie zu Gottfried von Straßburg. Bd. 2. Berichtzeitraum 1970–1983. Berlin 1986.

Valk, Melvin E.: Word-Index to Gottfried's »Tristan«. Madison 1958.

d. Forschungsgeschichte

Batts, Michael S.: Research since 1945 on Gottfried's »Tristan«. In: Tristania 9 (1983/84). S. 40–48.

Dietz, Reiner: Der »Tristan« Gottfrieds von Straßburg. Probleme der Forschung (1902–1970). Göppingen 1974.

Fritsch-Rößler, Waltraud: Der »Tristan« Gottfrieds von Straßburg in der deutschen Literaturgeschichtsschreibung (1768–1985). Frankfurt a. M. [u. a.] 1989.

Fromm, Hans: Zum gegenwärtigen Stand der Gottfried-Forschung. In: DVjs. 28 (1954). S. 115–138.

Gruenter, Rainer: Tristan-Studien. Hrsg. von Wolfgang Adam. Heidelberg 1993.

Schneider, Damaris: Die Darstellung des »Tristan« von Gottfried von Straßburg in der Literaturgeschichtsschreibung nach Gustav Ehrismann. In: Mediävistische Literaturgeschichtsschreibung.

Gustav Ehrismann zum Gedächtnis (Symposion Greifswald, 18. 9. bis 23. 9. 1991). Hrsg. von Rolf Bräuer und Otfrid Ehrismann. Göppingen 1992. S. 195–213.
Schröder, Werner: Über Gottfried von Straßburg. Kleinere Schriften. Bd. 5. Stuttgart 1994.
Wolf, Alois (Hrsg.): Gottfried von Straßburg. Darmstadt 1973.

e. Gesamtdarstellungen/Literaturgeschichten

Batts, Michael S.: Gottfried von Straßburg. New York 1971.
Bekker, Hugo: Gottfried von Strassburg's »Tristan«: Journey through the Realm of Eros. Columbia 1987.
Bertau, Karl: Deutsche Literatur im europäischen Mittelalter. Bd. 2. München 1973.
Boor, Helmut de: Die höfische Literatur. Vorbereitung, Blüte, Ausklang. 1170–1250. 10. Aufl., bearb. von Ursula Hennig. München 1979. (Geschichte der deutschen Literatur von den Anfängen bis zur Gegenwart. Begr. von Helmut de Boor und Richard Newald. Bd. 2.)
Ehrismann, Gustav: Geschichte der deutschen Literatur bis zum Ausgang des Mittelalters. Tl. 2.II.1. München 1927.
Jackson, William Thomas Hobdell: The Anatomy of Love. The »Tristan« of Gottfried von Strassburg. New York / London 1971.
Johnson, L. Peter: Gottfried von Straßburg: »Tristan«. In: Interpretationen. Mittelhochdeutsche Romane und Heldenepen. Hrsg. von Horst Brunner. Stuttgart 1993. S. 233–254.
– Die höfische Literatur der Blütezeit (1160/70 – 1220/30). Tübingen 1999. (Geschichte der deutschen Literatur von den Anfängen bis zum Beginn der Neuzeit. Hrsg. von Joachim Heinzle. Bd. 2.1.)
Klein, Dorothea: Gottfried von Straßburg: Tristan. In: Lektüren für das 21. Jahrhundert. Schlüsseltexte der deutschen Literatur von 1200 bis 1990. Hrsg. von Dorothea Klein und Sabine M. Schneider. Würzburg 2000. S. 67–85.
Krohn, Rüdiger: Gottfried von Strassburg and the Tristan Myth. In: German Literature of the High Middle Ages. Hrsg. von Will Hasty. Rochester 2006. S. 54–73.
Kuhn, Hugo: Gottfried von Straßburg. In: VL^2. Bd. 3 (1981). Sp. 153–168.

Ruh, Kurt: Höfische Epik des deutschen Mittelalters II. »Reinhart Fuchs«, »Lanzelet«, Wolfram von Eschenbach, Gottfried von Straßburg. Berlin 1980.
Schulze, Ursula: G[ottfried] v[on] Straßburg. In: Lexikon Literatur des Mittelalters. Bd. 2: Autoren und Werke. Red. Charlotte Bretscher-Gisiger. Stuttgart 2002. S. 198f.
Seitz, Dieter: Gottfried von Straßburg: Tristan. In: Einführung in die deutsche Literatur des 12. bis 16. Jahrhunderts. Bd. 1: Adel und Hof. Hrsg. von Winfried Frey [u. a.]. Opladen 1979. S. 222–261.
Wehrli, Max: Geschichte der deutschen Literatur vom frühen Mittelalter bis zum Ende des 16. Jahrhunderts. 2. Aufl. Stuttgart 1984. (Geschichte der deutschen Literatur von den Anfängen bis zur Gegenwart. Bd. 1.)
Wenzel, Horst: Gottfried von Straßburg. In: Deutsche Literatur. Eine Sozialgeschichte. Hrsg. von Horst Albert Glaser. Bd. 1: Aus der Mündlichkeit in die Schriftlichkeit. Höfische und andere Literatur 750–1320. Hrsg. von Ursula Liebertz-Grün. Reinbek 1988. S. 250–263.

f. Einführungsbände

Chinca, Mark: Gottfried von Strassburg: Tristan. Cambridge 1997. (Landmarks of World Literature.)
Huber, Christoph: Gottfried von Straßburg: Tristan. 2. Aufl. Berlin 2001. [1. Aufl. Berlin 2000. = Überarb. Version von: Christoph Huber: Gottfried von Straßburg »Tristan und Isolde«. Eine Einführung. München/Zürich 1986.]
Weber, Gottfried / Hoffmann, Werner: Gottfried von Straßburg. 5. Aufl. Stuttgart 1981.

2. Annäherungen an den Dichter und seine Zeit

Achtnich, Karl: Der Bürgerstand in Straßburg bis zur Mitte des XIII. Jahrhunderts. Leipzig 1910.
Batts, Michael S.: Gottfried's Strasbourg: The City and its People. In: Hasty, B 5: 2003, 55–69.

Borries, Emil von: Geschichte der Stadt Straßburg. Straßburg 1909.
Brennig, Heribert R.: Der Kaufmann im Mittelalter. Literatur – Wirtschaft – Gesellschaft. Pfaffenweiler 1993.
Bumke, Joachim: Höfische Kultur. Literatur und Gesellschaft im hohen Mittelalter. 2 Bde. München 1986.
Deighton, Alan: Prolegomena to a New Biography of Gottfried von Straßburg? In: Tristania 19 (1999). S. 1–12.
Dollinger, Philippe: Origines et essor de la ville épiscopale (V[e]–XIIe siècle). L'émancipation de la ville et la domination du patriciat (1200–1349). In: Histoire de Strasbourg des origines a nos jours. Hrsg. von Georges Livet und Francis Rapp. Straßburg 1981. S. 4–94.
Fischer, Hermann: Über Gottfried von Straßburg. München 1916. (Sitzungsber. der Königl. Bayer. Akad. der Wiss. Philosph.-philolog. und histor. Kl. 1916. 5. Abh.)
Haage, Bernhard D.: Wissenschafts- und bildungstheoretische Reminiszenzen nordfranzösischer Schulen bei Gottfried von Straßburg und Wolfram von Eschenbach. In: Würzburger Medizinhistorische Mitteilungen 8 (1990). S. 92–135.
Hegel, Karl: Allgemeine Einleitung. In: Die Chroniken der deutschen Städte vom 14. bis ins 16. Jahrhundert. Hrsg. von der historischen Kommission bei der Bayerischen Akademie der Wissenschaften. Bd. 8.1. Straßburg/Leipzig 1870. S. 1–78.
Hessel, Alfred: Die Beziehungen der Straßburger Bischöfe zum Kaisertum und zur Stadtgemeinde in der ersten Hälfte des 13. Jahrhunderts. In: AU 6 (1918). S. 266–275.
– / Krebs, Manfred: Regesten der Bischöfe von Straßburg. Bd. 2. Innsbruck 1928.
Krohn, Rüdiger: Dietherus cellerarius. Mutmaßungen über den Gönner Gottfrieds von Straßburg. In: Verstehen durch Vernunft. Festschrift für Werner Hoffmann. Hrsg. von Burkhardt Krause. Wien 1997. S. 227–246.
Kuhn, Hugo: Gottfried von Straßburg. In: NDB. Bd. 6. Berlin 1964. S. 672–676.
Kurz, Hermann: Zum Leben Gottfrieds von Straßburg. In: Germ. 15 (1870). S. 207–236, 322–345.
Mandach, André de: Prolegomena to a New Biography of Gottfried von Straßburg. In: Tristania 18 (1998). S. 53–75.
Mosbacher, Helga: Kammerhandwerk, Ministerialität und Bürger-

tum in Straßburg. Studien zur Zusammensetzung und Entwicklung des Patriziats im 13. Jahrhundert. In: ZGO 119 (1971). S. 33–173.
Peters, Ursula: Literatur in der Stadt. Studien zu den sozialen Voraussetzungen und kulturellen Organisationsformen städtischer Literatur im 13. und 14. Jahrhundert. Tübingen 1983.
Pfleger, Luzian: Kirchengeschichte der Stadt Straßburg im Mittelalter. Kolmar 1941.
Rüther, Andreas: Bettelorden in Stadt und Land. Die Straßburger Mendikantenkonvente und das Elsaß im Spätmittelalter. Berlin 1997.
Sälzer, Gerda: Studien zu Gottfried von Straßburg. Diss. Bochum 1975.
Schmoller, Gustav: Straßburgs Blüte und die volkswirtschaftliche Revolution im XIII. Jahrhundert. Straßburg 1875.
Schweikle, Günther (Hrsg.): Dichter über Dichter in mittelhochdeutscher Literatur. Tübingen 1970.
Walther, Ingo F.: Codex Manesse. Die Miniaturen der Großen Heidelberger Liederhandschrift. Hrsg. und erl. von I. F. W. unter Mitarb. von Giesela Siebert. 3. Aufl. Frankfurt a. M. 1988.
Wiegand, Wilhelm (Bearb.): Urkundenbuch der Stadt Straßburg. Bd. 1: Urkunden und Stadtrechte bis zum Jahr 1266. Straßburg 1879.

3. Von den »Tristan«-Handschriften zu den Editionen

Baisch, Martin: Textkritik als Problem der Kulturwissenschaft. Tristan-Lektüren. Berlin / New York 2006.
Becker, Peter Jörg: Handschriften und Frühdrucke mittelhochdeutscher Epen. »Eneide«, »Tristrant«, »Tristan«, »Erec«, »Iwein«, »Parzival«, »Willehalm«, »Jüngerer Titurel«, »Nibelungenlied« und ihre Rezeption im späteren Mittelalter und in der frühen Neuzeit. Wiesbaden 1977.
Bennewitz, Ingrid: *Sin mund begund im uff gan.* Versuche zur Überlieferung von Gottfrieds »Tristan«. In: Huber/Millet, B 5: 2002, 9–22.
Bertelsmeier-Kierst, Christa: Verortung im kulturellen Kontext: Eine andere Sicht auf die Literatur um 1200. In: Eine Epoche im

Umbruch. Volkssprachliche Literalität 1200–1300. Cambridger Symposium 2001. Hrsg. von Ch. B.-K. und Christopher Young. Tübingen 2003. S. 23–44.

Bonath, Gesa: Untersuchungen zur Überlieferung des Parzival Wolframs von Eschenbach. Bd. 1. Lübeck/Hamburg 1970.

Brüggen, Elke / Ziegeler, Hans-Joachim: Der Tristanstoff und die Manuskriptkultur des Mittelalters. Text und Bild in der Kölner Tristan-Handschrift B. In: Huber/Millet, B 5: 2002, 24–74.

Deighton, Alan R.: Zur handschriftlichen Untersuchung des »Tristan« Gottfrieds von Straßburg. In: ZfdA 112 (1983). S. 199–207.

– Die Randbemerkungen in den Handschriften des »Tristan« Gottfrieds von Straßburg. In: Euph. 78 (1984). S. 266–274.

Falkenberg, Bettina: Die Bilder der Münchener Tristan-Handschrift. Frankfurt a. M. [u. a.] 1986.

Hagen, Theodor von: Die Handschriften des »Tristan« und ihre Bedeutung für die Kritik. In: Germanistische Studien. Suppl. zur Germania 1 (1872). S. 31–56. [Überarb. Fassung der Göttinger Dissertation: Kritische Beiträge zu Gottfrieds von Straßburg »Tristan«. Mühlhausen 1868.]

Klein, Klaus: Stillstand. Zur handschriftlichen Überlieferung von Gottfrieds »Tristan«. In: ZfdA 135 (2006). S. 213–216.

Klein, Thomas: Ermittlung, Darstellung und Deutung von Verbreitungstypen in der Handschriftenüberlieferung mittelhochdeutscher Epik. In: Deutsche Handschriften 1100–1400. Oxforder Kolloquium 1985. Hrsg. von Volker Honemann und Nigel F. Palmer. Tübingen 1988. S. 110–167.

– Die Parzivalhandschrift Cgm 19 und ihr Umkreis. In: Wolfram-Studien 12 (1992). S. 32–66.

Kunerth, Barbara: Der Bilderzyklus der Münchner Tristan-Handschrift Cgm 51. Diss. Cottbus 1999.

Mertens, Volker: *Wes mag ditz mere zu schaden jenhen?* Eilharts »Tristan« als Fortsetzung von Gottfrieds Torso in der Meusebachschen Handschrift zu Berlin. In: Europäische Literaturen im Mittelalter. Festschrift für Wolfgang Spiewok. Hrsg. von Danielle Buschinger. Greifswald 1994. S. 279–295.

Ranke, Friedrich: Die Überlieferung von Gottfrieds »Tristan«. In: ZfdA 55 (1917). S. 157–278, 381–438. (Separ. Nachdr. Darmstadt 1974.)

– Zum Vortrag der Tristanverse. In: Festschrift für Paul Kluckhohn und Hermann Schneider. Tübingen 1948. S. 528–538.

Saurma-Jeltsch, Lieselotte E.: Der Brüsseler »Tristan«: Ein mittelalterliches Haus- und Sachbuch. In: von Ertzdorff, B 6: 1999, 247–301.

Schröder, Werner: Irrwege und Wege zu einer neuen »Tristan«-Ausgabe. In: ZfdA 120 (1991). S. 140–156. [Wiederabdr. in: Schröder, B 1: 1994, 153–169.]

Steinhoff, Hans-Hugo: Gottfried von Straßburg: Tristan. Ausgewählte Abbildungen zur Überlieferung. Göppingen 1974.

Walworth, Julia Caroline: The Illustrations of the Munich »Tristan« and »Willehalm von Orlens«: Bayerische Staatsbibliothek Cgm 51 and Cgm 63. 2 Bde. Diss. Yale University 1991. (UMI Dissertation Services, Ann Arbor 1991.)

Wetzel, René: Die handschriftliche Überlieferung des »Tristan« Gottfrieds von Straßburg. Untersucht an ihren Fragmenten. Freiburg (Schweiz) 1992.

– Tristan in Böhmen. Die südostmitteldeutsche Überlieferungsinsel von Gottfrieds »Tristan« im Kontext der böhmischen Gesellschafts- und Bildungssituation und der Minne-Ehe-Kasuistik im 13.–15. Jahrhundert. In: Tristan-Studien. Die Tristan-Rezeption in den europäischen Literaturen des Mittelalters. Hrsg. von Danielle Buschinger und Wolfgang Spiewok. Greifswald 1993. (Greifswalder Beiträge zum Mittelalter. 4.) S. 165–181.

4. Das lyrische Werk

Janota, Johannes: Fortuna vitrea. In: Fortuna. Hrsg. von Walter Haug und Burghart Wachinger. Tübingen 1995. S. 344–362.

Krohn, Rüdiger: Gottfrieds »Tristan« und der Minnesang. Anmerkungen zu einem heiklen Verhältnis. In: Tristan et Iseut. Mythe européen et mondial. Actes du Colloque de 10, 11 et 12 janvier 1986. Hrsg. von Danielle Buschinger. Göppingen 1987. S. 199–211.

– Der Minnesänger Gottfried von Straßburg. Noch ein Plädoyer für ein erweitertes Autor-Verständnis. In: *Dâ hoeret ouch geloube zuo.* Festschrift für Günther Schweikle. Hrsg. von Rüdiger Krohn. Stuttgart/Leipzig 1995. S. 89–102.

Pfeiffer: Über Gottfried von Straßburg. In: Germ. 3 (1858). S. 59–80.

Stackmann, Karl: *Gîte* und *Gelücke*. Über die Spruchstrophen Gotfrids. In: Festschrift für Ulrich Pretzel. Hrsg. von Werner Simon [u. a.]. Berlin 1963. S. 191–204.
Thurlow, Peter: Gottfried and Minnesang. In: German Life and Letters 48 (1995). S. 401–412.
Touber, A. H.: Gottfrieds »Tristan« und der Minnesang. In: Tristan – Tristrant. Festschrift für Danielle Buschinger. Hrsg. von André Crépin und Wolfgang Spiewok. Greifswald 1996. S. 513–519.
Watterich, Johann M.: Gottfried von Straßburg, ein Sänger der Gottesminne. Leipzig 1858.
Wolf, Alois: Die »Große Freude«. Vergleichende Betrachtung zur Eros-*exsultatio* in Minnekanzonen, im »Erec« und im »Tristan«. In: Literaturwissenschaftliches Jahrbuch 34 (1993). S. 49–79.
Wolff, Ludwig: Der Gottfried von Straßburg zugeschriebene »Marienpreis« und »Lobgesang« auf Christus. Untersuchungen und Text. Jena 1924.
Wyss, Ulrich: Tristan und die »Nachtigallen«. In: Huber/Millet, B 5: 2002, 327–338.

5. Der »Tristan«

Allgaier, Karl: Der Einfluß Bernhards von Clairvaux auf Gottfried von Straßburg. Frankfurt a. M. / Bern 1983.
Anson, John S.: The Hunt of Love: Gottfried von Strassburg's »Tristan« as Tragedy. In: Speculum 45 (1970). S. 594–607.
Asher, John A.: Hartmann and Gottfried: Master and Pupil? In: AUMLA 15 (1961). S. 134–144.
Auteri, Laura: Dichotomien über den Tod in Gottfrieds »Tristan«. In: ABäG 58 (2003). S. 73–91.
Batts, Michael S.: The Idealised Landscape in Gottfried's »Tristan«. In: Neoph. 46 (1962). S. 226–233.
– The Role of King Marke in Gottfried's »Tristan« – and Elsewhere. In: Stevens/Wisbey, B 5: 1990, 117–125.
Bayer, Hans: Gralsburg und Minnegrotte. Die religiös-ethische Heilslehre Wolframs von Eschenbach und Gottfrieds von Straßburg. Berlin 1978.
Bertau, Karl: Über Literaturgeschichte. Literarischer Kunstcharak-

ter und Geschichte in der höfischen Epik um 1200. München 1983.
– Literatur als Anti-Literatur? Zur sogenannten »Bußpredigt« in Gottfrieds »Tristan«. In: Il romanzo di Tristano nella letteratura del Medioevo. Der »Tristan« in der Literatur des Mittelalters. Hrsg. von Paola Schulze-Belli und Michael Dallapiazza. Triest 1990. S. 7–18.
Betz, Werner: Gottfried von Straßburg als Kritiker höfischer Kultur und Advokat religiöser erotischer Emanzipation. In: Festschrift Konstantin Reichardt. Hrsg. von Christian Gellinek. Bern/München 1969. S. 168–173. [Wiederabdr. in: Wolf, B 1: 1973, 518–525.]
Bleumer, Hartmut: Wahrnehmung literarisch. Ein Versuch über »Parzival« und »Tristan«. In: Das Mittelalter 8 (2003). H. 2. S. 137–155.
Blodgett, Edward D.: Music and Subjectivity in Gottfried's »Tristan«. In: Analogon Rationis. Festschrift für Gerwin Marahrens. Hrsg. von Marianne Henn und Christoph Lorey. Edmonton 1994. S. 1–18.
Bonath, Gesa: Nachtrag zu den Akrosticha in Gottfrieds »Tristan«. In: ZfdA 115 (1986). S. 101–116.
Boor, Helmut de: Die Grundauffassung von Gottfrieds »Tristan«. In: DVjs. 18 (1940). S. 262–306. [Wiederabdr. in: Wolf, B 1: 1973, 25–73.]
Braunagel, Robert: Die Frau in der höfischen Epik des Hochmittelalters. Entwicklungen in der literarischen Darstellung und Ausarbeitung weiblicher Handlungsträger. Ingolstadt 2001.
Brinker-von der Heyde, Claudia: Autorität dank Autoritäten: Literaturexkurse und Dichterkataloge als Mittel zur Selbststilisierung. In: Autorität der/in Sprache, Literatur, Neuen Medien. Vorträge des Bonner Germanistentags 1997. Bd. 2. Hrsg. von Jürgen Fohrmann [u. a.]. Bielefeld 1999. S. 442–464.
Brinkmann, Hennig: Der Prolog im Mittelalter als literarische Erscheinung. Bau und Aussage. In: WW 14 (1964). S. 1–21.
Brown, Margaret / Jaeger, C. Stephen: Pageantry and Court Aesthetic in »Tristan«: The Procession of the Hunters. In: Stevens/ Wisbey, B 5: 1990, 29–44.
Büschen, Ilka: Sentimentalität. Überlegungen zur Theorie und Untersuchungen an mittelhochdeutschen Epen. Stuttgart [u. a.] 1974.
Buschinger, Danielle: Das Bild des Kaufmanns im Tristan-Roman

und bei Wolfram von Eschenbach. In: Zs. für Germanistik 5 (1987). S. 532–543.
– Gottfried's Adaption of the Story of Riwalin and Blanscheflur. In: Hasty, B 5: 2003, 73–86.
Caples, Cynthia Barrett: Brangaene and Isold in Gottfried von Strassburg's »Tristan«. In: Coll. Germ. 9 (1975). S. 167–176.
Carls, Ottmar: Die Auffassung der Wahrheit im »Tristan« Gottfrieds von Straßburg. In: ZfdPh. 93 (1974). S. 11–34.
Caruso-Heubeck, Sieglinde: Gottfrieds von Straßburg »Tristan«: Die Widersprüchlichkeit in der Erzählhaltung, Diss. University of Connecticut 1979. (University Microfilms International. Ann Arbor / London.)
Chinca, Mark: History, Fiction, Verisimilitude. Studies in the Poetics of Gottfried's »Tristan«. London 1993.
– Mögliche Welten. Alternatives Erzählen und Fiktionalität im Tristanroman Gottfrieds von Straßburg. In: Poetica 35 (2003). S. 307–333.
Christ, Winfried: Rhetorik und Roman. Untersuchungen zu Gottfrieds von Straßburg »Tristan und Isold«. Meisenheim am Glan 1977.
Christian, Peter: *Ein und ein*. A New Stylistic Device in Gottfrieds »Tristan«. In: Euph. 84 (1990). S. 1–44.
Christoph, Siegfried: Love, Honor and Shame Reconsidered. In: Tristiania 22 (2003). S. 49–65.
Classen, Albrecht: Matriarchy versus Patriarchy: The Role of the Irish Queen Isolde in Gottfried von Straßburg's »Tristan«. In: Neoph. 37 (1989). S. 77–89.
– König Marke in Gottfrieds von Straßburg »Tristan«. Versuch einer Apologie. In: ABäG 35 (1992). S. 37–63.
Clausen, Ilse: Der Erzähler in Gottfrieds »Tristan«. Diss. Kiel 1970.
Closs, August: The Love Potion as a Poetic Symbol in Gottfried's »Tristan«. In: Stevens/Wisbey, B 5: 1990, 235–245.
Collings, Lucy G.: Structural Prefiguration in Gottfried's »Tristan«. In: JEGP 72 (1973). S. 378–389.
Combridge, Rosemary: Das Recht im »Tristan« Gottfrieds von Straßburg. 2. Aufl. Berlin 1964.
Crossgrove, William C.: Numerical Composition in Gottfried's »Tristan«. The Petitcreiu Episode. In: MLQ 30 (1969). S. 20–32.

Czerwinski, Peter: Der Glanz der Abstraktion. Frühe Formen von Reflexivität im Mittelalter. Frankfurt a. M. 1989.

Dallapiazza, Michael: Männlich-Weiblich: Bilder des Scheiterns in Gottfrieds »Tristan« und Wolframs »Titurel«. In: Arthurian Romance and Gender. Masculin/Féminin dans le roman arthurien médiéval. Geschlechterrollen im mittelalterlichen Artusroman. [...] Ausgewählte Akten des XVII. Internationalen Artuskongresses. Hrsg. von Friedrich Wolfzettel. Amsterdam/Atlanta 1995. S. 176–182.

Deist, Rosemarie: Die Nebenfiguren in den Tristanromanen Gottfrieds von Strassburg, Thomas' de Bretagne und im »Cligès« Chrétiens de Troyes. Göppingen 1986.

– Sun and Moon. Constellation of Character in Gottfried's »Tristan« and Chrétiens »Yvain«. In: Arthurian Romance and Gender. Masculin/Féminin dans le roman arthurien médiéval. Geschlechterrollen im mittelalterlichen Artusroman. [...] Ausgewählte Akten des XVII. Internationalen Artuskongresses. Hrsg. von Friedrich Wolfzettel. Amsterdam/Atlanta 1995. S. 50–65.

Dembeck, Till: Der *wintschaffene* (wetterwendische) Christus und die Transparenz der Dichtung in Gottfrieds »Tristan«. In: Zeitschrift für Germanistik 10 (2000). S. 491–507.

Dick, Ernst S.: Gottfried's Isolde. *Coincidentia Oppositorum?* In: Tristania 12 (1987). S. 15–24.

– The Hunted Stag and the Renewal of *Minne. Bast* in Gottfried's »Tristan«. In: Tristania 17 (1996). S. 1–25.

Dickerson, Harold D.: Language in »Tristan« as a Key to Gottfried's Conception of God. In: ABäG 3 (1972). S. 127–145.

Dilg, Wolfgang: Zur Frage der Gliederung des Tristan-Prologs Gottfrieds von Straßburg. In: Euph. 71 (1977). S. 269–271.

– Der Literaturexkurs des »Tristan« als Zugang zu Gottfrieds Dichtung. In: Stauferzeit. Geschichte, Literatur, Kunst. Hrsg. von Rüdiger Krohn [u. a.]. Stuttgart 1978. S. 270–278.

Dörrich, Corinna: Poetik des Rituals. Konstruktion und Funktion politischen Handelns in mittelalterlicher Literatur. Darmstadt 2002.

Draesner, Ulrike: Zeichen – Körper – Gesang. Das Lied in der Isolde-Weißhand-Episode des »Tristan« Gotfrits von Straßburg. In: Wechselspiele. Kommunikationsformen und Gattungsinterferenzen mittelhochdeutscher Lyrik. Hrsg. von Michael Schilling und Peter Strohschneider. Heidelberg 1996. S. 77–101.

Eckhardt, Holger: »Wintschaffen oder tugenthaft«? Zu Lösungsmethoden werkimmanenter »Widersprüche« am Beispiel von Gottfrieds Verdikt über Christus. In: Neoph. 81 (1997). S. 577–581.

Ehrismann, Otfrid: Isolde, der Zauber, die Liebe – der Minnetrank in Gottfrieds »Tristan« zwischen Symbolik und Magie. In: Ergebnisse und Aufgaben der Germanistik am Ende des 20. Jahrhunderts. Festschrift für Ludwig Erich Schmitt. Hrsg. von Elisabeth Feldbusch. Hildesheim [u. a.] 1989. S. 282–301.

– Theologie und Erotik. Die geistesgeschichtliche Wende der »Tristan«-Rezeption und ihr Heiterkeitsdefizit. In: *Uf der mâze pfat.* Festschrift für Werner Hoffmann. Hrsg. von Waltraud Fritsch-Rößler. Göppingen 1991. S. 115–134.

Eifler, Günter: Publikumsbeeinflussung im strophischen Prolog zum »Tristan« Gottfrieds von Straßburg. In: Festschrift für Karl Bischoff. Hrsg. von Günter Bellmann [u. a.]. Köln/Wien 1975. S. 357–389.

Engels, Paul: Die äußeren Stilmittel in vagantenhafter Lyrik und bei Gottfried von Straßburg. Ein Beitrag zur Kenntnis der Beziehungen zwischen der deutschen und der lateinischen Literatur des Mittelalters. Diss. Köln 1928.

Ernst, Ulrich: Gottfried von Straßburg in komparatistischer Sicht. Form und Funktion der Allegorese im Tristanepos. In: Euph. 70 (1976). S. 1–72.

Ertzdorff, Xenja von: Die höfische Liebe im »Tristan« Gottfrieds von Straßburg. In: Stauferzeit. Geschichte, Literatur, Kunst. Hrsg. von Rüdiger Krohn [u. a.]. Stuttgart 1978. S. 349–361.

– Ehe und höfische Liebe im »Tristan« Gottfrieds von Straßburg. In: Love and Marriage in the Twelfth Century. Hrsg. von Willy van Hoecke und Andries Welkenhuysen. Leuven 1981. S. 197–218.

– Liebe, Ehe, Ehebruch und Tod in Gottfrieds »Tristan«. In: Liebe – Ehe – Ehebruch in der Literatur des Mittelalters. Vorträge des Symposions vom 13. bis 16. Juni 1983 am Institut für deutsche Sprache und mittelalterliche Literatur der Justus-Liebig-Universität Giessen. Hrsg. von X. v. E. und Marianne Wynn. Giessen 1984. S. 88–97.

Ferrante, Joan M.: *Ez ist ein zunge, dunket mich.* Fiction, Deception and Self-Deception in Gottfried's »Tristan«. In: Stevens/Wisbey, B 5: 1990, 171–180.

Finckh, Ruth: *Minor Mundus Homo*. Studien zur Mikrokosmos-Idee in der mittelalterlichen Literatur. Göttingen 1999.
Firestone, Ruth H.: *Saelde* in Gottfried's »Tristan«. In: *De consolatione philologiae*. Festschrift für Evelyn S. Firchow. Hrsg. von Anna Grotans [u. a.]. Göppingen 2000. S. 67–84.
Flood, John L.: *Schapel und lorzwi*: Poetic Laurels between Antiquity and Renaissance. In: Blütezeit. Festschrift für L. Peter Johnson. Hrsg. von Marc Chinca [u. a.]. Tübingen 2000. S. 395–407.
Fourquet, Jean: Höfische Dichtung und Theologie. In: Wolf, B 1: 1973, 199–208.
Freytag, Wiebke: Das Oxymoron bei Wolfram, Gottfried und andern Dichtern des Mittelalters. München 1972.
Fritsch-Rößler, Waltraud: [Rezension von Lanz-Hubmann, B 5: 1989.] In: ZfdA 120 (1991). S. 213–218.
– Multiple Memorialisierung in Gottfrieds von Straßburg »Tristan«. In: Kunst und Erinnerung. Memoriale Konzepte in der Erzählliteratur des Mittelalters. Hrsg. von Ulrich Ernst und Klaus Ridder. Köln [u. a.] 2003. S. 159–197.
Fromm, Hans: Gottfried von Straßburg und Abaelard. In: Festschrift für Ingeborg Schröbler. Hrsg. von Dietrich Schmidtke und Helga Schüppert. Tübingen 1973. S. 196–216.
– Tristans Schwertleite. In: DVjs. 41 (1967). S. 333–350.
Furstner, Hans: Der Beginn der Liebe bei Tristan und Isolde in Gottfrieds Epos. In: Neoph. 41 (1957). S. 25–38.
Ganz, Peter F.: Minnetrank und Minne. Zu »Tristan« Z. 11707f. In: Formen mittelalterlicher Literatur. Festschrift für Siegfried Beyschlag. Hrsg. von Otmar Werner und Bernd Naumann. Göppingen 1970. S. 63–75.
– Polemisiert Gottfried gegen Wolfram? (Zu »Tristan« Z. 4638f.) In: PBB (Tübingen) 88 (1967). S. 68–85.
– Tristan, Isolde und Ovid. Zu Gottfrieds »Tristan« Z. 17182ff. In: Mediaevalia litteraria. Festschrift für Helmut de Boor. Hrsg. von Ursula Hennig und Herbert Kolb. München 1971. S. 397–412.
Geil, Gerhild: Gottfried von Straßburg und Wolfram von Eschenbach als literarische Antipoden. Zur Genese eines literaturgeschichtlichen Topos. Köln/Wien 1973.
Gerok-Reiter, Annette: Umcodierung. Zum Verhältnis von *minne* und *ere* in Gottfrieds »Tristan«. In: ZfdPh. 121 (2002). S. 365–389.

Glauch, Sonja: Inszenierungen der Unsagbarkeit. Rhetorik und Reflexion im höfischen Roman. In: ZfdA 132 (2003). S. 148–176.

Glendinning, Robert: Gottfried von Strassburg and the School-Tradition. In: DVjs. 61 (1987). S. 617–638.

– Eros, Agape, and Rhetoric around 1200: Gervase of Melkley's *Ars poetica* and Gottfried von Strassburg's »Tristan«. In: Speculum 67 (1992). S. 892–925.

Glogau, Dirk: Untersuchungen zu einer konstruktivistischen Mediävistik. Tiere und Pflanzen im »Tristan« Gottfrieds von Straßburg und im »Nibelungenlied«. Essen 1993.

Gnaedinger, Louise: Musik und Minne im »Tristan« Gotfrids von Straßburg. Düsseldorf 1967.

Goebel, Dieter: Tristans Einkleidung (Gottfried v. 4555–5011). In: ZfdPh. 96 (1977). S. 61–72.

Goller, Detlef: *wan bî mînen tagen und ê hât man sô rehte wol geseit.* Intertextuelle Verweise zu den Werken Hartmanns von Aue im »Tristan« Gottfrieds von Straßburg. Frankfurt a. M. [u. a.] 2005.

Gottzmann, Carola L.: Identitätsproblematik in Gottfrieds »Tristan«. In: GRM 70 (1989). S. 129–146.

Gravigny, Louis: La composition de »Tristan« de Gottfried de Strasbourg et les initiales dans les principaux manuscrits et fragments. In: Et. Germ. 26 (1971). S. 1–17.

Green, Dennis H.: Irony in the Medieval Romance. Cambridge 1979.

– The Beginnings of Medieval Romance. Fact and Fiction, 1150–1220. Cambridge 2002.

Grosse, Siegfried: Vremdiu maere – Tristans Herkunftsberichte. In: WW 20 (1970). S. 289–302.

– Der Gebrauch des Wortes *meister* in Gottfrieds »Tristan«. In: Sprache – Literatur – Kultur. Studien zu ihrer Geschichte im deutschen Süden und Westen. Festschrift für Wolfgang Kleiber. Hrsg. von Albrecht Greule und Uwe Ruberg. Wiesbaden 1989. S. 291–299.

Grubmüller, Klaus: *ir unwarheit warbaeren.* Über den Beitrag des Gottesurteils zur Sinnkonstitution in Gotfrids »Tristan«. In: Philologie als Kulturwissenschaft. Festschrift für Karl Stackmann. Hrsg. von Ludger Grenzmann [u. a.]. Göttingen 1987. S. 149–163.

Grünkorn, Gertrud: Die Fiktionalität des höfischen Romans um 1200. Berlin 1994.

Gruenter, Rainer: [Rezension von Weber, B 5: 1953]. In: DLZ 75 (1954). Sp. 267–283.

– Bauformen der Waldleben-Episode in Gotfrids »Tristan und Isold«. In: Gestaltprobleme der Dichtung. Festschrift für Günther Müller. Hrsg. von Richard Alewyn [u. a.]. Bonn 1957. S. 21–48. [Wiederabdr. in: Gruenter, B 1d: 1993, 9–46.]

– Das *wunnecliche tal*. In: Euph. 55 (1961). S. 341–404. [Wiederabdr. in: Gruenter, B 1d: 1993, 65–140.]

– Das *guldine lougen*. Zu Gottfrieds »Tristan«. vv. 17536–17556. In: Euph. 55 (1961). S. 1–14. [Zit. als Gruenter, 1961a. – Wiederabdr. in: Gruenter, B 1d: 1993, 47–64.]

– Zum Problem der Landschaftsdarstellung im höfischen Versroman. In: Euph. 56 (1962). S. 248–278.

– Der Favorit. Das Motiv der höfischen Intrige in Gotfrids »Tristan und Isold«. Ein Vortrag. In: Euph. 58 (1964). S. 113–128. [Wiederabdr. in: Gruenter, B 1d: 1993, 141–158.]

Grundlehner, Philip: Gottfried von Strassburg and the Crisis of Language. In: Spectrum Medii Aevi. Essays in Early German Literature in Honor of George Fenwick Jones. Hrsg. von William McDonald. Göppingen 1983. S. 139–155.

Haas, Alois: Todesbilder im Mittelalter. Fakten und Hinweise in der deutschen Literatur. Darmstadt 1989.

Hänsch, Irene: Mittelalterliche Fragmente und Fragmenttheorie der Moderne (am Beispiel des »Titurel« und des »Tristan«). In: Mittelalter-Rezeption. Bd. 2: Gesammelte Vorträge des 2. Salzburger Symposions. Hrsg. von Jürgen Kühnel [u. a.]. Göppingen 1982. S. 45–61.

Haferland, Harald: Gottfrieds Erzählprogramm. In: PBB 122 (2000). S. 230–258.

Hahn, Ingrid: Raum und Landschaft in Gottfrieds »Tristan«. Ein Beitrag zur Werkdeutung. München 1963.

– *daz lebende paradis*. (»Tristan« 17858–18114). In: ZfdA 92 (1963). S. 184–195. [Zit. als Hahn, 1963a.]

– [Rezension von Petrus W. Tax:] Wort, Sinnbild, Zahl im Tristanroman. Berlin 1961. [Vgl. Tax, B: 5, ²1971.] In: AfdA 75 (1964). S. 171–178.

– Zu Gottfrieds von Straßburg Literaturschau. In: ZfdA 96 (1967). S. 218–236. [Wiederabdr. in: Wolf, B 1: 1973, 424–452.]

Harris, Nigel: God, Religion, and Ambiguity in »Tristan«. In: Hasty, B 5: 2003, 113–136.

Hasebrink, Burkhard: *Ein einic ein.* Zur Darstellbarkeit der Liebeseinheit in mittelhochdeutscher Literatur. In: PBB 124 (2002). S. 442–465.

Hasty, Will: Tristan and Isolde, the Consummate Insiders. Relations of Love and Power in Gottfried von Straßburg's »Tristan«. In: Monatshefte 90 (1998). S. 137–147.

– (Hrsg.): A Companion to Gottfried von Strassburg's »Tristan«. Rochester 2003.

Hattenhauer, Hans: Der gefälschte Eid. In: Fälschungen im Mittelalter. Internationaler Kongreß der Monumenta Germaniae Historica. München, 16.–19. September 1986. Tl. 2: Gefälschte Rechttexte. Der bestrafte Fälscher. Hannover 1988. S. 661–689.

Hatto, Arthur T.: Der Minnen vederspil Isot. In: Euph. 51 (1957). S. 302–307. [Wiederabdr. in: Wolf, B 1: 1973, 208–217.]

Haubrichs, Wolfgang: Namengebung in Hagiographie, Panegyrik und im »Tristan«. Eine gattungs- und funktionsgeschichtliche Analyse. In: Namen in deutschen literarischen Texten des Mittelalters. Vorträge Symposion Kiel, 9.–12.9.1987. Hrsg. von Friedhelm Debus und Horst Pütz. Neumünster 1989. S. 205–224.

Hauenstein, Hanne: Zu den Rollen der Marke-Figur in Gottfrieds »Tristan«. Göppingen 2006.

Haug, Walter: Aventiure in Gottfrieds von Straßburg »Tristan«. In: Festschrift für Hans Eggers. Hrsg. von Herbert Backes. Tübingen 1972. S. 88–125. [Wiederabdr. in: Strukturen. S. 557–582.]

– Gebet und Hieroglyphe. Zur Bild- und Architekturbeschreibung in der mittelalterlichen Dichtung. In: ZfdA 106 (1977). S. 163–183. [Wiederabdr. in: Strukturen. S. 110–125.]

– Gottfrieds von Straßburg »Tristan«. Sexueller Sündenfall oder erotische Utopie. In: Kontroversen, alte und neue. Akten des VII. Internationalen Germanisten-Kongresses Göttingen 1985. Bd. 1. Hrsg. von Albrecht Schöne. Tübingen 1986. S. 41–52. [Wiederabdr. in: Strukturen. S. 600–611].

– Literaturtheorie im deutschen Mittelalter. Von den Anfängen bis zum Ende des 13. Jahrhunderts. 2. Aufl. Darmstadt 1992.

– Eros und Tod. Erotische Grenzerfahrung im mittelalterlichen Roman. In: Annäherungsversuche. Zur Geschichte und Ästhetik des Erotischen in der Literatur. Hrsg. von Horst Albert Glaser.

Bern [u. a.] 1993. S. 31–58. [Wiederabdr. in: Brechungen. S. 197–213.]
– Der »Tristan« Gottfrieds von Straßburg: eine narrative Philosophie der Liebe? In: Brechungen. S. 171–183.
– Eros und Fortuna. Der höfische Roman als Spiel von Liebe und Zufall. In: Fortuna. Hrsg. von W. H. und Burghart Wachinger. Tübingen 1995. S. 52–75.
– Kontingenz als Spiel und das Spiel mit der Kontingenz. Zufall, literarisch, im Mittelalter und in der frühen Neuzeit. In: Kontingenz. Hrsg. von Gerhart von Graevenitz und Odo Marquard. München 1998. S. 151–172. [Wiederabdr. in: W. H.: Die Wahrheit der Fiktion. Studien zur weltlichen und geistlichen Literatur des Mittelalters und der frühen Neuzeit. Tübingen 2003. S. 64–83.]
– Erzählung und Reflexion in Gottfrieds »Tristan«. In: Huber/Millet, B 5: 2002, 281–294. [Wiederabdr. in: W. H.: Die Wahrheit der Fiktion. Studien zur weltlichen und geistlichen Literatur des Mittelalters und der frühen Neuzeit. Tübingen 2003. S. 160–171.]
Haupt, Barbara: Zum Prolog des »Tristan« Gottfrieds von Straßburg. Prolegomenon zu einer wirkungs- und rezeptionsorientierten Untersuchung mittelalterlicher volkssprachlicher Prologe. In: Literatur – Publikum – historischer Kontext. Hrsg. von Gert Kaiser. Bern [u. a.] 1977. S. 109–136.
– Das Fest in der Dichtung. Untersuchungen zur historischen Semantik eines literarischen Motivs in der mittelhochdeutschen Epik. Düsseldorf 1989.
– ... *ein vrouwe hab niht vil list.* Zu Dido und Lavinia, Enite und Isolde in der höfischen Epik. In: Die Macht der Frauen. Hrsg. von Heinz Finger. Düsseldorf 2004. S. 145–168.
Hermann, Henning: Identität und Personalität in Gottfrieds von Straßburg »Tristan«. Studien zur sozial- und kulturgeschichtlichen Entwicklung des Helden. Hamburg 2006.
Herzmann, Herbert: Warum verlassen Tristan und Isolde die Minnehöhle? Zu Gottfrieds »Tristan«. In: Euph. 69 (1975). S. 219–228.
– Nochmals zum Minnetrank in Gottfrieds »Tristan«. Anmerkungen zum Problem der psychologischen Entwicklung in der mittelhochdeutschen Epik. In: Euph. 70 (1976). S. 73–94.
Hofbauer, Klaus: Gott und der Welt gefallen. Geschichte eines

gnomischen Motivs im hohen Mittelalter. Frankfurt a. M. [u. a.] 1997.

Hoffa, Wilhelm: Antike Elemente bei Gottfried von Straßburg. In: ZfdA 52 (1910). S. 339–350.

Hoffmann, Werner: Die *vindaere wilder maere.* In: Euph. 89 (1995). S. 129–150.

Hollandt, Gisela: Die Hauptgestalten in Gottfrieds »Tristan«. Wesenszüge – Handlungsfunktion – Motiv der List. Berlin 1966.

Huber, Christoph: Wort-Ding-Entsprechungen. Zur Sprach- und Stiltheorie Gottfrieds von Straßburg. In: Befund und Deutung. Festschrift für Hans Fromm. Hrsg. von Klaus Grubmüller [u. a.]. Tübingen 1979. S. 268–302.

– Die Aufnahme und Verarbeitung des Alanus ab Insulis in mittelhochdeutschen Dichtungen. Untersuchungen zu Thomasin von Zerklaere, Gottfried von Straßburg, Frauenlob, Heinrich von Neustadt, Heinrich von St. Gallen, Heinrich von Mügeln und Johannes von Tepl. München 1988.

– Spiegelungen des Liebestodes im »Tristan« Gottfrieds von Straßburg. In: Tristan und Isolde. Unvergängliches Thema der Weltkultur. XXX. Jahrestagung des Arbeitskreises »Deutsche Literatur des Mittelalters« (Mont-Saint-Michel, 27. September – 1. Oktober 1995). Hrsg. von Danielle Buschinger und Wolfgang Spiewok. Greifswald 1996. S. 127–140.

– Sehnsucht und die Autonomie der Liebe. In: Huber/Millet, B 5: 2002, 339–356.

– / Millet, Victor (Hrsg.): Der »Tristan« Gottfrieds von Straßburg. Symposion Santiago de Compostella, 5. bis 8. April 2000. Tübingen 2002.

Hübner, Gert: Lobblumen. Studien zur Genese und Funktion der »Geblümten Rede«. Tübingen/Basel 2000.

– Erzählform im höfischen Roman. Studien zur Fokalisierung im »Eneas«, im »Iwein« und im »Tristan«. Tübingen/Basel 2003.

Hurst, Peter W.: The Evocation of Paradise in the »Wiener Genesis« and in the »Tristan« of Gottfried von Strassburg. In: Studien zur frühmittelhochdeutschen Literatur. Cambridger Colloquium 1971. Hrsg. von L. Peter Johnson [u. a.]. Berlin 1974. S. 215–234.

– Zur Interdependenz von Gottfrieds *blintheit-* und *huote-/maze-*Exkursen. (»Tristan«, vv. 17723–18114.) In: ZfdPh. 105 (1986). S. 321–332.

Hurst, Peter W.: »Circularity signifies Simplicity«. Notes on the Intellectual Context of Gottfried's Lover Grotto Allegory. In: German Narrative Literature of the Twelfth and Thirteenth Centuries. Festschrift für Roy Wisbey. Hrsg. von Volker Honemann [u. a.]. Tübingen 1994. S. 337–346.

Jackson, William Henry: Natur und Kultur in der Liebesthematik bei Gottfried und Thomas. In: Natur und Kultur in der deutschen Literatur des Mittelalters. Colloquium Exeter 1997. In Zs.-Arb. mit Frank Fürbeth und Ulrike Zitzelsperger hrsg. von Alan Robertshaw und Gerhard Wolf. Tübingen 1999. S. 175–187.

Jackson, William Thomas Hobdell: The Role of Brangaene in Gottfried's »Tristan«. In: Germ. Rev. 28 (1953). S. 290–296.

– The Literary Views of Gottfried von Straßburg. In: PMLA 85 (1970). S. 992–1001.

– Der Künstler Tristan in Gottfrieds Dichtung. In: Wolf, B 1: 1973, 280–304. [Dt. Übers. von: J. W. Th. H.: Tristan the Artist in Gottfried's Poem. In: PMLA 77 (1962). S. 364–372.]

– The Stylistic Use of Word-Pairs and Word-Repetitions in Gottfried's »Tristan«. In: Euph. 59 (1965). S. 229–251.

Jacobson, Evelyn: The *liste* of Tristan. In: ABäG 18 (1982). S. 115–128.

Jaeger, C. Stephen: The Testing of Brangaene. Cunning and Innocence in Gottfried's »Tristan«. In: JEGP 70 (1971). S. 189–206.

– The »strophic« Prologue to Gottfried's »Tristan«. In: Germ. Rev. 47 (1972). S. 5–19.

– The Crown of Virtues in the Cave of Lovers Allegory of Gottfried's »Tristan«. In: Euph. 67 (1973). S. 95–116.

– Medieval Humanism in Gottfried von Strassburg's »Tristan und Isolde«. Heidelberg 1977.

– On Recent Interpretations of Gottfried's »Tristan«, Lines 17031–17057. In: Monatshefte 70 (1978). S. 375–383.

– The Barons' Intrigue in Gottfried's »Tristan«: Notes toward a Sociology of Fear in Court Society. In: JEGP 83 (1984). S. 46–66.

– Cathedral Schools and Humanist Learning, 950–1150. In: DVjs. 61 (1987). S. 569–616.

– Mark and Tristan: The Love of Medieval Kings and their Courts. In: *in hôhem prîse*. Festschrift für Ernst S. Dick. Hrsg. von Winder McConnell. Göppingen 1989. S. 183–197.

Jaeger, C. Stephen: Höfisches Fest und Hofästhetik in Gottfrieds »Tristan«. Die Dichterschau als Zelebration. In: Bildhafte Rede in Mittelalter und früher Neuzeit. Probleme ihrer Legitimation und ihrer Funktion. Hrsg. von Wolfgang Harms und Klaus Speckenbach. Tübingen 1992. S. 197–216.

– Melancholie und Studium. Zum Begriff »*Arbeitsaelikeit*«, seinen Vorläufern und seinem Weiterleben in Medizin und Literatur. In: Literatur, Artes und Philosophie. Hrsg. von Walter Haug und Burghart Wachinger. Tübingen 1992. S. 117–140. [Zit. als Jaeger, 1992a.]

– Ennobling Love. In Search of a Lost Sensibility. Philadelphia 1999.

Jaffe, Samuel: Gottfried von Strassburg and the Rhetoric of History. In: Medieval Eloquence. Studies in the Theory and Practice of Medieval Rhetoric. Hrsg. von James J. Murphy. Berkeley [u. a.] 1978. S. 288–318.

Jauch, Ernst-Alfred: Untersuchung der Begriffe »*tugent*«, »*saelde*«, »*triuwe*« und »*edelez herze*« im »Tristan« Gottfrieds von Straßburg. Diss. [masch.]. Freiburg i. Br. 1951.

Jeep, John M.: Gottfried von Straßburg's »Tristan« and the Tradition of the Alliterating Word-Pair. In: Tristania 19 (1999). S. 13–43.

Johnson, Laurie: Reading the Excursus on Women as a Model of »Modern« Temporality in Gottfried's »Tristan«. In: Neoph. 82 (1998). S. 247–257.

Johnson, Sidney M.: Medieval German Dwarfs. A Footnote to Gottfried's Melot. In: Stevens/Wisbey, B 5: 1990, 209–221.

Jones, Martin H.: The Depiction of Military Conflict in Gottfried's »Tristan«. In: Stevens/Wisbey, B 5: 1990, 45–65.

Jupé, Wolfgang: Die »List« im Tristanroman Gottfrieds von Straßburg. Intellektualität und Liebe oder die Suche nach dem Wesen der individuellen Existenz. Heidelberg 1976.

Kästner, Hannes: Harfe und Schwert. Der höfische Spielmann bei Gottfried von Straßburg. Tübingen 1981.

Karg, Ina: Die Markefigur im »Tristan«. Versuch über die literaturgeschichtliche Position Gottfrieds von Straßburg. In: ZfdPh. 113 (1994). S. 66–87.

Kellermann, Karina: *und vunden vür ir herren da einen zestucketen man*. Körper, Kampf und Kunstwerk im »Tristan«. In: Huber/Millet, B 5: 2002, 131–152.

Kellermann-Haaf, Petra: Frau und Politik im Mittelalter. Untersuchungen zur politischen Rolle der Frau in den höfischen Romanen des 12., 13. und 14. Jahrhunderts. Göppingen 1986.

Kellner, Beate: Autorität und Gedächtnis. Strategien der Legitimierung volkssprachlichen Erzählens im Mittelalter am Beispiel von Gottfrieds von Straßburg »Tristan«. In: Autorität der/in Sprache, Literatur, Neuen Medien. Vorträge des Bonner Germanistentags 1997. Bd. 2. Hrsg. von Jürgen Fohrmann [u. a.]. Bielefeld 1999. S. 484–508.

– Eigengeschichte und literarischer Kanon. Zu einigen Formen der Selbstbeschreibung in der volkssprachlich-deutschen Literatur des Mittelalters. In: Literarische Kommunikation und soziale Interaktion. Studien zur Institutionalität mittelalterlicher Literatur. Hrsg. von Beate Kellner [u. a.]. Frankfurt a. M. [u. a.] 2001. S. 153–182.

Kern, Manfred: Edle Tropfen vom Helikon. Zur Anspielungsrezeption der antiken Mythologie in der deutschen höfischen Lyrik und Epik. Amsterdam/Atlanta 1998.

– Isolde, Helena und die Sirenen. Gottfried von Straßburg als Mythograph. In: Oxford German Studies 29 (2000). S. 1–30.

Kern, Peter: Sympathielenkung im »Tristan« Gottfrieds von Straßburg. In: Sammlung – Deutung – Wertung. Ergebnisse, Probleme, Tendenzen und Perspektiven philologischer Arbeit. Festschrift für Wolfgang Spiewok. Hrsg. von Danielle Buschinger. Université de Picardie 1988. S. 205–217.

– Gottfried von Straßburg und Ovid. In: »swer sînen vriunt behaltet, daz ist lobelîch«. Festschrift für András Vizkelety. Hrsg. von Márta Nagy und László Jónácsik. Budapest 2001. S. 35–49.

Kerth, Thomas: Kingship in Gottfried's »Tristan«. In: Monatshefte 80 (1988). S. 444–458.

– Marke's Royal Decline. In: Stevens/Wisbey, B 5: 1990, 105–116.

Keuchen, Rolf: Typologische Strukturen im »Tristan«. Ein Beitrag zur Erzähltechnik Gottfrieds von Straßburg. Diss. Köln 1975.

Klein, Josef: Die Schwertleite in Gotfrids »Tristan und Isold« als »epische Einheit«. In: Euph. 64 (1970). S 1–22.

– Textlinguistische Studien zu Gottfrieds von Straßburg »Tristan«. Diss. Aachen 1972.

Klinger, Judith: Möglichkeiten und Strategien der Subjekt-Reflexion im höfischen Roman. Tristan und Lancelot. In: Mittelalter. Neue Wege durch einen alten Kontinent. Hrsg. von

Jan-Dirk Müller und Horst Wenzel. Stuttgart/Leipzig 1999. S. 127–148.

Knopp, Sherron E.: *Daz honec in dem munde.* The Narrator and his Audience in Gottfried's »Tristan«. In: Coll. Germ. 16 (1983). S. 131–147.

Köbele, Susanne: *iemer niuwe.* Wiederholung in Gottfrieds »Tristan«. In: Huber/Millet, B 5: 2002, 97–115.

– Mythos und Metapher. Die Kunst der Anspielung in Gottfrieds »Tristan«. In: Präsenz des Mythos. Konfigurationen einer Denkform in Mittelalter und Früher Neuzeit. Hrsg. von Udo Friedrich und Bruno Quast. Berlin / New York 2004. S. 219–246.

Kolb, Herbert: *Der Minnen hus.* Zur Allegorie der Minnegrotte in Gottfrieds »Tristan«. In: Euph. 56 (1962). S. 229–247. [Wiederabdr. in: Wolf, B 1: 1973, 305–333.]

– *Der ware Elikon.* Zu Gottfrieds »Tristan« vv. 4862–4907. In: DVjs. 41 (1967). S. 1–26. [Wiederabdr. in: Wolf, B 1: 1973, 453–488.]

– Der Hof und die Höfischen. Bemerkungen zu Gottfried von Straßburg. In: ZfdA 106 (1977). S. 236–252.

– Ars venandi im »Tristan«. In: Medium Aevum deutsch. Festschrift für Kurt Ruh. Hrsg. von Dietrich Huschenbett [u. a.]. Tübingen 1979. S. 175–197.

– Isoldes Eid. Zu Gottfried von Straßburg, »Tristan« 15267–15764. In: ZfdPh. 107 (1988). S. 321–335.

Kolerus, Alexander: *Aula memoriae.* Zu Gestalt und Funktion des Gedächtnisraums im »Tristan« Gottfrieds von Straßburg und im mittelhochdeutschen Prosa-Lancelot. Frankfurt a. M. [u. a.] 2006.

Konecny, Silvia: Tristan und Marke bei Gottfried von Straßburg. In: Leuv. Bijdr. 66 (1977). S. 43–60.

Konetzke, Claudia: *triuwe* und *melancholia.* Ein neuer Annäherungsversuch an die Isolde-Weißhand-Episode des »Tristan« Gottfrieds von Straßburg. In: Körperinszenierungen in mittelalterlicher Literatur. Kolloquium am Zentrum für interdisziplinäre Forschung der Universität Bielefeld (18. bis 20. März 1999). Hrsg. von Klaus Ridder und Otto Langer. Berlin 2002. S. 117–138.

Konietzko, Peter: »Sinn« und Interpretation. Zur Hermeneutik mittelalterlicher Texte. Diss. Bonn 1983.

Kraschewski-Stolz, Siegrun: Studien zu Form und Funktion der

Bildlichkeit im »Tristan« Gottfrieds von Straßburg. Göppingen 1983.

Krause, Burkhardt: Das Eine und die Teile. Der Bast in Gottfrieds »Tristan«. Variae lectiones. In: Literaturgeschichte als Profession. Festschrift für Dietrich Jöns. Hrsg. von Hartmut Laufhütte. Tübingen 1993. S. 18–40.

– Die Jagd als Lebensform und höfisches *spil*. Mit einer Interpretation des *bast* in Gottfrieds von Straßburg »Tristan«. Stuttgart 1996.

Kucaba, Kelley: Höfisch inszenierte Wahrheiten. Zu Isoldes Gottesurteil bei Gottfried von Straßburg. In: Fremdes wahrnehmen – fremdes Wahrnehmen. Studien zur Geschichte der Wahrnehmung und zur Begegnung von Kulturen in Mittelalter und früher Neuzeit. Hrsg. von Wolfgang Harms und C. Stephen Jaeger. Stuttgart/Leipzig 1997. S. 73–93.

Küsters, Urban: Liebe zum Hof. Vorstellungen und Erscheinungsformen einer »höfischen« Lebensordnung in Gottfrieds »Tristan«. In: Höfische Literatur, Hofgesellschaft, Höfische Lebensformen um 1200. Kolloquium am Zentrum für Interdisziplinäre Forschung der Universität Bielefeld (3. bis 5. November 1983). Hrsg. von Gert Kaiser und Jan-Dirk Müller. Düsseldorf 1986. S. 141–176.

Kunisch, Hermann: *edelez herze – edeliu sêle*. Vom Verhältnis höfischer Dichtung zur Mystik. In: Mediaevalia litteraria. Festschrift für Helmut de Boor. Hrsg. von Ursula Hennig und Herbert Kolb. München 1971. S. 413–450.

Kunzer, Ruth Goldschmidt: The »Tristan« of Gottfried von Strassburg. An Ironic Perspective. Berkeley [u. a.] 1973.

Langer, Otto: Der »Künstlerroman« Gottfrieds – Protest bürgerlicher »Empfindsamkeit« gegen höfisches »Tugendsystem«? In: Euph. 68 (1974). S. 1–41.

Lanz-Hubmann, Irene: »Nein unde Jâ«. Mehrdeutigkeit im »Tristan« Gottfrieds von Straßburg: Ein Rezipientenproblem. Frankfurt a. M. [u. a.] 1989.

Lasch, Alexander / Liebig, Béatrice: *schoene rede sunder zil*. Erzählen beim Reiten in der deutschsprachigen Literatur des Mittelalters. In: Situationen des Erzählens. Aspekte narrativer Praxis im Mittelalter. Hrsg. von Ludger Lieb und Stephan Müller. Berlin / New York 2002. S. 69–88.

Lenschen, Walter: Tempus, et tempora, et dimidium tempus. Zu

Gottfrieds »Tristan« V. 4122. In: Tristan – Tristrant. Festschrift für Danielle Buschinger. Hrsg. von André Crépin und Wolfgang Spiewok. Greifswald 1996. S. 339–341.

Lerner, Luise: Studien zur Komposition des höfischen Romans im 13. Jahrhundert. Münster 1936.

Lewis, Gertrud Jaron: Die Metapher als Motiv in Gottfrieds »Tristan«. In: Kommunikative Metaphorik. Die Funktion des literarischen Bildes in der deutschen Literatur von ihren Anfängen bis zur Gegenwart. Hrsg. von Holger A. Pausch. Bonn 1976. S. 36–60.

Lutz, Eckart Conrad: *lesen – unmüezec wesen.* Überlegungen zu lese- und erkenntnistheoretischen Implikationen von Gottfrieds Schreiben. In: Huber/Millet, B 5: 2002, 295–316.

Marchand, James W.: Tristan's *Schwertleite.* Gottfried's Aesthetics and Literary Criticism. In: Husbanding the Golden Grain. Festschrift für Henry W. Nordmeyer. Hrsg. von Luanne T. Frank und Emery E. George. Ann Arbor 1973. S. 187–204.

Masse, Marie-Sophie: Von der Neugeburt einer abgenutzten Praxis. Die *descriptio* in Gottfrids »Tristan«. In: GRM 55 (2005). S. 133–136.

Maurer, Friedrich: Leid. Studien zur Bedeutungs- und Problemgeschichte, besonders in den großen Epen der staufischen Zeit. 4. Aufl. Bern/München 1969. [1. Aufl. 1951.]

Mazzadi, Patrizia: Autorreflexionen zur Rezeption: Prolog und Exkurse in Gottfrieds »Tristan«. Triest 2000.

McDonald, William C.: Gottfried von Strassburg: »Tristan« and the Arthurian Tradition. In: Tristan and Isolde. A Casebook. Hrsg. von Joan Tasker Grimbert. New York / London 1995. S. 147–185.

Meißburger, Gerhard: Tristan und Isold mit den weißen Händen. Die Auffassung der Minne, der Liebe und der Ehe bei Gottfried von Straßburg und Ulrich von Türheim. Basel 1954.

– Vorläufige Bemerkungen zu der Funktion Gottes in Gottfrieds »Tristan«. In: Studien zur deutschen Literatur und Sprache des Mittelalters. Festschrift für Hugo Moser. Hrsg. von Werner Besch [u. a.]. Berlin 1974. S. 135–141.

Mersmann, Walter: Der Besitzwechsel und seine Bedeutung in den Dichtungen Wolframs von Eschenbach und Gottfrieds von Straßburg. München 1971.

Mertens, Volker: Bildersaal – Minnegrotte – Liebestrank. Zu Sym-

bol, Allegorie und Mythos im Tristanroman. In: PBB 117 (1995). S. 40–64.
– Klosterkirche und Minnegrotte. In: Mittelalterliche Literatur und Kunst im Spannungsfeld von Hof und Kloster. Ergebnisse der Berliner Tagung, 9.–11. Oktober 1997. Hrsg. von Nigel F. Palmer und Hans-Ulrich Schiewer. Tübingen 1999. S. 1–16.
Meyer, Kathleen J.: Allegory and Generic Ambiguity in Gottfried's »Tristan«. In: Genres in Medieval German Literature. Hrsg. von Hubert Heinen und Ingeborg Henderson. Göppingen 1986. S. 47–58.
– The Ambiguity of Honor in Gottfried's »Tristan«. Lines 17694–17769. In: Neoph. 70 (1988). S. 406–415.
– The Depiction of Honor in Gottfried's »Tristan«. In: *in hôhem prîse*. Festschrift für Ernst S. Dick. Hrsg. von Winder McConnell. Göppingen 1989. S. 267–278.
Mieder, Wolfgang: *liebe und leide*. Sprichwörtliche Liebesmetaphorik in Gottfrieds »Tristan«. In: Das Mittelalter 2 (1997). H. 2. S. 7–20.
Mieth, Dietmar: Dichtung, Glaube und Moral. Studien zur Begründung einer narrativen Ethik mit einer Interpretation zum Tristanroman Gottfrieds von Straßburg. Mainz 1976.
Millet, Victor: Liebe und Erinnerung. Überlegungen zur Isolde-Weißhand-Episode. In: Huber/Millet, B 5: 2002, 356–377.
Mohr, Wolfgang: »Tristan und Isold« als Künstlerroman. In: Euph. 53 (1959). S. 153–174. [Wiederabdr. in: Wolf, B 1: 1973, 248–279.]
Morsch, Klaus: *schoene daz ist hoene*. Studien zum »Tristan« Gottfrieds von Straßburg. Erlangen 1984.
Mühlherr, Anna: Unstimmigkeit als Kalkül. Gottfrieds Rühmen und Schelten zu Beginn des poetologischen Exkurses. In: Huber/Millet, B 5: 2002, 317–326.
Müller, Irmgard: Liebestränke, Liebeszauber und Schlafmittel in der mittelalterlichen Literatur. In: Liebe – Ehe – Ehebruch in der Literatur des Mittelalters. Vorträge des Symposiums vom 13. bis 16. Juni 1983 am Institut für deutsche Sprache und Literatur der Justus-Liebig-Universität Gießen. Hrsg. von Xenja von Ertzdorff und Marianne Wynn. Gießen 1984. S. 71–87.
Müller, Jan-Dirk: Zeit im »Tristan«. In: Huber/Millet, B 5: 2002, 379–397.
– Gottfried von Straßburg: »Tristan«. Transgression und Ökono-

mie. In: Transgressionen. Literatur als Ethnographie. Hrsg. von Gerhard Neumann und Rainer Warning. Freiburg i. Br. 2003. S. 213–242.

Müller-Kleimann, Siegrid: Gottfrieds Urteil über den zeitgenössischen deutschen Roman. Ein Kommentar zu den Tristanversen 4619–4748. Stuttgart 1990.

Nagel, Bert: Staufische Klassik. Deutsche Dichtung um 1200. Heidelberg 1977.

Nauen, Hans-Günther: Die Bedeutung von Religion und Theologie im »Tristan« Gottfrieds von Straßburg. Diss. Marburg 1947.

Nellmann, Eberhard: Wolfram und Kyot als *vindaere wilder maere*. Überlegungen zu »Tristan« 4619–88 und »Parzival« 453, 1–17. In: ZfdA 117 (1988). S. 31–67.

– Dichtung ein Würfelspiel? Zu »Parzival« 2,13 und »Tristan« 4639. In: ZfdA 123 (1994). S. 458–466.

– Der Türverschluß der Minnegrotte (»Tristan« 16989–17061). In: *Ze hove und an der strâzen*. Die deutsche Literatur des Mittelalters und ihr »Sitz im Leben«. Festschrift für Volker Schupp zum 65. Geburtstag. Hrsg. von Anna Keck und Theodor Nolte. Stuttgart/Leipzig 1999. S. 305–310.

Neumann, Elisabeth: Studien zur *werlte* und zum *leben* in Höfischer Dichtung. Diss. Bonn. Bochum 1940.

Neumann, Friedrich: Warum brach Gottfried den »Tristan« ab? In: Festschrift für Ulrich Pretzel. Hrsg. von Werner Simon [u. a.]. Berlin 1963. S. 205–215.

Nickel, Emil: Studien zum Liebesproblem bei Gottfried von Straßburg. Königsberg 1927.

Norman, Frederick: Meinung und Gegenmeinung: Die literarische Fehde zwischen Gottfried von Straßburg und Wolfram von Eschenbach. In: Miscellanea di Studi in Onore di Bonaventura Tecchi. Bd. 1. Rom 1969. S. 67–86.

Nowe, Johan: Riwalin und Blanscheflur. Analyse und Interpretation der Vorgeschichte von Gottfrieds »Tristan« als formaler und thematischer Vorwegnahme der Gesamtgeschichte. In: Leuv. Bijdr. 71 (1982). S. 265–330.

Ohly, Friedrich: [Rezension von Maria Bindschedler:] Gottfried von Straßburg und die höfische Ethik. Halle 1955. In: AfdA 68 (1955/56). S. 119–130. [Wiederabgedr. in: Wolf, B 1: 1973, 182–198.]

Okken, Lambertus: *Nein, ezn was niht mit wine*. Über den Liebestrank in Gottfrieds Tristan-Roman. In: ABäG 29 (1988). S. 127–130.

Oswald, Marion: »Kunst um jeden Preis«. Gabe und Gesang in Gottfrieds von Straßburg »Tristan«. In: Literarische Kommunikation und soziale Interaktion. Studien zur Institutionalität mittelalterlicher Literatur. Hrsg. von Beate Kellner [u. a.]. Frankfurt a. M. [u. a.] 2001. S. 129–152.

Pasierbsky, Fritz: Lügensprecher – Ehebrecher – Mordstecher. Warum wir nicht lügen sollen und es doch nicht lassen können ... Frankfurt a. M. [u. a.] 1996.

Pastré, Jean-Marc: Aspekte der Wahrnehmung in Gottfrieds »Tristan und Isolde«. In: Sammlung – Deutung – Wertung. Ergebnisse, Probleme, Tendenzen und Perspektiven philologischer Arbeit. Festschrift für Wolfgang Spiewok. Hrsg. von Danielle Buschinger. Université de Picardie 1988. S. 281–289.

Peiffer, Lore: Zur Funktion der Exkurse im »Tristan« Gottfrieds von Straßburg. Göppingen 1971.

Penn, Gareth S.: Gottfried von Straßburg and the Invisible Art. In: Coll. Germ. 6 (1972). S. 113–125.

– / Tubach, Frederic C.: The Constellation of Characters in the »Tristan« of Gottfried von Strassburg. In: Monatshefte 64 (1972). S. 326–333.

Pensel, Franzjosef: Rechtsgeschichtliches und Rechtssprachliches im epischen Werk Hartmanns von Aue und im »Tristan« Gottfrieds von Straßburg. Diss. [masch.]. Berlin 1961.

Peschel-Rentsch, Gerd-Dietmar: Prolog-Programm und Fragment-Schluß in GOTFRITs Tristanroman. Erlangen 1976.

– Gott, Autor, Ich. Skizzen zur Genese von Autorbewußtsein und Erzählerfigur im Mittelalter. Erlangen 1991.

Pfeiffer, Jens: Satz und Gegensatz. Narrative Strategie und Leserirritation im Prolog des »Tristan« Gottfrieds von Straßburg. In: Wolfram-Studien 18 (2004). S. 151–169.

Philipowski, Silke: Mittelbare und unmittelbare Gegenwärtigkeit. Oder: Erinnern und Vergessen in der Petitcriu-Episode des »Tristan« Gottfrieds von Straßburg. In: PBB 120 (1998). S. 29–35.

Poag, James F.: Das Bild des Feudaladels in den höfischen Romanen »Parzival« und »Tristan«. In: Legitimationskrisen des deutschen Adels 1200–1900. Hrsg. von Peter Uwe Hohendahl und Paul Michael Lützeler. Stuttgart 1979. S. 29–43.

Poag, James F.: Lying Truth in Gottfried's »Tristan«. In: DVjs. 61 (1987). S. 223–237.
– Entzauberte Heilsmuster. Zur Vorgeschichte von Gottfrieds »Tristan«. In: Entzauberung der Welt. Deutsche Literatur 1200–1500. Hrsg. von J. F. P. und Thomas C. Fox. Tübingen 1989. S. 19–33.
Pörksen, Uwe: Der Erzähler im mittelhochdeutschen Epos. Formen seines Hervortretens bei Lamprecht, Konrad, Hartmann, in Wolframs Willehalm und in den »Spielmannsepen«. Berlin 1971.
Preuß, Richard: Stilistische Untersuchungen über Gottfried von Straßburg. Straßburg 1883.
Przybilski, Martin: Ichbezogene Affekte im »Tristan« Gottfrieds von Straßburg. In: PBB 126 (2004). S. 377–397.
Quast, Bruno: Gottfried von Strassburg und das Nichthermeneutische. Über Wortzauber als literarästhetisches Differenzkriterium. In: Mitteilungen des Deutschen Germanistenverbandes 51 (2004). S. 250–260.
Raab, Rudolf W.: Gottfrieds »Tristan«. Eine sozialliterarische Interpretation. Diss. [masch.]. Berkeley 1977.
Ranke, Friedrich: Die Allegorie der Minnegrotte in Gottfrieds »Tristan«. Berlin 1925. (Schriften der Königsberger Gelehrten Gesellschaft, geisteswiss. Kl. 2.) [Wiederabdr. in: F. R.: Kleinere Schriften. Hrsg. von Heinz Rupp und Eduard Studer. Bern/München 1971. S. 13–30. Sowie in: Wolf, B 1: 1973, 1–24.]
Rasmussen, Ann Marie: *Ez ist ir g'artet von mir.* Queen Isolde and Princess Isolde in Gottfried von Strassburg's »Tristan und Isolde«. In: Arthurian Women. Hrsg. von Thelma S. Fenster. New York / London 2000. S. 41–57.
– The Female Figures in Gottfried's »Tristan and Isolde«. In: Hasty, B 5: 2003, 137–157.
Raudszus, Gabriele: Die Zeichensprache der Kleidung. Untersuchungen zur Symbolik des Gewandes in der deutschen Epik des Mittelalters. Hildesheim [u. a.] 1985.
Richter, Julius: Zur ritterlichen Frömmigkeit der Stauferzeit 2. Der Mensch zwischen Gott und Welt in Gottfrieds Tristandichtung. In: Wolfram-Jahrbuch (1956). S. 33–52.
Ridder, Klaus: Ästhetisierte Erinnerung – erzählte Kunstwerke. Tristans Lieder, Blanscheflurs Scheingrab, Lancelots Wandgemälde. In: LiLi. 27 (1997). H. 105. S. 62–85.
– Liebestod und Selbstmord. Zur Sinnkonstitution im »Tristan«,

im »Wilhelm von Orlens« und in »Partonopier und Meliur«. In: von Ertzdorff, B 6: 1999, 303–329.

Ries, Sybille: Erkennen und Verkennen in Gottfrieds »Tristan« mit besonderer Berücksichtigung der Isold-Weißhand-Episode. In: ZfdA 109 (1980). S. 316–337.

Rocher, Daniel: Amour et souffrance dans le »Tristan« de Gottfried de Strassbourg. In: Perceval – Parzival, hier et aujourd'hui et autres essais sur la littérature allemande du Moyen Age et de la Renaissance. Festschrift für Jean Fourquet. Hrsg. von Danielle Buschinger und Wolfgang Spiewok. Greifswald 1994. S. 203–206.

– *Monumenta amoris* zwischen Unterhaltung und Kult. Die Funktion von Leichs und *sene-maeren* in Gottfrieds »Tristan«. In: Erkennen und Erinnern in Kunst und Literatur. Kolloquium Reisensburg, 4.–7. Januar 1996. In Verb. mit Wolfgang Frühwald hrsg. von Dietmar Peil [u. a.]. Tübingen 1998. S. 169–180.

– Between Epic and Lyric Poetry. The Originality of Gottfried's »Tristan«. In: Hasty, B 5: 2003, 205–221.

Roeland, J. G.: Bilaterale Symmetrie bei Gottfried von Straßburg. In: Neoph. 27 (1942). S. 281–290.

Rolf, Hans: Der Tod in mittelhochdeutschen Dichtungen. Untersuchungen zum St. Trudperter Hohenlied und zu Gottfrieds von Straßburg »Tristan und Isolde«. München 1974.

Ruberg, Uwe: Zur Poetik der Eigennamen in Gottfrieds »Tristan«. In: Sprache – Literatur – Kultur. Studien zu ihrer Geschichte im deutschen Süden und Westen. Festschrift für Wolfgang Kleiber. Hrsg. von Albrecht Greule und Uwe Ruberg. Wiesbaden 1989. S. 301–320.

Salvan-Renucci, Françoise: *mit herzen und mit munde*. Sprachproblematik und Eigendynamik der Sprachabläufe im »Tristan« Gottfrieds von Straßburg. In: Les romans de »Tristan« de Gottfried von Straßburg et de Thomas d'Angleterre. Actes du Colloque du Centre d'Etudes Médiévales de l'Université de Picardie-Jules Verne. Amiens, les 9 et 10 janvier 1999. Hrsg. von Danielle Buschinger und Claire Rozier. Amiens 1999. S. 77–96.

Sawicki, Stanislaw: Gottfried von Straßburg und die Poetik des Mittelalters. Berlin 1932.

Sayce, Olive: Der Begriff *edelez herze* im »Tristan« Gottfrieds von Straßburg. In: DVjs. 33 (1959). S. 389–413.

Scharschuch, Heinz: Gottfried von Straßburg. Stilmittel – Stilästhetik. Berlin 1938.

Schausten, Monika: *Ich bin, alse ich hân vernomen, ze wunderlîchen maeren komen.* Zur Funktion biographischer und autobiographischer Figurenrede für die narrative Konstitution von Identität in Gottfrieds von Straßburg »Tristan«. In: PBB 123 (2001). S. 24–48.

Scheuer, Hans-Jürgen: Die Signifikanz des Rituals. Zwei »Tristan«-Studien. In: PBB 121 (1999). S. 406–439.

Schild, Wolfgang: Das Gottesurteil der Isolde. Zugleich eine Überlegung zum Verhältnis von Rechtsdenken und Dichtung. In: Alles was Recht war. Festschrift für Ruth Schmidt-Wiegand. Hrsg. von Hans Höfinghoff [u. a.]. Essen 1996. S. 55–75.

Schirok, Bernd: Zu den Akrosticha in Gottfrieds »Tristan«. Versuch einer kritischen und weiterführenden Bestandsaufnahme. In: ZfdA 113 (1984). S. 188–213.

– Handlung und Exkurse in Gottfrieds »Tristan«. Textebenen als Interpretationsproblem. In: Texttyp, Sprechergruppe, Kommunikationsbereich. Studien zur deutschen Sprache in Geschichte und Gegenwart. Festschrift für Hugo Steger. Hrsg. von Heinrich Löffler [u. a.]. Berlin / New York 1994. S. 33–51.

Schleissner, Margaret: Animal Images in Gottfried von Strassburg's »Tristan«. Structure and Meaning of Metaphore. In: The Medieval World of Nature. A Book of Essays. Hrsg. von Joyce E. Salisbury. New York / London 1993. S. 77–90.

Schmid, Elisabeth: Natur und Kultur in der Jagdszene von Gottfrieds »Tristan«. In: Huber/Millet, B 5: 2002, 153–166.

Schmitz, Silvia: Reisende Helden. Zu Hans Staden, Erec und Tristan. In: Wege in die Neuzeit. Hrsg. von Thomas Cramer. München 1988. S. 198–228.

Schnell, Rüdiger: Rechtsgeschichte und Literaturgeschichte. Isoldes Gottesurteil. In: Akten des VI. Internationalen Germanisten-Kongresses Basel 1980. Tl. 4. Hrsg. von Heinz Rupp und Hans-Gert Roloff. Bern 1980. S. 307–319.

– Gottfrieds »Tristan« und die Institution der Ehe. In: ZfdPh. 101 (1982). S. 334–369.

– Der Frauenexkurs in Gottfrieds »Tristan« (v. 17858–18114). In: ZfdPh. 103 (1984). S. 1–26.

– Causa Amoris. Liebeskonzeption und Liebesdarstellung in der mittelalterlichen Literatur. Bern/München 1985.

Schnell, Rüdiger: Suche nach Wahrheit. Gottfrieds »Tristan und Isold« als erkenntniskritischer Roman. Tübingen 1992.
– [Rezension von Keck, B 6: 1998, und Schausten, B 6: 1999.] In: ZfdA 130 (2001). S. 89–110.
– [Rezension von Huber/Millet, B 5: 2002.] In: ZfdA 133 (2004). S. 100–111.
Schnyder, Mireille: Topographie des Schweigens. Untersuchungen zum deutschen höfischen Roman um 1200. Göttingen 2003.
Schöne, Albrecht: Zu Gottfrieds »Tristan«-Prolog. In: DVjs. 29 (1955). S. 447–474. [Wiederabgedr. in: Wolf, B 1: 1973, 147–181.]
Scholte, Jan Hendrik: Symmetrie in Gottfrieds »Tristan«. In: Festgabe für Gustav Ehrismann. Hrsg. von Paul Merker und Wolfgang Stammler. Berlin/Leipzig 1925. S. 66–79.
– Gottfrieds von Straßburg Initialenspiel. In: PBB 65 (1942). S. 280–302.
Schröder, Walther Johannes: Bemerkungen zur Sprache Gottfrieds von Straßburg. In: Volk, Sprache, Dichtung: Festschrift für Kurt Wagner. Hrsg. von Karl Bischoff und Lutz Röhrich. Gießen 1960. S. 49–60.
– Der Liebestrank in Gottfrieds »Tristan und Isolt«. In: Euph. 61 (1967). S. 22–35.
Schröder, Werner: *Die von Tristande hant gelesen.* Quellenhinweise und Quellenkritik im »Tristan« Gottfrieds von Straßburg. In: ZfdA 104 (1975). S. 307–338. [Wiederabgedr. in: Schröder, B 1: 1994, 19–50.]
– Text und Interpretation. Das Gottesurteil im »Tristan« Gottfrieds von Straßburg. Wiesbaden 1979. (Sitzungsber. Frankfurt XVI,2.) [Wiederabdr. in: Schröder, B 1: 1994, 51–70.]
– Text und Interpretation II. Isoldes Mordanschlag auf Brangaene im »Tristan« Gottfrieds von Straßburg. Stuttgart 1989. (Sitzungsber. Frankfurt XXV,5.) [Wiederabdr. in: Schröder, B 1: 1994, 85–103.]
– Text und Interpretation III. Zur Kunstanschauung Gottfrieds von Straßburg und Konrads von Würzburg nach dem Zeugnis ihrer Prologe. Stuttgart 1990. (Sitzungsber. Frankfurt XXVI,5.) [Wiederabdr. in: Schröder, B 1: 1994, 104–152.]
– Text und Interpretation IV. Zu Aussage und Funktion des *huote*-Exkurses im »Tristan« Gottfrieds von Straßburg. Stuttgart 1993. (Sitzungsber. Frankfurt XXX,2.) [Wiederabdr. in: Schröder, B 1: 1994, 187–211.]

Schröder, Werner: Text und Interpretation V. Über die Liebe der Getrennten im »Tristan« Gottfrieds von Straßburg. Stuttgart 1993. (Sitzungsber. Frankfurt XXXI,2.) [Zit. als Schröder 1993a. – Wiederabdr. in: Schröder, B 1: 1994, 212–242.]

Schubert, Martin J.: Zur Theorie des Gebarens im Mittelalter. Analyse von nichtsprachlicher Äußerung in mittelhochdeutscher Epik. »Rolandslied«, »Eneasroman«, »Tristan«. Köln/Wien 1991.

Schultz, James A.: Why does Marke Marry Isolde? And why do we Care? An Essay on Narrative Motivation. In: DVjs. 61 (1987). S. 207–222.

– Why do Tristan and Isolde Leave for the Woods? Narrative Motivation and Narrative Coherence in Eilhart von Oberg and Gottfried von Straßburg. In: MLN 102 (1987). S. 587–607. [Zit. als Schultz, 1987a.]

– Clothing and Disclosing: Clothes, Class, and Gender in Gottfrieds »Tristan«. In: Tristania 17 (1996). S. 111–123.

Schulze, Ursula: Literarkritische Äußerungen im »Tristan« Gottfrieds von Straßburg. In: PBB (Tübingen) 88 (1967). S. 285–310. [Wiederabdr. in: Wolf, B 1: 1973, 489–517.]

Schwarz, Werner: Studien zu Gottfrieds »Tristan«. In: Festschrift für Ingeborg Schröbler. Hrsg. von Dietrich Schmidtke und Helga Schüppert. Tübingen 1973. S. 217–237.

Schwarzkopf, Werner: Rede und Redeszene in der deutschen Erzählung bis Wolfram von Eschenbach. Berlin 1909.

Schweikle, Günther: Zum Minnetrank in Gottfrieds »Tristan«. Ein weiterer Annäherungsversuch. In: *Uf der mâze pfat.* Festschrift für Werner Hoffmann. Hrsg. von Waltraud Fritsch-Rößler. Göppingen 1991. S. 135–148.

Schwietering, Julius: Der »Tristan« Gottfrieds von Straßburg und die Bernhardische Mystik. Berlin 1943. (Abh. der Preuß. Akad. der Wiss., phil.-hist. Kl. 5.) [Wiederabdr. in: J. Sch.: Philologische Schriften. Hrsg. von Friedrich Ohly und Max Wehrli. München 1969. S. 339–361.]

Semmler, Hartmut: Listmotive in der mittelhochdeutschen Epik. Zum Wandel ethischer Normen im Spiegel der Literatur. Berlin 1991.

Simon, Ralf: Thematisches Programm und narrative Muster im »Tristan« Gottfrieds von Straßburg. In: ZfdPh. 109 (1990). S. 354–380.

Sneeringer, Kristine K.: Honor, Love, and Isolde in Gottfried's »Tristan«. New York [u. a.] 2002.

Sosna, Anette: Fiktionale Identität im höfischen Roman um 1200: »Erec«, »Iwein«, »Parzival«, »Tristan«. Stuttgart 2002.

Speckenbach, Klaus: Studien zum Begriff *edelez herze* im »Tristan« Gottfrieds von Straßburg. München 1965.

Spiess, Gisela: Die Bedeutung des Wortes *triuwe* in den mittelhochdeutschen Epen »Parzival«, »Nibelungenlied« und »Tristan«. Diss. [masch.] Heidelberg 1957.

Spiewok, Wolfgang: Zum Begriff *edelez herze* bei Gottfried von Straßburg. In: Weimarer Beiträge 9 (1963). S. 27–41. [Wiederabdr. in: Wolf, B 1: 1973, 334–354.]

Spitz, Hans-Jörg: *bickelwort: Würfel- und Speerworte.* Zu einer poetologischen Waffenmetapher im Literaturexkurs Gottfrieds von Straßburg. In: Lingua Theodisca. Beiträge zur Sprach- und Literaturwissenschaft. Festschrift für Jan Goossens. Hrsg. von José Cajot [u. a.]. Münster 1995. S. 1019–1032.

Stavenhagen, Lee: *Rual der werde / ein wunder uf der erde.* In: Neoph. 68 (1984). S. 400–404.

– The Raw and the Cooked in Gottfried's »Tristan«. In: Monatshefte 76 (1984). S. 131–142. [Zit. als Stavenhagen, 1984a.]

Stein, Peter K.: Formaler Schmuck und Aussage im »strophischen« Prolog zu Gottfrieds von Straßburg »Tristan«. In: Euph. 89 (1975). S. 371–387.

– Tristans Schwertleite. Zur Einschätzung ritterlich-höfischer Dichtung durch Gottfried von Straßburg. In: DVjs. 51 (1977). S. 301–350.

– Die Musik in Gotfrids von Straßburg »Tristan« – ihre Bedeutung im epischen Gefüge. Vorstudie zu einem Verständnishorizont des Textes. In: Sprache – Text – Geschichte. Beiträge zur Mediävistik und Germanistischen Sprachwissenschaft … Hrsg. von P. K. S. Göppingen 1980. S. 569–694. [Wiederabdr. in: Stein, B 6: 2001, 323–398.]

Steinhoff, Hans-Hugo: Die Darstellung gleichzeitiger Geschehnisse im mittelhochdeutschen Epos. Studien zur Entfaltung der poetischen Technik vom Rolandslied bis zum »Willehalm«. München 1964.

Steinmetz, Ralf-Henning: Tristans *erbeminne.* Versuch über vier Hapax legomena bei Gottfried von Straßburg. In: ZfdA 129 (2000). S. 388–408.

Sternling-Hellenbrand, Alexandra: Uta and Isolde. Designing a Perfect Woman. In: Essays in Medieval Studies 19 (2002). S. 70–89.

Stevens, Adrian: The Renewal of the Classic. Aspects of Rhetorical and Dialectical Composition in Gottfried's »Tristan«. In: Stevens/Wisbey, B 5: 1990, 67–89.

– Memory, Reading and the Renewal of Love. On the Poetics of Invention in Gottfried's »Tristan«. In: German Narrative Literature of the Twelfth and Thirteenth Centuries. Festschrift für Roy Wisbey. Hrsg. von Volker Honemann [u. a.]. Tübingen 1994. S. 319–335.

– / Wisbey, Roy (Hrsg.): Gottfried von Strassburg and the Medieval Tristan Legend. Papers from an Anglo-North American Symposium. Cambridge 1990.

Stockum, Theodorus C. van: Die Problematik des Gottesbegriffs im »Tristan« des Gottfried von Straßburg. Mededel. der Koningl. Nederlandse Akad. van Wetenschappen, Afd. Letterkunde, N. R. 26,9. Amsterdam 1963. S. 283–307.

Stökle, Ulrich: Die theologischen Ausdrücke und Wendungen im »Tristan« Gottfrieds von Straßburg. Ulm 1915.

Störmer-Caysa, Uta: Wer ist der Herr der Zeit? Über die Ungewißheit von Übereinkunft in Gottfrieds »Tristan«. In: Poetica 33 (2001). H. 1/2. S. 51–68.

Storp, Ursula: Väter und Söhne. Tradition und Traditionsbruch in der volkssprachlichen Literatur des Mittelalters. Essen 1994.

Strasser, Ingrid: *Isold*, die Mutter, *Isold*, die Tochter, und *Isold als blansche mains*. Überlegungen zu drei Frauenfiguren in Gottfrids »Tristan« oder »Tristan gegen den Strich gelesen«. In: Il romanzo di Tristano nella letteratura del Medioevo. Der »Tristan« in der Literatur des Mittelalters. Hrsg. von Paola Schulze-Belli und Michael Dallapiazza. Triest 1990. S. 67–78.

Sziráky, Anna: Éros Lógos Musiké. Gottfrieds »Tristan« oder eine utopische renovatio der Dichtersprache und der Welt aus dem Geiste der Musik? Bern [u. a.] 2003.

Täuber, Georg: Die Bedeutung der Doppelformel für die Sprache und den Stil Gottfrieds von Straßburg. Diss. Greifswald 1912.

Tax, Petrus W.: Wort, Sinnbild, Zahl im Tristanroman. Studien zum Denken und Werten Gottfrieds von Straßburg. 2. Aufl. Berlin 1971.

– Wounds and Healings. Aspects of Salvation and Tragic Love

in Gottfried's »Tristan«. In: Stevens/Wisbey, B 5: 1990, 223–233.

Tennant, Elaine C.: The Principle of Authority in Gottfried's Concept of Narrative Writing. In: Euph. 76 (1982). S. 222–259.

Theissen, Elisabeth W. / Vlaming, W. N.: Interpretationsfrage bei Gottfried von Straßburg. In: Neoph. 16 (1931). S. 187–190.

Thelen, Christian: Das Dichtergebet in der deutschen Literatur des Mittelalters. Berlin / New York 1989.

Thomsen, Ingrid: Darstellung und Funktion der Zeit im Nibelungenlied, in Gottfrieds von Straßburg »Tristan« und in Wolframs von Eschenbach »Willehalm«. Diss. [masch.]. Kiel 1962.

Tomasek, Tomas: Die Utopie im »Tristan« Gotfrids von Straßburg. Tübingen 1985.

– [Rezension von Wessel, B 5: 1984.] In: ZfdA 115 (1986). S. 175–181.

– Überlegungen zu den Sentenzen in Gotfrids »Tristan«. In: *bickelwort* und *wildiu maere*. Festschrift für Eberhard Nellmann. Hrsg. von Dorothee Lindemann [u. a.]. Göppingen 1995. S. 199–224.

– Überlegungen zum *truren* im »Tristan« Gottfrieds von Straßburg. In: LiLi. 29 (1999). H. 114. S. 9–20.

– Die Gestaltung der Zeit im »Tristan« Gottfrieds von Straßburg. In: »mit clebeworten underweben«. Festschrift für Peter Kern. Hrsg. von Thomas Bein [u. a.]. Frankfurt a. M. [u. a.] 2007. S. 41–51.

Tubach, Frederic C.: The *Locus Amoenus* in the »Tristan« of Gottfried von Straszburg. In: Neoph. 43 (1959). S. 37–42.

Urbanek, Ferdinand: Die drei Minne-Exkurse im »Tristan« Gottfrieds von Straßburg. In: ZfdPh. 98 (1979). S. 344–371.

Usener, Knut: Verhinderte Liebschaft. Zur Ovidrezeption bei Gottfried von Straßburg. In: von Ertzdorff, B 6: 1999, 219–245.

Vennemann, Theo: Gegen wen polemisierte Gottfried von Straßburg? – *Des Hasen geselle* und die *vindaere wilder maere* (»Tristan«, vv. 4636–4688). In: Aspekte der Germanistik. Festschrift für Hans-Friedrich Rosenfeld. Hrsg. von Walter Tauber. Göppingen 1989. S. 147–172.

Volfing, Annette: Gottfried's *huote* excursus (»Tristan« 17817–18114). In: Medium Aevum 67 (1998). S. 85–103.

Voss, Rudolf: Subjektive und objektive Motivation. Zur epischen

Struktur und zum weltanschaulichen Problemgehalt des »Tristan« Gottfrieds von Straßburg. In: Sprache, Kultur, Literatur. Festschrift für Wolfgang Kleiber. Hrsg. von Albrecht Greule und Uwe Ruberg. Stuttgart 1989. S. 321–336.

Wachinger, Burghart: Geistliche Motive und geistliche Denkformen in Gottfrieds »Tristan«. In: Huber/Millet, B 5: 2002, 243–255.

Wade, Marjorie D.: Gottfried von Strassburg's Elder Isolde: Das Wîse Wîp. In: Tristania 3 (1977). S. 17–31.

Wagner, Wilfried: Die Gestalt der jungen Isolde in Gottfrieds »Tristan«. In: Euph. 67 (1973). S. 52–59.

Wailes, Sharon: Passion as a Form of Communication in Gottfried von Strasssburg's »Tristan«. In: Essays in Medieval Studies 19 (2002). S. 31–42.

Weber, Alexander: Allegorie und Erzählstruktur in Gottfrieds »Tristan«, Grimmelshausens *Simplicissimus* und Thomas Manns *Zauberberg*. In: Coll. Germ. 32 (1999). S. 223–255.

Weber, Gottfried: Gottfrieds von Straßburg »Tristan« und die Krise des hochmittelalterlichen Weltbildes um 1200. 2 Bde. Stuttgart 1953.

Wehrli, Max: Der »Tristan« Gottfrieds von Straßburg. In: Trivium 4 (1946). S. 81–117.

– Das Abenteuer von Gottfrieds »Tristan«. In: M. W.: Formen mittelalterlicher Erzählung. Zürich / Freiburg i. Br. 1969. S. 243–270.

Wenzel, Horst: Negation und Doppelung. Poetische Experimentalformen von Individualgeschichte im »Tristan« Gottfrieds von Straßburg. In: Wege in die Neuzeit. Hrsg. von Thomas Cramer. München 1988. S. 229–251.

– Öffentlichkeit und Heimlichkeit in Gottfrieds »Tristan«. In: ZfdPh. 107 (1988). S. 335–361. [Zit. als Wenzel, 1988a.]

Wessel, Franziska: Probleme der Metaphorik und die Minnemetaphorik in Gottfrieds von Straßburg »Tristan und Isolde«. München 1984.

Wharton, Janet: *Daz lebende paradis?* A Consideration of the Love of Tristan and Isot in the Light of the *huote* Discourse. In: Stevens/Wisbey, B 5: 1990, 143–154.

Wilke, Eckhard L.: Zur Literaturschau in Gottfrieds von Straßburg »Tristan und Isolde«. In: Acta Germanica 3 (1968). [Festschrift für Joachim Rosteutscher.] S. 37–46.

Willms, Eva: *Der lebenden brôt.* Zu Gottfrieds von Straßburg »Tristan« 238 (240). In: ZfdA 123 (1994). S. 19–44.
Willson, H. Bernard: *Senen* and *triuwe*: Gottfried's unfinished »Tristan«. In: Stevens/Wisbey, B 5: 1990, 247–256.
Winkelman, Johann H.: Die Baummetapher im literarischen Exkurs Gottfrieds von Straßburg. In: ABäG 8 (1975). S. 85–112.
– *Da ist des lützelen ze vil.* Zur Erkenntnisproblematik in Gottfrieds Tristanroman. In: Neoph. 64 (1980). S. 244–261.
Wisbey, Roy A.: The *Renovatio Amoris* in Gottfried's »Tristan«. In: London German Studies 1 (1980). S. 1–66.
– Living in the Presence of the Past. Exemplary Perspectives of Gottfried's »Tristan«. In: Stevens/Wisbey, B 5: 1990, 257 bis 276.
Witteck, Klaus: Welt und Kunst im Tristanroman. Ein Beitrag zur geistesgeschichtlichen Standortbestimmung Gottfrieds von Straßburg. Diss. Köln 1974.
Wiwczaroski, Troy Brian Meeker: Desire, Ambiguity, and the Problem of Evil. Approaches to Gottfried von Strassburg's »Tristan«. Diss. St. Louis 2000. (UMI Dissertation Services. Ann Arbor 2000.)
Wodtke, Friedrich Wilhelm: Die Allegorie des »inneren Paradieses« bei Bernhard von Clairvaux, Honorius Augustodunensis, Gottfried von Straßburg und in der deutschen Mystik. In: Festschrift für Josef Quint. Hrsg. von Hugo Moser [u. a.]. Bonn 1964. S. 277–290.
Wolf, Alois: Zu Gottfrieds literarischer Technik. In: Sprachkunst als Weltgestaltung. Festschrift für Herbert Seidler. Hrsg. von Adolf Haslinger. Salzburg/München 1966. S. 384–409.
– *diu wâre wirtinne – der wâre Elicôn.* Zur Frage des typologischen Denkens in volkssprachlicher Dichtung des Hochmittelalters. In: ABäG 6 (1974). S. 93–131.
– Gottfrieds Dichterschau als Versuch einer Neubegründung der deutschen Literatur aus dem Geist der Mythe von »Tristan und Isolde«. In: Festschrift für Ingo Reiffenstein. Hrsg. von Peter K. Stein [u. a.]. Göppingen 1988. S. 397–424.
– Der Beitrag Gottfrieds von Straßburg zur Mythe von »Tristan und Isolde«. In: Das Elsaß und Tirol an der Wende vom Mittelalter zur Neuzeit. Sieben Vorträge. Hrsg. von Eugen Thurnher. Innsbruck 1994. S. 19–32.

Worstbrock, Franz Josef: Ein Lucanzitat bei Abaelard und Gotfrid. In: PBB (Tübingen) 98 (1976). S. 351–356.
– Der Zufall und das Ziel. Über die Handlungsstruktur in Gottfrieds »Tristan«. In: Fortuna. Hrsg. von Walter Haug und Burghart Wachinger. Tübingen 1995. S. 34–51. [Wiederabdr. in: F. J. W.: Ausgewählte Schriften. Bd. 1: Schriften zur Literatur des Mittelalters. Hrsg. von Susanne Köbele und Andreas Kraß. Stuttgart 2004. S. 229–245.]
Wright, Aaron E.: Petitcreiu. A Text-Critical Note to the »Tristan« of Gottfried von Strassburg. In: Coll. Germ. 25 (1992). S. 112–121.
Wünsch, Marianne: Allegorie und Sinnstruktur in »Erec« und »Tristan«. In: Euph. 46 (1972). S. 513–538.
Wynn, Marianne: Nicht-tristanische Liebe in Gottfrieds »Tristan«. Liebesleidenschaft in Gottfrieds Elterngeschichte. In: Liebe – Ehe – Ehebruch in der Literatur des Mittelalters. Vorträge des Symposiums vom 13. bis 16. Juni 1983 am Institut für deutsche Sprache und Literatur der Justus-Liebig-Universität Gießen. Hrsg. von Xenja von Ertzdorff und M. W. Gießen 1984. S. 56–70.
– Gottfried's Heroine. In: Stevens/Wisbey, B 5: 1990, 127–141.
Yanson, Margarita: »Christ as a Windblown Sleeve«. The Ambiguity of Clothing as Sign in Gottfried von Straßburg's »Tristan«. In: Encountering Medieval Textiles and Dress. Objects, Texts, Images. Hrsg. von Désirée G. Koslin und Janet E. Snyder. New York [u. a.] 2002. S. 121–136.
Young, Christopher: Der Minnetrank als Literarisierungsprozeß bei Gottfried von Straßburg. In: Huber/Millet, B 5: 2002, 257–279.
Zak, Nancy C.: The Portrayal of the Heroine in Chrétien de Troye's »Erec et Enide«, Gottfried von Strassburg's »Tristan«, and »Flamenca«. Göppingen 1983.
Ziegler, Vickie: A Burning Issue. Isolde's Oath in Its Historical Context. In: The Germanic Mosaic. Cultural and Linguistic Diversity in Society. Hrsg. von Carol A. Blackshire-Belay. Westport/London 1994. S. 73–82.
Zimmermann, Gerhard: Die Darstellung der Zeit in der mittelhochdeutschen Epik im Zeitraum von 1150 bis 1220. Diss. [masch.]. Kiel 1951.
Zotz, Nicola: Sprache des Hofes – Sprache der Liebe. Französisch

als Sprache der Distanz im »Tristan«. In: Huber/Millet, B 5: 2002, 117–129.

Zutt, Herta: *Bemerken und betrahten.* Ein Stilelement Gottfrieds von Straßburg und seine Funktionen. In: *Ist mir getroumet mîn leben?* Vom Träumen und vom Anderssein. Festschrift für Karl-Ernst Geith. Hrsg. von André Schnyder [u. a.]. Göppingen 1998. S. 175–189.

6. Zur Geschichte des Tristanromans

Baumgartner, Emmanuèle: Tristan et Iseut. De la légende aux récits en vers. Paris 1987.

Bédier, Joseph (Hrsg.): Le Roman de Tristan par Thomas. Poème du XIIe siècle. 2 Bde. Paris 1902/05.

Benskin, Michael [u. a.] (Hrsg.): Un nouveau fragment du »Tristan« de Thomas. In: Romania 113 (1995). S. 289–319.

Blakeslee, Merritt R.: Love's Masks. Identity, Intertextuality, and Meaning in the Old French Tristan Poems. Cambridge 1989.

Bonath, Gesa: Einleitung. In: Thomas: Tristan. Eingel., textkrit. bearb. und übers. von G. B. München 1985. S. 9–48.

Brockington, Mary: The Separating Sword in the Tristan Romances: Possible Celtic Analogues Re-Examined. In: MLR 91 (1996). S. 281–300.

Bromwich, Rachel: Some Remarks of the Celtic Sources of »Tristan«. In: THSC (1953). [London 1955.] S. 32–60.

Buschinger, Danielle: Le »Tristrant« d'Eilhart von Oberg. 2 Bde. Lille 1974.

– Die Tristan-Sage im deutschen Mittelalter. In: Zur gesellschaftlichen Funktionalität mittelalterlicher deutscher Literatur. Greifswald 1984. (Ernst-Moritz-Arndt-Universität Greifswald. Sektion Germanistik, Kunst- und Musikwissenschaft. Wissenschaftliche Beiträge der Ernst-Moritz-Ernst-Universität Greifswald.) S. 67–88.

– La musique dans le »Tristan« de Thomas et le »Tristan« de Gottfried. In: Tristan-Studien. Die Tristan-Rezeption in den europäischen Literaturen des Mittelalters. Hrsg. von D. B. und Wolfgang Spiewok. Greifswald 1993. (Greifswalder Beiträge zum Mittelalter. 4.) S. 39–56.

Buschinger, Danielle / Spiewok, Wolfgang: Eilhart von Oberg. Tristrant und Isalde. Nhd. Übers. Göppingen 1986.
Carney, James: Studies in Irish Literature and History. Dublin 1955.
Chinca, Mark: Tristan Narratives from the High to the Late Middle Ages. In: The Arthur of the Germans. The Arthurian Legend in Medieval German and Dutch Literature. Hrsg. von William H. Jackson und Silvia A. Ranawake. Cardiff 2000. S. 117–134.
Cormier, Raymond, J.: Open Contrast: Tristan and Diarmaid. In: Speculum 51 (1976). S. 589–601.
Curschmann, Michael: Images of Tristan. In: Stevens/Wisbey, B 5: 1990, 1–17.
Curtis, Renée L.: Tristan Studies. München 1969.
Dicke, Gerd: Erzähltypen im »Tristan«. Studien zur Tradition und Transformation internationaler Erzählmaterialien in den Romanversionen bis zu Gottfried von Straßburg. Habil. [masch.]. Göttingen 1997.
– *Gouch Gandin*. Bemerkungen zur Intertextualität der Episode von »Rotte und Harfe« im »Tristan« Gottfrieds von Straßburg. In: ZfdA 127 (1998). S. 121–148.
– Das belauschte Stelldichein. Eine Stoffgeschichte. In: Huber/ Millet, B 5: 2002, 199–220.
Dijksterhuis, Aaltje: Thomas und Gottfried. Ihre konstruktiven Sprachformen. Groningen 1935.
Eifler, Günter: Das Carlisle-Fragment und Gottfried von Straßburg. Unterschiedliche Liebeskonzepte? In: Vox Sermo Res. Beiträge zur Sprachreflexion, Literatur- und Sprachgeschichte vom Mittelalter bis zur Neuzeit. Festschrift für Uwe Ruberg. Hrsg. von Wolfgang Haubrichs [u. a.]. Stuttgart/Leipzig 2001. S. 113–130.
Eisner, Sigmund: The Tristan Legend. A Study in Sources. Evanston 1969.
Ertzdorff, Xenia von (Hrsg.): »Tristan and Isolt« im Spätmittelalter. Vorträge eines interdisziplinären Symposiums vom 3. bis 8. Juni 1996 an der Justus-Liebig-Universität Gießen. Amsterdam/Atlanta 1999.
– Die Liebenden in den Romanen von Tristan und Isolt. Erzählstrukturen und literarische Individualität. In: von Ertzdorff, B 6: 1999, 169–201. [Zit. als von Ertzdorff, 1999a.]
Ferrante, Joan M.: The Conflict of Love and Honor. The Medieval

Tristan Legend in France, Germany and Italy. Den Haag / Paris 1973.
Fritsch-Rößler, Waltraud: Finis Amoris. Ende, Gefährdung und Wandel von Liebe im hochmittelalterlichen deutschen Roman. Tübingen 1999.
Frühmorgen-Voss, Hella: Tristan und Isolde in mittelalterlichen Bildzeugnissen. In: H. F.-V.: Text und Illustration im Mittelalter. Aufsätze zu den Wechselbeziehungen zwischen Literatur und bildender Kunst. Hrsg. von Norbert Ott. München 1975. S. 119–139.
Gallais, Pierre: Bleheri, la cour de Poitiers et la diffusion des récits arthuriens sur le continent. In: Études de littérature étrangère et comparée. Société Française de Littérature Comparée. Actes du septième congrès national (Poitiers 1965). Paris 1967. S. 47–79.
– Genèse du roman occidental. Essais sur Tristan et Iseut et son modèle persan. Paris 1974.
Gentil, Pierre le: Die Tristansage in der Darstellung von Berol und von Thomas. Versuch einer Interpretation. In: Der Arthurische Roman. Hrsg. von Kurt Wais. Darmstadt 1970. S. 134–164.
Gillespie, George: »Tristan- und Siegfriedliebe«. A Comparative Study of Gottfried's »Tristan« and the »Nibelungenlied«. In: Stevens/Wisbey, B 5: 1990, 155–170.
Göller, Karl Heinz: Der mittelenglische »Sir Tristrem«: vom höfischen Lied zur *minstrel romance*. Exkurs: Tristan und das Haus Anjou. In: Il romanzo di Tristano nella letteratura del Medioevo. Der »Tristan« in der Literatur des Mittelalters. Hrsg. von Paola Schulze-Belli und Michael Dallapiazza. Triest 1990. S. 39–60, 61–65.
Golther, Wolfgang: »Tristan und Isolde« in den Dichtungen des Mittelalters und der neuen Zeit. Leipzig 1907.
– »Tristan und Isolde« in der französischen und deutschen Dichtung des Mittelalters und der Neuzeit. Berlin/Leipzig 1929.
Gombert, Johannes: Eilhart von Oberg und Gottfried von Straßburg. Beitrag zur Tristanforschung. Rotterdam 1927.
Grimbert, Joan Tasker: *Voleir* vs. *Poeir*. Frustrated Desire in Thomas's »Tristan«. In: Philological Quarterly 69 (1990). S. 153–165.
Guillaume, Astrid: L'adapteur face à son modèle. Gottfried von Straßburg et Thomas de Bretagne. In: Tristan – Tristrant. Festschrift für Danielle Buschinger. Hrsg. von André Crépin und Wolfgang Spiewok. Greifswald 1996. S. 209–218.

Hartmann, Angelika: Das persische Epos *Wis und Ramin*. In: von Ertzdorff, B 6: 1999, 103–139.

Haug, Walter: Die Tristansage und das persische Epos *Wis und Ramin*. In: GRM 54 (1973). S. 404–423. [Wiederabdr. in: Strukturen. S. 583–599.]

– Der »Tristan« – eine interarthurische Lektüre. In: Artusroman und Intertextualität. (Beiträge der Deutschen Sektionstagung der Internationalen Artusgesellschaft vom 16. bis 19. November 1989.) Hrsg. von Friedrich Wolfzettel. Gießen 1990. S. 57–72. [Wiederabdr. in: Brechungen. S. 184–196.]

– Erzählen als Suche nach personaler Identität. Oder: Gottfrieds von Straßburg Liebeskonzept im Spiegel des neuen Tristan-Fragments von Carlisle. In: Erzählungen in Erzählungen. Phänomene der Narration in Mittelalter und Früher Neuzeit. Hrsg. von Harald Haferland und Michael Mecklenburg. München 1996. S. 177–187.

– Gottfrieds von Straßburg Verhältnis zu Thomas von England im Licht des neu aufgefundenen Tristan-Fragments von Carlisle. Amsterdam 1999. (Koninklijke Nederlandse Akademie van Wetenschappen. Mededelingen van de Afdeling Letterkunde. Nieuwe Reeks. Deel 62. No 4.)

Heimerle, Magda: Gottfried und Thomas. Ein Vergleich. Frankfurt a. M. 1942. (Nachdr. Hildesheim 1974.)

Hellgardt, Ernst: Tristanroman und »Völsunga Saga« – Mythos, Magie und Liebe. Zwei mittelalterliche Paradigmen zum Thema »Liebe als Passion«. In: Huber/Millet, B 5: 2002, 167–198.

Henkel, Nikolaus: Die Geschichte von Tristan und Isolde im deutschen Mittelalter. In: Hauptwerke der Literatur. Vortragsreihe der Universität Regensburg. Hrsg. von Hans Bungert. Regensburg 1990. S. 71–96.

Hoffmann, Werner: Marke in den deutschen Tristandichtungen des Mittelalters. In: Geist und Zeit. Festschrift für Roswitha Wisniewski. Hrsg. von Carola L. Gottzmann und Herbert Kolb. Frankfurt a. M. 1991. S. 57–76.

Huby, Michel: Prolegomena zu einer Untersuchung von Gottfrieds »Tristan«. 2 Bde. Göppingen 1984.

Hunt, Tony: The Significance of Thomas's »Tristan«. In: Reading Medieval Studies 7 (1981). S. 41–61.

Jantzen, Ulrike / Kröner, Nils: Zum neugefundenen Tristan-Fragment des Thomas d'Angleterre. Editionskritik und Vergleich mit Gottfrieds Bearbeitung. In: Euph. 91 (1997). S. 291–309.

Kay, Sarah: The Tristan Story as Chivalric Romance, Feudal Epic and Fabliau. In: The Spirit of the Court. Selected Proceedings of the Fourth Congress of the International Courtly Literature Society (Toronto 1983). Hrsg. von Glyn S. Burgess und Robert Taylor. Cambridge 1985. S. 185–195.

Keck, Anna: Die Liebeskonzeption der mittelalterlichen Tristanromane. Zur Erzähllogik der Werke Bérouls, Eilharts, Thomas' und Gottfrieds. München 1998.

– Tradition und Variation. Zu den Tristanromanen Thomas' und Gottfrieds von Straßburg aus Anlaß des Fragments Carlisle. In: Poetica 34 (2002). S. 41–72.

Kellermann, Wilhelm: Le problème de Bréri. In: Colloques internationaux du Centre National de la Recherche Scientifique III: Les romans du Graal aux XIIe et XIIIe siècles. Strasbourg, 29. Mars – 3. Avril 1954. Paris 1956. S. 137–148.

Köhler, Erich: Ideal und Wirklichkeit in der höfischen Epik. Studien zur Form der frühen Artus- und Graldichtung. 2., erg. Aufl. Tübingen 1970.

Konecny, Silveria: Die Eheformen in den Tristanromanen des Mittelalters. In: PBB (Halle) 99 (1978). S. 182–215.

Kühnel, Jürgen: Derdriu und Noísi / Gráinne und Diarmuid / Tristan und Isolt. Die Epik des alten Irland und die Tristan-Romane des europäischen Mittelalters. In: Tristan et Iseut. Mythe européen et mondial. Actes du Colloque de 10, 11 et 12 janvier 1986. Hrsg. von Danielle Buschinger. Göppingen 1987. S. 212–251.

Küsters, Urban: Späne, Kreuze, Initialen. Schriftzeichen als Beglaubigungsmittel in mittelalterlichen Tristan-Dichtungen. In: Literatur im Informationszeitalter. Hrsg. von Dirk Matejovsi und Friedrich Kittler. Frankfurt a. M. / New York 1996. S. 71–101.

Kuhn, Hugo: »Tristan«, »Nibelungenlied«, Artusstruktur. In: Sitzungsberichte der Bayerischen Akademie der Wissenschaften. Philosophisch-Historische Klasse. H. 5. München 1973. [Wiederabdr. in: H. K.: Liebe und Gesellschaft. Hrsg. von Wolfgang Walliczek. Stuttgart 1980. S. 12–35.]

– Allegorie und Erzählstruktur. In: Formen und Funktionen der Allegorie. Symposion Wolfenbüttel 1978. Hrsg. von Walter Haug. Stuttgart 1979. S. 206–218. [Wiederabdr. in: H. K.: Liebe

und Gesellschaft. Hrsg. von Wolfgang Walliczek. Stuttgart 1980. S. 106–117.]
Kunitzsch, Paul: Are there Oriental Elements in the Tristan Story? In: Vox Romanica 39 (1980). S. 73–85.
Lähnemann, Henrike: Tristan und der Sündenfall. Ein Theologumenon auf höfischen Abwegen. In: Huber/Millet, B 5: 2002, 221–242.
Langmeier, Beatrice M.: Forschungsbericht zu Gottfrieds von Strassburg »Tristan« mit besonderer Berücksichtigung der Stoff- und Motivgeschichte für die Zeit von 1759–1925. Zürich 1978.
Lejeune, Rita: Rôle littéraire d'Aliénor d'Aquitaine et de sa famille. In: Cultura Neolatina 14 (1954). S. 5–57.
Lewes, Ülle: The Originality of the Farewell Scene in Gottfried's »Tristan«. In: Tristania 13 (1987). S. 62–71.
Lichtenstein, Franz (Hrsg.): Eilhart von Oberge. Straßburg 1877.
Loomis, Roger Sherman: Tristram and the House of Anjou. In: MLR 17 (1922). S. 24–30.
– The Development of Arthurian Romance. London 1963.
Loth, Joseph: Contributions à l'étude des romans de la table ronde III. Les noms de Tristan et Iseut. In: Revue Celtique XXXII (1911). S. 407–421.
Lühr, Rosemarie: Tristan im Kymrischen. In: von Ertzdorff, B 6: 1999, 141–168.
Mälzer, Marion: Die Isolde-Gestalten in den mittelalterlichen deutschen Tristan-Dichtungen. Ein Beitrag zum diachronischen Wandel. Heidelberg 1991.
McCann, W[illiam] J[oseph]: The Celtic and Oriental Material Reexamined. In: Tristan and Isolde. A Casebook. Hrsg. von Joan Tasker Grimbert. New York / London 1995. S. 3–35. [Frühere Fassung in: Stevens/Wisbey, B 5: 1990, 19–28.]
McDonald, William C.: Arthur and Tristan. On the Intersection of Legends in German Medieval Literature. Lewiston [u. a.] 1991.
Mergell, Bodo: Tristan und Isolde. Ursprung und Entwicklung der Tristansage des Mittelalters. Mainz 1949.
Mertens, Volker: Eilhart, der Herzog und der Truchseß. Der »Tristrant« am Welfenhof. In: Tristan et Iseut, mythe européen et mondial. Actes du Colloque des 10, 11 et 12 janvier 1986. Hrsg. von Danielle Buschinger. Göppingen 1987. S. 262–281.
– Intertristanisches – Tristan-Lieder von Chrétien de Troyes,

Bernger von Horheim und Heinrich von Veldeke. In: Kultureller Wandel und die Germanistik in der Bundesrepublik. Vorträge des Augsburger Germanistentages 1991. Bd. 3: Methodenkonkurrenz in der germanistischen Praxis. Hrsg. von Johannes Janota. Tübingen 1993. S. 37–55.
– Der arthurische Tristan, *die fabelen, die hier under sint, / die sol ich werfen an den wint.* In: Festschrift für Danielle Buschinger. Hrsg. von André Crépin und Wolfgang Spiewok. Greifswald 1996. S. 365–379.
Mikasch-Köthner, Dagmar: Zur Konzeption der Tristanminne bei Eilhart von Oberg und Gottfried von Straßburg. Stuttgart 1991.
Mohr, Wolfgang: Tristan und Isolde. In: GRM 26 (1976). S. 54–83.
Nellmann, Eberhard: Brangaene bei Thomas, Eilhart und Gottfried. Konsequenzen aus dem Neufund des Tristan-Fragments von Carlisle. In: ZfdPh. 120 (2001). S. 24–38.
Newstead, Helaine: The Origin and Growth of the Tristan Legend. In: Arthurian Literature in the Middle Ages. A Collaborative History. Hrsg. von Roger Sherman Loomis. Oxford 1959. S. 122–133.
Ott, Norbert: Katalog der Tristan-Bildzeugnisse. In: Hella Frühmorgen-Voss: Text und Illustration im Mittelalter. Aufsätze zu den Wechselbeziehungen zwischen Literatur und bildender Kunst. Hrsg. von Norbert Ott. München 1975. S. 119–139.
Padel, Oliver, J.: The Cornish Background of the Tristan Stories. In: Cambridge Medieval Celtic Studies 1 (1981). S. 53–81.
Payen, Jean-Charles: Lancelot contre Tristan: La conjuration d'un mythe subversif (réflexions sur l'idéologie romanesque au moyen age). In: Mélanges de langue et de littérature médiévales. Festschrift für Pierre le Gentil. Paris 1973. S. 617–632.
Picozzi, Rosemary: A History of Tristan Scholarship. Bern / Frankfurt a. M. 1971.
Piquet, Félix: L'originalité de Gottfried de Strasbourg dans son poème de Tristan et Isolde. Étude de littérature comparée. Lille 1905.
Ranke, Friedrich: Tristan und Isold. München 1925.
Rougemont, Denis de: Die Liebe und das Abendland. Köln/Berlin 1966.
Schausten, Monika: Erzählwelten der Tristangeschichte im hohen Mittelalter. Untersuchungen zu den deutschsprachigen Tristanfassungen des 12. und 13. Jahrhunderts. München 1999.

Schindele, Gerhard: Tristan. Metamorphose und Tradition. Stuttgart [u. a.] 1971.

Schöning, Brigitte: Name ohne Person. – Auf den Spuren der Isolde Weißhand. In: *Der frauwen buoch*. Versuche zu einer feministischen Mediävistik. Hrsg. von Ingrid Bennewitz. Göppingen 1989. S. 159–178.

Schoepperle Loomis, Gertrude: Tristan and Isolt. A Study in the Sources of the Romance. 2 Bde. Hrsg. von Roger Sherman Loomis. 2. Aufl. New York 1963.

Schorn, Daniel-Hermann: Die Zeit in den Tristandichtungen Eilharts und Gotfrids. Studie zur Wirklichkeitsauffassung in mittelalterlichen Dichtungen. Diss. [masch.]. Köln 1952.

Schröder, Franz Rolf: Die Tristansage und das persische Epos *Wis und Ramin*. In: GRM 42 (1961). S. 1–44.

Schröder, Werner / Wolff, Ludwig: Eilhart von Oberg. In: VL^2. Bd. 2 (1980). Sp. 410–418.

Schulz, Armin: *in dem wilden wald*. Außerhöfische Sonderräume, Liminalität und mythisierendes Erzählen in den Tristan-Dichtungen: Eilhart – Béroul – Gottfried. In: DVjs. 77 (2003). S. 515–547.

Singer, Samuel: Arabische und europäische Poesie im Mittelalter. Berlin 1918. (Abhandlungen der Preußischen Akademie der Wissenschaften, Philosophisch-Historische Klasse. Nr. 13.)

Spiewok, Wolfgang: Vexierbilder des Königs Marke. In: Tristan und Isolde. Unvergängliches Thema der Weltkultur. XXX. Jahrestagung des Arbeitskreises »Deutsche Literatur des Mittelalters« (Mont-Saint-Michel, 27. September – 1. Oktober 1995). Hrsg. von Danielle Buschinger und Wolfgang Spiewok. Greifswald 1995. S. 231–240.

Stein, Peter K.: Tristan. In: Epische Stoffe des Mittelalters. Hrsg. von Volker Mertens und Ulrich Müller. Stuttgart 1984. S. 365–394.

– Tristanstudien. Hrsg. von Ingrid Bennewitz. Stuttgart/Leipzig 2001.

Stevens, Adrian: Killing Giants and Translating Empires. The History of Britain and the Tristan Romances of Thomas and Gottfried. In: Blütezeit. Festschrift L. Peter Johnson. Hrsg. von Marc Chinca [u. a.]. Tübingen 2000. S. 409–426.

– History, Fable and Love. Gottfried, Thomas, and the Matter of Britain. In: Hasty, B 5: 2003, 223–256.

Stolte, Heinz: Eilhart und Gottfried. Studien über Motivreim und Aufbaustil. Halle a. d. Saale 1941.

Tekinay, Alev: Materialien zum vergleichenden Studium von Erzählmotiven in der deutschen Dichtung des Mittelalters und den Literaturen des Orients. Frankfurt a. M. [u. a.] 1980.

Thomas, Neil: Tristan in the Underworld. A Study of Gottfried von Strassburg's »Tristan« together with the »Tristran« of Thomas. Lewiston [u. a.] 1991.

Tomasek, Tomas: Moral und Menschenbild in den mittelalterlichen Tristandichtungen. In: Sandbjerg 85. Dem Andenken von Heinrich Bach gewidmet. Hrsg. von Friedhelm Debus und Ernst Dittmer. Neumünster 1986. S. 113–139.

Trimborn, Karin: Le philtre d'amour chez Eilhart et chez Gottfried. In: Tristan et Iseut, mythe européen et mondial. Actes du Colloque des 10, 11 et 12 janvier 1986. Hrsg. von Danielle Buschinger. Göppingen 1987. S. 405–421.

Unterreitmeier, Hans: Tristan als Retter. Perugia 1984.

Varvaro, Alberto: La teoria dell'archetipo tristiano. In: Romania 88 (1967). S. 13–58.

Walworth, Julia: Tristan in Medieval Art. In: Tristan and Isolde. A Casebook. Hrsg. von Joan Tasker Grimbert. New York / London 1995. S. 255–299.

Wapnewski, Peter: Tristans Abschied. Ein Vergleich der Dichtung Gotfrits von Straßburg mit ihrer Vorlage Thomas. In: Festschrift für Jost Trier. Hrsg. von William Foerste und Karl Heinz Borck. Köln/Graz 1964. S. 335–363.

Warning, Rainer: Die narrative Lust an der List: Norm und Transgression im »Tristan«. In: Transgressionen. Literatur als Ethnographie. Hrsg. von Gerhard Neumann und Rainer Warning. Freiburg i. Br. 2003. S. 175–212.

Wenzel, Horst: Imaginatio und Memoria. Medien der Erinnerung im höfischen Mittelalter. In: Mnemosyne. Formen und Funktionen der kulturellen Erinnerung. Hrsg. von Aleida Assmann und Dietrich Harth. Frankfurt a. M. 1991. S. 57–82.

Werner, Norbert: Tristan-Darstellungen in der Kunst des Mittelalters. In: von Ertzdorf, B 6: 1999. S. 13–59.

Wetzel, René: Der Tristanstoff in der Literatur des deutschen Mittelalters. Forschungsbericht 1969–1994. In: Forschungsberichte zur Germanistischen Mediävistik. Jahrbuch für Internationale Germanistik. Reihe C. 5/1. Bern [u. a.] 1996. S. 190–254.

Witte, Arthur: Der Aufbau der ältesten Tristandichtungen. In: ZfdA 70 (1933). S. 161–195.
Wolf, Alois: Gottfried von Straßburg und die Mythe von Tristan und Isolde. Darmstadt 1989.
Wolfzettel, Friedrich: Zur Stellung und Bedeutung der *enfances* in der altfranzösischen Epik II. In: ZfSL 84 (1974). S. 1–32.
Zenker, Rudolf: Die Tristansage und das persische Epos von Wis und Ramin. In: RF 29 (1911). S. 321–369.
Zotz, Nicola: Programmatische Vieldeutigkeit und verschlüsselte Eindeutigkeit. Das Liebesbekenntnis bei Thomas und Gottfried von Straßburg (mit einer neuen Übersetzung des Carlisle-Fragments). In: GRM 50 (2000). S. 1–19.

7. Die Gottfried-Rezeption

Batts, Michael S.: »Tristan« in Modern German Versions. In: The New Arthurian Encyclopedia. Hrsg. von Norris J. Lacy. New York / London 1991. S. 465–469.
Bechstein, Reinhold: »Tristan und Isolt« in deutschen Dichtungen der Neuzeit. Leipzig 1876.
Bein, Thomas: Betrachtungen zur »Tristan«-Rezeption im Fantasyroman, im Bilder-, Kinder- und Jugendbuch. In: Tristan – Tristrant. Festschrift für Danielle Buschinger. Hrsg. von André Crépin und Wolfgang Spiewok. Greifswald 1996. S. 7–23.
Blank, Walter: Die deutsche Minneallegorie. Gestaltung und Funktion einer spätmittelalterlichen Dichtungsform. Stuttgart 1970.
Block: Die Sage von Tristan und Isolde in dramatischer Form. In: Die Neueren Sprachen 16 (1908/09). S. 65–83, 145–160, 338–348, 397–412.
Bok, Václav: Voraussetzungen der Literaturpflege bei den Lichtenburgern und die Datierung der Tristan-Fortsetzung Heinrichs von Freiberg. In: Festschrift für Eduardo Goldstücker. Hrsg. von Emil Skala. Prag 1993. (Germanistica Pragensia XI. Acta Universitatis Carolinae. Philologica 3.) S. 25–33.
Bolz, Norbert W.: »Tristan und Isolde« – Richard Wagner als Leser Gottfrieds. In: Mittelalter-Rezeption. Gesammelte Vorträge des Salzburger Symposions »Die Rezeption mittelalterlicher Dichter und ihrer Werke in Literatur, bildender Kunst und Mu-

sik des 19. und 20. Jahrhunderts«. Hrsg. von Jürgen Kühnel [u. a.]. Göppingen 1979. S. 273–293.

Buschinger, Danielle: La redécouverte du roman médiéval de Tristan au XVIIIème siècle. In: Tristan und Isolde. Unvergängliches Thema der Weltkultur. XXX. Jahrestagung des Arbeitskreises »Deutsche Literatur des Mittelalters« (Mont-Saint-Michel, 27. September – 1. Oktober 1995). Hrsg. von Danielle Buschinger und Wolfgang Spiewok. Greifswald 1996. S. 69–78.

Deighton, Alan: Die Quellen der Tristan-Fortsetzungen Ulrichs von Türheim und Heinrichs von Freiberg. In: ZfdA 126 (1997). S. 140–165.

– Ein Anti-Tristan? Gottfried-Rezeption in der »Tristan«-Fortsetzung Heinrichs von Freiberg. In: Deutsche Literatur des Mittelalters in und über Böhmen II. Tagung in Ceské Budejovice / Budweis 2002. Hrsg. von Václav Bok und Hans-Joachim Behr. Hamburg 2004. S. 111–126.

Dufhues, Elisabeth: Tristandichtungen des 19. und 20. Jahrhunderts. Diss. [Köln]. Münster 1924.

Finney, Gail: Linguistic Inversion as Subversion: Gottfried's »Tristan« as an Interpretive Model for Nineteenth-Century Fiction. In: Tristania 9 (1983/84). S. 62–69.

Geerdts, Hans Jürgen: Die Tristan-Rezeption in der deutschen Literatur des 19. Jahrhunderts. In: WZUJ 5 (1955/56). S. 741–746.

– Thomas Manns »Tristan« in der literarischen Tradition. In: Betrachtungen und Überblicke. Zum Werk Thomas Manns. Hrsg. von Georg Wenzel. Berlin/Weimar 1966. S. 190–206.

Glier, Ingeborg: Artes amandi. Untersuchung zu Geschichte, Überlieferung und Typologie der deutschen Minnereden. München 1971.

Gräff, Marie-Luise: Studien zum Kunst- und Stilwandel des XIII. Jahrhunderts. Gotfrid von Straßburg: »Tristan und Isolde«, Rudolf von Ems: »Willehalm«, Konrad von Würzburg: »Engelhard«, Reinfrid von Braunschweig. Diss. Tübingen 1946.

Grill, Dorothee: Tristan-Dramen des 19. Jahrhunderts. Göppingen 1997.

Groos, Arthur: Goethefried von Straßburg? Appropriation and Anxiety in Wagner's »Tristan« Libretto. In: Stevens/Wisbey, B 5: 1990, 91–104.

Grosse, Siegfried / Rautenberg, Ursula: Die Rezeption mittelalterlicher deutscher Dichtung. Eine Bibliographie ihrer Übersetzungen und Bearbeitungen seit der Mitte des 18. Jahrhunderts. Tübingen 1989.

Grothues, Silke: Der arthurische Tristanroman. Werkabschluß zu Gottfrieds »Tristan« und Gattungswechsel in Heinrichs von Freiberg Tristanfortsetzung. Frankfurt a. M. [u. a.] 1991.

Grubmüller, Klaus: Probleme einer Fortsetzung. Anmerkungen zu Ulrichs von Türheim Tristan-Schluß. In: ZfdA 114 (1985). S. 338–348.

Gruenter, Rainer: Bemerkungen zum Problem des Allegorischen in der deutschen »Minneallegorie«. In: Euph. 51 (1957). S. 2–22.

Heimann, Erhard: Tristan und Isolde in der neuzeitlichen Literatur. Diss. Rostock 1930.

Hoffmann, Werner: *Die von Tristande hânt gelesen*. Zu den narrativen Erneuerungen der mittelalterlichen Tristan-Dichtungen. In: Euph. 91 (1997). S. 431–465.

Kerth, Thomas: The Denouement of the Tristan-Minne: Türheim's Dilemma. In: Neoph. 65 (1981). S. 79–93.

Kuhn, Hugo: Bemerkungen zur Rezeption des »Tristan« im deutschen Mittelalter. Ein Beitrag zur Rezeptionsdiskussion. In: Wissen aus Erfahrungen. Werkbegriff und Interpretation heute. Festschrift für Hermann Meyer. Hrsg. von Alexander von Bormann. Tübingen 1976. S. 53–63. [Wiederabdr. in: H. K.: Liebe und Gesellschaft. Hrsg. von Wolfgang Walliczek. Stuttgart 1980. S. 36–43.]

McDonald, William C.: The Tristan Story in German Literature of the Late Middle Ages and Early Renaissance. Tradition and Innovation. Lewiston [u. a.] 1990.

Mertens, Volker: Richard Wagner und das Mittelalter. In: Richard Wagner und sein Mittelalter. Hrsg. von Ursula Müller und Ulrich Müller. Anif/Salzburg 1989. S. 9–84.

– Gottfried von Straßburg und die Minnesänger. In: Les romans de »Tristan« de Gottfried von Straßburg et de Thomas d'Angleterre. Actes du Colloque du Centre d'Etudes Médiévales de l'Université de Picardie-Jules Verne. Amiens, les 9 et 10 janvier 1999. Hrsg. von Danielle Buschinger und Claire Rozier. Amiens 1999. S. 35–49.

Meyer, Matthias: Desaster in der Minnegrotte. Tristan und Isolde im Diskursgestrüpp. In: Tristan – Tristrant. Festschrift für Danielle Buschinger. Hrsg. von André Crépin und Wolfgang Spiewok. Greifswald 1996. S. 381–392.

Müller, Jan-Dirk: Tristans Rückkehr. Zu den Fortsetzern Gottfrieds von Straßburg. In: Festschrift für Walter Haug und Burghart Wachinger. Bd. 2. Tübingen 1992. S. 529–548.

Müller, Ulrich: The Modern Reception of Gottfried's »Tristan« and the Medieval Legend of Tristan and Isolde. In: Hasty, B 5: 2003, 285–304.

Ott, Norbert H.: »Tristan« auf Runkelstein und die übrigen zyklischen Darstellungen des Tristanstoffes. Textrezeption oder medieninterne Eigengesetzlichkeit der Bildprogramme? In: Runkelstein. Die Wandmalereien des Sommerhauses. Hrsg. von Walter Haug [u. a.]. Wiesbaden 1982. S. 194–239.

Poletti, Elena: Love, Honour and Artifice. Attitudes to the Tristan Material in the Medieval Epic Poems and in Selected Plays from 1853–1919. Göppingen 1989.

Rosenband, Doris: Das Liebesmotiv in Gottfrieds »Tristan« und in Wagners »Tristan und Isolde«. Göppingen 1973.

Růžičková, Jana: Das »Gottfriedische« im alttschechischen Epos »Tristram a Izalda«. In: Deutsche Literatur des Mittelalters in Böhmen und über Böhmen. Vorträge der internationalen Tagung, veranstaltet vom Institut für Germanistik der Pädagogischen Fakultät der Südböhmischen Universität České Budějovice. České Budějovice, 8. bis 11. September 1999. Hrsg. von Dominique Fliegler und Václav Bok. Wien 2001. S. 125–139.

Schwarz, Alexander: Sprechaktgeschichte. Studien zu den Liebeserklärungen in mittelalterlichen und modernen Tristandichtungen. Göppingen 1984.

Sparre, Sulamith: Todessehnsucht und Erlösung. »Tristan« und »Armer Heinrich« in der deutschen Literatur um 1900. Göppingen 1988.

Sprague, W. Maurice: Down the Rabbit-Hole. *Das Häslein*, Gottfried von Straßburg and Hartmann von Aue. In: Jahrbuch der Oswald von Wolkenstein Gesellschaft 15 (2005). S. 315–348.

Stiebeling, Karl: Stilistische Untersuchungen über Gottfried von Straßburg und seine beiden Fortsetzer Ulrich von Türheim und Heinrich von Freiberg. Halle a. d. Saale 1905.

Strohschneider, Peter: Gotfrit-Fortsetzungen. Tristans Ende im 13. Jahrhundert und die Möglichkeiten nachklassischer Epik. In: DVjs. 65 (1991). S. 70–98.

Thibault-Schaefer, Jacqueline: Mythe et Modernisme: étude sur Tristan. In: The Turn of the Century, Le Tournant du siècle.

Modernism and Modernity in Literature and the Arts. Hrsg. von Christian Berg [u. a.]. Berlin / New York 1995. S. 339–352.
Tomasek, Tomas: Das niederfränkische Tristanfragment. In: Huber/Millet, B 5: 2002, 75–86.
Tschirch, Fritz: Wernhers »Helmbrecht« in der Nachfolge von Gottfrieds »Tristan«. Zu Stil und Komposition der Novelle. In: PBB (Tübingen) 80 (1958). S. 292–314.
Voß, Rudolf: Die deutschen Tristan-Romane des Spätmittelalters – Variationen eines problematischen Themas. In: von Ertzdorff, B 6: 1999, 331–354.
Wachinger, Burghart: Zur Rezeption Gottfrieds von Straßburg im 13. Jahrhundert. In: Deutsche Literatur des späten Mittelalters. Hamburger Colloquium 1973. Hrsg. von Wolfgang Harms und L. Peter Johnson. Berlin 1975. S. 56–82.

Episodenregister zu Gottfrieds »Tristan«

Sachregister zu Gottfrieds »Tristan«

Zum Autor

Tomas Tomasek, geboren 31. 3. 1949, Dr. phil. Professor für deutsche Philologie (Mittelalterliche deutsche Literatur) an der Universität Münster.

Publikationen in Auswahl: Die Utopie im »Tristan« Gotfrids von Straßburg. 1985. – Das deutsche Rätsel im Mittelalter. 1994. – Zahlreiche Aufsätze zu Lyrik, Epik und kleinen literarischen Formen in der deutschen Literatur des hohen und späten Mittelalters.

Deutsche Literatur des Mittelalters

IN RECLAMS UNIVERSAL-BIBLIOTHEK

Das Annolied. Mhd./Nhd. 192 S. 4 Abb. UB 1416

Deutsche Gedichte des Mittelalters. Mhd./Nhd. 607 S. UB 8849

Deutscher Minnesang (1150–1300). Mhd./Nhd. 174 S. UB 7857

Fastnachtspiele des 15. und 16. Jahrhunderts. 464 S. 9 Abb. UB 9415

Frauenlieder des Mittelalters. Zweispr. 309 S. UB 8630

Früheste deutsche Lieddichtung. Mhd./Nhd. 272 S. UB 18388

Frühmittelhochdeutsche Literatur. Mhd./Nhd. 295 S. UB 9438

Germanische Göttersagen. 208 S. UB 8750

Germanische Heldensagen. 356 S. UB 8751

Gottfried von Straßburg: Tristan. Mhd./Nhd. Bd. 1: Text. Verse 1–9982. 595 S. 10 Abb. UB 4471 – Bd. 2: Text. Verse 9983–19548. 590 S. 11 Abb. UB 4472 – Bd. 3: Kommentar, Nachwort und Register. 390 S. UB 4473

Hartmann von Aue: Der arme Heinrich. Mhd./Nhd. 134 S. UB 456 – Gregorius, der gute Sünder. Mhd./Nhd. 256 S. UB 1787

Heinrich der Glîchezâre: Reinhart Fuchs. Mhd./Nhd. 184 S. UB 9819

Heinrich von Morungen: Lieder. Mhd./Nhd. 248 S. UB 9797

Heinrich von Veldeke: Eneasroman. Mhd./Nhd. 895 S. UB 8303

Herzog Ernst. Mhd./Nhd. 429 S. UB 8352

Johannes von Tepl: Der Ackermann. Frühnhd./Nhd. 181 S. UB 18075

Kleine mittelhochdeutsche Verserzählungen. Mhd./Nhd. 336 S. UB 18431

König Artus und seine Tafelrunde. Europ. Dichtung des Mittelalters. 760 S. UB 9945

König Rother. Mhd./Nhd. 485 S. UB 18047

Konrad von Würzburg: Heinrich von Kempten. Der Welt Lohn. Das Herzmaere. Mhd./Nhd. 167 S. UB 2855

Kudrun. 360 S. UB 466

Mauricius von Craûn. Mhd./Nhd. 244 S. UB 8796

Meister Eckhart: Deutsche Predigten. Mhd./Nhd. 224 S. UB 18117

Mystische Texte des Mittelalters. 405 S. UB 8456

Neidhart von Reuental: Lieder. Auswahl. Mit den Noten zu neun Liedern. Mhd./Nhd. 134 S. UB 6927

Das Nibelungenlied. 408 S. UB 642

Das Nibelungenlied. Eine Auswahl. 108 S. UB 18081

Das Nibelungenlied. Mhd./Nhd. 1019 S. UB 644 – auch geb.

Otfrid von Weissenburg: Evangelienbuch. Auswahl. Ahd./Nhd. 272 S. UB 8384

Das Redentiner Osterspiel. Mnd./Nhd. 293 S. UB 9744

Reineke Fuchs. Das niederdt. Epos »Reynke de Vos« von 1498. 295 S. 40 Holzschn. d. Originals. UB 8768

Reinmar: Lieder. Nach der Weingartner Liederhandschrift (B). Mhd./Nhd. 408 S. UB 8318

Das Rolandslied des Pfaffen Konrad. Mhd./Nhd. 823 S. UB 2745

Sachsenspiegel. Landrecht und Lehnrecht. 267 S. UB 3355

Der Stricker: Erzählungen, Fabeln, Reden. Mhd./Nhd. 279 S. UB 8797 – Der Pfaffe Amis. Mhd./Nhd. 206 S. UB 658

Tagelieder des deutschen Mittelalters. Mhd./Nhd. 308 S. UB 8831

Thüring von Ringoltingen: Melusine. 176 S. 22 Holzschn. UB 1484

Ulrich von Liechtenstein: Das Frauenbuch. 240 S. UB 18250

Walther von der Vogelweide: Werke. Mhd./Nhd. Bd. 1: Spruchlyrik. 526 S. UB 819 – Bd. 2: Liedlyrik. 832 S. UB 820

Wernher der Gärtner: Helmbrecht. Mhd./Nhd. 216 S. UB 9498 – Meier Helmbrecht. 64 S. UB 1188

Heinrich Wittenwiler: Der Ring. Frühnhd./Nhd. 696 S. UB 8749

Wolfram von Eschenbach: Parzival. Mhd./Nhd. Bd. 1: Bücher 1–8. 736 S. UB 3681 – Bd. 2: Bücher 9–16. 704 S. UB 3682 – Parzival. Auswahl. 168 S. UB 7451

Philipp Reclam jun. Stuttgart